지관수행

수습지관좌선법요 강의

지관수행
수습지관좌선법요 강의

1판 1쇄 펴낸 날 2011년 11월 25일

저자 천태 지의(天台智顗) **역해** 동현 송찬우(東玄 宋燦禹) **정리** 장명수 **발행인** 김재경 **기획 · 편집** 김성우
디자인 최정근 **마케팅** 권태형 **제작** (주)신흥피앤피

펴낸곳 도서출판 비움과소통 서울시 영등포구 영등포동7가 52-10 남양BD 2층 222호 **전화** (02)2632-8739
팩스 (02)2068-0178 **이메일** buddhapia5@daum.net **트위터** @kjk5555 **페이스북 ID** 김성우
홈페이지 http://blog.daum.net/kudoyukjung **출판등록** 2010년 6월 18일 제318-2010-000092호

ⓒ 동현 송찬우, 2011
ISBN : 978-89-97188-03-1 03220
정가 18,500원

지관수행

수습지관좌선법요(修習止觀坐禪法要) 강의

止觀 / 사마타 · 위빠사나 / 禪定 · 智慧 / samatha · vipassana

천태 지의 지음 | 동현 송찬우 역해

비움과소통

서
설

《수습지관좌선법요(修習止觀坐禪法要)》는 최초로 발심한 사람이 수증(修增)하고 입도(入道)하는 가장 절실하고 중요한 지관(止觀)법문을 총론적으로 밝힌 책이다.

이 책은 천태종을 창종하신 천태지의(天台智顗, 538~597) 대사가 지었는데, 그는 진(陳)나라 말과 수(隋)나라 초 승려이다. 형주(荊州)의 화용(華容)고을에서 태어났으며, 18세에 출가하여 560년 광주(光州) 대소산(大蘇山)의 남악혜사(慧思) 대사의 문중에 들어가 지관법문(止觀法門), 삼론(三論), 달마선(達磨禪) 등 북방계의 교리를 이어받고 법화삼매(法華三昧)에 의하여 대오(大悟)하였다.

575년 이후에는 천태산에 머물면서 천태교학을 확립하였다. 천태교리의 대강(大綱)은 이 시기에 형성된 것이다. 수양제의 국사를 한 그는 591년 황제의 청에 따라 보살계(菩薩戒)를 베풀고, 황제로부터 지자 대사(智者大師)의 호를 받게 되었다. 그 후 고향 형주에 돌아가 옥천사(玉

泉寺)를 세우고 천태 3대부(天台三大部)인 《법화현의(法華玄義)》, 《법화문구(法華文句)》, 《마하지관(摩訶止觀)》을 강설하였다.

지자 대사는 일생동안 지관법문을 총 네 차례에 걸쳐 설하였다.

첫째는 형주 옥천사(荊州玉泉寺)에 있을 때 설한 《원돈지관(圓頓止觀)》이다. 이때 원돈묘관(圓頓妙觀)의 이치를 밝혔는데, 《마하지관(摩訶止觀)》이 여기에 해당된다.

둘째는 남경 와관사(南京瓦官寺)에 있으면서 옅은 곳에서 심오한 경지로 들어가는 수행차제공부를 밝혔는데, 선바라밀(禪婆羅密) 법문이 여기에 해당된다.

셋째는 심천이 일정치 않아 능소능대(能小能大) 할 수 있는 부정지관(不定止觀)을 설하였는데, 육묘법문(六妙法門)이 여기에 해당된다.

넷째는 《소지관(小止觀)》을 설하였는데, 이는 본서에서 소개할 《수습지관좌선법요》이다. 이는 《동몽지관(童蒙止觀)》이라고도 한다.

시방제불과 역대조사가 모두 지관좌선법요를 수습함으로써 견성 성불하였다. 따라서 지관법문이야말로 일체 불교수행의 이치를 포괄했다 해도 과언이 아니다.

이 책의 제목이 《소지관》이라고는 하지만 실로 《마하지관》의 총론적인 개론서이며, 수행 입도하는 데 있어서 중요한 관건이기도 하다. 따라서 《마하지관》과 그 우열을 논할 수가 없다.

《소지관》은 최초로 발심한 사람의 근기에 맞추어 간략하게 그 작은 부분만을 설한 것이다. 그러므로 대(大)에 상대적으로 대비해서 소(小)를 말한 것이 아니다. 실제로 작다 해도 가없는 작음이므로 일체의 지관법문이 이《소지관》으로 귀결한다 해도 지나친 말은 아닐 것이다. 환언한다면《마하지관》은 대지관(大止觀)이라고는 하지만 이것 역시 소(小)에 상대적으로 대비한 대(大)가 아니라 절대보편한 대(大)인 것이다.

소(小)라고 말하지만 소(小)라는 모습이 따로 없고, 대(大)라고 부르지만 그 '대'엔 대(大)라는 따로의 차별상이 없다. 다시 말해서 대(大)와 소(小)의 차별이 끊어진 절대보편으로서의 평등법계의 이치를 드러낸 것이다.

대소가 모두 평등법계의 이치를 드러낸 지관으로서 이 둘은 서로가 하나의 이치로 융합되고, 자세함과 간략함이 차이가 없이 동시에 불가사의한 중도지관(中道止觀)으로 귀의한다. 그런데도 대소의 명칭을 달리한 이유는 중생이 처한 차별적인 근기에 맞춰 대소광략(大小廣略)의 방편적인 차별이 있기 때문이다. 따라서《소지관》이라고 했다.

모든 법은 아무런 조건 없이 홀로 일어나지 않고 반드시 상대적인 조건을 의지해야만 그 상황에 걸맞은 도리가 일어나게 되어 있다.《소지관》법문도 아무런 인연 없이 일어나지 않았다.《소지관》을 설한 인연을 말해본다면, 지자 대사에겐 진침(陳鍼)이라는 속가의 형이 있었다. 그 형은 중군참장(中軍參將)이라는 무인벼슬을 하고 있었다. 형은 나이 사십에 이르러 어느 날 길을 가다가 도교의 신선도를 닦은 장과노(張果老)라는 사람을 만났는데, 그가 형에게 이렇게 말하였다.

"그대의 상호를 보니 금생의 수명이 이미 다하여 한 달 이내에 반드시 죽을 것이다."

형은 그 말을 듣고 죽음에 대한 공포심을 일으켜 출가한 동생인 지자 대사에게 이를 모면할 수 있는 방법을 묻자, 대사는 말하였다.

"형님이 나의 말을 듣고 수행한다면 죽음을 면할 수 있을 것입니다."

형이 가르침을 받들기 원하자 대사는 요점을 간단히 요약한 《소지관》을 저술하여 지관수행을 부지런히 닦으라고 하였다.

대사의 형은 이 《소지관》법문을 의지하여 절실한 마음으로 수행을 게을리 하지 않았다. 해가 바뀌어 형이 다시 장과노를 만났더니, 그는 깜짝 놀라면서 말하였다.

"그대가 아직도 죽지 않은 것은 보니 필경 불로장생약을 복용한 게 아닌가."

대사의 형은 "아닙니다. 제 아우가 출가한 지자 대사인데 저더러 지관수행을 하라고 가르쳐 주었습니다. 때문에 이처럼 살아 있게 된 것입니다." 라고 대답했더니 장과노는 탄식하며 말하였다.

"불법은 불가사의하여 기사회생시킬 수 있는 참으로 희유한 법이구려."

이로부터 다시 몇 해가 지난 뒤, 형은 꿈에서 하늘나라에 있는 궁전을 보았는데, 그 궁전의 편액에는 '진침이 살 집인 진침당(陳鍼堂)이다.

15년이 지난 뒤에 금생의 인연이 다하면 이곳에 태어날 것이다'라고 쓰여 있었다.

진침은 꿈에서 본대로 15년이 지난 뒤에 친척들에게 이별을 고하고 결가부좌한 채로 편안하게 임종했다고 한다. 이를 통해서 《소지관》은 지자 대사가 속가의 형을 위해 그 인연으로 설했다는 것을 알 수 있다.

하지만 지관법문을 수행하는 자라면 반드시 근본 취지를 알아야 한다.

당시에 진침이 지관을 수행한 목적은 금생엔 수명을 연장하고, 다음 생에는 천상에 태어나는 데 있었다. 이는 지관법문 가운데 한 점 겉가죽의 이익에 불과할 뿐, 지관의 본지(本旨)는 아니다.

우리가 알아야 할 것은 대사가 설한 지관법문은 모든 중생들이 불도를 성취하고 생사에서 벗어나게 하려는 데 근본 의미가 있으며, 그것이 바로 지관법문의 진실한 의미라는 점이다. 때문에 본서 마지막 장인 증과문(證果門)에서 상세히 밝히고 있듯이 지관법문은 구경성불(究竟成佛)이 목적이지, 단순히 천상에 태어나는 것을 목적으로 삼지 않았다.

우리가 지관수행을 함에 있어서 행주좌와(行住坐臥) 사위의(四威儀) 가운데서 똑같이 지관수행을 할 수 있다. 그런데 본서의 제목에서는 왜 좌선(坐禪)만을 말했겠는가. 그것은 다름 아닌 좌선을 통한 정(靜) 공부가 여타의 일체수행을 능가하기 때문이다.

최초로 발심한 사람이 행·주·좌·와 가운데 유독 좌(坐)를 통해 지관을 수행하면 비교적 이익을 쉽게 얻을 수 있다. 좌선을 통해서 이익을 얻은 뒤에는 다시 상대적으로 경계를 마주한다 해도 모든 조건

속에서 지관수행이 가능하다.

범어의 선나(禪那)는 번역하면 정려(靜慮)이다. 이는 삼매를 말하는데, 여기에서 정(靜)은 지(止), 려(慮)는 관(觀)에 해당된다. 담연적적하여 한 생각도 일어나지 않는 경지를 지(止)라고 하고, 고요한 지(止)에서 동시에 뚜렷하고 분명하게 삼라만상 전체의 모습이 드러나는 것을 관(觀)이라고 한다.

다시 말해서 '지' 수행을 통해 정(靜)이 얻어지고, '관' 수행을 통해 혜(慧)가 일어난다. 이러한 지관법문을 수행하면 바로 그 자리에서 삼매인 정려(靜慮)가 한결같고 정혜(定慧)가 평등해진다. 그러므로 좌선을 통한 선 수행은 불가사의한 지관불이(止觀不二) 법문인 것이다.

법(法)은 법칙, 즉 궤지(軌持)이다. 요(要)는 요도(要道)인데, 이는 관건(關鍵)이라는 의미다. 이것이 《수습지관좌선법요》의 간략한 의미다. 좀 더 부연한다면 본서는 지관좌선을 수행하는 법칙이며, 그 법칙은 모든 사람들이 이해할 수 있고 스스로도 그 자체의 모습을 지닌다는 의미이다. [궤생물해·임지자성(軌生物解 任持自性)]

《수습지관좌선법요》라는 여덟 개 글자는 본서의 내용을 총론적으로 요약한 제목이다. 이를 통해서 지관수행에 대한 전체를 밝혔다. 따라서 수행인이라면 이상에서 대략 밝힌 지관좌선법을 수행의 길잡이로 삼아 생사를 초월하고 열반을 증득하는 중요한 관문으로 삼아야 한다. 이 때문에 제목을 《수습지관좌선법요》라고 한 것이다.

이 책은 총 10장으로 구성하여 지관수행의 절차를 밝히고 있다.

제1장 구연(具緣)

1. 지계청정(持戒淸淨) 2. 의식구족(衣食具足) 3. 한거정처(閑居靜處)
4. 식제연무(息諸緣務) 5. 득선지식(得善知識) 등 지관을 수행하는
준비 단계로 다섯 가지 인연을 빠짐없이 갖출 것을 밝히고 있다.

제2장 가욕(呵欲)

1. 가색욕(呵色欲) 2. 가성욕(呵聲欲) 3. 가향욕(呵香欲) 4. 가미욕(呵味
欲)·가촉욕(呵觸欲) 등 다섯 가지 욕구에 대한 집착을 꾸짖고 물리치
라고 하였다.

제3장 기개(棄蓋)

1. 탐욕개(貪慾蓋) 2. 진에개(瞋恚蓋) 3. 수면개(睡眠蓋) 4. 도회개(掉悔
蓋) 5. 의개(疑蓋) 등 다섯 가지 번뇌를 버리라고 하였다.

제4장 조화(調和)

1. 조절음식(調節飮食) 2. 조절수면(調節睡眠) 3. 조신(調身) 4. 조기식
(調氣息) 5. 조심(調心)을 해야만 지관삼매가 쉽게 일어난다는 것을
말하였다.

제5장 방편행(方便行)

1. 욕(欲) 2. 정진(精進) 3. 염(念) 4. 교혜(巧慧) 5. 일심(一心) 등 다섯
방편행을 겸수하라고 하였다.

제6장 정수행(正修行)

좌중수(坐中修)·역연대경수(歷緣對境修) 등 바른 수행에 대해 밝히
고 있다.

제7장 선근발상(善根發相)

외선근발상(外善根發相) 등 지관수행을 닦을 때 일어나는 다섯 가지
선근의 모습과 그 진위에 대해 밝히고 있다.

제8장 각지마사(覺知魔事)

번뇌마(煩惱魔) 등 지관수행 과정에서 나타나는 갖가지 마군의 차별
상과 그 퇴치법에 대해 설명하고 있다.

제9장 치병환(治病患)

수행 중에 발생하는 병과 그 병환을 다스리는 법에 대해 밝히고 있다.

제10장 증과(證果)

앞에서 말한 정조수행(正助修行)이 모두 만족하게 갖춰지면 삼지삼
관(三止三觀)을 닦아 불과를 증득하라고 가르치고 있다.

중생의 심성은 본래 그 자체가 청정하고 스스로가 지혜광명이다.
《능엄경(楞嚴經)》에서는 이를 두고 "중생의 근본 마음자리는 상주불변
한 진실한 마음이고, 본성이 청정한 지혜광명이 그 자체다[상주진심
성정명체(常住眞心 性淨明體)]."라고 하였다.

중생의 마음을 두고 이미 진실한 마음이라고 했다면, 그 마음의 자성
은 청정하고 지혜광명이기 때문에 현재 있는 그대로의 상태에서 청정
한 법계이며 커다란 광명을 간직한 상태이다.

이처럼 중생의 근본 마음은 본래적으로 청정한 천진불인데, 무엇 때
문에 인위적인 지관수행을 해야만 하는가. 그 이유는 대체로 모든 중
생들은 무시이래로 최초 일념이 무명불각(無明不覺)으로 일어나 그 무
명번뇌가 청정한 마음을 가렸기 때문이다. 이처럼 최초 일념무명이 중

생들을 끝없는 생사의 세계로 유전시키는 원인인 것이다.

그러므로 중생의 본래 밝았던 마음이 번뇌의 어두움으로 전환되고, 본래 고요했던 심성이 시끄러운 생사(生死) 요동으로 뒤바뀌었다. 중생의 자체 마음은 근원적으로 영명하고 지혜는 법계의 이치를 철저하게 관조했건만, 무명망상 때문에 지금까지 애매모호한 어둠속을 벗어나지 못하고 본래 불생불멸했던 마음이 끝없이 생멸을 반복하는 망상의 모습으로 나타나고 있는 것이다.

중생들은 본래 청정했던 마음을 등진 채 매일 오욕육진(五欲六塵)의 대상세계를 추구하면서 시끄럽게 요동하는 망상을 본래의 마음으로 착각하고 있는 것이다. 이를 두고 마치 도적을 자기 자식으로 착각하는 경우와 같다고 한다.

그러나 분명히 알아야 할 것은 우리의 마음이 무명번뇌로 껌껌할 때가 바로 그 근본은 지혜광명이며, 생멸로 시끄럽게 요동할 때가 본래적으로 적정한 이치라는 점이다. 그 이유는 자기의 근본 마음자리는 본래 망상으로 요동하는 모습이 아니며, 지혜광명과 번뇌의 어두움이 상대적인 따로의 모습이 아니기 때문이다. 이는 마치 파도와 물이 그 자체의 모습에선 따로의 차별상이 아닌 것과도 같다.

만일 중생이 지관법문을 수행한다면 어두운 모습으로 생멸 요동하는 마음을 전환하여 지혜광명으로서 본래 고요한 불생불멸의 마음을 환하게 드러낼 수 있다. 즉 '지' 수행을 통해 생사를 정지하여 열반을 이룰 수 있고, '관' 수행을 의지해서 생사의 모습인 번뇌를 타파하여 무상정등각(無上正等覺)을 성취할 수 있다.

지관(止觀)은 약과 같고, 탐진치(貪嗔癡) 등의 번뇌와 끝없이 유전하는 생사는 병과 같다. 그렇다면 지(止)라는 약으로 생사의 병을 치료하고 관(觀)이라는 약으로 번뇌의 병을 다스려야 한다. 지관이라는 약은 복용할수록 그 효과는 극대화된다. 그러므로 부지런히 지관수행을 하면 생사번뇌의 모든 병을 거뜬히 치료할 수 있다.

우리의 자성에는 본래 번뇌가 없고, 괴로움의 원인인 번뇌가 없으므로 역시 생사고의 결과도 없다. 그 자리는 미혹과 깨달음이라는 차별상이 본래 공적하고 수행을 통해서 깨달음을 얻는 수행점차의 모양도 허깨비처럼 실재하지 않는다. 이는 마치 마니보배에 모든 색깔이 비치기는 하지만, 그 자체엔 모든 색깔이 본래 없는 것과도 같다. 단지 중생들은 광겁 이래로 진흙탕 속에 오염되고 육진경계에 집착하여 본래 있던 청정한 광명이 실제로는 가리움 없이 가리움이 있게 되었다.

마니보배의 광명을 환하게 드러나게 하려면, 문지르고 세탁하는 과정을 거치지 않을 경우엔 진흙 속에 가려진 마니광명의 본래 모습이 스스로 나타나는 일은 불가능하다. 그렇지만 마니의 청정한 광명은 본래 있기 때문에 인위적인 세탁을 통해 없던 것을 새삼 얻는 것이 아니라, 단지 인위적인 세탁에 의지해서 제 모습이 드러날 뿐이다. 이것이 지관수행을 반드시 행해야 하는 이유이다.

또 반드시 알아야 할 것은 본성과 수행의 상호 관계인데, 수행이라고는 하지만 그것은 본성을 떠난 따로의 수행이 아니고 전체의 본성에서 일으키는 수행이며, 본성이라고 하지만 수행을 떠난 따로의 본성이 아니라는 점이다. 다시 말해 수행을 의지해서 본래 있던 성품이 드러나므로 전체의 성품에서 수행을 일으키는 전성기수(全性起修), 전체의 수행에서 본성이 나타나는 전수현성(全修顯性)이어서, 본성과 수행이 둘이 아닌 성수불이(性修不二)를 두고 지관을 치우침 없이 원만하게 수행하는 원수지관(圓修止觀)이라고 할 수 있다.

지관의 이치는 범부와 성인 모두에게 하나로 통하고, 그 의미는 대소승을 함께 아우른다. 가령 '모든 악한 일을 하지 말라[제악막작(諸惡莫作)]'는 '지' 수행에 해당되고, '뭇 선업을 적극 실천하라[중선봉행(衆善奉行)]'는 '관' 수행에 포섭된다. 또 십악업(十惡業)을 행하지 않는 것은 '지' 수행이며, 동시에 십선업(十善業)을 일으키는 것은 '관' 수행이다. 이처럼 지관은 인천지관(人天止觀)이 있고 한 걸음 더 나아가 소승지관(小乘止觀)도 있지만, 지관의 이치를 원만하게 밝힌다면 대승 삼지삼관(大乘 三止三觀)을 말할 수 있다.

대승 삼지지관은 체진지공관(體眞止空觀)·방편수연지가관(方便隨緣止假觀)·중도지관(中道止觀)이 있는데, 구체적으로 다음과 같다.

진여를 체득하여 망상을 쉬는 체진지공관은 일체법은 꿈과 같고 허깨비와 같아 실체가 없다고 관찰하는 것으로 소극적으로 세간을 벗어나는 수행법이다. 《금강경(金剛經)》에서 말한 '범소유상 개시허망(凡所有相 皆是虛妄)'과 《반야심경(般若心經)》에 나오는 '조견오온개공(照見五蘊皆空)'이 여기에 해당된다.

방편수연지가관은 방편이 그 자체의 모습이고, 방편으로 인연을 따르는 것이 그 작용이다. 공관(空觀)을 통해 일체법이 그 자체는 공이라고 관찰하나, 공에 따로 머물지 않고 다시 인연따라 집착 없는 마음으로 세간을 구제하면서 세간으로 회귀하는 적극적인 수행방법이다. 《반야심경》에서 말한 '도일체고액(度一切苦厄)'이 그 예다.

중도지관을 설명한다면 공(空)과 가(假), 이 둘을 분별하는 마음을 쉬는 식이변분별지(息二邊分別止)와 '공'과 '가'가 원만한 중도라고 관찰하는 중도제일의제관(中道第一義諦觀)이다. 이 중도지관이 지관수행에서 극치를 이룬다.

중도지관은 진속이제가 하나의 이치로 융통하고 주관과 객관이 두 모습이 아니다. 집착 없는 가운데 청정한 마음을 일으키고, 공과 유가 둘이 아니며, 고요와 관조가 하나의 자체이고, 세간과 출세간이 일심의 이치일 뿐이다.

비록 종일 중생을 제도한다 해도 제도할 만한 중생이 없고, 종일 설법한다 해도 끝내 한 법도 설한 바가 없으며, 지 수행처가 바로 관 수행처여서 지에 상즉한 관이고, 관에 상즉한 즉지즉관(卽止卽觀)의 오묘한 지관이다.

그런데도 삼종지관을 이처럼 차례로 말한 이유는 모든 사람들을 쉽게 이해시키기 위해서이다. 실제로 일즉삼(一卽三), 삼즉일(三卽一)이어서 비일비삼(非一非三)이며 삼이일(三而一)인 원융한 중도지관일 뿐이기 때문에 실제로는 삼종차별이 없다.

그러나 지관 중에서 가장 어려운 것은 초보지관이므로, 반드시 좌선법요(坐禪法要)의 차례를 삼종지관의 방편으로 밝혀야 한다.

총설

諸惡莫作 衆善奉行
自淨其意 是諸佛敎

모든 악업을 짓지 말고 갖가지 선업을 받들어 행하라
스스로 그 마음을 청정하게 하는 것 이것이 모든 부처님의 가르침이다.

모든 불자라면 누구나 익히 알고 있는 사구게(四句偈)는 지관법문 뿐만 아니라 일대불법까지 모두 해괄하고 있기 때문에 삼장 십이부경(三藏十二部經)이 이 사구게에 포괄되지 않는 것이 없다.

이 사구게의 문장은 쉽고 간단하지만 의미는 끝없이 심오하기만 하다.

'모든 악업을 짓지 말라'는 지(止)에 해당되고 '뭇 선행을 받들어 행하라'는 관(觀)에 해당되며 '스스로 의식을 정화하라'는 '지관불이(止觀不二)'에 해당된다. 바로 이 도리가 모든 부처님의 가르침이다. 따라서 이 사구게야말로 불법을 수행하는 데 가장 절실한 요점인 것이다.

불교에는 수많은 종파가 있지만 어떤 종파의 학문을 연구하든 간에 핵심은 이 사구게를 근본으로 의지해야만 불법을 올바르게 수행할 수 있다. 그렇지 않으면 악업은 여전히 일어나고 뭇 선행은 올바르게 실천되지 않을 것이다.

설사 총명한 지혜가 남달리 뛰어나 경률론(經律論) 삼장(三藏)을 정미하게 연구한다 해도 핵심을 모르면 마치 바다에서 모래를 헤아리는 것처럼 불법의 진실한 의미와는 전혀 상관이 없어 사견을 지닌 외도의 견해를 이룰 뿐이다.

그러나 악업(惡業)이라는 두 글자는 막연하게 나쁜 짓이라고만 받아들이지 말고 반드시 그 의미를 철저하게 세분해서 규정해야 한다. 이 세상에 악한 법은 헤아릴 수 없을 정도로 많다. 하지만 그 수많은 악업을 요약하면 대략 열 가지로 분류할 수 있다. 행동으로 나타난 신업(身業)이 셋이고[身三], 언어로 나타난 구업(口業)이 넷이며[口四], 의식분별로 일어나는 의업(意業)이 셋이다[意三].

신업은 살생과 도적질, 음행을 말한다. 구업은 이간질하는 말, 헐뜯는 말, 허망한 말, 실제에 맞지 않게 꾸민 말이다. 의업은 탐욕스러운 마음, 상대방을 증오하는 마음, 사리에 어두운 마음이다. 이것을 총체적으로 요약해서 십악업(十惡業)이라고 한다. 이 같은 악업은 자신만 괴로울 뿐 아니라, 상대방까지도 고통을 받게 하기 때문에 십악업을 일으키지 않아야 자타가 모두 괴로움에서 벗어날 수 있다. 따라서 '모든 악업을 짓지 말라'고 하였다.

이를 바꾸어 말하면 이미 일어난 악업은 소멸시키고, 아직 일어나지 않은 악업은 다시는 일어나지 못하게 해야 악업의 뿌리까지 완전히 뽑힌다는 것이다. 이 같이 행해야만 진정한 '제악막작(諸惡莫作)'이라고 말할 수 있으며, 이를 두고 불법을 올바르게 수행하는 것이라고 한다. 이것이 부처님께서 제자들이 기상을 하면 제일 먼저 상기시켰던 '구업을 지키고 의업을 거두며 몸으로는 범하지 말라. 이같이 수행해야만 생사의 세계를 벗어날 수 있다' [수구섭의신막범 여시행자능도세(守口攝意身莫犯 如是行者能度世)]라고 한 구절에 해당된다.

그러나 불법을 수행하는 데 있어서 악업을 짓지 않는 정도에 그친다면 이는 악업을 행하는 것과는 비교가 되지 않겠지만, 지극히 소극적인 자리의 측면에만 머물게 되므로 초보적인 수행에 불과하다. 따라서 모든 악업을 짓지 않는 데 그치지 말고 다시 뭇 선 공덕을 적극 실천에 옮겨야 하는 것이다.

단지 살생을 하지 않는 데 그칠 것이 아니라 한 걸음 더 나아가 모든 생명을 방생해야 하며, 보시와 청정한 범행(梵行)을 행하고, 유연한 언어와 서로 화합시키는 말과 진실한 말을 해야 한다. 또 탐(貪)·진(瞋)·치(癡)의 마음을 일으키지 않는 정도에 그칠 것이 아니라 탐·진·치를 대치할 수 있는 보시와 자비, 지혜의 마음을 일으켜야 한다. 즉 십악업(十惡業)을 대치하는 그 자리에서 진일보하여 십선업(十善業)을 일으켜야 한다.

악업을 짓지 않은 것에만 그치고 선업을 일으키지 않는다면 소극적인 '지' 방편에만 머물게 되므로, 동시에 뭇 선업을 받들어 십선업(十善

業)을 실천해야 적극적인 수행이 된다. 이는 소극적인 자리(自利)에서 다시 적극적인 현실참여[이타(利他)]가 일어나야만, 자리이타가 병진하여 자신의 구제와 세간의 구제가 동시적이어서, 지관을 동시에 수행[지관쌍운(止觀雙運)]할 수 있다. 이럴 경우 불법을 진실하고 올바르게 배우는 보살행의 초보라고 할 수 있을 것이다.

'악한 일은 하지 말고 착한 일을 실천하라'는 이 두 구절은 지극히 평이하지만 일상생활에서 실천하기란 극히 어려운 일이다. 옛 선사는 이를 두고 "세 살 먹은 어린아이도 알 수 있지만 팔십이 된 노인도 막상 실천하기 어렵다."고 가르쳤는데, 참으로 깊이 음미해야 할 법문이다.

우리가 일상생활에서 그 어떤 악업도 털끝만큼 일으키지 않는다면, 우리의 마음에서 악한 번뇌가 일어나지 않으므로 의식은 고요한 호수처럼 안정되어 다시는 뒤바뀐 망상이 일어나지 않을 것이다. 또한 뭇 선 공덕을 받들어 실천에 옮길 수 있다면, 지혜광명이 일어나 마음은 평화롭고 몸의 기운도 조화되어 항상 유연하게 사리의 올바름을 훌륭하게 따르게 될 것이다. 마음가짐과 행동이 거칠거나 급한 모습이 없게 되면 이를 두고 '의식이 자연스럽게 정화된다'라고 한다.

'제악막작 중선봉행(諸惡莫作 衆善奉行)'이라는 두 구절의 의미는 이처럼 심오하고, '자정기의(自淨其意)'는 본질과 현상을 철저하게 꿰뚫어 일체의 의미를 해괄하였다. 그 이치는 대·소승불교에 두루 빠짐없이 통한다.

좀 더 구체적으로 말해보자. 무엇을 두고 '자정기의'라고 할까.

우리 중생들은 일거수일투족 하는 일마다 찰나찰나 집착을 일으킨다. 가령 보시행을 하면 나는 보시를 행하는 사람이 되고, 상대방은 보시를 받는 대상이 되며, 그 중간에 오가는 물건이 있다. 이처럼 베푸는 자, 받는 자, 중간 물질이라는 삼륜(三輪)이 수레바퀴 돌 듯 하면서 그에 대한 집착이 끊이지 않기 때문에 주고받는 가운데서 애증과 분별과 시비를 버리지 못한다. 이는 보시행을 하면서 일으키는 또 하나의 집착이고 번뇌이다. 이를 두고 견사혹(見思惑), 즉 아집을 일으키는 번뇌라고 한다.

육도범부는 진여성공(眞如性空)의 이치를 미혹하여 허망한 분별번뇌를 내적으로 일으킨다. 이 번뇌를 견혹(見惑)이라고 한다. 견(見)은 분별의 의미이다.

내적으로 주관적이고 심리적인 번뇌, 즉 견혹을 일으키면 일체 역순(逆順) 경계를 마주했을 때 그 대상에 있어서 다시 탐심과 진심, 애증심을 일으키게 되는데, 이는 객관대상을 탐애하는 번뇌인 사혹(思惑)에 해당된다. 사(思)는 탐애의 뜻이다.

중생들은 견사혹을 따라 끝없는 악업을 짓게 되는데, 이것이 삼계 생사의 원인이 되어 끝내는 그에 따른 과보를 부르게 된다. 이것이 중생들의 생사윤회 인과관계이다. 즉 미혹을 일으키면 그에 상응하는 업을 짓고, 이것이 원인이 되어 삼계생사의 과보를 받는다는 것이다. [기혹조업수과(起惑造業受果)]

이를 통해서 알 수 있는 것은 세간에서 유루번뇌로 십선(十善)을 행한다면, 마음에 집착이 일어나 설사 선행을 간단 없이 행한다 해도 의식은 청정하게 정화되지 않고 다시 유루법(有漏法)이 된다는 것이다.

그렇다면 어떻게 해야만 할까. 두말할 나위 없이 반드시 집착 없는 마음으로 악업을 그치고[止] 견사혹을 제거해야 진정한 '제악막작'이라고 말할 수 있으며, 다시 무루(無漏)의 계정혜(戒定慧) 삼학(三學)을 닦아 중생이 본래 없는 이치를 깨닫고 아집이 끊어진 자리에서 진공(眞空)의 지혜가 나타나야 진정한 '중선봉행'이라고 할 수 있다.

　중생들이 선업을 일으키는 것은 궁극적으로 이고득락(離苦得樂)하는 데 그 목적이 있다. 그러나 집착하는 마음으로 유루선업(有漏善業)을 일으킨다면 끝내 생사의 속박을 벗어나지 못하고, 과보가 다하면 다시 악한 세계에 떨어지므로 역시 악업으로 귀결한다는 것이다.

　이와 같이 세간의 십악(十惡)은 말할 것도 없거니와 설사 유루십선(有漏十善)이라 할지라도 악업을 일으키는 견사이혹(見思二惑)의 범주를 벗어나지 못한다. 우리가 모습에 집착하지 않고 행할 수 있다면 세간 십선은 당연히 실천해야겠지만, 무루 계정혜를 바탕으로 이루어지는 일체 모든 선업도 간단 없이 정진하고 실천해야 한다.

　다음으로 '자정기의(自淨其意)'라고 했는데, 이 의미를 부연한다면 마음속에서 일어나는 삼계내의 유루 견사번뇌를 끝까지 쓸어내고, 일체법은 그 자체가 진공무아(眞空無我)의 이치임을 여실하게 관조해야 한다.

　부처님께서는 《금강경》에서 이 문제에 대해 사구게로 다음과 같이 말씀하셨다.

범소유상(凡所有相)

개시허망(皆是虛妄)

약견제상비상(若見諸相非相)

즉견여래(卽見如來)

일반적으로 존재하는 모든 모습들은

모두 허망 분별로 떠오른 모습이라네

만약 허망의 모습 실제상이 아님을 본다면

즉시 여래의 참모습을 볼 수 있으리

불교를 수행하는 사람이 이와 같이 여실한 이치를 알았다면 모든 행동과 마음가짐, 사물에 있어서 집착심을 일으키지 않아야 한다. 이것이 시방삼세 모든 부처님의 무루(無漏) 가르침이다[시제불교(是諸佛敎)].

부처님께서는 다시 말씀하셨다.

약인욕식불경계(若人欲識佛境界)

당정기의여허공(當淨其意如虛空)

어떤 사람이 깨달음의 세계를 알고 싶다면

그 의식을 허공처럼 정화하라

우리 중생들의 마음은 무시이래로 번뇌의 때에 오염되었기 때문에 반드시 무쇠처럼 견고한 마음으로 번뇌를 쓸어내야 의식을 청정하게 정화했다고 할 수 있다[자정기의(自淨其意)].

그렇다면 번뇌를 쓸어낼 수 있는 방법은 무엇일까. 이것도 지관수행에서 벗어나지 않는다.

지(止)란 무엇인가. 그것은 바로 '제악막작'이며 관(觀)은 중선봉행'을 말한다. 모든 악업을 끊는 것은 열반사덕(涅槃四德) 가운데 번뇌를 끊음으로써 이루어지는 단덕(斷德)에 해당되고, 선업을 받들어 행한다 함은 번뇌를 끊고 지혜를 얻는 지덕(智德)에 해당된다. 지덕과 단덕을 병행하면 단덕인 '복'과 지덕인 '지혜'가 함께 원만해지는데, 이 둘이 끝까지 원만해지면 그를 여래(如來)라고 부른다. 이 같은 여래께 우리는 항상 '귀의불 양족존(歸依佛兩足尊)'이라고 찬탄하며 귀의한다.

이상에서 열거한 사구게는 본 지관법문의 총체적인 강령이다. 그러므로 여러분은 정미하게 연구하여 그 이치가 분명하게 드러난 뒤에 직접 실천에 옮겨야 한다.

우리들은 반드시 악업을 짓지 않음으로써 이종생사(二種生死)와 그 원인인 혹업(惑業)을 끊어야 하며, 끝내는 육바라밀을 실천 수행하여 자리이타행(自利利他行)을 원만하게 성취해 일체 중생과 모두 함께 성불해야 한다.

옛말에 "낮은 곳으로부터 높은 곳에 오르고, 가까운 데에서 먼 곳에 도달한다."라는 말이 있다.

이처럼 악업을 버리고 선행을 닦고, 이를 통해 미혹을 끊고 진리를 증득하며, 더욱이 어느 한쪽에도 치우치지 않고 선악을 떠난 중도가 따로 있다는 생각도 일으키지 않는다면, 의식은 허공처럼 정화되어 마침내 성불에 이르게 될 것이다.

若夫泥洹眞法 入乃多途 論其急要 不出止觀二法

생사를 벗어나 열반에 드는 방편문이 많기는 하지만, 그 많은 방편 가운데서 지관 방편이 가장 시급히 해야 할 요점임을 서술하고 있다.

니원(泥洹)은 열반이라고 음역한다. 그 의미를 말한다면 불생불멸(不生不滅)이라고 하는데, 열반은 생사에 대비해서 하는 말이다.

우리가 먼저 알아야 할 것은 중생들이 본래 보리열반이며, 청정한 자체이고, 불생불멸이라는 점이다. 그런데도 무엇 때문에 번뇌에 오염된 중생이 되었을까. 실로 그 이유는 내 마음 진여의 이치가 자체 성질만을 고집스럽게 지키지 않고[진여불수자성(眞如不守自性)], 최초 일념이 망상으로 요동하여 오묘하게 밝은 마음의 이치를 등지고 무명번뇌가 되어 본각(本覺)을 미혹함으로써 무명번뇌에 싸인 불각(不覺)을 이루었기 때문이다.

이 때문에 내 마음 진여법신(眞如法身)이 육도의 세계로 생사유전하면서 우리의 진실한 성품이 태(胎)·란(卵)·습(濕)·화(化) 등 사생(四生)에 침몰하였다. 이로부터 불생불멸하고 청정하기만 한 자성열반법이 생멸에 오염된 깜깜한 번뇌법이 되어 종일토록 마음을 밖으로 치구하면서 본래 없는 생사윤회에서 벗어나지 못하게 된 것이다.

여래는 지혜의 안목으로 중생이 끝없는 생사의 고통을 간단 없이 받는 모습을 관찰하고 그들을 매우 불쌍히 여기셨다. 그 때문에 부처님께서는 모든 중생들에게 생사로부터 벗어나 불생불멸하는 열반의 이치를 깨달으라고 가르치셨다.

그러나 우리가 유의해야 할 것은 불생불멸의 열반이 바로 생멸 속에 있기 때문에 생멸을 떠난 밖에 따로의 열반이 있지 않다는 점이다. 여기에서 말하는 니원(泥洹)은 바로 불생불멸하는 열반의 이치를 말한다.

부처님께서는 중생을 열반의 길로 인도함에 있어서 그들의 근기와 습성이 한결같지 않다는 점을 간파하셨다. 때문에 일체 수행법문을 중생의 근기에 따라 설하였는데, 그것은 마치 수많은 지름길을 통해서 하나의 목적지에 도달하는 것과도 같다.

이처럼 많은 수행길이 있다 해도 최후 근원에 도달하면 낱낱의 수행이 불생불멸인 열반의 이치를 증득하는 것으로 그 목적지를 삼게 된다.

따라서 부처님께서 설하신 팔만사천 수행문 모두가 궁극에는 열반실상의 이치를 증득하는 데 있다. 때문에 부처님께서는 "수많은 수행 방편문이 있지만 그 근원에 도달하면 두 갈래의 길이 없다"라고 말씀하신 것이다.

이처럼 모든 종파의 수행이 이치에 있어선 지관수행을 떠나지 않고 있건만, 단지 각 종파에 따라 명칭과 형식을 달리하고 있을 뿐이다.

가령 예를 들면 화엄종에서는 법계관을 수행하고 보현행을 실천하는 것으로 그 요체를 삼지만[관사법계수보현행(觀四法界修普賢行)], 화엄종에서 행하는 수행이 근본적으로 사종법계관(四種法界觀)을 통해 번뇌를 그친 자리에서 다시 걸림 없는 보현행으로 지혜관을 일으킨다는 점에서 지관의 이치를 벗어나지 않는다고 할 수 있다.

또 정토종(淨土宗)에서 행하는 염불수행도 염불을 통해서 모든 번뇌를 쉬고 그 자리에서 관찰대상인 서방 아미타부처님이 더욱 분명하게 떠오른다는 점에서 역시 이 지관의 이치를 염불수행으로 행하고 있을 뿐이다.

이로써 결론지을 수 있는 것은 지관이야말로 모든 수행인들의 궁극의 목표인 열반과를 증득하는 가장 뛰어난 길이기에 "모든 수행이 지관이라는 두 가지 수행법문을 벗어나지 않는다"고 하였다.

所以然者 止乃伏結之初門 觀是斷惑之正要

그렇다면 무엇 때문에 지관법문이 열반으로 들어가는 첩경이라고 할 수 있을까. 우선 중생을 결박하는 번뇌부터 설명하기로 한다.

'결(結)'은 중생을 자유롭지 못하게 속박하고 고통으로 지배한다는 의미에서 결사번뇌(結使煩惱)라고 한다. 구체적으로 말하면 삼계 내 범부의 번뇌인 견사결(見思結)과 삼계 밖에서 소승인이 일으키는 진사결(塵思結)이 있는데, 이는 지말번뇌이다. 또 대승보살이 일으키는 근본번뇌인 무명결(無明結)이 있다. 이 세 종류의 근본·지말번뇌를 총체적으로 하나의 의미로 묶어 '결(結)'이라고 한다. 범부중생은 이 세 가지 번뇌에 결박당하여 자유롭지 못하기 때문에 종일토록 깜깜하고 애매모호하여 시끄러운 번뇌가 쉬지 않는다.

이 같은 번뇌를 어떻게 다스려야만 하겠는가. 그것은 다름 아닌 '지'

수행을 통해서 번뇌를 조복 받아야 한다. 그러나 '지' 수행을 통해서는 겨우 조복만 받을 수 있을 뿐, 실제로는 근본뿌리까지 단절하지 못한다. 이는 마치 풀을 돌로 눌러 놓았을 때 뿌리는 땅속에 그대로 살아 있으므로 돌만 들어내면 언제라도 줄기가 되살아나는 이치와도 같다. 그러므로 '지' 수행문은 번뇌를 항복받는 초보에 불과할 뿐이다.

다음으로 관(觀)에 대해 설명해보자.

관은 지를 통해 번뇌를 그친 자리에서 다시 올바른 지혜 관찰을 일으킨다는 의미다. 중생들의 마음속에 깊이 박힌 번뇌의 근본뿌리를 끝까지 끊고자 한다면 반드시 올바른 지혜로 제법실상의 이치를 정확히 관찰해야 한다. 이를 비유하면 날카로운 칼로 땅속에 잠복해 있는 풀뿌리까지 절단하여 영원히 되살아나지 못하게 하는 이치와도 같다. 따라서 '관' 수행은 번뇌를 끝까지 끊고 진여를 증득하는 최초의 수행방편이다.

이를 통해서 알 수 있는 것은 '지' 수행을 통해 우선 번뇌를 조복 받아야 하고, 지말번뇌의 조복이 이미 끝났으면 한 걸음 더 나아가 '관' 수행을 일으켜 반드시 지말번뇌를 일으키는 근본무명의 번뇌 뿌리마저 끊어야 한다는 점이다.

우리가 지관을 수행하는 목적은 번뇌를 끊고 생사를 초월하여 보리를 성취하는데 있다면 지관법문이야말로 수행하는 데 있어서 가장 올바른 요점이라고 할 수 있다. 이는 천태종파(天台宗派)에만 국한되지 않는다. 다른 어떤 종파의 수행을 막론하고 모두 번뇌를 끊고 진여를 증득하는 것으로 그 근본을 삼는다. 이를 두고 지관이 모든 수행의 정요(正要)라고 했다.

止則愛養心識之善資 觀則策發神解之妙術

여기에서는 지관수행을 했을 때 그에 따라 일어나는 지관의 오묘한 작용을 나타내고 있다. 우리가 내적으로 마음을 아끼고 기르려 할 때 '지' 수행이 아니면 불가능하며, 신령한 견해가 일어나게 하려면 '관' 수행을 버리면 도달할 방법이 없다.

평소 지관을 수행하지 않을 때 우리 마음은 마치 보는대로 흉내내기를 좋아하는 원숭이처럼 하루 종일 망상이 어지럽게 분분하다. 그러나 '지' 수행을 하면 망상은 정화되고 의식은 분명해져 탁한 생각은 맑아지고 마음은 청정해진다. 그러므로 '지' 수행은 내적으로 마음을 조화하고 기르는 장점이 있고, 신령한 본성이 발현할 수 있도록 보조역할을 해주는 훌륭한 방법이기도 하다.

앞에서 이미 '지' 수행을 통해 자기 마음에서 일어나는 망상을 잠재우고 조복 받았고, 다시 '관' 수행을 일으켜 회광반조(廻光返照)하는 공부로 제법실상(諸法實相)을 환하게 관찰하였다. 이처럼 오랫동안 공부를 계속하면 자기 마음속에서 신통묘혜와 지혜광명이 홀연히 나타난다.

결론적으로 말하면 '지' 수행은 산만하게 움직이는 산란심을 억제하고, '관' 수행은 내 마음 속의 어두운 구석을 관찰하는 것이다. 즉 '지' 수행을 통해 모든 번뇌집착을 놓아버리고, '관' 수행을 통해 번뇌를 놓아버린 그 자리에서 다시 올바른 지혜를 일으켜야 한다. 따라서 지관을 병행해야만 우리의 마음을 잘 기를 수 있고, 다시 신령한 지혜가 일어날 수 있도록 경책까지 할 수 있는 것이다.

망상의 마음이 바로 생사를 일으키는 근본이다. 때문에 영가(永嘉) 스님은 이를 두고 이렇게 말씀하셨다.

"공덕을 덜어내고 법신을 성취한 바탕을 소멸하는 그 모든 것이 망상을 따라 일어난다."

이처럼 망상은 이미 선법이 아니건만, 무엇 때문에 그 마음을 기르고 아껴야만 하겠는가.

우리가 여기서 간과해선 안될 것은 망상인 심의식(心意識)이 번뇌악법이라고는 하지만 번뇌를 떠나지 않은 상태에서 그 가운데 여래의 지혜공덕을 갖추고 있다는 점이다. 마치 탁수(濁水)가 맑아지면 바로 청수(淸水)이듯이. 그 때문에 망상의 마음을 잘 다스리고 보호해야 한다.

또 망상심식은 모든 선악업의 인연을 따르는 작용도 함께 갖추고 있다. 가령 그 마음으로 악업을 지으면 끝없이 삼악도에 윤회하겠지만, 반대로 선업으로 사용하면 생사를 초월하여 깨달음을 성취하는 것도 역시 망상을 떠나지 않고 이루어지기 때문이다.

이 같은 이유로 천태종에선 최초로 수행을 시작할 때는 제육의식(第六意識), 즉 현재 일어나는 망상에서 시작하라고 가르친다. 그 의도는 생멸에서 생멸망상이 본래 없는 이치를 관찰하여 생멸이 끊긴 열반의 경지에 도달하게 하려 하기 때문이다. 요컨대 망상 속에서 진심을 구하고 망상 밖에서 따로 존재하는 진심을 구하지 말라고 한다.

우리 중생들은 최초에는 완전한 진심 상태에서 홀연히 망상을 이루었다. 그러므로 지관을 수행하면 전체의 망상에서 전체의 진심에 도달할 수 있다. 만약 망상을 떠나서 진심을 별개의 모습으로 따로 구한다면, 그것은 마치 파도를 버리고 물을 찾는 것처럼 어리석은 짓이다. 다시 말해서 파도가 일어나는 곳이 본래 물이듯이, 망상 일어나는 자리가 본래 진심 자리이다.

망상에서 사량분별(思量分別)을 일으키지 않고 면밀한 지혜로 관조하여 수행을 오래도록 지속한다면 언젠가는 마치 통 밑이 쑥 빠지듯 마음이 활짝 열릴 것이다. 이러한 시절을 두고 '온 대지가 있는 그 자리에서 사라지고 허공마저 분쇄되어 신령한 광채가 홀로 빛나 육근과 육진의 구속에서 아득히 벗어난다'고 한다. 이치가 이러하기 때문에 '지' 수행이 아니면 산란심을 조복 받을 수 없고, '관' 수행이 아니면 신령한 지혜가 일어나지 않는다.

따라서 지관 두 수행법이야말로 상즉관계를 이루어 피차가 서로에게 바탕이 되고 보조 역할을 하여, 상호간에 동시적인 관계를 이루기 때문에 둘 가운데 어느 하나라도 빠지면 올바른 중도수행이 성립되지 않는다.

止是禪定之勝因 觀是智慧之由籍

지관 수행법은 서로가 동시적으로 밑받침이 되는, 상호관계성의 의미에 대해 말하고 있다. '지' 수행을 닦아야 자기 마음에서 일어나는 번뇌를 쉴 수 있다. 그러므로 지 수행은 선정삼매를 이루는 뛰어난 원인이며, 선정삼매는 지 수행을 통해 얻어진 훌륭한 결과이다. 선정은 바로 삼매를 의미한다.

따라서 지 수행을 하지 않는다면 어떻게 삼매를 얻을 수 있겠는가. 삼매(三昧)를 의역하면 정정(正定) 또는 조직정(調直定)이다. 우리 중생들은 하루 종일 허겁지겁 동분서주하면서 조화롭고 곧은 마음을 쓰지 못한다. 이처럼 탁하고 시끄러운 마음을 담연하게 고요한 마음으로 오랫동안 수행하다 보면 자연히 청정해질 것이다. 이는 마치 요동치는 항아리 속의 탁한 물은 고요하게 안정시켜야 맑아지는 이치와도 같다.

옛 사람은 이에 대해 "삼라만상이 목전에 나타난다 해도 나의 중심은 시끄럽게 요동하지 않는다."고 하였다.

우리가 만물에 무심할 수만 있다면 만물에 에워싸여 있다 한들 그것이 무슨 방해가 되겠는가. 이는 마치 무쇠로 만든 감정 없는 소는 사자의 포효 소리에도 두려워하지 않고, 나무로 만든 장승은 아름다운 꽃이나 재잘대는 새를 본다 해도 전혀 느낌이 없는 것과 같다.

삼라만상이 목전에 어지럽게 나타난다 해도 자신의 마음은 담담하고 적적하기만 하여 산란심으로 요동하지 않고 항상 선정 속에 있다. 우리가 이 같은 선정삼매를 아직 얻지 못했다면 반드시 지 수행을 닦아야만 산란하게 움직이는 망상을 정지할 수 있다. 때문에 '지를 닦으면 그것이 선정삼매의 결실을 이룰 수 있는 훌륭한 씨앗이다'라고 하였다.

이어서 '관 수행을 하면 이를 바탕으로 해서 지혜가 일어난다'고 하였는데, 여기에서 우리가 알아야 할 것은 지혜는 무엇을 따라 일어나는가 하는 문제이다. 지혜는 반드시 관 수행을 통해서만 얻어진다.

관(觀)의 의미를 말해본다면 관조(觀照)이다. 이는 선종(禪宗)에서

'화두를 돌이켜 관조한다'라고 한 경우와 《반야심경》에서 '조견오온개공(照見五蘊皆空)' 했을 때의 관조의 의미와 동일하다.

지 수행을 따라 관 수행에 도달하며, 지 수행을 통해서 얻어진 선정을 바탕으로 관 수행을 따라 지혜가 발현된다. 다시 말해서 관(觀)은 지(止)를 따라 일어나고 혜(慧)는 정(定)을 통해 발현한다. 이를 두고 지관쌍운(止觀雙運) 정혜등지(定慧等持)라고 한다.

경전에서도 이 문제를 두고 "걸림 없는 청정한 지혜는 모두 선정삼매를 통해 일어난다."고 하였다.

관 수행을 통해 지혜관조의 작용이 환하게 나타나야만 일체제법이 허깨비와 같다는 것을 통달하고, 일체제법은 있다 해도 실체가 없으므로 공(空)이며, 실체 없는 제법이 다시 인연을 따라 일어났기 때문에 현상 세계는 목전에 있다 해도 가(假)이다. 이 둘은 공이면서 가이고 가이면서 공이므로, 공과 가가 둘이면서도 둘이 아닌 중도의 이치인 것이다. 따라서 선정과 그에 따른 지혜를 얻으려면 지관 수행을 하지 않으면 불가능한 일이다. 결론적으로 말해서 모든 종파의 수행인들이 각양각색 다른 모습으로 수행을 한다 해도 그 모든 수행은 지관의 이치를 벗어나지 않는다는 것이다.

일반적으로 염불수행과 좌선참구로부터 간경(看經)에 이르기까지 모든 수행이 지관의 이치를 의지해서 이루어지고 있다. 예를 들면 경전을 독송할 경우 지극일념으로 경전의 도리에 집중하여 마음이 혼란하지 않는다면 그것이 바로 지(止)이고, 경전을 통해서 얻어진 도리를 의식으로 분명하게 관조하는 것은 관(觀)이다.

또 하나의 예를 든다면 우리가 염불수행을 할 때 '나무 아미타불' 명호를 일심으로 지니면서 마음이 혼란하지 않는 상태가 지(止)이고, 마음이 혼란하지 않은 상태에서 부처님 명호를 더욱 분명하게 부르는 것은 관(觀)이다.

이 뿐만 아니라 우리가 평소에 향을 사르고 꽃을 올리고 예불하고 경전을 독송하는 등 이 모든 수행문이 지관이라는 두 법문을 떠나지 않는다. 이것이 지관 수행의 효용이다.

若人成就定慧二法 斯乃自利利他法皆具足

지관을 수행하면 뛰어난 이익이 있다. 지(止)는 선정(定)을 이루는 근본[因]이고, 지혜(慧)는 관 수행의 결과(果)이다.

만일 수행인이 정혜(定慧)를 원만하게 성취할 수 있다면 바로 그 자리에서 자리이타행(自利利他行)을 일으킬 수 있다. 자리(自利)는 모든 중생에게 안락함을 부여하는 대자(大慈)의 마음이고, 이타(利他)는 모든 사람들의 괴로움을 없애주는 대비(大悲)의 마음이다. 수행인이 자리의 선정과 이타의 지혜를 만족하게 갖춘다면, 자비와 지혜를 치우침 없이 쌍으로 운행할 수 있고, 자타(自他)가 함께 이익을 누릴 수 있다. 이는 지관수행을 겸수함으로써 이루어진다.

故法華經云 佛住大乘 如其所得法 定慧莊嚴 以此度衆生

지관수행으로 얻어진 뛰어난 이익이 무엇인지 《법화경》에서 인용하여 증명하였다.

이 문제를 《법화경》에서는 다음과 같이 말하고 있다.

"부처님은 지관이 둘이 아닌 대승법 가운데 머물면서 거기에서 얻어진 법에 걸맞게 지관 정혜의 힘으로 장엄하지 않음이 없으시다. '지'를 통해 선정을 얻어 복덕(福德)으로 장엄하고, '관' 수행으로 혜를 얻어 지덕(智德)으로 장엄하였다. 부처님은 이처럼 복덕과 지덕으로 자심 본성을 장엄하여 복덕과 지덕, 그 자성이 둘이 아닌 오묘한 장엄을 하였다. 지금 부처님은 자신이 장엄한 선정과 지혜로 다시 모든 중생까지 장엄하여 이로써 모든 중생을 제도하신다."

부처님을 한마디로 요약하면 복덕과 지덕일 뿐이며, 이는 지관수행을 통해서만 이루어진다.

當知此之二法 如車之雙輪 鳥之兩翼 若偏修習 卽墮邪倒

여기에서는 지관수행이 어느 한쪽으로 치우칠 경우 그에 따른 폐단에 대해 지적하고 있다.

'마땅히 알아야만 된다[當知]'. 이 두 글자는 경책하고 훈계하는 말이다. 그 의도는 지관을 쌍으로 닦아야 한다는 의미를 모르면 올바른 불도로 쉽사리 승진하지 못한다는 것을 말하고 있다.

지관 두 법은 비유하면 수레의 양쪽 바퀴와 같고, 새의 양 날개와도 같다. 수레는 양쪽 바퀴가 있어야 천리 먼 길을 갈 수 있고, 새는 두 날개가 있어야 하늘로 드높이 날아오를 수 있다. 이와 마찬가지로 지관 두 법을 하나로 합하면 둘 다 아름답겠지만, 따로 분리하면 양쪽 모두가 손상되므로 이 두 가지 가운데 어느 한쪽도 결손 되어서는 안 된다.

가령 선정에만 치우치고 지혜를 소홀히 하면 바짝 마른 선정에 떨어지고, 반대로 지혜만 소중히 여기고 선정을 파기한다면 미친 지혜를 이루게 되어, 이 둘 다 병통이다. 그러므로 다음 문장에선 경전에서 인용하여 이 의미를 증명하고 있다.

故經云 若偏修禪定福德 不學智慧 名之曰愚 偏學智慧 不修禪定福德 名之曰狂 狂愚之過 雖小不同 邪見輪轉 蓋無差別 若不均等 此則行乖圓備 何能疾登極果

여기에서는 지관을 어느 한쪽으로만 치우쳐 수행할 경우, 그 폐단에 대해 경전에서 인용하여 증명하고 있다.

수행인이 선정에 의한 복덕을 오로지 유위법으로만 짓고 지혜를 배우지 않는다면 끝내 생사의 세계에서 벗어나지 못한다. 복만 있고 지혜가 없으면 그를 어리석은 사람이라고 하는데, 이는 사회에서 숱하게 볼 수 있는 일이다. 이와는 반대로 지혜 쪽으로만 치우치면 이를 두고 복만 있고 지혜가 없는 어리석은 복이라고 한다.

예를 들면 위로는 천문을 알고 아래로는 지리를 통달하여 세간의 지혜와 변재가 특출하게 뛰어난 인재라도 일생을 가난하고 괴롭게 사는 경우가 허다하다. 이는 미친 지혜만 있고 복은 없기 때문이다. 미친 지혜와 어리석은 복, 이 둘의 허물이 동일하지 않으나 이 잘못된 복과 지혜를 끝까지 다 사용한다 해도 생사에서 벗어난 대해탈인은 되지 못한다. 모두가 생사윤회 가운데 고통 받는 사람일 뿐인 것이다.

지관수행이 평등하지 못하고 선정과 지혜가 함께 일어나지 않는다면, 그 수행은 원융한 중도에 어긋나 위없는 극치의 깨달음을 얻고자 해도 끝내 뜻대로 되지 않는다. 가령 염불수행을 할 때 입으로만 아미타부처님 명호를 외우고 마음속으로 망상을 잠재우지 못하면, 이는 '관' 수행만 있을 뿐 '지' 수행이 없으므로 지혜만 있고 그를 뒷받침할 선정은 없다. 이와는 반대로 망념은 없으나 마음이 애매모호하게 어둡다면, 이는 '지' 수행만 있을 뿐 '관' 수행이 없어 선정만 있고 지혜는 없다.

이 같이 한쪽으로 치우치게 염불수행을 한다면 결코 깨달음의 이익을 얻기 어렵다. 그러므로 반드시 선정과 지혜가 원융하고 마음과 행위가 합일한 상태에서 일념으로 염불해야 정토업을 신속하게 이루며 극락구품연대에 높이 오를 수 있고, 끝내는 아미타부처님을 친견하고 위없는 보리과(菩提果)를 증득할 수 있다.

故經云 聲聞之人 定力多故 不見佛性

이 문단에서도 경전에서 인용하여 지관을 쌍으로 운행하는 것이 절실히 중요하다는 것을 밝히고 있다.

앞의 문단에서 수행인은 어느 한쪽에 치우치면 안된다고 말하였다. 만일 선정 쪽으로 치우치면 지혜가 없는 바짝 마른 선정에 떨어지고, 지혜 쪽으로만 닦으면 미친 지혜로 타락한다고 하였다. 때문에 여기에서는 다시 지관을 수행하는 자라면 반드시 지관이 균등해야 하고 정혜가 원융해야 한다고 거듭 경전에서 인용하여 증명하고 있는 것이다.

성문(聲聞)은 부처님의 사제(四諦) 설법하는 음성 교화를 직접 들어야만 도를 깨닫는 자란 의미이다. 이는 불교에서 흔히 말하는 소승인(小乘人)이다.

성문은 유(有)를 버리고 공(空)을 관찰하는 것으로 깨달음의 극치를 삼는다. 일체 현상제법은 그 자체가 공적하여 끝내 실체를 얻지 못한다는 것을 알고 현실 '유'를 떠난 밖에서 따로의 '공'에 집착하여 공정(空定)에 치우치므로 진공묘유(眞空妙有)에 대한 중도 지혜관조가 결손된다. 때문에 공과 유가 둘이 아닌 중도불성의 이치를 보지 못한다.

十住菩薩 智慧力多 雖見佛性 而不明了

불성은 '공'에 막히지도 않거니와 그렇다고 '유'에 집착하지도 않는다. 공과 유의 이변에 떨어지지 않고 역시 이변을 떠난 따로의 중도 모습도 아니다.

십주보살(十住菩薩)은 성문인과는 반대로 선정의 힘은 부족하고 지혜 쪽으로만 치우쳐 있다. 그들은 본질인 공에서 벗어나 다시 현실 가

유(假有)로 나와 중도의 가르침을 의지해서 처음 발심주(發心住)에서 불퇴위인 제칠주(第七住)에 이르러 삼계견사혹(三界見思惑)을 끊고, 다시 제팔주(第八住)에서 제십주(第十住)에 이르러서 진사혹(塵沙惑)을 수행하여 깨달은 분야만큼 타파한다.

그러므로 진제의 공에서 다시 속제인 현실 '가유(假有)'로 나와 중도 불성의 이치를 비량으로 흡사하게 이해하기는 하지만, 그 이치를 명료하게 깨닫지는 못한다. 그 경지는 마치 비단으로 눈을 가리고 밝은 달을 희미하게 겨우 보는 것과도 같다고 한다.

諸佛如來定慧力等 是故了了見於佛性

여래만이 비공비유(非空非有)의 이치를 명료하게 통달하고 자연스럽게 다시 즉공즉유(卽空卽有) 할 수 있어 공과 유를 쌍으로 부정함과 동시에 이를 동시에 쌍으로 긍정하는 묘용을 일으킬 수 있다. 그 경지는 공과 유가 둘이 아니고 정혜가 평등하여 이변이 상대적으로 성립하지 않고 이변을 떠난 따로의 중도도 안립하지 않는다. 때문에 부처님은 명료하게 중도불성의 이치를 볼 수 있다.

육도세계의 범부는 현상 '유'에 집착하고, 성문은 현실 '유'를 떠난 따로의 '공'에 집착하고, 보살은 제도 받을 중생과 제도하는 자신이 있다는 이변업(二邊業)에 집착한다. 그들 모두는 방향과 정도의 차이는 있을지언정 결과적으로 집착에서 벗어나지 못한다.

그러나 오직 부처님만이 공과 유를 동시에 떠난 상태에서 다시 즉공즉유[非空非有]하며, 이변을 버리고 중도마저 멀리하여 오직 원융한 중도묘관으로 불성의 이치를 철저하게 관조한다. 그 경지는 공도 유도 중도도 아니지만 공과 유와 중도가 따로 분리하지 않고 바로 상즉관계를 이룬다[비공비유비중도 즉공즉유즉중도(非空非有非中道 卽空卽有卽中道)].

이는 일체 현실의 차별상을 떠난 상태에서 다시 일체법과 상즉관계로서 상즉을 떠났지만 상즉 아님까지도 떠나 바로 상즉인 상태에서 즉시 상즉의 모습도 아니다[이즉이비 시즉비즉(離卽離非 是卽非卽)]. 때문에 중도불성이 분명하게 나타난다.

이 같은 여래의 선정과 삼매는 무엇을 통해서 증득할 수 있겠는가. 그것은 다름 아닌 지관을 수행함으로써 성취된다.

지(止)는 선정이고 관(觀)은 지혜이다. 정혜를 원융하게 이루고 지관을 평등하게 수행하여 고요와 관조가 둘이 아니고[적조불이(寂照不二)], 지혜광명과 마음의 고요가 하나의 자체[명정일체(明靜一體)]여야만 여래의 지관이라고 할 수 있다. 여기에서는 어느 한쪽에 치우친 수행폐단이 없다.

옛 큰스님은 말씀하셨다.

"마음이 고요한 가운데 뚜렷하면 옳고[적적성성시(寂寂惺惺是)], 고요한 가운데 아무런 생각이 없다면 틀린 것이다[적적무기비(寂寂無記非)]."

이처럼 마음이 뚜렷한 쪽으로 치우치면 관 수행만 있고 지 수행이 없으므로[유관무지(有觀無止)] 지혜만 있고 선정은 없으며, 반대로 고요한 쪽으로 치우치면 지 수행만 있고 관 수행은 없어[유지무관(有止無觀)] 선정만 있고 지혜는 없다.

그러므로 어느 한쪽에 치우친 수행을 한다면 끝내 선정과 지혜에 있어서 그 어느 쪽에도 치우침 없는 중도불성의 이치를 보지 못하게 된다. 때문에 반드시 마음이 항상 고요한 가운데 항상 뚜렷해야 한다[상적적이상성성(常寂寂而常惺惺)].

고요할 땐 마음에 조금도 흐릿함이 없이 분명해야 하는데, 이는 마음이 고요한 상태에서 분명히 관조하는 모습이다[즉적이조(卽寂而照)].

또 항상 뚜렷한 상태에서 항상 고요하여, 분명하게 관조하면서도 일념망상이 일어나지 않고, 바로 관조하면서 그 자리에서 고요해야 한다[즉조이적(卽照而寂)].

따라서 마음은 고요한 상태에서 항상 분명함은 즉지이관(卽止而觀)이고, 항상 분명한 상태에서 항상 고요함은 즉관이지(卽觀而止)다.

이를 두고 마음이 분명함과 고요함이 둘이 아니며[성적불이(惺寂不二)] 지와 관이 일여함이라 하는데[지관일여(止觀一如)], 이처럼 지관을 쌍으로 운행해야 진실한 지관수행이고 그에 따른 정혜도 원융함이라고 한다.

일념망상이 일어나지 않는 곳에서 항상 뚜렷하고, 뚜렷한 가운데 한 생각 망상도 일으키지 않아야만 선정과 지혜가 이를 따라 일어나며, 지혜의 밝음과 마음의 고요가 동시에 환하게 발현한다. 이것이 지관수행의 요체이다.

以此推之 止觀豈非泥洹大果之要門 行人修行之勝路 衆德圓滿
之指歸 無上極果之正體也

이상에서 서술한 지관쌍운(止觀雙運)의 이치로써 관찰해 본다면 지
관은 위없는 열반으로 들어가는 가장 중요한 수행문이며, 열반으로 통
하므로 수행인에게 가장 뛰어난 수행인지(因地)이다. 다시 말해서 삼계
생사를 벗어나려면 따로의 길이 없고, 열반에 오르는 것도 지관수행
하나의 문이 있을 뿐이며, 모든 공덕까지도 원만하게 귀결하는 길이기
도 하다.

　지관이라는 두 법은 주력과 염불, 좌선 등 그 어떤 특정한 수행만을
지적해서 따로 논하는 것이 아니라, 모든 수행이 이 법문에서 벗어나
지 않는다. 결론적으로 말해서 지관수행이 아니면 불법을 밝힐 수 없
고 대승불교의 진수도 드러나지 않는다.

若如是知者 止觀法門 實非淺故 欲接引始學之流輩 開蒙冥而進
道 說易行難 豈可廣論深妙

　여기에서는 《소지관》을 행해야 하는 까닭에 대해 밝히고 있다.
　만일 지관이라는 두 법을 이와 같이 명료하게 안다면, 지관의 의미는
실로 얕지 않다는 것을 증명하기가 충분할 것이다. 여기에서 말하고
있는 지관개요는 처음 발심하여 지관을 배우는 무리들을 인도하여 그
들의 몽매한 마음을 열어주고, 무상보리의 불도를 전수하게 하려고 앞

에서 이같이 설명하였을 뿐이다. 대체로 지관의 도리는 언어로 설명하는 것은 쉽지만 몸소 실천하기는 어렵다. 그런데 어떻게 초학들에게 심오한 지관의 도리를 처음부터 광대하게 논변할 수 있겠는가.

"천리 먼 길도 첫 걸음에서 시작된다."는 옛말이 있는데,《소지관》에서 이미 광대한《마하지관》으로 진입할 수 있는 개요를 갖추고 있는 것이다.

옛 큰스님은 "높은 누각도 한 줌의 흙에서 일어난다."고 하였다. 이는《소지관》의 경우와 걸맞는 말일 것이다.

今略明十意 以示初心行人 登正道之階梯 入泥洹之等級 尋者當愧爲行之難成 毋鄙斯文之淺近也

이 대목은 천태지자 대사가 초학들에게 고구정영하게 지관수행에 힘쓰라고 권하는 말씀이다. 지자 대사는 지관수행의 시종전말을 열 단계로 나누어 드러내 초심행인이 보리의 정도에 올라 끝내 열반으로 진입하게 하려는 의도로 말씀하신 것이다.

정도(正道)는 무상보리정각의 도를 지적한 것이며, 계제(階梯)는 수행이 점진적인 순서를 밟아 끝내 심오한 경지에 들어간다는 의미이다. 이 두 단어는 지관이야말로 불도(佛道)의 정대광명한 길을 성취하고, 무상대열반으로 들어가는 수행단계를 환하게 드러낸 것이다.

심자(尋者)는 불법을 배우는 초심인을 말한다. 일반적으로 불도를 수행하고 연구하는 자라면 수행을 성취하기 어려움을 부끄럽게 여겨야지, 뜬 구름 잡는 식으로 고상함만을 추구하면서《소지관》의 문장이 천로한 초학들을 위해 쓰였다고 해서 비루하게 여겨서는 안 된다.

若心稱言旨於一瞬間 則智斷難量 神解鮮莫測 若虛構文言 情乖所說 空延歲月 取證無由 事等貧人數他財寶 於己何益者哉

만약 수행인의 마음이 언어와 의미가 서로 부합하여 그 말에 걸맞게 실천한다면 한 순간에 지덕(智德)과 단덕(斷德)을 헤아리기 어려울 만큼 성취할 것이다. '지' 수행을 한다면 모든 번뇌를 끊는 단덕을 성취할 것이고, '관' 수행을 실천하면 바로 지덕을 얻게 될 것이다. 번뇌를 끊음으로써 법신이 출현하고 지혜가 일어나므로 모든 중생을 제도할 수 있는 공덕이 일어난다.

지덕과 단덕을 점진적으로 심오하게 깨달아 들어가면 끝내는 수행 공덕이 한량없을 것이므로 그에 따른 신통과 지혜도 자연스럽게 목전에 나타나 이도 역시 그 한계를 헤아릴 수 없다. 이것을 중생을 끝없이 제도하는 은덕(恩德)이라고 한다. 이상의 세 가지 덕이 부처님이 구경정각을 성취했을 때 나타나는 열반삼덕(涅槃三德)이다.

그러나 부질없이 언어문자만을 추구하고 헤아리면서 진실하게 수행하지 않으면 진정한 지관의 본질을 어기게 된다. 이는 부질없이 세월만을 허비할 뿐이니 실로 애석하기 짝이 없는 일이다. 세월은 신속하여 잠시도 나를 기다려주지 않는다는 점을 알아야 한다. 한 찰나의 시간일망정 소중히 여기지 않는다면 그는 단정코 깨달을 길이 없을 것이다. 종일토록 언어 명사나 분별하면서 이론에 집착하여 불교를 연구한다면 마치 가난한 사람이 하루종일 남의 재물이나 계산하고 있는 것과 같다. 그것이 자기에게 무슨 털끝만한 이익이 있겠는가.

영가(永嘉) 스님은 이를 두고 이렇게 말씀하셨다.

"문자나 헤아리는 일을 쉬지 않는다면 마치 바다에 들어가 모래를 세듯 부질없는 수고를 할 뿐이다."

이 문단은 지자 대사가 철저한 자비심으로 후세에 불법을 배우는 자들에게 한번 따끔하게 경책하고 있는 것이다.

具緣第一 訶欲第二 棄蓋第三 調和第四 方便第五 正修第六 善發第七 覺魔第八 治病第九 證果第十

제1장 인연을 갖추어라[具緣], 제2장 욕구를 꾸짖어라[訶欲], 제3장 번뇌를 버려라[棄蓋], 제4장 몸과 마음을 조화하라[調和], 제5장 수행방편을 실천하라[方便], 제6장 바르게 수행하라[正修], 제7장 선근이 일어난다[善發], 제8장 마군의 장애를 물리쳐라[覺魔], 제9장 병을 다스려라[治病], 제10장 깨달음의 증과를 얻는다[證果].

이 책의 전편이 총 10장으로 구성되었음은 이미 서론에서 대략 서술한 바와 같다. 지관 본론에 들어가기에 앞서 다시 구체적으로 서술하기로 한다.

제1장 인연을 갖추어라[具緣]

지관수행을 하려면 먼저 반드시 내적으로 다섯 가지 인연을 갖추어야 한다. 다섯 가지 조건이란 첫째는 계율을 청정하게 지녀야 하며[持戒淸淨], 둘째는 옷과 음식이 부족하지 않아야 하며[衣食具足], 셋째는 고요한 처소에 한가하게 거처해야 하며[閑居靜處], 넷째는 세상의 모든 번거로운 일을 쉬어야 하며[息諸緣務], 다섯째는 자신을 올바르게 인도해줄 선지식을 만나야 한다[得善知識].

제2장 욕구를 꾸짖어라[呵欲]

앞에서 내적인 다섯 가지 조건을 충족했다면 외적으로 다섯 욕구를 꾸짖고 물리쳐야 한다. 오욕이 일체 범부를 현혹하여 애착을 일으키게 하기 때문에 지관수행을 하려면 세간의 색(色)·성(聲)·향(香)·미(味)·촉(觸) 등 오진경계(五塵境界)에 대한 욕구를 반드시 꾸짖고 물리쳐야 한다.

제3장 번뇌를 버려라[棄蓋]

오욕을 물리쳤다면 다음으로 마음속에 내재해 일어나는 탐욕(貪慾)·진에(瞋恚)·수면(睡眠)·도회(掉悔)·의(疑) 다섯 가지 번뇌를 버려야 한다. 여기까지 도달해야만 내적인 번뇌와 외적인 경계에서 장애가 말끔히 제거된다.

제4장 몸과 마음을 조화하라[調和]

안과 밖이 이미 말끔히 정리되면 다음으로는 다섯 가지를 알맞게 조화해야 한다. 첫째는 음식은 부족하거나 지나치게 포만감을 느끼지 않게 해야 하며[調節飮食], 둘째는 수면을 알맞게 조절해야 하며[調節睡眠], 셋째는 몸을 너무 느슨하거나 조이지 않도록 해야 하며[調身], 넷째는 호흡을 거칠지도 매끄럽지도 않게 조화해야 하며[調氣息], 다섯째는 마음이 들뜨거나 가라앉지 않게 해야 한다[調心]. 이처럼 몸과 마음이 알맞게 조절되어야만 다음에 나오는 다섯 가지 방편을 올바르게 실천할 수 있다.

제5장 수행방편을 행하라 [方便行]

욕(欲) · 진(進) · 염(念) · 혜(慧) · 일심(一心) 등 이 다섯 가지는 지관수행을 올바르게 행할 수 있는 훌륭한 방편이다. 방편(方便)이란 지관을 정식으로 수행하는 데 있어서 훌륭한 밑받침, 즉 보조수행이라는 의미다. 이 같은 방편행을 빠짐없이 갖추어야 지관공부로 진수할 수 있다. 그러므로 다음으로 지관을 정식으로 수행하는 정수(正修)를 밝혔다.

제6장 바르게 수행하라 [正修行]

지관을 정식으로 수행하는 방법은 두 가지가 있다. 하나는 좌선 중에 지관을 수행하는 좌중수(坐中修)이고, 또 하나는 인연따라 경계를 마주하며 수행하는 역연대경수(歷緣對境修)이다. 정식수행인 정수(正修)와 보조수행인 방편(方便)을 빠짐없이 갖추어야 지관수행을 하는 데 있어서 선근공덕이 개발될 수 있다.

중생들은 무시이래로 갖가지 선근공덕을 점진적인 측면과 단박적인 측면에서 동시에 본래 갖추고 있다. 그러나 온갖 번뇌에 오염되고 뒤덮였기 때문에 현재 발현되지 않고 있을 뿐이다. 이러한 이치를 알고 지관을 수행한다면 일체선근 공덕이 개발될 수 있으므로 다음으로 선근발상에 대해 밝혔다.

제7장 선근이 일어난다[善根發相]

수행하는 도중에 선근이 발동할 때 자신의 마음에 쌓인 무시이래의 업식 종자가 동요하면 모든 마군이 수행인이 생사를 벗어나 성불하는 것을 두려워하는 모습으로 보이는 경우가 있다. 그것은 마군 권속이 내 마음 밖에 별도로 실재한 모습으로 찾아와 수행을 방해하는 것이 아니라, 수행하는 마음속에서 일으킨 분별일 뿐이다. 이른바 "도가 한 길 높아지면 마군은 열 길이나 높아진다"라고 한 경우가 여기에 해당된다. 수행인이 이를 알았다면 반드시 그 실체를 미리 깨닫고 예방해야 자기 마음에서 일어나는 마군의 경계에 현혹당하지 않을 수 있다. 그러므로 마군의 경계를 깨달으라는 문제에 대해 밝혔다.

제8장 마군의 장애를 물리쳐라[覺知魔事]

수행인이 마군의 경계에 대해 살피고 깨달아 그 실체를 알았다고는 하지만 사바세계 중생들은 무시이래로 쌓은 업장이 수미산보다도 높고 두터워 크게 한번 조복 받지 않는다면 마군의 병통이 한꺼번에 일어난다. 병통이 일어나면 수행진수에 장애가 일어나 이것이 도를 장애하는 원인이 된다. 그러므로 다음으로 병환을 대치하는 방편에 대해 밝혔다.

제9장 병을 다스려라[治病患]

마군이 사라지고 병환도 말끔히 제거됐다면 수행인이 진실한 지관 공부를 하여 반드시 도를 증득할 수 있다. 그러므로 다음으로 과보(果報)를 증득하는 문제에 대해 밝혔다.

제10장 깨달음의 증과를 얻는다[證果]

진실한 공부를 통해 불도를 성취하는 것은 비유하면 마치 물이 모이면 시냇물을 이루는 것과도 같다. 우리의 마음은 세 가지의 커다란 지혜가 있다. 이 지혜가 홀연히 용솟음치듯 나타나면 공가중(空假中) 삼제(三諦)의 이치 전체가 철저하게 나타난다. 다시 말해서 무상보리과(無上菩提果)를 끝까지 증득한다는 것이다. 그러므로 최후에 증과문으로서 결론을 맺고 있다.

今略擧此十意 以明修止觀者 此是初心學坐之急要

여기에서는 열 가지 의미를 총략적으로 열거하여 지관을 수행하는 방법부터 지관 인과의 시말까지 모두 밝혔다. 이는 처음으로 발심한 수행인이 좌선을 배우고 수행하는 데 있어서 가장 편리하고 긴요한 법문이다.

52

若能善取其意而修習之 可以安心免難 發定生解 證於無漏之聖
果也

만약 수행인이 그 의미를 훌륭하게 간파하고 지관을 수습한다면 작
게는 마음이 편안하고 어려움을 벗어날 수 있다. 지자 대사의 속가 형
인 진침(陳鍼)이 지관을 유루법(有漏法)으로 수습하여 단명(短命)의 근
심에서 벗어난 경우가 여기에 해당된다.

한 걸음 더 나아가 지관을 무루(無漏)의 마음으로 수행한다면 '지'
수행을 통해 선정이 일어나고, '관' 수행을 통해 지혜가 발현된다. 이
처럼 지관을 쌍으로 운행하고 정혜가 평등하게 발현되면 무루의 성과
를 끝까지 증득할 수 있다.

우리가 간과해선 안될 것은 여기에서 말하고 있는 무루의 성과는 소
승인이 '공' 쪽으로 치우친 편협한 무루의 성과가 아니라, 대승 중도 무
루대열반으로서의 성과라는 점이다.

이로써 지자 대사는 오직 일대사인연인 중생제도를 위해 지관을 설
함으로써 모든 중생들에게 부처님의 지견(知見)을 개시오입(開示悟入)
했다는 것을 분명하게 알 수 있다.

01

인연을 갖추어라 · 具緣第一

상품인은 오역죄를 짓지 않는 정도에서 끝나지 않는다. 우연히 훌륭한 선지식을 만나 재가인(在家人)으로서 삼보(三寶)에 귀의하고 오계(五戒)를 수지하면 청정한 재가불자가 될 수 있다. 따라서 그는 불법에 의지해서 자신을 수행하는 데에 그치지 않고 주변의 모든 사람까지 정화하여 자리이타(自利利他)를 병진할 수 있다.

夫發心起行 欲修止觀者 要先外具五緣

일반적으로 수행인이 처음 발심하여 지관을 닦으려 한다면 우선 외적인 조건으로서 다섯 가지 연(緣)을 갖춘 뒤에 수행으로 진수해야 효과가 진실하게 나타나게 된다. 이를 비유하면 집을 지을 때 반드시 기초가 튼튼해야 고층까지 견고하게 지을 수 있는 것과도 같다.

1. 계율을 청정히 지님[持戒淸淨]

第一 持戒淸淨

첫 번째는 발심한 수행인이라면 계율을 청정하게 지녀야 그로 인해 선정과 지혜가 동시에 일어날 수 있다. 다시 말해서 계정혜(戒定慧) 삼학 중에 지계(持戒)가 최우선이라는 것이다. 만일 계율을 청정하게 지니지 않으면 선정이 일어날 길이 없다. 이른바 계율이 청정해야 선정이 일어나고, 선정에 의지해야 지혜도 동시에 발현한다는 것이다.

如經中說 依因此戒 得生諸禪定 及滅若智慧

이 문제를 경전에서는 이와 같이 말씀하셨다.

"계율이 청정하지 않으면 삼매가 현전하지 않는다. 그러므로 걸림 없는 청정한 지혜는 모두 선정을 통해서 일어난다."

선정을 따라서 지혜광명이 환하게 발현할 때 일체 모든 고통을 소멸할 수 있다. 즉 괴로움인 삼고(三苦)와 팔고(八苦), 한량없는 고통이 지혜공덕을 의지해야 소멸할 수 있다.

《능엄경》에서는 살생, 도적질, 음행, 허망한 말, 즉 사바라이죄 또는 사중금계(四重禁戒)를 절대 범하지 말라고 분명하게 가르치고 있다.

수행인이 계율을 청정하게 지니지 않으면 설사 그가 많은 선정과 지혜를 갖추고 있다 해도 그것은 모두 마군의 업이 되어 끝내 마왕이 될 뿐이다. 이는 마치 모래를 찌는 것은 부질없는 수고일 뿐, 끝내 밥이 되지 않는 이치와도 같다.

是故比丘應持戒淸淨

그 때문에 지관수행을 하는 비구(比丘)라면 우선 계율을 청정하게 지녀야 한다.

지자 대사가 지관법문을 설한 이유는 속가 형을 위해서 뿐만 아니라 사부대중(四部大衆) 모두를 위해서이다.

일반적으로 모든 법회는 사부대중을 빠짐없이 갖추고 행하기 때문에 그 가운데 비구 하나만 말해도 나머지 비구니, 우바새, 우바이까지 동시에 포함하고 있는 것이다. 비구는 사부대중 가운데 가장 으뜸이기 때문이다.

然有三種行人持戒不同 一者若人未作佛弟子時 不造五逆

지계하는 모습에 대해 세 가지로 나누어 설명하기로 한다. 그 이유는 중생들 근기가 상·중·하 등 세 품류로 동일하지 않기 때문이다.

첫째, 우선 상품인이 계율을 지니는 모습부터 살펴보기로 한다.

만약 수행하는 사람이 발심하기 전 부처님 제자가 되기 이전에 세상 살이를 법도대로 순리적으로 사는 사람이 있다고 하자. 이 사람은 불교 계율 가운데 가장 금기로 여기는 오역죄(五逆罪)를 짓지 않는 사람이다.

오역죄를 열거하면 다음과 같다. 아버지를 살해하고, 어머니를 살해하고, 아라한을 살해하고, 부처님 몸에서 피를 흘리게 하고, 화합대중을 파괴하는 것을 말한다.

불교에서는 이 다섯 가지 죄악 가운데 단 한 가지만 범해도 지옥 중에서 가장 고통스럽다는 무간지옥(無間地獄)에 떨어진다고 가르치고 있다. 무간(無間)이란 말은 빠져나올 간격이 없다는 의미이다. 승속(僧俗)을 막론하고 이 다섯 가지 죄악을 저지르면 지혜법신을 잃고 생사 고통의 흐름에서 영원히 벗어나지 못한다고 한다.

하지만 상품의 뛰어난 근기를 타고난 사람은 전혀 불법을 모르는 속인이라 해도 이런 짓은 범하지 않는다. 그는 세간에 있다 해도 모든 사람의 모범이 되는 사표(師表)가 될 만하다.

後遇良師 敎受三歸五戒 爲佛弟子

상품인은 오역죄를 짓지 않는 정도에서 끝나지 않는다. 우연히 훌륭한 선지식을 만나 재가인(在家人)으로서 삼보(三寶)에 귀의하고 오계(五戒)를 수지하면 청정한 재가불자가 될 수 있다. 따라서 그는 불법에 의지해서 자신을 수행하는 데에 그치지 않고 주변의 모든 사람까지 정화하여 자리이타(自利利他)를 병진할 수 있다.

若得出家 受沙彌十戒

상품인의 근기로 출가하여 사미(沙彌)가 되면 십계(十戒)를 받게 된다. 출가인의 십계에도 재가오계(在家五戒)처럼 음행하지 말라는 계율 조목이 거듭 나오는데, 그것은 재가오계에서의 의미와 크게 다르다. 재가오계에서 '음행하지 말라'고 한 것은 '자기 분수 밖의 삿된 음행을 하지 말라'는 의미에 국한되지만, 출가인에겐 정음(正淫)과 사음(邪淫)이 모두 금지된다.

재가오계 외에 출가십계(出家十戒)는 다섯 조목이 더 추가된다.

첫째, 높고 넓은 큰 침상에 앉거나 누워서는 안 된다. 부처님은 침상의 높이를 부처님 손가락 길이의 여덟 배를 능가하지 못하게 하였다. 이를 능가하면 바로 파계(破戒)다. 검소해야 할 수행인이 아름답게 채

색하고 조각한 침상위에서 허깨비 같은 몸으로 제멋대로 앉거나 눕지 말아야 한다는 것이다.

둘째, 아름다운 꽃으로 염주 알 꿰듯 머리를 화려하게 장식해선 안 되며, 또 꽃을 아름답게 수놓은 비단옷으로 몸을 장식해서도 안된다. 수행인은 몸과 마음을 항상 소박하게 하여 화려한 복장이나 향기로운 냄새로 눈을 현란하게 장식하여 복을 감손하는 일은 결코 해서는 안된다.

셋째, 수행인은 노래를 부르고 춤을 추는 등 유희하는 곳에 가서 구경해서는 안된다. 그 이유는 노래 소리를 듣고 춤추는 것을 보면 성색(聲色)에 현혹되어 도념을 잃고 악업을 짓는 일이 나날이 증진하기 때문이다.

넷째, 때가 아니면 음식을 먹지 말아야 한다. 대체로 하늘나라에서는 아침에 음식을 먹고, 부처님은 정오에 음식을 드시고, 축생들은 오후에 먹고, 귀신은 밤에 음식을 먹는다고 한다. 부처님을 따라 출가한 불자라면 귀신처럼 밤에 음식을 먹어서는 안 된다.

그러나 지금은 말법시대(末法時代)인지라 중생들의 업이 지중하여 오후에 음식을 먹지 않는다면 신체가 허약해져 지탱하기가 어렵다. 그 때문에 옛 조사스님께서 방편문을 열어 하루에 세 번 또는 네 차례씩 자주 먹게 하였다. 그러나 이것은 때가 아닌데 먹는 것임을 알아야 한다. 따라서 항상 부끄러운 마음을 가지고 병을 치료하기 위해 약을 복용한다는 생각으로 음식을 먹어야 한다. 그렇지 못하고 몸이 건강한데도 제멋대로 음식을 탐한다면 그는 부처님의 진실한 제자가 아닐 뿐만 아니라, 자기 자신에게도 한량없는 죄업을 짓게 된다.

다섯째, 수행인은 금·은이나 재물을 탐하고 지니지 말아야 한다. 출가인은 안빈낙도(安貧樂道)해야 하며, 재물에 탐심을 일으키면 탐욕이 증장하고 도심이 감소하게 된다.

출가한 사미라면 반드시 십계를 청정하게 지녀야만 한다.

次受具足戒 作比丘 比丘尼 從修戒來 淸淨護持 無所毀犯 是名上品持戒人也

다음으로 비구 이백오십계를 받아야 되는데, 그것을 말해본다면 살도음망(殺盜淫妄) 사바라이(四波羅夷)를 근본중죄로 여긴다. 범어 바라이는 번역하면 '버린다'는 뜻이다. 또는 '참회가 불가능하다'로 해석된다.

이 죄를 범하면 바다처럼 광대한 부처님의 세계 밖으로 버려진다는 뜻이다. 이른바 거대한 바다가 비록 광대하다 할지라도 죽은 시체는 용납하지 않듯이, 바다처럼 광대한 부처님이 세계라 할지라도 이 계를 범한 사람은 용납하지 않는다는 뜻이다.

다음으로 십삼승가바시사(十三僧伽婆屍沙)는 번역하면 '여러 사람을 헤친다'이다. 만일 다른 사람에게 무기로 해침을 당했을 경우 머리는 손상됐어도 호흡이 존재한다면 오히려 그 사람을 구제하고 참회하게 할 수 있다는 뜻이다.

또 삼십니살기(三十泥薩耆)와 구십바일제(九十婆逸提)가 있는데, 이를 번역하면 '타락'이다. 이는 재물의 일로 인해서 범하는 죄인데, 탐욕과 교만심이 강렬하기 때문에 제거하고 참회하기가 힘들다. 이 죄를 또 사바라이 사니(舍尼)라고도 하는데, 번역하면 '꾸짖는다'는 뜻이다. 이 죄는 반드시 겉으로 드러내야 한다.

일백돌길라(一百突吉羅)는 번역하면 '악을 짓는다' 또는 '악한 말을 한다'이다. 이 죄는 극도로 미세하게 작용하기 때문에 계율을 지니기가 힘들다. 그러므로 배움의 정도에 따라 지키는 측면에서 명칭을 수립하였다. 또 이부정(二不定)과 칠멸쟁(七滅諍)이 있다.

이상의 내용을 게송으로 요약하면 다음과 같다.

사중십삼이부동(四重十三二不同)

사중금계와 십삼승가바시사, 이부정(二不定)은 동일하지 않으며

삼십구십사제니(三十九十四提尼)

삼십니살기, 구십바일제, 사바라제

일백중학칠멸쟁(一百重學七滅諍)

일백 가지 여러 배움과 일곱 가지 소멸해야 할 언쟁

총론이백오십계(總論二百五十戒)

이 모든 것을 총체적으로 이백오십계라고 한다.

그 나머지 비구니 삼백오십계는 비구 이백계에다가 《범망경(梵網經)》에 나오는 보살계 십중금계(十重禁戒)와 사십팔경구죄(四十八輕垢罪) 등을 더한 것이다.

수행인이 이와 같은 일체 대소, 경중 등 모든 계를 낱낱이 청정하게 지니면서 털끝만큼도 무너뜨리거나 범하는 일이 없으면 이를 두고 상

품지계인(上品持戒人)이라고 한다.

當知是人修行止觀 必證佛法 猶如淨衣 易受染色

마땅히 알아야 될 것은 이와 같이 청정하게 계율을 지니는 사람은 반드시 불법을 증득한다는 점이다.

청정하게 계율을 지니는 것은 비유하면 소중한 보배를 간직하는 것과 같다. 따라서 계율을 청정히 지닌 상태에서 수행을 일으켜야 불법을 쉽사리 깨닫게 된다. 그것은 마치 깨끗한 흰 색이 염색을 잘 받아들이듯이, 흰 색이 모든 색의 근본이 되어 오염된 색을 쉽사리 받아들이는 것과도 같다.

계율을 청정하게 지니기가 이처럼 어렵다. 그러므로 최상급으로 계율을 지니는 사람만이 지관을 쉽게 수행할 수가 있다.

二者 若人受得戒已 雖不犯重 於諸輕戒多所毀損 爲受定故 卽能如法懺悔 亦名持戒淸淨 能生定慧 如衣曾有垢膩 若能浣淨 染亦可着

둘째, 중품인이 지계하는 모습에 대해 밝히고 있다. 만일 수계(受戒)를 받는다면 의식을 행할 때가 가장 중요하다. 계단에 올라 네 차례 갈마(羯摩)를 할 때부터 즉시 무작계체(無作戒體)를 얻고 나서 청정한 계율을 지닐 수 있는 자라면 그 복이 허공처럼 가없다.

만약 수계식을 받고나서 다시 죄를 범하면 그것은 죄를 더하는 꼴이 된다. 비록 사중근본대계(四重根本大戒)는 범하지 않는다 해도 가벼운 계율은 범하는 경우가 많다. 가벼운 계율은 니살기·바일제 등을 말한다.

계를 범한 뒤에 자기의 허물을 알고 그 허물을 드러내어 참회해야 한다. 참(懺)은 전념의 허물을 후회한다는 뜻이고, 회(悔)는 전념악(前念惡)이 소멸하는 자리가 후념악(後念惡)이 일어나는 자리라는 것을 알고 후념악을 일으키지 않는 것이다.

자신의 죄가 있는 줄 알면 마땅히 참회해야 한다. 참회하면 안락해지고 참회하지 않으면 죄는 더욱 깊어진다. 그러므로 간절한 마음으로 참회해야 한다.

참회하는 법은 행동으로 하는 참회[사참(事懺)]와 이치로 하는 참회[이참(理懺)]가 있다.

행동으로 하는 참회는 유상참회(有相懺悔)라 하고, 작법참(作法懺)이라고도 한다. 이는 시방제불과 모든 대보살의 존귀한 형상 앞에서 향을 사르고 꽃을 뿌리고 난 뒤 자기가 파괴했던 죄악을 낱낱이 드러내어 슬픈 마음으로 참회하는 것이다. 또는 시방대덕 큰스님 앞에서 자기의 잘못을 드러내고 참회해도 되는데, 요즘 행하고 있는 법화참회나 대비참회 등이 여기에 해당된다.

이치로 하는 참회는 무상참(無相懺)이라 하고, 실상참(實相懺)이라고도 한다. 이것은 우리의 의식을 마음으로 거둬들여 단정한 몸으로 고요하게 앉아서 선도 악도 짓지를 않고 오직 '이 죄의 성품은 어디로부터 일어났을까' 하고 관찰할 뿐이다. 즉 자성의 원인에서 일어났는지,

타인의 성품이 외적인 조건에서 일어났는지, 아니면 자신과 타인의 공통된 성품에서 일어났는지, 혹은 자성의 원인도 아니고 타성의 조건도 아닌 데서 일어났는지 등을 관찰한다는 의미이다.

이와 같이 네 구절로 추구해 보아도 죄업의 성질을 끝내 얻지 못한다면, 죄업의 성질은 본래 공이라는 것을 알 수 있다.

마땅히 알아야 될 것은 일체 죄업은 오직 마음을 따라 조작된다는 점이다. 그러나 마음에서 추구해 보아도 죄의 성질을 끝내 얻지 못한다면 그 죄의 성질도 실체를 얻지 못한다. 이것은 이른바 '죄업은 마음을 따라서 일어나므로 다시 마음으로 참회해야 한다. 마음이 소멸할 때 죄 또한 없어지고, 죄가 없어지면 죄의 성질도 없어져 마음마저 소멸하여 이 둘이 모두 공이라면 이를 두고 '진실한 참회'라고 한다.

이와 같이 하는 참회를 이참(理懺) 또는 무상참이라고 한다. 모든 참회 가운데서 이참의 공덕이 가장 광대하다. 이것은 옛 큰스님이 말씀하신 "무거운 죄업은 마치 서리나 이슬과 같아 지혜의 해가 밝아지면 바로 소멸된다."라고 한 경우에 해당된다.

가령 참회를 하고 싶어 하는 사람이라면 단정히 앉은 자세로 죄의 실제 모습을 관찰하여 스스로 죄업의 장애가 깊고 무겁다는 것을 알아야 하고, 죄업이 무겁다는 것을 알았다면 이와 같은 참회법에 의지해서 법답게 참회해야 한다. 이를 두고 계율을 청정하게 지닌다고 한다. 이 같은 사람을 중품으로 계율을 지니는 사람이라고 한다.

참회할 줄 아는 사람은 흔하지 않다. 옛 큰스님은 이를 가리켜 이와 같이 말씀하셨다.

"사람이 성현이 아니라면 누군들 허물이 없으랴. 허물을 알고 고칠 수 있다면 그것이 가장 훌륭한 일이다."

참회를 하면 바로 정혜가 일어나는데, 그것은 마치 옷에 더러운 때가 끼었어도 깨끗이 세탁하면 바로 염색을 할 수 있는 것과도 같다. 여기에서 옷은 개체와 같고, 더러운 때는 계를 파하는 것하고 같으며, 세탁은 참회하는 것과 같다.

三者 若人受得戒已 不能堅心護持 輕重諸戒 多所毀犯 依小乘教門 卽無懺悔四重之法 若依大乘教門 猶可滅除

셋째, 삼품인 가운데서 하품인이 지계하는 모습에 대해 밝혔다.

하품인은 계율을 받고나서 끝까지 견고한 마음으로 보호하고 지니지 못한다. 하품인은 무거운 죄, 가벼운 죄를 논할 것 없이 파계하는 경우가 많은데, 이는 마치 사람이 머리가 잘리면 다시 살아날 희망이 없는 것과 같다.

가령 소승교문을 의지하면 무거운 죄는 참회할 방법이 없다. 이것을 두고 "천불이 출세해도 참회법이 통하지 않는다."고 한다.

하지만 대승교법을 의지하면 무거운 죄라도 참회할 방법이 있다. 이를 통해서 대승법문이야말로 불가사의하다는 것을 알 수 있다.

故經云 佛法有二種健人 一者不作諸惡 二者作已能悔

이 문제를 경전에서는 다음과 같이 말하고 있다.

"불법에는 두 종류의 건강한 사람이 있다. 한 사람은 종일토록 신령하고 천진난만한 마음으로 일체 악업을 짓지 않는 경우이다. 이 사람이 세간에서 첫째로 건강한 사람이다. 또 한 사람은 파계를 하고 나서도 능히 참회할 수 있는 사람이다. 평소에 악업을 지었다 해도 자기의 과오를 회개하고 개선하여 다시는 새로운 죄업을 짓지 않는 경우인데, 이도 역시 건강한 사람이라고 할 수 있다. 이 두 사람은 선근이 맹렬하고 지혜력이 강건하여 생사를 초월하고 끝내는 깨달음을 증득한다. 그 때문에 불법 가운데서 이 두 종류의 사람을 건강한 사람이라고 한다."

夫欲懺悔者 須具十法 助成其懺

일반적으로 악업을 지은 사람이 참회하려 한다면 반드시 열 가지 법을 구족하게 갖추어 그 참회를 성취하게 보조해야 한다.

一者明信因果

첫째, 인과응보는 실낱만큼도 틀리지 않다는 것이다. 악업의 원인은 괴로움의 과보를 부르고, 선한 종자는 즐거움의 과보를 부른다는 것을 알아야 한다. 이는 흔히 속담에 '콩 심은 데 콩 나고 팥 심은 데 팥을 난다'고 하는 경우와 같다.

二者生重怖畏

둘째, 진중하게 두려운 마음을 내야 한다. 악업의 원인이 있으면 반드시 악업의 결과를 불러들여 결국은 지옥으로 타락하여 극도의 고통을 받는다는 것을 스스로 알고, 크게 두려움과 공포심을 내어 모골이 송연해져야 한다. 이것은 이른바 '두려운 마음으로 전전긍긍하면서 마치 깊은 연못가에 서 있는 듯이 신경 쓰거나 살얼음을 밟듯이 조심해야 한다' 고 한 경우와 같다. 악업의 원인이 지극히 두려운 결과를 초래한다는 것을 알았다면 극도의 두려운 마음으로 행해야 한다.

三者深起慚愧

셋째, 죄업을 지었으면 부끄러운 마음을 깊이 일으켜야 한다. 다시 말해서 자신에게는 계를 파할 만큼 근기가 하열함을 부끄러워하고, 훌륭한 사람이 계율을 잘 지킴으로써 청정하게 해탈한 모습에 도달한 것에 대해 자신은 아직 그렇지 못함을 회개해야 한다. 즉 바꾸어 말하면 '석가부처님은 무엇으로 인해서 성불했으며, 나는 어찌하여 장구한 세월 동안 중생으로 있는가' 하는 점을 반성하여 훌륭한 사람을 보면 나도 그와 같이 되겠다고 하는 마음가짐을 가져야 한다. 그래야만 크게 부끄러워하는 마음을 내고 과거에 저질렀던 잘못을 통렬하게 고치게 된다.

四者求滅罪方法 所謂大乘經中明諸行法 應當如法修行

넷째, 죄업을 소멸할 수 있는 방법을 구해야 한다. 어떤 법이 죄업의 장애를 제거하고 소멸할 수 있는가를 항상 염두에 두고 추구해야 한다는 것이다. 이것은 이른바 대승경전에 밝힌 "모든 참회를 향하는 법을 법답게 수행해야 한다."라고 한 경우에 해당된다.

五者發露先罪

다섯째, 이미 지은 죄업을 숨기지 말고 밖으로 드러내야 한다. 가령 과거에 지었던 모든 악업, 즉 자신이 알거나 모르거나 혹은 유심으로 행했거나 무심하게 행했던 죄업을 삼보와 대선지식을 마주하여 진실하고 애절한 마음으로 참회를 구해야 한다. 이렇게 참회할 수 있다면 죄업은 즉시 소멸하겠지만, 죄업을 드러내지 않고 마음속에 숨겨두면 죄업은 날이 갈수록 깊어진다. 그럴 경우 죄업의 뿌리는 더욱 견고해져 참회하는 일이 쉽지 않을 것이다.

六者斷相續心

여섯째, 죄업이 상속하는 마음을 끊어야 한다. 가령 죄가 있다는 것을 스스로 알고 삼보전에 참회하고 나서도 악업 짓는 일을 단절하지 않는다면, 과거에 비록 참회했다 할지라도 전혀 이익이 없다. 앞으로 상속해서 일어날 죄업을 단절하기가 힘들면 그때그때 인연 따라서 지난 죄업을 소멸하고, 다시는 새로운 죄업을 짓지 않아야 된다. 때문에 참회하고 나서 새롭게 상속하는 죄업의 마음을 반드시 단절해야 한다.

七者起護法心

일곱째, 법을 보호해야 되겠다는 마음을 일으키고 불법을 호위하겠다는 생각을 발기해야 한다. 가령 자신이 불법을 받들면 스스로 불법을 보호하게 되고, 또 타인이 불법을 공경하면 타인도 함께 불법을 보호하게 된다. 자신과 타인 모두가 불법을 유지하고 보호한다면 복을 얻고 죄를 소멸할 수 있다. 그러므로 반드시 불법을 보호 유지하겠다는 마음을 일으켜야 한다.

八者發大誓願 度脫衆生

여덟째, 커다란 서원을 일으켜야 한다. 즉 '가이없는 중생을 맹세코 제도하리라. 끝없는 번뇌를 맹세코 끊으리라. 한량없는 법문을 맹세코 배우오리라. 위없는 불도를 맹세코 성취하리라'는 사홍서원(四弘誓願)을 발심해야 한다.

이것은 바로 자리이타(自利利他)와 상구보리 하화중생(上求菩提 下化衆生)의 마음을 일으켜 일체중생을 제도하면서 아상·인상 또는 상대방과 나라는 분별을 하지 않고 상대방의 괴로움은 바로 나의 괴로움이므로 급히 괴로움에서 구제해주어야 하며, 상대방의 즐거움은 바로 나의 즐거움이므로 상대방과 함께 즐거워해야 된다. 상대방의 괴로움을 없애는 것이 바로 자기의 괴로움을 없애는 것이 되며, 상대방에게 안락함을 부여하는 마음이 바로 자기의 즐거움이 되어야 한다. 이것이 사홍서원으로 자리이타를 병진하는 큰 덕목이다.

괴로움과 즐거움에 대해서는 이와 같이 행해야 '중생을 제도하리라'는 서원을 실천한다고 할 수 있다. 서원(誓願)이라 하는 것은 맹세하는 마음을 일으킴으로써 그 마음을 실천하며, 원력을 일으킴으로써 자신을 경책하면서 마음이 변하지 않는 것을 말한다. 그래야만이 광대한 서원을 일으킬 수 있고, 역시 죄업마저 소멸할 수 있다. 서원의 궁극적 목적은 이고득락(離苦得樂)을 자리이타로 성취하는 데에 있다.

九者常念十方諸佛

아홉째, 항상 시방제불을 생각해야 된다. 염불이 바로 성불할 수 있는 지름길이다. 부처의 모습을 생각하면 바로 부처가 되고, 중생의 모습을 생각하면 바로 중생이 된다는 것이다.

우리들은 이미 불자가 되었으므로 반드시 부처님의 행동을 배워야 한다. 따라서 염불을 해야만 한다. 시방제불은 한량이 없고 그에 따른 명호도 역시 무량하다. 그 가운데 간략함을 취하여 쉽게 이익을 얻을 수 있는 방법은 서방 극락세계 아미타부처님의 명호만한 것이 없다. 이는 '시방삼세 모든 부처님 가운데 아미타부처님이 제일이다' 라고 한 경우에 해당된다.

중생이 아미타불 명호를 지니고 염불하는 것은 바로 시방제불의 명호를 일시에 염불하는 공덕과 같다. 따라서 아미타불을 염불하는 한 마디는 팔십 억겁 동안 받을 무거운 생사의 죄업을 소멸할 수 있으며, 일체 죄업의 장애까지도 소멸할 수 있다.

十者觀罪性無生

열 번째, 죄의 성질은 본래 무생(無生)이라는 것을 관찰해야 한다. 여기에서 관(觀)은 지은 죄업이 모두 자기의 분별심을 따라 일어나는 것임을 관찰한다는 의미이다. 모든 죄업이 분별심을 따라 일어났기 때문에 당연히 자기의 마음으로 참회해야 한다.

　시험 삼아 죄업의 모습이 어디로부터 일어났는가를 관찰한다면, 죄업이 일어난 실체적 모습은 끝내 얻지 못한다. 죄업은 독자적으로 일어나지 않았고, 상대방을 의지해서 일어나지도 않았으며, 그렇다고 자신과 타인이 공동으로 합작하여 일어나지도 않았고, 더욱이 아무런 원인 없이 일어나지도 않았다. 이 네 가지 성질에서 추구해보면 죄업의 당체는 본래 일어난 곳이 없다. 이를 두고 죄업의 성질은 본래 공적하다고 말한다.

　옛날에 4조 도신 대사(道信大師)가 3조인 승찬 대사(僧璨大師)의 처소에 당도하여 애절한 마음으로 자신의 죄업을 참회하기를 간구했더니 승찬 대사는 이렇게 말하였다.

"네가 지은 죄업을 가져오너라. 그러면 너에게 참회를 시켜주리라."

　도신 대사는 자신의 마음을 돌이켜 관찰해보았으나 죄업의 모습을 끝내 찾지 못했다.

"죄의 모습을 찾아보았으나 끝내 찾지 못했습니다."

　이 말이 끝나자 승찬 대사는 말하였다.

72

"나는 너에게 이미 참회를 끝냈느니라."

이것은 대승 이참(理懺)에 해당되고, 앞에서 열거한 아홉 종류의 참회법은 사참(事懺)에 해당된다. 여기서 우리가 알 수 있는 것은 이참법이야말로 공덕이 가장 광대하다는 점이다.

일체 죄악의 성질을 관찰해보았더니 그 당체가 본래 일어난 곳이 없다. 따라서 망상심이 소멸하면 죄업도 공적해진다. 이를 두고 진실한 참회라고 한다. 하지만 또 하나 반드시 알아야할 점은 사참은 이참을 동시에 구비해야 하고, 이참도 사참을 의지해서 이(理)와 사(事)가 원융해야만 진실한 참회라는 것이다.

若能成就如此十法 莊嚴道場 洗浣清淨 著淨潔衣 燒香散花於三寶前 如法修行一七 三七日 或一月 三月 乃至經年 專心懺悔所犯重罪 取滅方止

만약 앞에서 열거한 열 가지 참회법을 빠짐없이 갖추었다면 도량을 장엄하고 내적으로 몸을 깨끗이 씻어 청정케 하고 청결한 옷을 입고 삼보 전에 최상으로 오묘한 향인 침수향과 전단향, 말향 등을 살라야 한다. 아울러 미묘한 보배 꽃으로 공양을 올리고 정성껏 예배하고 애절한 마음으로 참회해야 한다. 칠일을 해도 이익을 얻지 못하면 삼칠(21)일을 해야 되며, 그래도 이익을 얻지 못하면 한 달, 두 달, 석 달, 넉 달, 다섯 달 내지는 한 해를 경과하기 까지 전일한 마음으로 종전에 범

했던 무거운 죄업을 참회해야 한다. 시간의 많고 적음을 논하지 말고
오직 죄업을 소멸한 후에 참회의식을 그쳐야 한다.

云何知重罪滅相　若行者如是至心懺悔時　自覺身心輕利　得好瑞
夢　或復睹諸靈瑞異相　或覺善心開發　或者於坐中　覺身如雲如影
因是漸證得諸禪境界　或復豁解悟心生　善識法相　隨所聞經卽知義
趣　因是法喜　心無憂悔　如是等種種因緣　當知卽是破戒障道罪滅
之相

　여기에서는 죄업을 소멸하는 모습에 대해 밝히고 있는데, 여법하게
참회하면 무거운 죄업도 소멸할 수 있다.
　자신의 무거운 죄업을 소멸하는 모습을 어떻게 알 수 있는가.
　수행자가 이와 같이 지극 정성으로 참회할 경우 몸과 마음이 편안하
고 경쾌해진 것을 느끼며, 상서로운 꿈을 꾸기도 한다. 혹은 꿈속에서
모든 부처님이 방광을 하는 모습을 보기도 하며, 부처님이 찾아와 정
수리를 어루만져주는 모습을 보기도 하고 혹은 모든 신령스럽고 상서
로운 특이한 모습을 보기도 하며, 꿈에서 깨어나서 직접 보기도 한다.
예를 들어 부처님이 광명을 발현하는 모습을 보기도 하며, 여래의 삼
십이상 팔십종호와 갖가지 기이하고 미묘하고 수승한 모습을 보기도
한다.
　혹은 선심이 개발되는 것을 느끼기도 하고, 좌선 중에 자기의 몸이
구름과 같고 그림자와 같은 것을 느끼기도 한다. 이 경지는 욕계선정

74

[欲界定]에 해당된다.

혹은 다시 활연하게 해오심(解悟心)이 일어나 모든 법의 명칭과 모습을 훌륭하게 알아차리게 된다. 해오심이 일어나면 수행자가 공부에 더욱 박차를 가해 용맹하게 참회정진을 하여 더 이상 참회할 것이 없는 경지에 이르러 하루아침에 몸과 마음이 일체를 분명하게 깨닫게 된다.

옛 사람은 이 경지를 두고 말하였다.

"물이 다하고 산이 끝나는 곳에 당도해서 머리를 돌이켜보았더니 좋은 풍광이 보이더라."

동시에 일종의 수승하고 오묘한 견해가 일어나 불경을 듣는대로 심오하고 미묘한 이치와 귀결점까지도 명료하게 깨닫게 된다. 이는 하나를 들으면 열을 알고, 열을 들으면 백 가지를 아는 것과 같다.

이로 인하여 법열(法悅)이 충만하게 되는데, 법열이 충만하면 근심과 후회가 없어진다. 과거에 자기 몸에 있던 죄업의 장애 때문에 마음속으로 우려하고 회한했던 일들이 갖가지 참회의 인연으로 인해 이와 같이 뛰어난 경계로 나타난다.

마땅히 알아야 한다. 이와 같이 참회하는 일이 바로 죄업의 장애를 소멸하는 유일한 방법이다.

從是已後 堅持禁戒 逆名尸羅清淨 可修禪定 猶如破壞垢膩之衣

若能補治浣洗淸淨 猶可染著

　참회가 끝난 이후에는 견고한 마음으로 모든 부처님의 금계(禁戒)를 정미하게 지니면서 털끝만큼도 범하는 일이 없어야만 계율을 청정하게 지닌다고 말할 수 있다.

　범어인 시라(尸羅)는 번역하면 '계율을 지님'이다.

　가령 찢어지거나 더러운 때가 묻은 옷이라 할지라도 깨끗이 세탁하면 염색이 잘되는 것과 같다. 파괴된 것은 완전하고 아름답게 보완할 수 있고, 더러운 옷은 깨끗이 빨면 쓸모 있는 물건이 될 수 있다. 그 때문에 염색을 할 수 있다고 하였다.

若人犯重禁已 恐障禪定 雖不依諸經修諸行法 但生重慚愧 於三寶前 發露先罪 斷相續心 端身常坐 觀罪性空 念十方佛

　여기에서는 대승이참(大乘理懺)의 이익에 대해 밝히고 있다.

　지금까지는 대승사참법(大乘事懺法)의 편에서 이참까지 갖추었는데, 이는 열 번째 참회법에서 죄의 성품이 본래 일어남이 없다는 점을 밝힌 것이다. 그러나 여기에서는 대승무상이참법의 편에서 사참법까지도 갖추고 있다.

　예를 들면 선정삼매에서 나왔을 때 부처님께 향을 사르며 예배하고 계율과 경전 등을 독송하는 것이 사참에 해당된다.

　가령 사중금계(四重禁戒)를 범하고 나서 이로 인해 선정에 장애가 될

까 염려하고, 계율이 청정하지 못하여 삼매가 현전하지 않는다는 것을 분명히 알았다고 하자. 이럴 경우 경전에 의지해서 참회법을 닦지 말고, 단지 참회하고 부끄러워하는 마음을 내어 불법승 삼보전에 자기가 그동안 지은 무거운 죄업을 모두 드러내어 지극정성으로 참회해야 한다. 아울러 죄업이 상속하는 마음까지 단절한 뒤에, 몸과 마음을 거두어 단정한 몸으로 고요히 앉아서 죄의 성품을 은밀하게 관찰해야 한다.

그렇게 한다면 죄업은 본성이 없어 그 자체가 공이라는 것을 알게 된다. 여기에서 다시 시방세계 모든 부처님께 죄업을 참회하면서 생각이 항상 일정한 곳에 머물러야 한다. 모든 부처님의 큰 공덕을 염불하거나 홀로 아미타불 성호만을 염불해도 된다.

若出禪時 卽須至心燒香禮拜 懺悔誦戒 及誦大乘經典 障道重罪 自當漸漸消滅 因此尸羅清淨 禪定開發

만약 고요한 선정에서 나왔을 때는 곧바로 지극한 마음으로 향을 사르며 예배하고 참회해야 한다. 《범망경(梵網經)》이나 보살계를 독송하기도 하고 《법화경》《능엄경》 등 대승경전을 독송하면서 도를 장애하는 지중한 죄업의 참뜻을 인식하고 참회를 구해야 한다.

이와 같이 참회하면 죄업이 점진적으로 소멸하고 악업까지 단절하여, 계율이 이를 따라 청정해지면 선정과 지혜가 다시 발현한다. 이것도 죄업을 참회로 소멸하는 하나의 간단한 방법이다.

故妙勝定經云 若人犯重罪已 心生怖畏 欲求除滅 若除禪定 餘
無能滅 是人應當在空閑處 攝心常坐及誦大乘經 一切重罪悉皆消
滅 諸禪三昧自然現前

여기에서는 경전에서 인용하고 증명하였다.
《묘승정경(妙勝定經)》은 오로지 선정의 이치만을 설명하고 있다. 묘
승(妙勝)은 선정이 가장 뛰어나고 미묘하다는 의미이다. 때문에 오묘하
고 뛰어난 선정삼매라는 의미에서 '묘승정'이라고 한다.

《묘승정경》에서 말씀하셨다.

"만약 어떤 사람이 무거운 죄업을 범하고 나서 마음에 두려움과 공
포심이 일어나 죄업을 소멸하고 싶어 할 경우, 선정에 들지 않으면 다
른 방법으로는 소멸할 수가 없다. 이 사람은 반드시 고요하고 한가한
처소에서 마음을 거두고 단정히 앉아 좌선을 하거나 대승방등경전(大
乘方等經典)을 수지 독송해야 모든 무거운 죄업이 소멸되어 선정삼매가
자연스럽게 목전에 나타날 것이다."

삼매(三昧)는 정정(正定), 정수(正受), 또는 조직정(調直定)이라고 한다.
모든 중생들이 종일토록 어지러운 망상으로 육진경계를 반연하는
이유는 내 마음이 조화롭고 곧지 못하기 때문인데, 선정을 수행하면
마음이 자연스럽게 정도로 귀결하여 조화롭고 곧은 상태가 된다. 이는

뱀이 가는 길은 구불구불하지만 곧은 대나무 통으로 들어가면 반듯하듯, 구하지 않아도 스스로 반듯해지는 이치와도 같다.

경전을 듣거나 외우고 염불을 하며 지관을 수행하는 데 있어서 그어떤 경우를 막론하고 모든 수행은 계율을 청정하게 지니는 일이 가장 기본이 된다는 점을 알아야 한다.

계율을 지니는 문제는 천태종에서 수행하는 스물다섯 가지 방편가운데 가장 첫 번째 과목에 해당된다. 이로써 알 수 있는 것은 계율을 청정하게 지니는 것만이 지관을 수행할 수 있는 가장 요긴한 방편이라는 점이다.

2. 의식을 구족하게 지님[衣食具足]

第二衣食具足者 衣法有三種 一者如雪山大士 隨得一衣蔽形卽
足 以不遊人間 堪忍力成故

두 번째는 옷과 음식을 구족하게 갖추어야 한다.

지관을 수습하려는 자라면 계율을 청정하게 지닌 다음 의식(衣食)이
만족스러워야 한다. 의복과 음식은 도를 수행하는 데 있어서 보조적인
양식이다. 의식이 부족하면 몸이 메마르고 불안정하게 되는데, 이런
상태에서 수행한다면 어떻게 도를 이룰 수 있겠는가. 그 때문에 옛 사
람은"몸이 안정돼야 도가 높아진다." "설법을 하기 이전에 음식이 우선
이다."고 하였다.

따라서 지관수행을 하는 데 있어서 음식과 의복이 보조적인 방편이
라는 점을 알아야 한다. 그러나 의식은 지나치게 사치스럽거나 화려한
것을 구해서는 안된다. 그 이유는 음식과 의복이 지나치게 화려하고
사치스러우면 탐욕만 증가하여 그것이 도(道)를 닦는 데 장애가 되기
때문이다.

의복과 음식, 이 두 가지를 수용하는 문제도 각자 상·중·하 삼품으
로 나눌 수 있다. 그 이유는 수행하는 사람의 근기가 삼품으로 분류되
기 때문이다.

우선 의복부터 삼품으로 분류해서 설명해 보기로 한다.

석가모니부처님께서는 설산에서 수행할 때 중생을 제도하려는 목적

때문에 6년간 고행했으며, 또 과거 전생에 보살도를 실천할 때도 일찍이 보살의 신분으로 설산에 거처하셨다. 때문에 석가모니부처님을 설산대사(雪山大士)라고도 부른다.

설산대사는 전생에 고행을 하실 때 옷 한 벌로 몸을 가리는 것에 만족하였다고 한다. 한 벌의 의복이란 사슴 가죽으로 만든 옷이나 풀을 엮어서 의복을 대신하는 것을 말하기도 하는데, 그 목적은 따뜻함을 구하지 않고 티끌세상을 멀리 여의고 인간세계에 다시는 유람하지 않으려는 이유 때문이었다. 비록 매섭게 추운 겨울이라 할지라도 한 벌의 옷만 착용했으며, 동상에 걸려도 인내하고 옷을 더 입지 않았다. 이는 오로지 참고 견딜 수 있는 수행력을 성취했기 때문이다. 이와 같이 옷을 입는 것을 최상근기의 의복이라고 한다.

二者如迦葉常受頭陀法 但畜糞掃三衣 不畜餘長

둘째는 중근기가 두타(頭陀)수행을 하면서 입는 의복 등에 대해 설명하고 있다.

세존의 제자인 가섭(迦葉)존자를 음광(飮光)이라고 한다. 빛이 일체광명을 차단할 수 있기 때문에 '음광'이라고 하였다. 출가 이전에 집안이 상당히 부자였던 그는 출가 후엔 두타수행을 했다.

범어의 두타는 한문으로 두수(抖擻), 즉 번뇌를 털어버린다는 뜻이다. 이 두타수행법은 열두 가지가 있는데, 의식주 세 종류에서 벗어나지 않는다.

우선 음식과 관련해 두타수행을 하는 데는 다섯 종류가 있다.

첫째, 다른 사람에게서 음식을 구걸해 먹고 스스로 음식을 만들지 않아야 한다. 이와 같이 하는 이유는 구걸을 행함으로써 아만을 조복 받기 때문이다. 이는 불법을 배우는 사람이라면 반드시 해야 할 일이다. 그 때문에 스님을 걸사(乞士)라고 한다.

구걸을 하는 데에는 두 가지가 있다. 하나는 밖으로 음식을 구걸하여 생명을 보존하는 것이고, 또 하나는 내적으로 법식(法食)을 구걸하여 혜명(慧命)을 자라게 하는 것이다. 하지만 걸식을 할 때에는 빈부를 가리지 말고 반드시 차례로 해야 한다. 왜냐하면 빈부를 가리면 평등심을 잃기 때문이다.

예를 들면 대가섭은 오로지 가난한 집만 찾아서 걸식을 했는데, 가난한 자가 보시를 행함으로써 복을 얻게 하기 위해서였다. 또 수보리는 오로지 부귀한 집만 찾아가 걸식을 했는데, 그 이유는 부귀한 사람은 죄를 지어 쉽게 타락하기 때문에 그들로 하여금 복을 지어 재앙을 면케 하려 했기 때문이었다.

이 두 사람은 각자 분별심이 있었다. 수보리는 가난한 사람은 버리고 부귀한 사람만을 좋아했다는 혐의가 있고, 가섭은 부귀한 사람은 버리고 가난한 사람만을 구제했다는 혐의가 있다. 그러므로 유마거사는 이 두 사람을 모두 꾸짖었다. 때문에 걸식은 반드시 빈부를 가리지 말고 차례대로 해야 한다.

둘째, 항상 거르지 말고 걸식법을 행해야 한다. 그 이유는 우리가 살고 있는 염부제 중생들은 용맹심이 쉽게 일어나 일정한 마음을 유지하기가 어렵기 때문이다. 가령 오늘은 걸식을 하고 다음 날은 걸식을 하지 않는다면, 어떻게 도(道)와 서로 일치하겠는가.

셋째, 정오에 하루 한 번씩만 음식을 먹어야 한다.

넷째, 양식을 절약해야 한다. 한번 구걸해온 음식은 네 번, 세 번 혹은 두 번 나누어 먹어야 음식을 조절해서 먹는 것이 된다. 이것도 역시 두타행 가운데 하나이다. 음식을 배부르게 먹으면 욕심이 증가하기 쉽고, 음식을 적게 먹어야 지혜가 쉽게 열리기 때문이다.

다섯째, 오후에는 음료수도 마셔서는 안 된다. 오시(午時)가 지난 이후에는 쌀밥이나 국수 등의 음식뿐만 아니라, 두유 등 음료수까지 마시지 말아야 된다.

다음으로 머무는 처소관련 두타행 역시 다섯 가지가 있다.

첫째, 항상 눕지 말고 앉아 있어야 한다. 즉 종일토록 결가부좌를 하고 오로지 자신의 마음을 관찰할 뿐 육진경계에 흔들려서는 안된다.

둘째, 나무 아래서 좌선을 해야 된다. 바람이 불고 그늘이 지는 큰 나무아래 시원한 곳에 고요히 앉아 마음의 번뇌를 씻어야 이익을 얻기가 쉽다.

셋째, 평편한 땅 위에 앉아야 한다. 밤이 깊고 인적이 고요할 때 노지(露地)에 앉아 있으면 하늘에서는 달과 별이 빛나고 마음은 텅 빈채 정신이 화기로워 수행하기에 좋다.

넷째, 무덤 사이에 앉아야 한다. 무덤 사이는 죽은 사람의 처소이므로 앉아있어도 방해가 되지 않는다. '모든 사람이 죽는데 난들 어찌 죽지 않겠는가' 이러한 마음으로 제법무상관(諸法無常觀)을 닦아야 한다.

다섯째, 고요한 처소를 찾아야 하는데, 고요한 처소는 바로 청정한 곳이다. 티끌세상과 서로 떨어져 있는 곳이 수행하기 적합한 처소이다.

마지막으로 두타행을 하는 데 있어서 의복에도 두 종류가 있다.

하나는 분소의(糞掃衣)인데, 이는 다른 사람이 버린 더러운 베를 주워서 일곱 차례 깨끗이 세탁을 하고 바늘로 꿰매 만든 옷을 말한다.

또 하나는 옷을 세 벌만 지녀야 하는데, 이는 오조가사(五條裂裟), 칠조가사(七條裂裟), 이십오조가사(二十五條裂裟)를 말한다. 오조가사는 평상시 생활할 때 걸치는 가사로 다섯 조각으로 이루어져 있다. 일곱 조각으로 이루어진 칠조가사는 경전을 독송하거나 예배를 하거나 불사를 할 때 착용한다. 이십오조 대가사는 범어로 승가리(僧伽黎)라고 한다. 일반적으로 조의(祖衣)라고도 하는데, 조사가 법상에 올라 설법할 때 착용하며 스물다섯 조각으로 이루어져 있다.

이 세 가지 가사는 잠시도 몸을 떠나서는 안되며, 그 나머지 의복은 절대로 축적해선 안된다. 가섭존자는 단지 이 세 가지 옷을 가지고 스스로 도를 이루었는데, 이를 두고 두 번째 중근기인이 착용하는 옷이라고 한다.

인간 세간의 생활은 의식주에 국한된다. 때문에 이 세 가지는 사람이 살아가는 데 반드시 필요하다. 만일 의복과 음식이 없다면 생활 문제를 해결하지 못할 것이다.

그러나 불법을 배우는 사람은 초연하게 물질욕에서 벗어나 의복과 음식이 크게 중요한 문제가 되지 않으므로 바라고 구하는 바가 없다. 그 때문에 의복과 음식을 구하려고 종일 부지런히 움직이는 사람들과 비교를 한다면 그 경지가 아득히 차이가 난다.

그러므로 출가한 비구 · 비구니와 재가인인 우바새 · 우바이는 마땅히 생사의 일이 크다는 것을 뼈아프게 깨닫고, 이것을 모범으로 삼아 의식을 담박하게 한다면 도의 성취가 멀지 않을 것이다.

三者若多寒國土 及忍力未成之者 如來亦許三衣之外 畜百一等物 而要須說淨 知量知足 若過貪求積聚則心亂妨道

여기에서는 하품인의 수행에 대해 이야기하고 있다.

우리나라와 중국은 사계절이 뚜렷하며 추운 기간이 길다. 그러므로 열대지방과는 살아가는 방식과 여건이 똑같을 수가 없다. 때문에 여래께서 특별히 방편문을 열어 추운 지방에서는 세 벌의 옷 이외에 축적하는 것을 허락하였는데, 단 백 가지 물건에 한정해서 갖도록 하였다.

백 가지의 물건은 각자 다르므로 물건을 소유할 때마다 물건의 유래처가 청정하다는 것을 이야기해야 된다. 요즘에는 청정함을 이야기하는 법을 시행하는 자가 없으나 부처님이 살아계실 때는 소유한 물건은 반드시 청정하다는 것을 설하게 했다.

"이 물건은 삼보대중께 공양을 올리오니 자비의 마음으로 거두어 주소서."

이와 같이 청하고 나서 발심한 마음으로 공양을 올리면 그것은 대중에게 하사를 받은 물건이지 내 소유가 아니며, 자기에게 소속된 것도 아니다. 이것을 설정(說淨)이라고 말한다. 만일 이와 같이 하지 않는다면 개인소유가 되는데, 그것을 청정하지 못한 것이라고 한다.

그리고 물건의 한정됨을 알고 만족할 줄 알아야 한다. 설사 지극히 보잘 것 없는 물건이라 하더라도 그 물건이 나에게 쉽게 찾아오지 않는다는 것을 알고, 탐욕심으로 구해서는 안된다. 만약 그렇지 않고 물건을 끝없이 쌓아만 두고 희사하지 않으면 마음이 미혹으로 혼란하여 도업을 수행하는 데 방해가 된다.

次食法有四種 一者若上人大士 深山絶世 草果隨時 得資身者

다음으로 음식에는 근기 따라 네 종류가 있다.

첫째는 상근인의 음식이다. 상근인은 세상 사람의 왕래가 없는 석굴이나 물가 또는 숲속에 안주하기를 원한다. 그 때문에 깊은 산속에서 세상과 단절하고 세상음식을 먹지 않는다고 한다.

'사람이 3일 동안 음식을 먹지 않으면 배가 주리고, 5일 동안 먹지 않으면 병이 들고, 7일 동안 먹지 않으면 죽는다'는 말이 있다. 하지만 상근인은 초목이나 과일로 몸을 지탱한다. 예를 들면 세존이 고행을 할 때 스스로 음식을 만들지 않고 하루에 삼씨 한 알과 보리 한 알로 음식을 대신하였다고 했는데, 이것이 상근인의 음식이다.

二者常行頭陀 受乞食法 是乞食法 能破四種邪命依正命自活 能

生聖道故 邪命自活者 一下口食 二仰口食 三維口食 四方口食 邪
命之相如舍利弗 爲青目女說

　둘째는 중근인의 음식이다. 중근인은 항상 두타행을 실천하여 걸식
법으로 먹는 문제를 해결한다. 이는 흔히 말하는 탁발걸식에 해당되는
데, 이는 자비의 마음으로 걸식을 행함으로써 중생을 제도하여 그들이
복을 짓게 하려는 것이 목적이다. 이 걸식법은 인도나 남방에서만 성
행한다. 우리나라와 중국에서는 기후풍토상 걸식하는 가풍이 정착되
지 않았기 때문에 이 걸식법을 행하는 모습을 보기 힘들다.

　이런 환경에서 걸식을 행하면 이익이 없을 뿐만 아니라 거지라는 소
리까지 듣게 되어 중생이 비방의 죄업을 초래하게 된다. 그러므로 이
러한 환경에서는 걸식법을 행하기가 어렵다.

　걸식을 행하면 네 종류의 삿된 생활, 즉 사종사명식(四種邪命食)을 피
할 수 있다. 사명식은 잘못된 생활방식을 말한다.

　첫째, 하구식(下口食)은 입을 아래로 낮추어 먹는 음식을 말한다. 가
령 농사짓는 사람이 전답을 경작하려면 허리를 굽혀야 하기 때문에 출
가인은 농사짓는 일을 하지 말아야 한다. 이것을 하구사명식, 즉 입이
땅바닥으로 향해 낮추어 먹는 음식이라고 한다.

　둘째, 앙구식(仰口食)은 출가한 사람이 하늘을 우러러 별을 관찰함으
로써 천문을 살피고, 예언을 하여 세상 사람들을 크게 놀라게 함으로
써 이를 방편으로 하여 생활하는 방식을 말한다.

　셋째, 유구식(維口食)은 온갖 수단 방법을 이용해서 생계를 유지하는

것을 말한다. 재물이 있을 만한 곳은 앞뒤를 가리지 않고 찾아다니며 가는 곳마다 음식과 재물을 도모하기 때문에 유구식이라고 한다.

넷째, 방구식(方口食)은 사방을 떠돌아다니며 길흉을 점치고 의원노릇을 하거나 관상을 보면서 실제로 자기 자신의 입을 봉양하기 위해서 하는 행위를 말한다.

출가한 비구는 불법을 크게 선양하여 중생을 교화하는 것으로 자기의 본분을 삼아야 한다. 이를 두고 옛 큰스님은 "법을 크게 선양하는 것이 불법에서 해야 할 일이고 중생 제도하는 일이 그 사업이다."고 하였다.

진정한 불자라면 사명식을 반드시 멀리 버려야 한다. 그러나 잘못 생활하는 모습은 이 정도에 국한되지 않고 매우 광범위하여 이상에서 열거한 것처럼 네 종류도 있고 다섯 종류도 있다. 더 나아가 수많은 종류가 있을 수 있다. 그 예는 사리불존자가 청목녀에게 설법한 경전 내용에서 찾아볼 수 있다.

三者阿蘭若處 檀越送食 四者於僧中潔淨食 有此等食緣具足 名衣食具足 何以故無此等緣 則心不安穩 於道有妨

셋째는 청정한 아란야처, 즉 적정처(寂靜處)에 일정하게 안주하면서 음식을 지어먹지 않고 신도가 시주하는 음식을 받아먹는 것을 하품인의 음식이라고 한다.

넷째는 스님들이 함께 모여 사는 총림에서 재법(齋法), 즉 법공양을 엄숙히 행하는 청결한 음식을 말한다. 현재 우리나라 총림 선방에서 행하는 대중발우공양이 여기에 해당된다.

한 발우의 적은 음식일지라도 시방삼보(十方三寶) 내지는 모든 짐승과 광야에 떠도는 귀신들에게까지 공양을 올려야 한다. 그런 뒤에야 음식을 먹는데, 이것은 이미 시방삼보와 귀신들에게까지 공양을 하고 남은 음식이기 때문에 자기의 소유가 아니다. 이와 같이 한다면 음식을 앉아서 받아먹는다 해도 아상(我相)이 없게 된다. 때문에 청결한 음식이라고 하며, 이것을 두고 최하 가운데 최하품의 음식이라고 한다.

총림(叢林)에 안주하면서 손가락에 물 한번 묻히지 않고 어떤 일에도 마음을 쓰지 않는 상태에서 받아먹는 음식까지 모두 구족해야 의복과 음식이 구족하다고 말할 수 있다.

지관수행을 하는 데 있어서 이러한 의복과 음식의 인연이 없으면 우선 마음이 안온하지 못하여 도업을 닦는 데 방해가 된다. 때문에 '몸이 편안해야만 도가 일어난다'라고 했을 것이다. 그러므로 음식과 의복을 만족하게 갖추는 일은 지관수행을 행하는 데 있어서 가장 중요하다.

3. 고요한 처소에서 한가히 거처함[閑居靜處]

第三得閑居靜處 閒者 不作衆事 名之爲閒 無憒鬧故 名之爲靜
有三處可修禪定

다섯 가지 인연 가운데 세 번째는 고요한 처소에서 한가히 거처하는
것이다.

고요한 처소는 물가나 숲 아래 또는 산 바위나 석굴 등을 말하는데,
이곳에서 홀로 공부를 해야 한다. 그 이유는 경계가 고요하면 마음도
쉽게 공적해지기 때문이다. '한가하다'고 하는 것은 청정함을 말하는
데, 이는 세간의 일체 유위법과 서로 호응하지 않는다는 의미이다.

그리고 '시끄러움이 없다'고 하는 것은 일체 번뇌를 멀리 떠나는 것
을 말하며, 이러한 조건에서 좌선을 닦는 것을 고요하고 안정된 처소
라고 말한다.

이 문제도 요약하면 근기 따라 세 종류의 처소에서 선정을 닦을 수 있다.

一者深山絶人之處

마음이 한결같아서 혼란하지 않는 상태를 선정이라고 한다. 가령 몸
이 심산유곡에 앉아있다 해도 마음이 원숭이나 말처럼 날뛴다면 세속
과 다를 바가 없다.

수행하는 사람이 공적하고 한가한 처소를 찾는 이유는 처음 발심한

사람은 시끄러운 환경을 떠나야 쉽게 이익을 얻기 때문이다.

첫째, 심산절인지처(深山絶人之處)라는 것은 심산유곡 인적이 단절된 처소를 말한다. 깊은 숲, 높은 산중에 거처하면서 의복과 음식을 사람들에게서 직접 구하지 않아야 하고 시끄러움도 없어야 한다. 이는 인간세상과 단절해야만 육근이 육진과 마주했을 때 집착심을 일으키지 않고 도와 상응할 수 있기 때문이다.

세존께서 설산에서 고행했던 것도 바로 인간세상과 단절한 경우였는데, 이것을 최상근인이 고요한 처소에 한가히 거처하는 것이라고 한다.

二者 頭陀蘭若之處 離於聚落極近三四里 此則 放牧聲絶 無諸憒鬧

둘째, 두타행을 수행하는 고요한 처소이다. 두타행에 열 두 종류가 있다는 것은 이미 설명했던 바와 같다.

청정하고 한가한 처소는 촌락마을과 떨어져 있는 곳이며, 마을과 가장 가깝다 해도 3~4리 혹은 10~20리 간격으로 떨어져 있어야 한다. 이런 곳이어야만 짐승을 방목하는 소리가 단절되고, 방목하는 사람이 찾아오기가 힘들다. 목동이나 땔나무꾼이 찾아오지 않고 닭 우는 소리, 개 짖는 소리까지도 멀리 단절해야 한다. 그 때문에 '세간의 모든 심란함과 시끄러움이 없다'고 하였는데, 이를 중근인이 한가히 거처하는 고요한 처소라고 말한다.

그 옛날 부처님께서 세간에 계실 때, 다섯 비구가 산에서 수행하면서 공양할 때가 되면 마을로 내려가 탁발을 하고 교화를 하였는데, 마을까지 오가는 거리가 무려 1백리나 되었기 때문에 수행을 하지 못하고 하루종일 길에서 시간을 보냈다. 10여 년 수행을 했는데도 공부에 털 끝만큼도 진전이 없자 다섯 비구는 크게 부끄러운 마음을 갖게 되었다. 부처님께서는 그들을 불쌍히 여기고 한 수행인을 교화해서 공양을 부탁하며 말씀하셨다.

"너희들은 심히 행하기 어려운 생활을 하고 있지만 마을과의 거리가 너무 멀리 떨어져 있고 시간은 한정돼 있다. 이런 상황에서야 어느 세월에 공부를 성취할 수 있겠느냐. 반드시 마을과 가깝지도 멀지도 않은 처소에 머물러야만 공부를 할 수가 있고, 헛된 수고를 하지 않을 수 있을 것이다."

三者 遠白衣住處 淸淨伽藍中 皆名閒居靜處

셋째, 총림사원 가운데 안주하면서 종일토록 대중과 함께 생활한다면 도를 얻기가 매우 쉽다. 이때 주의할 점은 일반신도를 멀리해야 한다는 점이다. 이는 스님 대중이 입는 옷은 먹물 옷이므로 세속인의 의복과는 동일하지 않기 때문이다.

청정한 가람은 대중이 화합하여 모여 사는 곳이다. 그 때문에 청정한 가람을 한가하고 고요한 처소라고 한다.

여의주를 찾으려면 물결이 고요해야 하고, 물이 맑아야 한다. 이러한 이치를 모르는 상태에서 종일 번뇌 경계의 바람에 마음이 요동을 치면서 자성청정한 실상 보배 여의주를 구하려 한다면 불가능할 것이다.

4. 세상의 번거로운 일을 쉼[息諸緣務]

第四息諸緣務有四意

앞의 세 가지 조건이 갖춰지면 네 번째는 모든 세상의 인연을 쉬어야 한다. 의식주만 해결하고 세상일을 쉬지 않으면 속가의 삶과 다를 바 없고 도를 닦는 것이 아니다. 따라서 세속 일을 반드시 물리쳐야만 도업으로 진수할 수 있다. 가령 몸은 띠집 암자에 머문다 해도 집안일을 하고 있다면, 분주하고 바쁘기만 하기 때문에 비록 처소는 고요하다 할지라도 고요한 실제내용이 없으므로 이 역시 도에 이익이 없다.

산속의 고요한 처소에 있다 할지라도 세속적인 생활에 핍박받거나 세간 일에 얽매인다면 인간세상과 다를 바 없지만, 시끄러운 세속에 있다 할지라도 잡된 일을 하지 않으면 고요한 산속에 있는 것과 다름이 없다.

세간사를 쉬는 데는 네 가지 의미가 있다.

一息治生緣務 不作有爲事業

첫째, 생활하는 인연의 일을 쉬어야 한다.

세간에서는 사농공상 등을 살아가기 위한 생업이라고 하는데, 이 모든 것은 유위사업에 소속된다. 지관을 수행하는 자라면 유위사업을 멀리 여의고 아울러 세간적인 생산업도 쉬어야 한다.

二息人間緣務 不追尋俗人朋友親戚知識 斷絶人事往還

둘째, 타인과의 관계까지 정리해야 한다. 구체적으로 친구·친척 등 관계를 가진 인연들을 찾아다니지 않아야 하고, 서로 오가는 것을 끊어야 한다.

'추구하지 않는다고 하는 것은 왕래하지 않는다'는 뜻이다. 친구들과 교제하고 친척과 왕래하는 것은 본래 세간법이다. 인간의 이익이란 본래 공하고 생사의 일이 크다는 것을 명료하게 통달하여, 교제를 맺고 왕래를 한다는 것은 도를 장애하는 인연임을 알아야 한다. 때문에 수행하는 사람이라면 반드시 세속과의 교제를 단절해야 한다.

三息工巧技術緣務 不作世間工匠技術醫方禁呪卜相書數算計 等事

셋째, 출가인이라면 세간의 기술적인 일을 쉬어야 한다. 예를 들면 사람들의 병을 치료한다고 비법을 연구한다든가, 주술을 외워서 병을 치료한다든가 하는 것은 삿된 주술이지 불교의 진실한 가르침이 아니다.

또한 사주와 관상을 보는 등 운명을 점치는 일은 모두 도업을 방해한다. 재가인이 생활을 해결하기 위해서 이런 일을 하는 것은 어쩔 수 없지만, 수행인이라면 절대로 하지 않아야 한다. 수행인이 이 같은 일을 하면 마음이 산란해지고 오로지 세간적인 욕망만 일어나 도를 이루기가 매우 어렵기 때문이다.

이를 두고 옛 큰스님들은 "하나의 일을 버리면 하나의 망상을 소멸할 수 있다."고 하였다. 또 "한 분야의 망상을 제거하면 한 분야의 근본지혜를 증득하게 되고, 한 분야의 경계를 제멸하면 한 분야의 법신을 증득한다."고 하였다. 이는 광명이 일어나면 어둠이 소멸되고 어둠이 일어나면 광명이 소멸되어, 광명과 어둠이 서로 함께 하지 못하는 것과 같고 물과 불이 서로를 용납하지 못하는 이치와도 같다.

四息學問緣務 讀誦聽學等悉皆棄捨 此爲息諸緣務

넷째, 학문에 관한 일을 쉬어야 한다. 학문의 근본은 지식을 자라나게 하는 것이므로 이를 따라서 이뤄지지 않는 것이 없다. 하지만 수행하는 사람이라면 세간의 학문을 멀리 버려야 한다. 세간의 학문이라는 것은 시, 소설 등 문장 짓는 일과 과학, 철학 등을 연구하는 것을 포괄해서 하는 말이다.

출세간인이라면 세간의 학문뿐만 아니라, 출세간 학문까지도 버려야 한다. 예를 들면 독송하는 경전이나 논서 혹은 강의를 듣는 것까지도 모두 쉬어야 한다.

세간학문은 유루법이기 때문에 당연히 버려야겠지만 출세간 학문은 무루무위법으로서 구경(究竟)의 이치를 설명하고 있는데, 무엇 때문에 세간학문과 똑같이 버려야만 하는 것인가. 그것은 지관수행이 학문보다 수행에 중점을 두고 있기 때문이다.

단지 견해가 분명하기 이전에는 반드시 경전강의를 듣고 이치를 밝혀야 하지만, 이미 견해가 열린 이후에는 일체 견해를 버리고 수행에만 정진해야 한다. 그래야만 수행하기가 쉬워 기로에서 헤매는 어리석음을 면할 수 있다.

가령 수행인이 언어 문자에만 집착하고 진실하게 공부하지 않는다면, 그것은 끝내 바다에 들어가서 모래를 세는 것과 같은 어리석음을 면치 못한다. 또 그림 속의 떡은 주린 배를 채워주지 못하는 것과도 같다.

선종에서 오직 화두만 관조하면서 단도직입적으로 수행에만 전념하는 이유는 일 많은 데서 오는 병통을 면하기 위한 것이다.

所以者何 若多緣務 則行道事廢 心亂難攝

무슨 이유 때문인가. 일이 많으면 마음이 얽매여 도를 수행하는 일이 장애가 되기 때문이다. 아는 것이 많으면 망상도 많아져 마음을 수습하기 힘든 문제가 야기된다.

분명히 알아야할 점은 경전을 독송하고 강의를 듣는 등 불경을 배우는 일은 멀리해야 하는데, 이 문제를 결코 오해해서는 안된다.

도를 깨닫는 법문은 비록 팔만사천 방편문이라고는 하지만, 이 모든 것은 각각 정수행과 보조수행이 있다. 예를 들면《법화경》을 독송할 경우 그것 역시 지관을 수행한다고 말할 수 있다. 이 경우《법화경》독송이 정수행이 되고, 예불과 참회 등은 보조수행이 된다.

이와 마찬가지로 지관으로서 정수행을 삼았다면 그 나머지 모든 방편 법문은 다 보조수행이 된다. 따라서 정수행을 전일하게 하면서 잡다한 것이 섞이지 않게 하는 것이 수행에 큰 도움이 된다는 것을 명심해야 한다.

5. 선지식을 가까이 함[得善知識]

第五近善知識 善知識有三 一外護善知識 經營供養 善能將護行
人 不相惱亂

다섯 번째는 나를 올바로 인도해줄 수 있는 선지식을 가까이 해야
된다.
부처님께서는 말씀하셨다.

"선지식은 도(道)를 얻는 전체의 인연이다."

선지식은 일체 중생의 병통을 알고 병을 치료하는 약까지도 잘 안다
는 의미이다. 이것은 이른바 병을 알고 약을 알아서 병에 따라 약을 주
는 것과도 같은 이치다. 예를 들면 아사세왕이 기파라는 선지식을 만
나서 부처님께 귀의하고 통렬한 고통으로부터 해탈하였는데, 이는 마
치 어린아이가 부모를 의지해서 올바르게 자라는 것과도 같다. 따라서
선지식을 잠시도 떠나서는 안된다.
선지식에는 세 종류가 있다.
첫째, 외부로부터 옹호하여 훌륭하게 도업을 성취하도록 도와주는
'외호선지식'이다. 후학을 위해서 지극한 마음으로 필요한 의복과 음
식을 제공하면서 이들이 수행하는 데 조금도 모자람이 없게 해주는 선
지식을 말한다. 또 갖가지로 공양을 올리기 때문에 외호를 '경영한다'

고 말하기도 한다. 훌륭하게 사랑하는 마음으로 보호하기 때문에 수행하는 사람 스스로가 번뇌를 일으키지 않고, 타인들까지 혼란하게 만들지 않는다.

二者同行善知識 共修一道 互相勸發 不相擾亂

둘째, 함께 수행하는 '동행선지식'이다. 이는 함께 지관을 닦아 서로 도와주고 연마해주며 경책하고 바로잡아 주는 도반 같은 선지식을 말한다.

동행선지식은 한 배를 타고 가는 사람과 같은 의미인데, 이를 두고 옛 큰스님들은 "스승을 구하는 것이 도반을 구하는 것만 못하다."고 하였다. 이는 진실한 말이라고 하겠다.

三者教授善知識 以內外方便禪定法門 示教利喜 略明五種緣務竟

셋째, 교도하고 전수하는 '교수선지식'이다. 이는 교도를 함에 있어서 훌륭한 방편으로 교화하여 내외 신심을 조복 받고 선정법문을 분명하게 교시하여 수행자가 큰 이익을 얻도록 도와주는 선지식을 말한다. 교수선지식은 오음(五陰)을 타파하고 오탁(五濁)세계를 초월하고 일체 마군경계까지도 명료하게 통달한다.

예를 들면 지자 대사가 《법화경》을 오묘하게 깨우치자 그의 스승인 남악 대사(南嶽大師)가 말씀하시길 "그대가 아니면 법화의 의미를 깨닫지 못할 것이고, 내가 아니면 그대의 견처를 알 수 없을 것이다."라고 하였다. 이것이 바로 선지식의 이익된 처소이다. 이는 "산 아래 길을 알려면 그 길을 지나온 사람에게 물어보라."고 한 이야기와 같은 맥락이다.

총론적으로 알아야 할 것은 지관을 닦으려면 외호하고 경책하고 지도해주는 세 선지식이 꼭 필요하다는 점이다.

이상으로 다섯 가지 갖추어야할 인연을 밝히는 일은 모두 끝났다.

02

욕구를 꾸짖어라 · 訶欲 第二

소리는 유정·무정들이 내는 소리가 서로 다르다. 무정들이 내는 소리는 모든 악기에서 일어나는 아름다운 음율의 소리와 같고· 유정의 소리는 남녀가 부르는 노래 소리와 교태롭고 요망한 소리· 오열하고 음란한 소리를 말한다· 이 모든 소리는 범부가 들으면 바로 집착하여 악업을 일으키게 된다·

所言訶欲者 謂五欲也 凡欲坐禪 修習止觀 必須訶責 五欲者 是世間色
聲·香·味·觸 常能誑惑 一切凡夫 令生愛著 若能沈知過罪 卽不親
近 是名訶欲

가욕(訶欲)은 '욕구를 꾸짖고 물리친다'는 말이다. 우리가 삼계윤회
를 끝없이 반복하는 것은 오욕에 대한 탐심이 있기 때문인데, 이것을
끊지 않으면 그 어떤 수행도 이룰 수가 없다. 따라서 좌선을 하면서
지관을 수행하고 싶다면 반드시 오욕경계(五欲境界)를 끊어야 한다.
다섯 가지 욕구[五欲]를 꾸짖는다는 것은 세간의 색(色)·성(聲)·향
(香)·미(味)·촉(觸)을 꾸짖고 버리게 한다는 의미이다. 욕구[欲]는 바
라고 구한다는 뜻이다. 오욕은 중생들이 지옥으로 떨어지는 다섯 가
지 조건이 된다. 좌선을 통해 지관을 수행하려는 자는 반드시 오욕을
떨쳐버려야 한다.

오욕은 눈에 보이는 좋은 색, 귀로 듣는 좋은 음성, 코로 맡는 좋은
향, 혀로 맛보는 좋은 맛, 몸으로 탐애하는 좋은 감촉을 말한다. 이 다
섯 가지 탐욕은 능히 모든 범부를 현혹시켜서 애착심이 생기게 한다.
만약 이에 대한 허물을 깊이 안다면 가까이하지 말아야 한다. 왜냐하
면 모든 오욕은 죄를 짓게 하기 때문이다.

오욕을 가까이하지 않는다면 이 같은 과오의 허물이 없게 되고, 꾸짖
으려 하지 않아도 스스로 멀어지게 된다.

1. 색에 대한 욕구를 꾸짖음[訶色欲]

一訶色欲者 所謂男女形貌端嚴 修目長眉 朱脣素齒 及世間寶物
靑黃赤白 紅紫縹綠 種種妙色 能令愚人見則生愛 作諸惡業 如頻
婆娑羅王以色欲故 身入敵國 在淫女阿梵波羅房中 優塡王以色染
故 截五百仙人手足 如此等種種過罪

첫 번째는 색에 대한 탐욕을 꾸짖고 물리쳐야 한다. 반드시 알아야
할 것은 꾸짖는다[訶]는 한 글자는 수행공부에 있어서 가장 중요한 길
일 뿐만 아니라 올바른 도로 깨달아 들어가는 궤범이라는 점이다. 때
문에 갖가지 방편으로 꾸짖고 버려야 한다.

이른바 남녀의 형색이 단정하고 수려하며 예쁜 눈매, 긴 눈썹, 붉은
입술, 흰 치아에 초롱초롱한 눈빛 등 갖가지 사랑스럽고 기뻐할만한
모습을 여색[色]이라고 한다. 이를 어리석은 사람이 보면 탐애심을 내
게 되는데, 탐애하는 남녀의 형색은 유정의 정보(正報)이다.

어떤 사람은 사랑스러운 남녀를 마주한다 해도 마음이 담박하여 집
착심을 일으키지 않는다. 그러나 이런 사람들도 세간의 갖가지 진귀한
보물을 보면 탐애한다. 진귀한 보물이란 금 · 은 · 유리 · 산호 · 호박
등 칠보와 갖가지 아름답고 미묘한 색상을 말한다.

지혜로운 사람은 이것을 보면 원래 허망하다는 것을 통달하고 있기 때
문에 탐애심을 일으키지 않는다. 그러나 어리석은 사람은 애착심을 일으
켜 미혹을 일으키기 때문에 갖가지 악업을 지어 광겁의 재앙을 부른다.

예를 들면 옛날 빈파왕의 일로서 증명할 수 있다. 빈파사라왕은 색욕을 탐애한 나머지 국가의 지중한 국사를 돌보지 않고 적국으로 들어가 음란한 여인인 아범바라의 방에 홀로 거처한 적이 있었다. 또 우전국왕은 색욕을 탐애했기 때문에 오백선인(五百仙人)의 수족을 절단하는 무거운 죄업을 지었다.

우리가 알아야 할 것은 고금의 많은 영웅호걸들이 누구 때문에 바다처럼 광대하게 오욕을 탐애하는 노예가 되어 색정의 마군이 되었던가 하는 점이다. 그대의 마음은 나를 사랑하고, 내 마음은 그대의 아름다운 미모를 그리워한다. 이처럼 광겁 동안 탐욕에 얽혀 끝날 기약이 없는 것이 범부들의 현실이며. 이는 참으로 슬픈 일이다.

색욕이 사람을 해치는 것은 실로 맹수의 해악보다도 심하다. 따라서 반드시 맹렬하게 살피고 색욕을 배척해야 올바른 지관을 수행할 수가 있다.

2. 소리에 대한 욕구를 꾸짖음[訶聲欲]

二訶聲欲者 所謂 箜篌箏笛 絲竹金石音樂之聲 及男女歌詠讚誦
等聲 能令凡夫聞卽染著 起諸惡業 如五百仙人雪山住 聞甄陀羅
女歌聲 卽失禪定 心醉狂亂 如是等種種因緣 知聲過罪

　두 번째는 소리에 대한 욕구[聲欲]를 꾸짖어야 한다. 소리는 유정, 무
정물이 내는 소리가 서로 다르다. 무정물이 내는 소리는 모든 악기에
서 일어나는 아름다운 운율의 소리와 같고, 유정의 소리는 남녀가 부
르는 노래 소리와 교태롭고 요망한 소리, 오염하고 음란한 소리를 말
한다. 이 모든 소리는 범부가 들으면 바로 집착하여 악업을 일으키게
된다.

　옛날에 오백 선인이 설산에서 수도를 하였는데, 그들은 견타라 여인
의 노래를 듣고 바로 선정삼매를 잃어 술에 취한 듯 시끄러운 번뇌가
쉬지 않았다고 한다. 또 제바연나 선인은 사지 부인의 유연한 음성을
듣고 탐애심을 일으켜 그 동안 이룬 신통력을 잃었다고 한다.

　예로부터 지금까지 소리에 대한 욕구로 인해 타락한 자들은 이루 다
낱낱이 열거할 수가 없다. 따라서 수행인이라면 절대로 소리에 미혹되
지 말고 성욕을 꾸짖고 떨쳐버려야 한다.

3. 냄새에 대한 욕구를 꾸짖음[訶香欲]

三訶欲者 所謂男女身香 世間飲食聲香 及一切薰香等 愚人不了香相 聞卽愛著 開結使門 如一此丘在蓮華池邊 聞華香氣 心生愛樂 池神卽大訶責 何故偷我香氣 以著香故 令諸結使臥者皆起 如是等種種因緣 知香過罪

　세 번째는 냄새에 대한 세 종류의 욕구[香欲]를 꾸짖어야 한다. 대체로 세상 사람들은 냄새에 미혹한 경우가 많다. 향기로운 냄새를 맡으면 정신이 혼미하여 비근(鼻根)을 통해서 죄업을 짓게 된다. 남녀의 몸에서 나는 냄새나 자연적으로 몸에서 나는 향기는 숙세의 인연으로 그렇게 된 것이다.

　어떤 비구니는 전생에 경전독송을 많이 하였는데, 그 공덕으로 입에서 항상 난초 향기가 났다고 한다. 또 어떤 늙은 비구는《법화경》독송을 한 것으로 인해 온 몸에 전단 향기가 가득했다고 한다. 이는 과거전생에 선근공덕을 쌓은 인연 때문이다.

　어리석은 범부는 세간 음식에서 나는 향기와 일체 초목에서 나는 향기, 또는 인간이 만든 향기 등 갖가지 향기를 맡으면 즉시 탐애심이 일어나 번뇌의 문이 열려 깊은 생사의 구덩이에 떨어지게 된다.

　옛날에 어떤 비구는 연꽃이 피어있는 연못가에 앉아서 향기를 맡고서 탐애심을 일으켰더니, 연못의 신이 즉시 나타나서 꾸짖었다.

"그대는 무엇 때문에 나의 향기를 훔치느냐."

그러자 비구는 응답하기를 "그대는 재가인들이 연꽃을 꺾고 밟아도 아무런 말이 없더니 나는 겨우 냄새만 맡았는데 무엇 때문에 꾸짖는가." 라고 하자, 연못의 신은 말하였다.

"그들은 온 몸에 죄악이 가득하기 때문에 꾸짖을 필요가 없지만, 그대는 출가 비구라 이치가 분명한 사람이다. 그대를 비유하면 하얀 옥에 흠집이 없는 것과 같다. 그런데도 어떻게 연꽃 향기에 집착해서 생사의 세계로 타락하려 하느냐."

이처럼 말하자 비구는 그때서야 비로소 마음을 조복 받고 냄새를 맡아도 집착하지 않았다고 한다.
이와 같은 갖가지 인연 때문에 향기의 집착에서 일어나는 모든 죄의 허물을 빨리 버려야 한다.

4. 맛에 대한 욕구를 꾸짖음[訶味欲]

四訶味欲者 所謂若酸甘辛鹹淡等 種種飮食希膳美味 能令凡夫
心生染著 起不善業 如一沙彌染著酪味 命終之後 生在酪中 受其
蟲身 如是等種種因緣 知味過罪

네 번째는 맛에 대한 욕구[味欲]를 꾸짖어야 한다. 수행하는 사람은
색 · 성 · 향 · 미 · 촉 등 오욕(五欲)을 마주하게 되면 외부에서 찾아온
도적처럼 여겨야 한다. 그 이유는 자기 마음의 보배를 겁탈하기 때문
이다. 따라서 급히 멀리하여 탐착하지 않아야 한다.

맛에는 다섯 종류가 있다. 즉 신맛 · 단맛 · 쓴맛 · 매운맛 · 짠맛 등
오미(五味)와 그 바탕이 되는 싱거운 맛이 있다.

좋은 맛은 범부의 마음에 애착을 일으켜 악업을 짓게 한다. 가령 바
다와 육지, 허공에 살아있는 생명체를 살생하여 자기의 입맛에 따라
먹기도 하며, 또는 다른 사람의 재물을 겁탈하여 맛의 욕구를 충족시
키기도 한다. 맛에 대한 욕구의 해로움은 이와 같이 크다. 하늘은 모든
생명을 살리기를 좋아하고 불법은 자비를 근본으로 삼는데, 하늘의 이
치를 손상하고 대자비심을 끊는 길이 살생보다 큰 것은 없다.

어떤 사미승은 버터의 맛에 집착하더니 죽은 뒤에 버터 속의 벌레가
되었다고 한다. 따라서 수행인은 반드시 맛에 대한 죄과를 알아서 욕
구를 버려야만 한다.

5. 감촉에 대한 욕구를 꾸짖음[訶觸欲]

　五訶觸欲者　男女身分柔軟細滑　寒時體溫　熱時體凉　及諸好觸
愚人無智　爲之沈沒　起障道業　如一角仙因觸欲故　遂失神通　爲淫
女騎頸　如是等種種因緣　知觸過罪

　다섯 번째는 감촉에 대한 욕구를 꾸짖어야 한다. 다섯 욕구 가운데
감촉[觸]의 욕구가 가장 사납고 해로워 생사의 근본이 된다.
　경전에서는 이 문제를 이와 같이 말하고 있다.

　"일체 중생은 모두가 색으로서 그의 올바른 성명으로 삼는다.[一切衆
生皆以色欲而正其性命]"

　앞에서 열거한 색 · 성 · 향 · 미 등 네 가지 욕구는 각각 한계가 있다.
색욕(色欲)은 안계(眼界)의 일부분에, 성욕(聲欲)은 이계(耳界)의 일부분
에, 향욕(香欲)은 비계(鼻界)의 일부분에, 미욕(味欲)은 설계(舌界)의 일
부분에 소속된다. 이러한 사근(四根)이 사진(四塵)을 마주하면 각자마
다 수용하는 한계가 다르다. 하지만 감촉에 대한 욕구만은 우리의 신
체에 두루 퍼져 있다.
　감촉의 욕구는 남녀의 신체에 대한 욕구를 말한다. 신체는 유연하고
부드러워 서로 안마를 해주거나 갖가지 다른 오묘한 감촉을 일으켜,
지혜가 없는 어리석은 사람은 그곳에 침몰하여 수행자의 도업을 장애

한다.

앞에서 나왔던 일각선인(一角仙人)은 감촉의 욕구로 인하여 수행에서 얻었던 신통력을 잃어버린 후 음란한 여인의 유혹에 빠졌는데, 이 음녀는 일각선인을 말처럼 부리면서 목을 타고 다녔다고 한다.

이로써 알 수 있는 것은 감촉에 대한 욕구의 과오와 죄업이 지극히 크고 위태롭다는 점이다. 따라서 이를 삼가야 되지 않겠는가.

如上訶欲之法 出摩訶衍論中說

이상 다섯 가지 욕구를 물리치는 법은 《마하연론(摩訶衍論)》에서 설해진 것과 같다.

옛날에 한 수행인이 있었는데, 이 수행인은 조용한 물가나 숲속에서 오랫동안 공부를 하였으나 이익을 얻지 못하였다. 수행자는 어느 날 밤, 한 마리 검은 거북이가 물속에서 나오는 것을 보았다. 마침 밤은 깊고 인적은 고요해 달빛이 우주를 환하게 비추고 있었다. 바로 그 때 한 마리의 여우가 나타나 거북이의 머리를 씹으려 하자 머리가 바로 수축되었고, 다리를 씹으려 하자 다리를 감춰 버렸다. 여우는 거북이를 잡아먹으려다가 피로만 느꼈고, 거북이에게 털끝만큼도 손상을 주지 못했다. 그러자 여우는 거북이를 잡아먹는 것을 포기하고 다른 곳으로 떠났다. 수행인은 이로부터 크게 깨달은 바가 있었다. 여기에서 여우는 외부 오진경계, 거북이는 수행인, 머리와 사지는 우리의 내육근(內六根)에 비유하였다.

우리 중생들은 무량겁 이래로 내육근이 항상 외육진에 집착하면서 마음을 한 처소로 수습하려 하지 않는다. 때문에 누생누겁토록 원한의 생사윤회를 만나면서 여우의 먹잇감이 되는 것이다.

만일 여우에게 잡혀 먹히지 않는 거북이의 법을 배운다면 생사는 스스로 끝나게 될 것이다.

復云 哀哉衆生 常爲五欲所惱 而猶求之不已

슬프다. 육도중생이여, 항상 오진경계에 대한 욕구에 사로잡혀 거기에 미혹하여 살펴도 꿰뚫지 못하고 알면서도 타파하지 못하는구나.

중생들은 비단 오진경계를 버리지 못할 뿐만 아니라 오진경계를 싫증내지 않고 끝없이 추구한다.

이상에서는 오욕 마군의 힘이 지극히 심하다는 것을 잘 나타내고 있다.

此五欲者 得之轉劇 如火益薪 其焰轉熾 五欲無樂 如狗嚙枯骨 五欲增諍 如鳥競肉 五欲燒人 如逆風執炬 五欲害人 如踐毒蛇 五欲無實 如夢所得 五欲不久 假借須臾 如擊石火 智者思之 亦如怨賊 世人愚惑 貪著五欲 至死不捨 後受無量苦惱

다음으로는 다섯 욕구가 사람을 해치는 모습에 대해 밝히고 있다. 이 오욕경계를 만나면 해로움이 더욱 심해지는데, 이는 마치 타는 불에 섶을 더하면 불꽃이 더욱 치성하는 것과 같다.

오욕(五欲)은 즐거움이라고는 없다. 그것은 마치 개가 살이 없는 마른 뼈를 씹는 것과 같은데, 마른 뼈를 씹는 들 무슨 이익이 있겠는가. 중생들의 마음은 망상으로 전도되어 이와 같은 오욕경계를 버리려 하지 않는다.

오욕은 마치 새가 한 조각의 고기를 서로 먼저 뜯어먹으려고 경쟁하는 것과 같이 시비를 증가시키고 있다는 것을 알아야만 한다.

또 오욕이 사람을 뜨겁게 태우는 것은 마치 맹렬히 타오르는 횃불에 불을 붙이는 것과 같고, 오욕이 사람을 해치는 것은 독사를 밟는 것과 같으며, 오욕이 실재함이 없는 것은 꿈속에서 얻은 경계와 같아 오욕은 오래가지 못하고 임시로 잠시 빌렸을 뿐이라는 것이다.

오욕은 또 비유하면 전광석화(電光石火)와 같아 눈 깜짝할 사이에 소멸한다. 사랑스러운 색욕은 보고 나면 바로 소멸하고, 사랑스러운 성욕은 듣고 나면 바로 사라지며, 사랑스러운 촉경은 항상 있지 않고 찰나에 없어진다. 지혜로운 사람은 이것을 알고 원수와 같이 여기지만, 껌껌한 범부들은 그 이치를 모르고 허망하게 집착심을 일으켜 죽음에 이를 때까지 버리지 못해 한량없는 고뇌를 세세생생 단절없이 받는다.

마땅히 알아야 한다. 색욕(色欲)은 뜨거운 쇳덩어리와 같아 그것을 잡는 순간 몸이 타버리고, 성욕(聲欲)은 독을 바른 북과 같아 듣는 순간 반드시 죽게 되며, 향욕(香欲)은 독룡의 기운과 같아 맡는 즉시 병이 들고, 미욕(味欲)은 끓는 꿀맛과 같아 맛보는 순간 살이 문드러지며, 촉욕(觸欲)은 누워있는 사자와 같아 가까이 하는 순간 물린다.

오욕의 해로움이 진실로 이와 같다. 수행자라면 오욕의 허물이 과연 어떠한지 깊이 생각해 보라.

　此五欲法　與畜生同有　一切衆生　常爲五欲所使　名欲奴僕　坐此
弊欲　沈墮三途　我今修禪　復爲障蔽　此爲大賊　急當遠之

　이 다섯 가지 욕구에 대한 법은 인간 세상에만 있는 것이 아니다. 우리가 살고 있는 세상 밖의 다른 세계인 귀신, 축생, 하늘나라 신선세계에도 욕구가 있다. 그것은 모든 중생들은 오욕을 마주하는 오근(五根)을 갖추고 있기 때문이다.

　이런 점에서 관찰해보면 삼계육도(三界六道) 일체중생은 항상 오욕의 지배를 받고 있다. 따라서 욕계 중생들은 '욕계탐애[欲愛]를 추종하는 종'이라고 할 수 있다. 욕계 중생들은 욕애 가운데 빠져있기 때문에 오욕에 가리어 각자 지은 업의 정도에 따라 지옥·아귀·축생 등의 삼악도(三惡道)에 떨어진다.

　삼악도에는 화도(火途)·혈도(血途)·도도(刀途)가 있는데, 이를 구체적으로 설명하면 다음과 같다.

　중생들은 불길이 위 아래로 덮치면서 영겁토록 불속에서 타는 고통을 받기 때문에 이를 '화도'라고 부른다. 축생의 세계에서는 크고 작은 짐승들이 서로 잡아먹고 피차 피를 마시는 괴로움을 간단 없이 감내해야 하므로 이를 '혈도'라고 한다. 아귀도 가운데 가장 힘이 센 귀신 왕이 갖가지 칼과 지팡이로 때리고 팽개치는 등 참지 못할 고통이 끝이 없기 때문에 이를 '도도'라고 한다.

우리가 선정을 닦은 후 다시 오욕에 침몰하여 장애를 당한다면 이것이야말로 우리의 본래 밝은 본성을 좀먹는 큰 도적이라고 하겠다. 따라서 오욕을 화급하게 멀리해야 한다.

如禪經偈中說

生死不斷絕　貪欲嗜味故　養寃人丘塚　虛受諸辛苦　身臭如死屍九孔流不淨　如廁蟲樂糞　愚人身無異　智者應觀身　不貪染世樂　無累無所欲　是名眞涅槃　如諸佛所說　一心一意行　數息在禪定　是名行頭陀

범부중생은 무량겁 이래로 변함없이 삼계육도에서 윤회를 반복한다. 육도에서 중생들의 생사가 단절되지 않는 이유는 오욕을 탐애하고 그 맛을 지나치게 좋아하기 때문이다.

우리가 알아야 할 것은 오욕이 비록 오진경계라고는 하지만, 그것은 각각 차별적인 종류와 그에 따른 맛에 차별이 있다는 점이다. 따라서 범부중생이 그 맛을 본 뒤에는 그에 대한 집착을 버리기가 힘들다.

세간 사람들이 오욕에 집착하는 모습을 관찰해 보도록 하자.

우리가 살아가는 일상의 주변 환경 가운데 어떤 것이 탐애할 만할 색욕이 아니고, 어떤 것이 들을 만한 소리가 아니며, 냄새와 맛에 집착하는 오욕의 경지가 아닌 것이 어디 있겠는가. 중생들은 오욕의 맛을 탐애하기 때문에 생사가 단절되지 않는다. 이는 마치 원한을 길러 그와 함께 무덤 속으로 들어가듯이 어리석고 부질없이 괴로움을 허망하게 받아들이는 것이다. 이는 수고스럽게 본래 없는 괴로움을 스스로 조작하여, 파도가 그칠 줄 모르고 끝없이 밀려오는 것과 같다.

몸에서는 죽은 시체와 같이 악취가 나고, 몸의 아홉 구멍에서는 항상 더러운 물질이 흘러나온다. 즉 눈에는 눈곱이 끼고, 귀에서는 귀지가 나오고, 코에서는 콧물이 흐르고, 소변과 대변에서는 냄새나는 물질이 나온다. 그런데도 중생들은 이같이 청정하지 못한 허망한 육신 때문에 끝없이 오욕을 탐애한다. 이는 마치 구더기가 오물을 청정한 것으로 착각하고 쾌락을 즐기는 것과도 같다. 중생들이 오욕에 탐착하는 것도 이와 같다. 그 이유는 살피고도 타파하지 못하고, 안다고 해도 허물을 투철하게 꿰뚫지 못하기 때문이다.

따라서 "어리석은 사람의 몸은 비록 외형은 다르다 할지라도 청정하지 못한 오욕에 집착하는 점에 있어선 실제로 차이가 없다."고 했다.

그래서 우리 자신은 외면적으로 청정한 몸처럼 보이지만, 실제로는 더러운 물질로 가득 차 그 냄새를 이루 다 감당할 수가 없다는 점을 반드시 알아야 한다. 이를 비유하자면 아름다운 꽃병이 깨지면 더러운 물질이 밖으로 흘러나와 그에 대한 혐오감을 참을 수 없는 것과도 같다.

하지만 지혜로운 사람은 몸과 마음을 관찰하여 탐욕에 집착하지 않는다. 세간의 즐거움에 물들거나 탐하지 않으면 걸림도 없게 된다. 이는 《반야심경》에서 말하고 있는 걸림이 없는 경지이다. 걸림이 없으면 생사에 대한 공포도 없고, 공포가 없으면 꿈처럼 뒤바뀐 망상도 멀리할 수 있다. 이것이 지혜로운 자의 오욕에 대한 관찰이다. 이를 진실한 열반, 청정실상, 또는 불생불멸이라고 한다. 우리의 자성청정심이 여기에 해당된다.

우리의 마음은 종일토록 망상이 어지럽게 일어나기 때문에 생멸을 쉬지 않는다. 이것은 고요 적정한 열반을 전환하여 망상으로 요동하고, 생멸하지 않는 자성청정심이 생멸을 일으키는 경우에 해당된다. 여기에 이르러서는 우리가 본래 지녔던 청정한 열반을 실제로 등지지 않는 상태에서 등지게 된다.

따라서 시방삼세 모든 부처님이 설했던 탐욕의 상념에서 미혹을 버리고 깨달음의 언덕에 오르며, 번뇌를 전환하여 올바른 법칙으로 들어가야 한다는 점을 알아야 한다.

오욕을 멀리 버리고 육근을 하나로 거두는 일, 즉 육식의 어지러운 망상을 일념으로 회귀하는 데는 별다른 길이 없다. 단지 안으로는 육근을 거둬들이고, 밖으로는 육진을 반연하지 않은 상태에서 일념으로 수행하는 것이다. 이렇게 한다면 본래 고요한 자성인 청정한 선정에 들어가게 되는데, 이와 같은 수행을 번뇌를 털어내는 두타행이라고 한다.

요컨대 수행을 한마디로 요약하면, 오욕경계로 어지럽게 흩어진 마음을 하나의 무념으로 거둬들이는 것에 불과하다고 하겠다.

03

번뇌를 버려라·棄蓋 第三

출가자가 머리와 수염을 깎은 후 가사를 입고 스님이 되었다면 그는 분명히 출세간 대장부이다. 이같이 대장부로서 위의를 갖추었다면 모름지기 모범을 보이면서 방아를 지니고 항상 절식을 행하면서 중생들에게 복과 이익을 주어야 한다. 그런데 산란하게 희희낙락하는 범만 즐기고 탐착하면서 방일하다면 어찌 불제자라고 할 수 있겠는가. 방일한 자는 현생에서 불법의 이익을 잃게 되고 불법의 이익을 잃은즉 과오와 허물을 깨닫는 즉시 산란심을 버려야 한다.

1. 탐욕의 번뇌를 버림[棄貪欲蓋]

所言棄蓋者 謂五蓋也 一棄貪欲蓋 前說外五塵中生欲 今約內意根中生欲 謂行者端坐修禪 心生欲覺 念念相續 覆蓋善心 令不生長 覺已應棄

제3장 기개(棄蓋)에서는 오개(五蓋)를 버려야 한다는 것에 대해 밝히고 있다. 개(蓋)는 번뇌의 또 다른 명칭으로 혼탁한 번뇌가 우리의 청정한 본성을 가려버리는 것을 의미한다.

오개는 탐욕개(貪慾蓋), 진에개(瞋恚蓋), 수면개(睡眠蓋), 도회개(掉悔蓋), 의개(疑蓋) 등을 말한다. 이 다섯 가지 번뇌법 때문에 우리의 자성청정심이 가려 밝은 지혜가 환하게 드러나지 못한다.

제2장에서 오욕을 꾸짖었던 것은 외부의 오진경계에 대한 욕구가 내 마음속에 들어오지 못하게 하기 위한 것이고, 여기에서 오개를 버리라고 하는 것은 내적으로 외부의 오진경계에 대한 욕구의 마음을 일으키지 말라는 뜻이다. 이렇게 할 때 우리의 의식은 청정해지고, 의식이 청정해지면 올바르게 도(道)를 감당하고 수행할 수 있게 된다.

오개 가운데 첫 번째 '탐욕개'는 앞에서 말했던 외부의 오진을 대상으로 탐욕을 일으키는 것을 의미한다. 즉 내오근(內五根)이 밖으로 외오진(外五塵)과 마주할 때 일으키는 탐욕과 집착을 말한다.

지금은 내적으로 의근(意根) 가운데 밖으로 오진경계에 대해 일으키는 탐욕의 편에서 하는 말이다. 목전의 오진은 우리의 의식 속에 그림자로 나타나 실체 없는 그림자의 과거 모습을 추억할 뿐만 아니라, 아직 다가오지 않은 미래까지도 미리 분별한다.

비록 내오근이 외부의 오진을 부여잡고 분별 없이 있는 그대로 대상을 받아들이는 것과는 동일하지 않지만, 내적으로 의식에서 망상이 무더기로 일어나 이로 인해 목전의 오진경계를 인식하고 분별하는데, 이것이 일종의 탐욕개이다. 그 때문에 마음속에서 일으키는 탐욕이라고 말한다.

수행인이 구업과 의업을 고요하게 잠재운 상태에서 외적으로 위의는 갖추었다 해도 마음속에 망상의 의업이 어지럽게 일어나 사랑스러운 음성을 들으면 탐욕심을 일으키거나, 과거 보았던 미모가 단정한 사람을 추억하며 그를 잊지 못하는 등의 사량분별이 염념이 상속하면서 단절하지 않는 경우가 있다. 이것은 비유하면 마치 폭포수와 같아서 전념과 후념이 한 찰나도 쉬지 않는다.

이 같이 외적인 위의는 갖추었다 해도 내적으로 의식을 조복 받지 못하면 우리가 본래 갖추고 있는 착한 마음이 망상 속에 침몰하여 지혜의 싹을 틔우고 자라나게 할 수가 없다. 이것은 실로 수행인에게 있어서 하나의 커다란 장애가 된다. 때문에 이러한 마음의 상태를 알았다면 그 즉시 탐욕을 제멸해야 한다.

옛 사람들은 이를 두고 "망념이 일어나는 것을 두려워하지 말고 오직 망념이 본래 없음을 깨닫는 것이 더딜까봐 염려하라."고 하였다. 이는 반드시 일찍 깨닫고 급히 버려야 한다는 의미이다.

所以者何 如術婆伽欲心內發 尙能燒身 況復心生欲火 而不燒諸
善法 貪欲之人 去道甚遠 所以者何 欲爲種種惱亂住處 若心著欲
無由近道

탐욕의 망상은 해로움이 지극히 광대하다. 예를 들면 인도에 술바가
라는 음란한 여인이 있었다. 그녀는 내적으로 음욕심(淫欲心)이 발동했
을 뿐인데도 그 불길로 인해 몸이 타서 무너졌다고 한다. 마음속에서
스스로 외부의 오진에 대한 탐욕의 불길을 일으킨다면 어찌 모든 선법
을 태우지 않을 수 있겠는가. 마땅히 알아야 할 것은 탐욕스러운 사람
은 도(道)와의 거리가 매우 멀다는 점이다.

대체로 탐욕은 갖가지 시끄러운 번뇌가 머무는 처소이고, 보리의 도
는 갖가지 청정하고 안온한 마음이 안주하는 처소이다. 이처럼 한쪽은
더럽고 한쪽은 청정하며, 한쪽은 생사로 유전하고 한쪽은 열반의 길로
향하면서 피차의 간격이 천지차이로 달라 성인과 범부의 간격이 아득
히 멀어지게 된다. 이 때문에 탐욕을 일으킨 사람은 도(道)와 거리가 매
우 멀다고 한다.

만일 마음이 탐욕심으로 애착을 일으킨다면 올바른 도로 진수할 길
이 없다. 그 때문에 게송에서는 이렇게 말하였다.

탐욕은 사나운 물과 같아
반야 나루터를 침몰 시킨다네
보리도를 수행하고자 한다면

탐욕을 버리고 진심을 보호하게나.

이를 통해 알 수 있는 것은 탐욕의 번뇌가 올바른 도(道)를 방해한다
는 것이다. 따라서 탐욕심을 극도로 조심해야 한다.

如除蓋偈說
入道慚愧人　持鉢福衆生　云何縱塵欲　沈沒於五情　已捨五欲樂
棄之而不顧　如何還欲得　如愚自食吐　諸欲求時苦　得時多怖畏　失
時懷熱惱　一切無樂處　諸欲患如是　以何能捨之　得深禪定樂　卽不
爲所欺

'입도참괴인(入道慚愧人)'이라고 한 이 구절은 '도를 닦는 수행인이
라면 반드시 크게 부끄러운 마음과 공포심을 일으켜 중생이 미혹 속에
있는 것을 불쌍히 여기고 생사를 끝내지 못한 것을 탄식해야 한다'는
것을 의미한다.

수행인이라면 도업을 일찍 성취하도록 노력하여 반드시 탐욕을 버
린 상태에서 발우를 지녀 일체 중생에게 복전과 이익이 되고, 끝내는
삼계제불에 모범이 되어야 한다. 그런데도 무엇 때문에 오욕과 육진에
끝없는 망상을 일으키고 있는가.

이미 오욕의 즐거움을 버렸다면 털끝만큼도 되돌아보지 않는 채 버
려야만 되는데, 어찌하여 다시 탐욕으로 구하려 하는가.

이런 수행인은 미혹한 가운데 갑절이나 미혹한 사람이라는 것을 알

아야 한다. 이는 마치 어리석은 사람이 음식을 먹었다가 토해내는 것과 같다. 그것이 어찌 불쌍하고 가소로운 일이 아니겠는가.

　탐욕은 일으킬 때 괴롭고, 얻을 때 공포와 두려움이 많으며, 얻었던 욕구를 잃었을 때 번뇌가 뜨겁게 타오른다.

　모든 중생을 살펴보라. 그 누구라도 오욕을 탐애하지 않는 사람이 있겠는가.

　탐욕스러운 사람은 높은 산을 오르기도 하고, 먼 바다를 항해하기도 하며, 때로는 풍찬노숙(風餐露宿)을 하면서까지 탐욕을 추구하느라 잠시도 쉴 틈이 없이 분주하게 오락가락 한다. 설사 자기의 욕구를 채웠다 하더라도 공포와 두려움이 많고, 얻었던 물건을 잃었을 땐 근심과 번뇌가 더욱 가득할 것이다.

　이를 따라 관찰해보면 삼계 내에서는 쾌락을 즐길 곳이라고는 한 치의 땅도 없느니라. 모든 욕구의 환란이 이와 같은데, 어떤 방법으로 탐욕을 버릴 수 있겠는가. 그것은 다름이 아닌 심오한 선정의 즐거움을 체득하면 탐욕의 망상에 속지 않을 수 있을 것이니라.

2. 진심의 번뇌를 버림[棄瞋恚蓋]

二棄瞋恚蓋 瞋是失佛法之根本 墮惡道之因緣 法樂之冤家 善心
之大賊 種種惡口之府藏 是故行者於坐禪時 思惟此人現在惱我
及惱我親 讚歎我冤 思惟過去未來亦如是 是爲九惱 故生瞋恨 瞋
恨故生怨 以怨心生故 便起心惱彼 如是瞋恚覆心 故名爲蓋 當急
棄之 無令增長

두 번째, 진심(瞋心)의 번뇌를 버려야 한다. 진심의 불길은 사람을 태
우는 데 있어서 가장 해롭다.

옛 사람은 "한 생각 진심이 일어나면 백만의 장애문이 열린다."고 하
였으며, 또 "진심의 불길이 일어날 때마다 법신공덕을 무더기로 태운
다."고 하였다.

이를 통해서 알 수 있는 것은 진심은 불법의 근본을 송두리째 파괴
한다는 것이다. 또 진심이야말로 악도에 떨어지는 인연이고, 법에 대
한 즐거움을 마치 원한 맺힌 집안처럼 대하며, 착한 마음을 빼앗는 큰
도적이라는 점이다.

우리가 평소에 갖가지 악한 말로 상대방을 꾸짖거나 비방하는 것은
모두 진심이 구업으로 발현해서 일어나는 것이다. 그 때문에 진심이야
말로 '악업을 간직하는 창고'라고 하였다.

우리가 마땅히 알아야할 것은 꾸짖고 욕하는 말이야말로 수행하는
데 있어서 중대한 과오라는 점이다. 이를 두고 옛 사람은 "한마디의 말

이 나라를 일으킬 수도 있고, 한마디의 말로 인해 나라를 잃을 수도 있다"고 하였다. 따라서 구업으로 죄 짓는 일을 삼가지 않으면 안된다. 이런 까닭에 수행인은 좌선할 때 정념이 일어나기 이전, 스스로 사유해야 한다.

진심은 현재의 시간대에서 세 가지로 나눌 수 있다.

과거에 내 감정을 위배했던 환경을 인식하고 진심을 일으키는 것과, 다른 사람이 현재의 시간에 나와 나의 친척까지도 괴롭히는 것과, 나와 원한이 맺힌 집안을 찬탄하면서도 이간질하는 경우 등이다.

또한 현재 뿐만 아니라 과거의 시간대에서도 나와 나의 친척을 괴롭히는 등 세 가지의 진심이 있었고 미래에도 역시 그럴 것이다.

이와 같이 세 가지의 진심을 과거·현재·미래 삼세로 유추해 계산해보면 바로 아홉 가지의 진심이 성립하게 된다.

이 같은 아홉 가지의 진심을 따라 노여움이 일어나고, 노여움을 따라 번뇌가 일어나고, 번뇌를 따라 원한이 일어나고, 원한과 노여움이 무더기로 일어나 마침내 우리가 본래 지니고 있는 진실한 마음을 거의 다 덮어버리게 된다. 그래서 진심이 본심을 덮는다고 해서 '진에개(瞋恚蓋)'라고 이름을 붙였다.

진심의 해독이 이와 같다는 것을 알았다면, 수행인은 이를 급히 버리고 진심이 다시는 자라나지 못하게 해야 한다.

如釋提婆那以偈問佛

何物殺安樂　何物殺無憂　何物毒之根　呑滅一切善　佛以偈答言

殺瞋則安樂

殺瞋則無憂 瞋爲毒之根 瞋滅一切善 如是知己 當修慈忍以滅除之 令心淸淨

처음 질문에서 "어떤 물건이 안락함을 죽이고 어떤 물건이 근심 없음을 죽이는가?"라고 하였다.

'안락함'은 열반에 해당되고, '근심 없음'은 보리를 지적한 것이다. 여기에서는 위없는 열반적정의 즐거움과 위없는 깨달음의 법락을 말하고 있다.

우리가 청정한 열반의 이치에 도달한다면 항상 고요한 지혜 광채 속에서 안온하고 쾌락할 것이며, 그 자리는 삼계 내의 견혹(見惑), 사혹(思惑)과 삼계 밖의 진사혹(塵沙惑)과 근본무명혹(根本無明惑)인 오주지(五住地)번뇌를 멀리 여읜 곳이다.

만일 '안락함'을 살해한다면 그와 반대로 안락하지 못함을 얻게 되고, '근심 없음'을 해친다면 다시 근심이 있게 된다.

이 게송에서는 그 의미를 도치법 문장체로 나타냈다.

여기서 우리가 알아야 할 것은 안락하지 못함은 생사의 세계이고, 근심이 있다고 함은 번뇌를 비유한 것이다. 어떤 물건이 탐진치(貪瞋癡) 삼독의 뿌리이며, 어떤 물건이 일체 모든 선 공덕법을 소멸시키겠는가.

이 같은 질문에 대해 부처님께서는 게송으로 대답하셨다.

마땅히 알아야만 한다. 여래는 크게 자비하시어 중생이 구하면 반드시 감응하신다. 이는 마치 거대한 종이 쳐주기를 기다렸다가 종을 치는 만큼 소리가 울리는 이치와도 같다. 그러므로 부처님께서는 즉시 "진심(瞋心)을 없애면 안락하게 되고 근심이 없어진다."고 하셨는데, 이는 바로 진심이 번뇌임을 지적한 것이다. 만일 진심을 제거할 수 있다면 청정한 열반의 이치를 얻을 수 있고, 또한 근심하는 마음까지도 멀리 떠날 수 있게 된다.

따라서 진심은 모든 독의 근원이며, 그러한 진심이야말로 모든 선 공덕을 제멸한다는 것을 알아야만 한다. 이 문제를 두고 옛 큰 스님은 이렇게 말씀하셨다.

"진심은 마음속의 불과 흡사하여 모든 공덕림을 태울 수 있다. 수행자가 보리도를 행하고자 한다면 진심을 경계하고 진실한 마음을 보호하라."

수행하는 사람이 이를 알았다면 마땅히 자비와 인욕의 마음을 닦아, 진심을 제멸하여 마음을 청정하게 해야 한다.

이상에서 말한 진심은 총체적으로 요약하면 세 가지에서 벗어나지 않는다.

올바른 이치가 아닌 데서 일으키는 진심과[非理瞋], 이치를 순종하는 데서 일으키는 진심과[順理瞋], 시비 논쟁의 진심[諍論瞋]이 있다.

지금 여기에서 말하고 있는 자비와 인욕도 역시 세 가지가 있다.

중생을 인연으로 한 자비[生緣慈]를 닦는다면 올바른 이치가 아닌 데서 일어난 진심을 대치할 수 있고, 정법의 인연으로 닦는 자비[法緣慈]

라면 이치를 순종하는 진심을 대치할 수 있고, 아무런 조건 없는 자비[無緣慈]를 닦는다면 시비 논쟁에서 일어나는 진심을 대치할 수 있다.

이처럼 세 가지 자비심을 닦는 방편에 의해서 '진에개'를 멀리할 수 있다.

진심이 다한다면 무엇 때문에 내 마음이 청정하지 못하고 지관을 성취하지 못할까봐 근심하겠는가.

3. 수면의 번뇌를 버림[棄睡眠蓋]

　三棄睡眠蓋 內心昏闇名爲睡 五情闇蔽 放恣支節 委臥睡熟爲眠 以是因緣 名爲睡眠蓋 能破今世後世實樂法心 及後世生天及涅槃 樂 如是惡法 最爲不善 何以故 諸餘蓋情 覺故可除 睡眠如死 無 所覺識 以不覺故 難可除滅

　세 번째, 수면(睡眠)의 번뇌를 버려야 한다.

　만일 단정하게 좌선을 하면서 마음속으로 탐욕과 진심을 일으키지 않는다고 하더라도 종일토록 제육의식이 혼미하여 수면에 집착한다면, 이는 마치 껌껌한 귀신소굴 속에서 살 궁리를 하는 것과 같다.

　어떤 것을 수면이라고 하는가.

　안으로 마음이 껌껌한 것을 수(睡)라 하고 안이비설신(眼耳鼻舌身)의 오근이 어둠에 가려져 자기의 의식을 다스리지 못한 채 누워서 자는 것을 면(眠)이라고 한다. 이러한 인연 때문에 수면의 번뇌, 즉 수면개(睡眠蓋)라고 말한다.

　이 수면개야말로 껌껌하고 어두운 마음으로 세월을 부질없이 보낼 뿐만 아니라, 금세와 후세에 진실한 법락을 괴멸시키며, 천상에 태어나고 열반을 증득하는 등의 즐거움까지 파괴한다는 점을 알아야 한다.

　수면은 모든 악법 가운데 가장 선하지 못한 악법이며, 여타의 번뇌와 비교했을 때 가장 하열한 번뇌인 것이다.

　탐욕 등의 번뇌는 탐욕이 일어나는 순간 각성하면 제멸할 수 있지만,

수면은 껌껌하고 무지하여 인사불성 상태에 놓이게 되기 때문에 이는 마치 살아있다 해도 죽은 사람과 같다. 따라서 수면에 빠져들면 자신의 잘못을 털끝만큼도 깨닫지 못한다.

이를 두고 옛 큰스님은 "깊이 잠드는 것은 작게 죽은 것과 같다. 그러므로 수면 때문에 일생을 부질없이 보내는 일이 절대로 있어선 안 된다."고 하였다.

세존께서는 아나율타 존자가 수면에 빠져있자 "그대는 무엇 때문에 잠을 자느냐. 잠에 빠지는 것은 마치 소라나 조개가 한번 잠들면 일천 년을 경과하듯이 영원히 부처님 이름조차 듣지 못한다."고 꾸짖으셨다.

如佛諸菩薩訶睡眠弟子偈曰

汝起勿把臭屍臥 種種不淨假名人 如得重病箭入體 諸苦痛集安 可眠 如人被縛將去殺 災害垂至安可眠 結賊不滅害未除 如基毒 蛇同室居 亦如臨陣兩刃間 爾時云何安可眠 眠爲大闇無所見 日 日欺誑奪人明 以眠覆心無所見 如是大失安可眠

우리는 항상 정진을 하면서 맹렬하게 반성하여 종일토록 수면에 빠지는 일이 없도록 해야 한다.

몸은 마치 죽은 시체와 같아 갖가지 더러운 물질로 이루어져 있다는 것을 알아야 한다. 크게는 대변, 소변으로부터 팔만사천 털구멍마다 벌레가 굼실거리기 때문에 몸 전체가 청정하지 못하다.

중생들의 몸이 청정하지 못한 것을 요약하면 다섯 가지로 분류할 수 있다.

첫째, 종자가 청정하지 못하다. 이 몸은 부모의 사견의 바람으로 인해 음욕의 불길이 일어나 골수에 있는 기름이 흘러나와 정액으로 변하고, 서로 애욕을 경쟁하는 마음 때문에 애욕을 불러일으키는 종자가 된다.

《능엄경》에서 말하고 있는 '망상이 태를 이루고 흐르는 애욕이 종자가 된다'가 여기에 해당된다. 이것이 바로 이 몸이 태어나면서 갖게 되는 최초의 청정하지 못한 종자이다.

둘째, 태어난 처소가 청정하지 못하다. 이는 애욕의 종자가 엄마의 태속으로 들어간 이후에 결합하고 성숙하면서 열 달 동안 태의 감옥에서 성장하여 음문으로부터 태어나는 것을 말한다. 이에 대해《성석론(成釋論)》에서는 '이 몸은 연꽃에서 나오지도 않았고 전단향기를 따라서 나오지도 않았다. 단지 더러운 가운데 자라나 음문을 통해 출현했다'고 하였다.

셋째, 외부 모습이 청정하지 못하다. 사람의 몸은 머리끝에서 발끝까지 내·외·중간이 서른여섯 가지 물질로 화합해서 이루어져 있어 그 낱낱의 물질이 청정하지 못하다. 아홉 개의 구멍으로부터 더러운 물질이 끊임없이 흘러나오는 모습은 마치 자루에 있는 물질이 새어 나오는 것과 같다. 이 문제에 관해서는《능엄경》을 살펴보면 자세히 알 수 있다.

넷째, 자체의 모습이 청정하지 못하다. 이 몸의 근본은 더러운 업을 따라 태어나 더러운 물질에 의탁하여 그 성질이 본래 청정하지 못한 것이기 때문에 새롭고 청정하게 변화시키는 것이 불가능하다. 그 때문에 자체 성질이 청정하지 못하다고 한다.

다섯째, 최후까지 청정하지 못하다. 이 몸은 업보가 다하여 사대가 흩어지면 끝내 그 어떠한 실체도 없는 공의 모습일 뿐이다. 이러한 이치로 몸을 관찰하면 끝내는 필연적인 죽음으로 귀결될 수밖에 없다. 이를 두고 끝까지 청정하지 못한 것이라고 한다.

이처럼 사유한다면 우리 자신은 명칭만 있지, 그 명칭에 걸맞는 실재라고는 없는 임시적 호칭에 불과할 뿐이다. 따라서 현재 있는 그대로가 허깨비 변화와 같은 것이어서 실재하는 것이라고는 없다. 그런데 어떻게 집착하여 떨쳐버리지 못하면서 종일토록 잠만 잘 수 있겠는가.

수면은 마치 사람이 결박을 당한 채 형장으로 끌려가면서 죽음을 앞두고 있는 것과도 같다. 그런데 어찌 편안하게 잠을 잘 수 있겠는가. 따라서 수행자라면 수면이야말로 매우 껌껌한 모습이어서 일체 보이는 바가 없기 때문에 사람을 속이고 총명한 정기를 빼앗아간다는 점을 분명히 알아야만 한다.

수면을 취하기 이전에 삼라만상이 목전에 나타나면 모든 것이 역력하고 분명하게 보이겠지만, 한번 수면에 빠져들면 온 대지가 껌껌해서 자기의 마음을 덮어버리게 된다. 때문에 일체 보는 사람도 보이는 대상도 없게 되는 등 큰 잘못이 일어나고 있는데, 어찌 거듭 수면에 탐착할 수 있겠는가.

如是等種種因緣 訶睡眠蓋 警覺無常 減損睡眠 令無昏覆 若昏睡心重 當用禪鎭杖卻之

수면의 허물을 알았다면 반드시 급하게 방편법으로써 물리쳐야 한다는 것에 대해 밝혔다.

그러므로 "수행자라면 스스로 경각심을 일으켜 삼계의 의보(依報), 정보(正報)가 모두 물속에 어린 달이나 허공에 핀 꽃처럼 결국 실재하지 않는 무상이라는 것을 알아야 한다."고 하였다.

수행인은 반드시 수면을 줄여 혼침을 없애야 한다. 수면은 마군의 세력이 지나치게 광대하기 때문에 스스로 분발하는 마음을 일으켜 엄격히 다스리지 않으면 제멸하기가 매우 어렵다.

혼침한 수면으로부터 마음이 가벼워지기 위해서는 모름지기 올바르게 사유하여 법상을 분별해야 한다. 마음을 코끝에 집중하는 등의 수행방법은 수면의 마군으로부터 항복 받을 수 있다.

만약 수면에 대한 마음이 지나치게 일어나면 마땅히 참선을 통해 진압해야 한다. 주장자로 두들기거나 자신을 후려치거나 다른 사람에게 후려치게 하는 것도 수면의 마군을 제거하는 좋은 방법들이다.

4. 도회의 번뇌를 버림[棄掉悔蓋]

四棄掉悔蓋 掉有三種 一者身掉 身好遊走 諸雜戲謔 坐不暫安 二者口掉 好喜吟詠 競諍是非 無益戲論 世間語言等 三者心掉 心情放逸 縱意攀緣 思惟文藝 世間才技 諸惡覺觀等 名爲心掉 掉之 爲法 破出家人心 如人攝心 猶不能定 何況掉散 掉散之人 如無鉤 醉象 穴鼻駱駝 不可禁制

네 번째, 도회(掉悔)의 번뇌를 버려야 한다. 도(掉)는 산란함을, 회(悔)는 후회함을 뜻한다.

산란한 마음[掉]이란 앉으나 서나 불안정하여 마음과 입이 전일하지 못할 뿐만 아니라, 육근의 정신을 한곳으로 모으지 못해 의식이 가는 대로 정을 따라 방탕하게 지내고 희롱하는 것을 말한다.

후회하는 마음은 고뇌라고 말할 수 있는데, 이것은 한스러움이라고 도 한다. 이미 저질렀던 일을 후회하는 것이 여기에 해당된다. 그러나 후회는 본래 번뇌가 아닌데도 왜 반드시 버려야 하는 것일까.

후회는 자기의 잘못을 깨닫고 뉘우치는 것이기 때문에 좋은 마음에 서 나온 것이기는 하지만, 이를 마음속에 간직하고 있으면서 조석으로 근심만 한다면 이로 인해 진실한 마음이 덮여버린다. 때문에 좋은 마음 에서 나온 후회가 집착심으로 인해 오히려 번뇌를 이루게 되는 것이다.

산란심은 크게 세 가지에서 벗어나지 않는다.

첫째, 몸의 산란함이다. 구체적으로 말하면 유람하기를 좋아하여 일정한 방향 없이 떠돌아다니거나, 잡스럽게 희롱하는 짓거리를 하거나, 앉아있어도 안정을 얻지 못한다면 몸이 산란한 것이다.

둘째, 입의 산란함이다. 이는 큰 소리로 노래를 부르거나, 시비를 다투거나, 이익 없는 희론과 세간의 언어 등을 즐기는 것이다.

셋째, 마음의 산란함이다. 마음이 감정에 이끌려 제멋대로 노닐면서 의식 속에 나타난 그림자를 상상하기도 하며, 혹은 목전의 오진경계를 반연하면서 일체 악한 생각을 일으키는 것을 말한다.

산란심은 출가인의 마음을 파괴한다는 점을 알아야만 한다. 출가하여 수행하는 사람은 마음이 가장 고요하고 안정돼야 한다. 그런데 마음이 한번이라도 흔들리면 곧바로 산란심을 일으켜 도업의 마음에 머물고 싶다고 해도 끝내 성취하기가 어렵다.

초발심으로 입도한 사람은 마음을 거두어 한결같은 곳으로 귀결하려 해도 마음이 안정되기가 쉽지 않다. 그런데 하물며 산란심까지 일으킨다면 어떻게 되겠는가.

산란심을 일으키는 사람은 마치 통제의 고삐에서 풀려난 술 취한 코끼리와 같다. 술을 마시지 않은 코끼리도 제지하기 어려운데, 하물며 제지할 도구가 없는 상태에서 술에 취한 경우에야 어떠하겠는가. 코끼리가 미친 마음으로 날뛰며 재앙을 일으킨다는 것을 말하지 않아도 알 수 있을 것이다.

또 산란심을 일으키는 사람은 코뚜레가 없는 낙타와도 같다. 이는 코뚜레 없는 낙타가 이쪽저쪽으로 날뛰어도 제지하기 어려운 것과 마찬가지이다.

如偈說

汝已剃頭著染衣 執持瓦鉢行乞食 云何樂著戲掉法 放逸縱情失
法利 既失法利 又失世樂覺其過已 當急棄之

　출가자가 머리와 수염을 깎은 후 가사를 입고 스님이 되었다면 그는
분명히 출세간 대장부이다. 이같이 대장부로서 위의를 갖추었다면, 몸
소 모범을 보이면서 발우를 지니고 항상 걸식을 행하면서 중생들에게
복과 이익을 주어야 한다. 그런데 산란하게 희희낙락하는 법만 즐기고
탐착하면서 방일하다면 어찌 불제자라고 할 수 있겠는가.

　방일한 자는 현생에서 불법의 이익을 잃게 되기 때문에 불법의 이익
을 잃는 과오와 허물을 깨달은 즉시 산란심을 버려야 한다.

　悔者 悔能成蓋 若掉無悔 則不成蓋 何以故 掉時未在緣中故 後欲
入定時 方悔前所作 憂惱覆心 故名爲蓋 但悔有二種 一者因掉後生
悔 如前所說 二者如作大重罪人 常懷怖畏 悔箭入心 堅不可拔

　후회(後悔)라는 것은 우리의 본심을 덮어버리는 번뇌를 말한다. 만일
산란심을 일으킨다 해도 그에 따른 후회가 없다면, 후회는 끝내 번뇌
를 일으키지 않는다. 그 이유는 산란할 동안은 후회하는 마음이 그 가
운데 있지 않기 때문이다. 산란심을 일으킨 이후 선정으로 들어갈 때
이르러서야 종전에 지은 산란의 죄과를 후회하게 되는 것이다.

　신업(身業)과 구업(口業) 상 후회를 하기도 하고, 혹은 의업(意業)에서

일으킨 산란심을 후회하기도 한다. 이와 같은 갖가지 근심과 고뇌가 우리의 진심을 덮어버리기 때문에 후회가 번뇌를 이루는 것이다.

후회의 번뇌에는 두 가지가 있다.

하나는 산란심을 일으킨 이후에 후회하는 마음을 내는 것이다. 앞에서 설명했던 것처럼 종전에 지었던 죄악을 뉘우치는 것이 여기에 해당된다.

또 하나는 무거운 죄를 지은 사람이 마음속에 항상 공포와 두려움을 간직하고 종일토록 고뇌하고 후회하는 것이다. 이로 인해 후회의 화살이 가슴 깊숙이 견고하게 박혀 뽑아내기가 사실상 불가능하다.

따라서 정도(正道)를 장애하고 번뇌의 문이 열려 지혜로운 성품이 가려버리기 때문에 열반의 세계가 어두워지게 된다. 지관을 수행하는 자라면 반드시 허물을 알아서 산란심 때문에 생사대사(生死大事)를 방해받지 않도록 하는 것이 무엇보다 중요하다.

如偈說

不應作而作 應作而不作 悔惱火所燒 後世墮惡道 若人罪能悔
悔已莫復憂 如是心安樂 不應常念著 若有二種悔 若應作不作 不
應作而作 是則愚人相 不以心悔故 不作而能作 諸惡事已作 不能
令不作

마땅히 하지 않아야 하는데도 하거나, 마땅히 해야 하는데도 하지 않거나 하는 이 두 가지 경우는 중생의 전도망상(顚倒妄想)을 밝힌 것이다.

하지 않아야 하는데도 하는 것은 신구의(身口意)로 십악업을 짓지 않아야 하는 것을 말한다. 십악은 본래 지어서는 안되는데, 그 이유는 마음을 방종하면서 힘이 다 할 때까지 하기 때문이다.

다음으로 마땅히 해야 하는데도 하지 않는 것은 일체 세간, 출세간의 선업은 마땅히 마음을 극진히 하여 행해야 하는 것을 말한다. 예를 들면 세간에서 행하는 갖가지 자선사업이나, 출세간의 선업으로서 경전을 듣고 예불을 올리고 입으로는 염불을 하면서 마음으로는 부처님을 관찰해야 하는 등이 여기에 해당된다.

후회하는 사람은 후회의 번뇌의 불길에 태워져 후세에는 반드시 악도에 떨어지게 된다. 자신의 허물을 알았으면 고치는 것이 가장 훌륭한 방법이다. 이로부터 도업을 정진 수행한다면 몸과 마음이 자연히 청정해지고 지혜광명이 일어나 안락자재하게 된다. 때문에 후회하는 마음에 집착해서는 안 된다.

5. 의심의 번뇌를 버림[棄疑蓋]

五棄疑蓋者 以疑覆心故 於諸法中不得信心 信心無故 於佛法中
空無所獲 譬如有人入於寶山 若無有手 無所能取 然則疑過甚多
未必障定 今正障定

　다섯 번째, 의심의 번뇌를 버려야 한다. 의심은 머뭇거리면서 결정을
짓지 못하는 것을 말한다. 의혹심이 있으면 올바른 신심이 일어나지
않기 때문에 여래의 위없는 지견을 잃게 된다. 그 때문에 의심이야말
로 모든 악의 근본이라 할 수 있다.
　의심은 단지 뭇 악의 근본일 뿐만 아니라, 모든 선업을 선도하기도
한다는 점을 분명히 알아야 한다. 가령 선정 중에 화두를 관할 때는 우
선 의심이 일어나게 해야 하는데, 이럴 때의 의심은 수행하는 데 보배
가 된다.
　이를 두고 선종에서는 크게 의심하면 확철대오하고, 작게 의심하면
작게 깨달으며, 의심이 일어나지 않으면 깨달음을 얻지 못한다고 하였
다. 이로써 알 수 있는 것은 의심이야말로 공부하는 데 있어서 그 공로
가 으뜸이라고 할 수 있다.
　그러나 여기에서 말하고 있는 것은 선종에서 말하는 의심이 아니라
머뭇거리면서 결정을 짓지 못하는 번뇌로서의 의심이다. 때문에 의심
은 우리의 진실한 마음을 덮어버리고 원력에서 물러나게 하여, 모든
부처님의 위없는 오묘한 법에서 청정한 신심을 일으키지 못하게 한다.

따라서 불법대해(佛法大海)는 신심이 깨달음으로 들어가는 주체라는 점을 알아야 한다. 이 문제에 대해 《화엄경》에서는 '신심(信心)은 도의 근원이자 공덕의 모체이며 일체 모든 선근공덕을 자라나게 한다'고 하였다.

만일 신심이 없으면 불법 가운데 얻을 것이 없다. 신심이 없으면 불교의 심오한 이치를 연구하지 못하기 때문이다. 이를 비유하여 '하늘에서 비가 많이 내린다 해도 뿌리 없는 나무를 어떻게 윤택하게 할 수 있겠는가. 이와 마찬가지로 불법이 아무리 광대하다 해도 신심이 없는 사람은 제도하기 어렵다' 라고 하였다.

신심이 없는 사람은 마치 뿌리 없는 나무와 같아서, 광대하기 그지없는 부처님 바다에 광대하게 법비가 쏟아져도 윤택하게 하기는 어렵다. 따라서 신심이 없는 사람은 억겁을 지나도 조그마한 이익조차 얻을 수 없다.

비유하면 어떤 사람이 보배산으로 들어갔어도 손이 없으면 능히 보배를 취할 수 없는 것과 같다. 왜냐하면 그에게는 보배를 취할 수 있는 손이 없기 때문이다. 신심이 없는 자도 역시 이와 같다는 것을 알아야 한다. 여기에서 손은 신심에 비유하였고, 보배산은 불법보장(佛法寶藏)에 비유하였다.

여래의 보배창고란 무엇인가. 삼명(三明), 육통(六通), 사제(四諦), 육도(六度), 삼십칠조도품(三十七助道品), 십력(十力), 사무소외(四無所畏), 십팔불공법(十八不共法) 등이 모두 여래의 보배창고이다. 그러나 신심이 없다면 이러한 광대한 불법 가운데서 실제 이익을 얻기가 어렵다.

疑者有三種 一者疑自 而作是念 我諸根闇鈍 罪垢深重 非其人乎
自作此疑 定法終不得發 若欲修定 勿當自輕 以宿世善根難測故

의심에는 세 가지가 있다.

첫째는 자기 자신을 의심하는 것이다. 이것은 수행인이 단정히 앉아 지관을 닦을 때 마음속으로 문득 '나는 지금 선근은 미약하고 전생에 지은 죄업이 무거워 도를 이룰만한 그릇이 아닌데, 어떻게 감히 최상승을 바라보며 도법을 닦을 수 있으랴' 고 생각하는 것을 말한다.

만일 이와 같이 의심을 한다면 선정법은 끝내 개발되지 않는다. 선정을 닦을 때는 절대로 자포자기해선 안 된다. 수행인이 알아야 할 것은 내가 무량겁 이래로 어찌 대발심을 하지 않았겠으며, 대승의 수행을 하지 않았겠느냐는 점이다. 단정코 과거에 이미 선근을 심었으리라고 생각해야 한다는 것이다.

내가 과거에 선근을 심지 않았다면 금생에 어떻게 사람의 몸을 얻게 되었겠는가. 일체 성현들이 처음에는 범부에서 출발하여 성취하였고, 시방제불도 중생의 몸으로부터 성취하였다. 따라서 천연적으로 이루어진 미륵보살은 결코 없으며, 자연적으로 성취된 석가모니부처님도 아니다.

이러한 이치를 알았다면 자기가 과거에 심은 선근이 깊고 후하다는 것을 확실히 믿고 자기 자신을 가볍게 여겨서는 안 된다. 그들 모두는 여래의 진실한 장자들이다. 이에 따라 대용맹심을 일으켜 뛰어난 불법을 정진 수행한다면 '불과를 증득하지 못할까, 또는 열반을 얻지 못할까' 하고 근심할 필요가 없을 것이다.

二者疑師 彼人威儀相貌如是 自尙無道 何能教我 作是疑慢 卽
爲障定 欲除之法 如摩訶衍論中說 如臭皮囊中金 以貪金故 不可
棄其臭囊 行者亦爾 師雖不淸淨 亦應生佛想

　둘째는 스승을 의심하는 것이다. 이는 바로 타인을 의심하는 것에 해
당된다. 이것은 '내가 평소에 친근하게 여겼던 대덕 선지식의 위엄과
의표를 관찰해 보았더니 살아가는 모습이 도를 깨닫지 못한 일반사람
과 차이가 없어 털끝만큼도 다른 사람을 능가하는 것은 없다'고 의심
하는 것을 말한다. 이런 점에서 선지식을 관찰하고 '자기 자신도 도를
이루지 못한 사람이 어떻게 나를 교화할 수 있을 것인가' 하는 의심을
떨쳐버리지 못하는 것이다.

　따라서 내가 그러한 스승을 섬긴다면 해로움만 있지 이익은 없을 것
이라는 의심과 교만심이 마음속에 일어난다. 이런 마음이 바로 선정을
장애함으로써 선정의 문이 열리지 않고 반야의 문 또한 굳게 닫히게
된다.

　스승을 의심한다면《마하연론》에서 "악취가 나는 가죽부대 속에 황
금이 있는데, 그 악취 나는 가죽부대 때문에 그 속에 들어있는 진짜 황
금까지 버려서는 안되는 것과 같다"고 한 말을 명심해야 한다. 여기에
서 스승은 '악취 나는 부대'에 비유했고, 그 스승이 행하는 설법은 '부
대 속에 들어있는 황금'에 비유했다.

이와 마찬가지로 스승의 외형으로 인해 그 속에 들어있는 불법까지 버려서는 안 된다. '법을 의지하고 사람을 의지하지 말라'고 한 말이 여기에 해당된다. 이와 같이 행하지 않는다면 스승에 대해 허망하게 비판하고 자기 멋대로 장단점을 논변하게 된다. 이러한 사람을 크게 어리석고 미친 무리라고 부른다.

우리는 옛 성현들이 다른 사람에게 법을 구했던 일을 들어보았을 것이다. 가령 설산 대사는 귀신에게 법문을 청하였고, 제석천왕은 짐승에게 절을 하면서 그를 스승으로 삼았다고 한다. 이 같은 사례는 법을 의지하고 사람을 의지하지 않았다는 하나의 증거이다.

스승이 비록 청정하지 못하다 할지라도 그도 역시 부처님이라는 생각을 가져야 한다. 그가 비록 몸은 범부이지만, 입으로 하는 말은 모든 부처님의 법이며 모든 부처님의 행인 것이다. 따라서 마땅히 부처님을 보는 마음으로 스승을 살펴야 한다.

부처님 대하듯 스승에게 간절한 마음으로 법문을 들어야 한다. 따라서 옛 큰스님은 "스승의 외형은 비록 청정하지 못하다 해도 그가 부처님이라는 생각을 해야 한다."고 말씀하셨던 것이다.

三疑法 世人多執本心 於所受法 不能卽信 敬心受行 苦心生猶豫 卽法不染心 何以故 疑障之義 如偈中說

셋째는 자기가 받고 지니고 있는 법을 의심하는 것이다. 세상 사람들은 대체로 선입견에 집착하는 경우가 많기 때문에 선입견이 생긴 뒤에 받은 법에 대해선 신심을 내지 못한다.

예를 들면 지관법문을 닦을 경우 지관법문이 진실인가 거짓인가, 그리고 닦는다 해도 생사의 괴로움을 떠날 수 있는지 없는지 등에 대해 머뭇거리면서 의심하는 것을 말한다.

또 염불하는 사람이 염불법문은 사후 서방극락세계에 왕생하게 할수 있는지, 아미타불을 볼 수 있는지 등을 의심하거나, 이것이 마군이의 설법인지, 아니면 여래가 직접 말씀하신 것인지 등에 대해 의심하는 것을 말한다.

만일 진실한 법에 대해서 의심을 일으키면 수행하는 길을 수시로 바꾸어 진실한 마음이 아침저녁 의혹과 무명의 어두움으로 덮여 버리게된다. 이는 마치 큰 바다와 같이 광대한 부처님 주변에 앉아 있으면서도 목말라 죽는 사람과 같다. 이런 사람이 어찌 용렬한 사람이 아니겠는가.

이와 같이 의심을 하면 진실한 불법이 마음에 스며들지 않아 여래의위없는 열반의 이치를 영원히 잃게 된다.

의심을 장애하는 의미가 게송에서 설한 것과 같다.

如人在岐路 疑惑無所趣 諸法實相中 疑亦復如是
疑故不勤求 諸法之實相 見疑從癡生 惡中之惡者
善不善法中 生死及涅槃 定實眞有法 於中莫生疑
汝若懷疑惑 死王獄吏縛 如師子搏鹿 不能得解脫
在世雖有疑 當隨喜善法 譬如觀岐道 利好者應逐

佛法之中 信爲能入 若無信者 雖在佛法 終無所獲 如是種種因緣 覺知
疑過 當急棄之

비유하면 어떤 사람이 기로(岐路)에서 의심과 미혹으로 방황하고
있는 것과 같다. 기로는 여러 갈래로 교차하는 길을 말한다. 길이 많
으면 어느 방향으로 가야 할지 몰라 의혹을 일으키게 되며, 나아갈 곳
을 결정짓지 못한다. 제법실상 가운데 의심하는 것도 역시 이와 다를
바 없다.

제법은 일체 대승, 소승, 범부, 성인, 편교(偏敎), 원교(圓敎), 돈교(頓
敎), 점교(漸敎), 권교(權敎), 실교(實敎) 등을 가리킨다. 실상은 바로 무상
(無相)이며, 진여실상이라고도 한다.

실상 무상을 공가중 삼제(空假中 三諦)에 대비해 보면 실상이 따로의
모습이 없는 것은 공(空)의 의미에 해당되고, 실상이 상 아님이 없는 것
은 가(假)의 의미에 해당되며, 실상이 무상이면서 상 아님이 없는 것은
중(中)의 의미에 해당된다. 따라서 법(法)은 공가중 삼제에서 벗어나
지 않으며, 공가중 삼제는 일체법을 떠나지 않는다는 점을 알아야 한
다. 이는 일체법의 있는 그대로가 진여의 모습이고, 일체법의 있는 그
대로가 실상의 모습임을 말한다.

《법화경》에서는 '진여실상의 모습으로서의 제법이다'라고 하였다.
만일 진여실상으로서의 제법에 대해 의심을 일으키면 수행으로 들어
갈 수가 없다. 여래가 설법하신 팔만사천법문은 낱낱이 진여실상으로
깨달아 들어가는 법이며, 진여의 원통법문이 아닌 것이 없다. 왜냐하

면 불법은 바다와 같아 무량무변하기 때문이다. 사실이 이러한데도 불법에 대해 의혹을 일으키면 실상의 이치를 깨닫지 못하게 된다. 따라서 의심도 역시 이와 마찬가지라고 하였다. 또 "의심 때문에 제법실상의 이치를 부지런히 구하지 않는다."고 했다.

이를 통해 알 수 있는 것은 일체 삼계 내에 견혹과 사혹 등이 전도된 어리석음을 따라서 일어나게 한다는 점이다. 이 문제에 대해 다시 말해본다면 불법에 대해 의심을 일으키는 것은 악법 가운데 또다시 악법을 일으키는 것은 물론, 미혹을 따라 또 다른 미혹을 불러 다시 악법을 일으키게 된다는 것이다.

제법에는 선법과 불선법이 있는데, 선법은 열반이고 불선법은 생사다. 생사 가운데서 다시 생사를 일으키는 것을 악법 가운데 악법이라고 한다. 생사는 미혹의 법이고, 열반은 깨달음의 법이다.

그러나 모든 법 가운데는 단정코 진실하고 정직한 법이 존재해 있다. 이를 구체적으로 부연하면 생사법 가운데 열반법이 있고, 번뇌법 가운데 보리법이 있고, 생멸법 가운데 불생멸법이 있다. 이는 마치 파도와 물이 동시에 젖는 성질을 갖고 있는 것과 같기 때문에 법에 대해서 의심을 일으켜서는 안된다는 것을 의미한다. 만일 이처럼 치우침 없는 이치에 대해서 의혹을 품는다면 진실한 성품이 덮여져 버릴 뿐이다.

이와 같은 무리들은 염라대왕의 지휘를 받는 저승사자에게 결박을 당하는 것과 같아 벗어나고자 해도 빠져나올 길이 없다. 우리는 무시이래로부터 오늘에 이르기까지 의혹의 뿌리가 너무 깊어 의심하지 않는 마음을 구하려 해도 매우 어렵다. 비록 의심이 생긴다 할지라도 항상 선법을 따라 수희찬탄하고, 의혹의 인연 때문에 반야의 오묘한 법을 상실해서는 안된다는 점을 명심해야 한다.

이를 비유하면 여러 갈래의 기로에는 갈림길이 많기 때문에 스스로 지혜롭게 선택하여 오직 이롭고 좋은 쪽으로 가야만 하는 경우와 같다. 이는 요컨대 자기에게 좋은 곳이 있으면 의혹심을 내지 말고 즉시 용맹하게 정진하면서 전진해야 함을 말한다.

불교법문을 최후의 처소에까지 추궁해보면 일실(一實)로 귀결하지 않는 것이 없다. 이는 방편문이 많다고 하지만 근원으로 되돌아가면 두 가지의 길이 없음을 말한다. 전일한 마음으로 부지런히 정진하여 하나의 문으로 깊이 깨달아 들어가 망상분별을 일으키지 않으면, 마침내 자기의 집에 도달하는 날이 있다는 사실을 알 수 있다.

따라서 불법 가운데 신심으로 들어가고 지혜로서 생사를 건너야 한다. 만일 신심이 없다면 비록 불법 가운데 있다 해도 불법과는 전혀 인연이 없기 때문에 진실한 불법을 얻지 못하게 된다. 때문에 의심하는 마음은 불법에 있어서 얻은 바가 아무 것도 없다고 말하였던 것이다.

이 같은 갖가지 인연으로 의심과 후회의 허물을 알았다면 마땅히 급히 버려야 한다.

問曰 不善法廣 塵數無量 何故但棄五法 答曰 此五蓋中 卽具有三毒等分 四法爲根本 亦得攝八萬四千諸塵勞門 (一)貪欲蓋 卽貪毒 (二)瞋恚蓋 卽瞋毒 (三)睡眠及疑 此二法是癡毒 (四)悼悔 卽是等分攝 合爲四分煩惱 一中有二萬一千 四中合爲八萬四千 是故

除此五蓋 卽是除一切不善之法 行者如是等種種因緣 棄於五蓋

여기에서는 문답을 가설하여 의심에 대해 풀이하고 있다.

어떤 사람이 이렇게 물었다.

"선하지 못한 법이 가이없이 광대하여 그 수가 무량무변한데, 무슨 까닭으로 유독 탐진치(貪瞋痴) 등 오개법(五蓋法)만을 버려야 하는가."

이 질문에 대한 답변은 이렇다.

오개법 가운데는 탐·진·치 삼독법과 탐·진·치에서 평등하게 분류된 등분법(等分法)을 빠짐없이 갖추고 있다. 때문에 이 네 가지 번뇌법은 모든 번뇌의 근본이 된다. 탐심은 탐욕이며, 진심은 진에심이며, 치심은 우치함이다. 이 세 가지 삼독법은 각자 소속이 있지만, 등분이라는 이 하나의 종류는 유일하게 탐·진·치를 두루 포섭해서 거두어들인다.

일시일념 가운데 바로 탐·진·치를 갖추고 있거나, 탐심을 일으키다가 다시 진심을 일으키기도 하며, 진심을 일으키다가 다시 치심을 일으키기도 한다. 또는 삼독이 대치하면서 일제히 일어나기도 한다. 따라서 이것을 두고 등분번뇌라고 말한다.

비록 악한 법이 많기는 하지만 팔만 사천법에서 벗어나지 않는다. 팔만사천 악한 법도 역시 탐·진·치·등분을 근본으로 삼고 있다. 따라서 이 네 가지의 번뇌가 팔만사천 번뇌를 포섭할 수 있다고 하였다. 여기에서 말하고 있는 팔만사천 번뇌는 오염을 의미한다. 이는 갖가지 사견번뇌가 우리의 자성청정심을 모두 오염시킬 수 있기 때문이다.

범부 중생들은 이러한 사견번뇌에 항상 수고롭게 지배를 받고 있기 때문에 영겁토록 생사윤회가 끝날 기약이 없는 것이다.

근본번뇌를 논해보면 탐(貪)・진(瞋)・치(癡)・만(慢)・의(疑)・신견(身見)・변견(邊見)・계금취견(戒禁取見)・견취견(見取見) 등 십사(十使) 번뇌에서 벗어나지 않는다.

십사번뇌 가운데서 하나의 번뇌가 으뜸이 되면 나머지 아홉 개 번뇌는 보조활동을 하게 된다. 즉 한 가지 번뇌 가운데는 동시에 열 가지 번뇌를 각각 갖추고 있기 때문에 십사번뇌는 마침내 일백 번뇌를 이룬다.

일백 번뇌를 과거・현재・미래 삼세에 배대하면 삼세가 각각 일백 번뇌가 있기 때문에 다시 삼백 번뇌를 이루게 된다. 그러나 현재의 일백 번뇌는 시간에 저촉되어 서로가 보조활동을 하지 않는다. 따라서 그대로 일백 번뇌에 머물게 된다.

과거와 미래 이세의 이백 번뇌 가운데는 또 각각 하나의 번뇌를 으뜸으로 삼으면 나머지 아홉 번뇌가 그 하나의 번뇌를 보조하여 이백 번뇌가 공동으로 이천 번뇌를 이루게 되고, 거기에다 현재의 일백 번뇌를 합하면 이천일백 번뇌를 이루게 되는 것이다. 또 탐・진・치・등분의 네 종류 중생에게 각각 이천일백 번뇌가 있어 이것이 다시 팔천사백 번뇌를 함께 이루게 된다.

사대(四大)와 육쇠(六衰)의 편에서 보면 지・수・화・풍은 사대이고 색・성・향・미・촉・법은 육쇠인데, 이것은 선법을 쇠잔하게 할 수 있다.

이 같은 사대 육쇠의 십종 번뇌에는 각각 팔천사백 번뇌가 있어서 총체적으로 팔만사천 진로번뇌를 이루게 된다. 번뇌가 팔만사천이 있다고는 하지만 모든 번뇌는 오개(五蓋)로 수습된다. 그 이유는 팔만 사천번뇌는 모두가 탐·진·치 삼독으로서 근본을 삼기 때문이다. 하지만 삼독은 오개에서 벗어나지 않고, 오개는 삼독에 포섭된다.

탐욕개는 탐독(貪毒)에 포섭되고, 진에개는 진독(瞋毒)에 포섭되며, 수면개와 의개는 치독(癡毒)에 포섭된다. 이 같은 세 종류의 번뇌를 모두 독(毒)이라고 부르는데, 이 독은 마시기만 하면 목숨을 잃게 된다. 우리가 알아야할 것은 탐·진·치 등 세 종류의 번뇌가 우리의 법신부모를 독처럼 죽이고 그 공덕마저 잃게 한다는 점이다. 따라서 이 세 가지 번뇌를 삼독번뇌라고 한다.

도회(悼悔)는 등분에 포섭된다. 도회는 안과 밖이 있는데, 안에서 일어나면 마음이 산란하고 밖에서 일어나면 몸과 입이 산란하여, 이 산란심이 신구의(身口意) 삼업에 두루 보편하게 일어나게 된다. 때문에 등분에 포섭된다.

이상의 번뇌를 분류하면 오개번뇌이고 종합하면 네 분야의 번뇌가 되는데, 한 가지 번뇌의 분야 가운데는 이만 일천의 진로문(塵勞門)을 갖추고 있다. 따라서 이 네 분야의 번뇌를 하나로 합하면 팔만사천 번뇌가 되는 것이다. 이 때문에 오개번뇌를 제거해서 버릴 경우 이는 바로 일체의 모든 선하지 못한 법을 버리게 된다는 점을 알아야 한다.

지관을 수행하는 사람은 이와 같은 갖가지 인연이 있기 때문에 오개법(五蓋法)을 급히 버려야 한다.

譬如負債得脫 重病得差 如饑餓之人得至豊國 如於惡賊中得自
免濟 安穩無患 行者亦如是 除此五蓋 其心安穩 淸凉快樂 如日月
以五事覆翳 煙·塵·雲·霧·羅候阿修羅手障 則不能明照 人心
五蓋亦復如是

여기에서는 비유로서 오개(五蓋)를 제거하면 이익을 얻게 되는 모습
에 대해 밝히고 있다.

수행인이 오개를 갖추고 있는 것은 마치 빚을 진 사람이 빚에서 벗
어나지 못하는 것과 같고, 오개를 버리는 것은 빚에서 벗어나 자유자
재하게 되는 것과 같다. 또 오개번뇌가 있는 사람은 마치 중병을 앓는
사람과 흡사하고, 오개를 버리는 것은 중병을 앓는 사람이 차도가 있
어 병이 낫는 것과 같다. 오개를 버린 사람은 굶주린 사람이 풍족한 나
라에 도달한 것과 같고, 악한 도둑 소굴에서 벗어난 것과 같다. 이렇게
된다면 몸과 마음은 자재하게 되고 쾌락하여 근심이 없을 것이다.

수행인이 오개를 제거하면 마음이 안온하고 쾌락해진다. 만일 오
개를 버리지 않는다면 어떻게 시원하고 즐거운 일을 담론할 수 있겠
는가.

오개가 우리의 밝은 본성을 가린 것이 마치 다섯 가지 일이 해와 달
을 가린 것과 같다. 다섯 가지 일이란 연기·티끌·구름·안개·나후
아수라왕의 손이다. 나후아수라왕의 손은 가장 크고 광대하여 해와 달
등 모든 광명도 가릴 수 있다고 한다. 나머지 연기·티끌·구름·안개
또한 해와 달의 광명을 가려 대지를 환하게 비추지 못한다.

사람의 마음에 있는 다섯 가지 번뇌도 이와 마찬가지로 자성 청정심을 가려 환하게 나타나지 못하게 한다. 이상으로 비유로서 오개번뇌의 해로움을 나타냈다.

04

몸과 마음을 조절하라 · 調和 第四

무엇을 조화라고 하는가. 이를 비유하면 도공(陶工)이 질그릇을 만들려할 때 흙이 너무 단단하거나 무르지 않고 알맞게 조화돼야 양질의 그릇이 나올 수 있는 것과 같다. 또한 거문고를 타는데도 줄이 알맞게 조절돼야 아름답고 오묘한 소리가 나는 것과 같다. 만일 거문고 줄이 지나치게 느슨하면 줄을 튕겨져도 아름다운 소리가 나지 않을 것이며, 지나치게 조이면 한 순간에 끊어지기가 쉽다. 수행인이 마음을 닦는 것도 역시 이와 같다. 호흡 등 다섯 가지 일이 잘 조화돼야 선정삼매가 쉽게 일어나기 때문에 도(道)는 저절로 융성해진다.

夫行者初學坐禪 欲修十方三世佛法者 應當先發大誓願 度脫一切衆
生 願求無上佛道 其心堅固 猶如金剛 精進勇猛 不惜身命 若成就一切
佛法 終不退轉 然後坐中正念思惟一切諸法眞實之相 所謂 善不善無
記法 內外根塵妄識 一切有漏煩惱法 三界有爲 生死因果法 皆因心有
故十地經云 三界無別有 唯是一心作 若知心無性 則諸法不實 心無染
著 則一切生死業行止息 作是觀已 乃應如次起行修習也

다섯 욕구를 꾸짖는 장[訶五欲]에서는 외부 오진경계에 끌리지 않
는 것에 대해 말하였고, 다섯 번뇌를 버리는 장[棄五蓋]에서는 내적으
로 마음이 청정한 것에 대해 말하였다. 이와 같이 내적으로의 마음과
밖으로의 오진이 청정해야 편안한 마음으로 지관을 수습할 수 있다.
그러나 여기에서 그치지 않고 반드시 몸과 마음이 알맞게 조화돼야
수행의 이익을 얻을 수 있다. 그 때문에 제4장에서는 다섯 가지 일을
조절하는 조화장(調和章)에 대해 말하고 있다.

다섯 가지 조건이란 음식, 수면, 몸, 호흡, 마음 등을 가리킨다.

시방삼세 불법이란 보리(菩提), 열반(涅槃), 구경청정(究竟淸淨), 중도
제일의제(中道第一義諦)로서 위없는 오묘한 법을 말한다. 여기에서 말
한 불법은 구계중생(九界衆生)의 법으로 비할 바가 아니다. 중생법은
오염된 번뇌법으로서 청정하지 않고 미혹하며 어두운 법이다. 오직
불법만이 구경이며 깨달음이고 불생멸이며 청정한 법이다.

수행인이 시방삼세 일체 제불의 법을 배우고 닦으려 한다면 우선
적으로 사홍서원(四弘誓願)의 발심을 일으켜야만 한다. 사홍서원의

'가없는 중생을 다 건지오리다' '끝없는 번뇌를 다 끊으오리다' 라고 한 이 두 구절은 아래로 중생을 교화하는 대목으로서 이타대비심에 소속되고, '한없는 법문을 다 배우오리다' '위없는 불도를 이루오리다' 라고 한 이 두 구절은 위로 불도를 구하는 대목인데, 이는 자리(自利)로서 큰 지혜에 해당된다.

그렇다면 사홍서원이란 상구보리 하화중생(上求菩提 下化衆生)을 통해서 자리이타의 마음을 일으키는 것이 된다. 그러므로 본문에서는 '위없는 불도를 구하고 일체 중생을 제도하기를 발원하오리다' 라고 하였다. 여기에서 '일체' 라고 하는 두 글자는 불계(佛界)를 제외한 구계중생(九界衆生) 모두를 포괄한 것이다.

육도 유루법은 여섯 갈래의 범부중생이고, 출세간의 성문과 연각 승은 이승중생이며, 보살은 대도심(大道心)중생이다. 따라서 이 같은 구계중생을 모두 해탈시키기를 발원하는 것이다. 불도(佛道)란 깨달음의 도이다. 다시 말해서 제불여래가 깨달은 도는 그 누구도 능가할 수 없다. 때문에 최후까지 증득하기를 발원한다는 뜻에서 '위없는 불도'라고 했다.

수행자는 이와 같은 마음을 발심할 뿐만 아니라 마음이 금강처럼 견고해야 한다. 금강은 지극히 견고하고 날카로워서 모든 사물을 파괴할 수 있기 때문이다. 이와 같이 금강처럼 견고해서 파괴되지 않는 마음을 발심하여 신명을 아끼지 않고 용맹정진하면서 오직 위없는 불도를 구하여 일체 중생을 광대하게 제도해야 한다. 이 같은 사람을 가리켜 불법 가운데서 가장 건강한 사람이라고 한다.

불퇴전(不退轉)에는 세 가지가 있다.

첫째, 위불퇴(位不退)이다. 수행인의 공부가 진보하여 삼계 내 견혹(見惑)과 사혹(思惑)이 끝까지 다 끊어지면 육도범부의 분단생사(分段生死)에 영원히 떨어지지 않기 때문에 '위불퇴'라고 한다.

둘째, 행불퇴(行不退)이다. 수행인이 공부가 더욱 심오하게 진보하면 삼계 내의 견혹 사혹만 끊을 뿐 아니라, 한 걸음 더 나아가 삼계 밖의 한량없는 미세한 번뇌인 진사혹(塵沙惑)까지도 조복 받고 끊을 수 있다. 이 같은 경지에 이르면 보살의 수행지위에서 영원히 퇴전하지 않기 때문에 '행불퇴'라고 한다.

셋째, 염불퇴(念不退)이다. 수행인이 공부가 심오하게 진보하여 진사혹(塵沙惑)마저 다 끊고 근본무명번뇌까지 타파할 수 있다면 중도정념(中道正念)에서 영원히 물러나지 않게 된다. 이를 두고 '염불퇴'라고 한다.

이와 같은 수행을 성취하려면 단정히 앉아 지관을 수습하면서 일체 제법의 진실한 성품을 무념인 정념으로 사유해야 한다. 진실한 모습이란 실상을 말하며, 실성이라고도 한다. 여기에서 상(相)자는 본성[性]을 의미한다. 이러한 실상은 무상이면서 상 아닌 것이 없고, 실성은 무성이면서 성 아닌 것이 없다. 이를 두고 진실상, 또는 진실성이라고 말한다.

제법은 일체 선법(善法)과 불선법(不善業)을 모두 포괄해서 하는 말이다. 선법은 유루선법과 무루선법, 또 중도선이 있다. 불선법은 악법으로 탐·진·치를 말한다. 또 무기법(無記法)이 있는데, 이는 기억해

158

서 구별하지 못하는 마음을 말한다. 다시 말해 선도 악도 아니고 혼침도 산란도 아니면 명료한 무기법이지만, 마음이 애매모호하고 어두워 종일토록 어둠 속에서 나날을 보낸다면 이는 우리의 청정한 본성을 덮어버리는 껌껌한 무기법이다.

그러면 어떻게 해야만 제법의 진실한 성품을 알 수 있겠는가.

분명히 알아야 할 것은 유루 번뇌법은 생사인과법으로서 중생들이 분별하는 마음의 모습으로 나타났기 때문에 이는 중생 분별심이 근원이 돼서 제법의 자체를 이루고 있다는 점이다.

가령 망심이 없다면 만법의 차별도 없다. 이 때문에 마음은 만법의 근본이 된다. 《능엄경》에서는 '모든 법은 마음을 따라 일어난다'고 했다. 그렇다면 일체 인과와 세계미진은 마음이 자체를 이룬다. 그 때문에 '삼계는 별다른 것이 없고 오직 마음으로 조작됐을 뿐이다'고 하였다. 따라서 마음을 떠난 밖에 따로의 법이란 없으며 법 밖에 마음도 없다. 마음이 바로 법이며, 법이 바로 마음이기 때문에 마음과 법은 본래 두 모습이 아니다. 그러므로 모든 법은 마음을 따라 일어난다는 것을 분명하게 알아야 한다.

가령 목전에 육진경계가 없다면 마음도 역시 일어나지 않는다. 때문에 마음은 본래 일어난 일이 없으나 경계로 인해 있게 되는 것이므로 경계가 없을 땐 마음도 역시 없다. 이는 이른바 '마음이 일어나기 때문에 갖가지 법이 따라서 일어난다'고 한 경우에 해당된다.

그러나 이 문제를 추구해보면 마음과 경계가 내적으로 육근(六根)에서 일어나지 않고, 밖으로 육경(六境)에서도 일어나지도 않으며, 육근과 육경이 화합해서 공동으로 일어난 것도 아니고, 허공처럼 아무런 원인 없이 일어난 것도 아니다. 이 모든 것은 여러 가지 인연이 화합해서 일어났기 때문에 그 당체는 본래 고요하다. 내 마음이 자성이 없다면 제법도 역시 실재하지 않고 제법이 본래 실체가 없다면 자기의 마음도 역시 실체가 없다. 따라서 실체가 없는 성품을 진실성, 또는 진실상이라고도 부른다.

이미 이와 같은 제법실상을 올바로 사유했기 때문에 마음에 번뇌의 집착이 없으면 육진경계를 탐애하는 마음도 없게 된다. 이것으로부터 일체의 생사업(生死業)을 모두 버리게 되는 것이다.

우리가 무시이래로 끝없이 생사의 세계에 유전하는 것은 번뇌와 업이 활동하면서 그치지 않는 것이 그 원인이다. 수행인이 일체경계에서 이를 간파하지 못하기 때문에 허망하게 번뇌 집착을 일으키게 되는데, 이것이 번뇌생사의 인과관계이다. 그 때문에 생사가 단절되지 않는다.

따라서 수행인은 자기의 마음은 끝내 얻지 못하고, 일체제법은 허망하여 실재가 아니라는 것을 심오하게 관찰하고 일체 생사업의 활동을 쉬어야 한다. 일체 목전의 모습은 모두 내 마음 허망한 분별의 모습이기 때문에 진실한 모습이 아닌 것을 실상이라고 말한다.

云何名調和 今借近譬 以況斯法 如世間陶師 欲造衆器 須先善巧調泥 令使不彊不懦 然後可就輪繩 亦如彈琴 前應調絃 令寬急得所 方可入弄 出諸妙曲 行者修心 亦復如是 善調五事 必使和適 則三昧易生 有

所不調 多諸妨難 善根難發

　무엇을 조화라고 하는가. 이를 비유하면 도공(陶工)이 질그릇을 만들려할 때 흙이 너무 단단하거나 무르지 않고 알맞게 조화돼야 양질의 그릇이 나올 수 있는 것과 같다. 또한 거문고를 타는데도 줄이 알맞게 조절돼야 아름답고 오묘한 소리가 나는 것과 같다. 만일 거문고 줄이 지나치게 느슨하면 줄을 튕겨도 아름다운 소리가 나지 않을 것이며, 지나치게 조이면 한 순간에 끊어지기가 쉽다. 수행인이 마음을 닦는 것도 역시 이와 같다. 호흡 등 다섯 가지 일이 잘 조화돼야 선정삼매가 쉽게 일어나기 때문에 도(道)는 저절로 융성해진다.

　그러나 다섯 가지 방편이 조화되지 않을 경우 몸과 마음만 부질없이 수고롭게 할 뿐만 아니라 도리어 병이 생기고 생명력은 감소하게 된다. 그 때문에 온갖 어려움이 일어나 선근공덕이 쉽게 개발되지 않는다. 이는 매우 애석한 일이라 할 수 있다.

　따라서 수행인은 반드시 마음을 근신하여 훌륭한 방편으로 알맞게 조화를 이루어야 이로부터 모든 선근이 일어나게 된다.

1. 음식을 조절함[調節飮食]

一調食者 夫食之爲法 本欲資身進道 食若過飽 則氣急心滿 百
脈不通 令心閉塞 坐念不安 若食過少 則身羸心懸 意慮不固 此二
者非得定之道 苦食穢觸之物 令人心識昏迷 若食不宣之物 則動
宿病 使四大違反 此爲修定之初 須深愼之也 故經云 身安則道降
飮食知絶量 常樂在空閑 心靜樂精進 是名諸佛敎

　다섯 가지 일을 조화하는 가운데 가장 첫째로 중요한 것이 음식을
조절하는 것이다. 만일 음식이 조화되지 않는다면 몸은 불안하고 도는
융성하게 자라나지 않는다. 그 때문에 음식은 도를 닦는 데 있어서 가
장 근본이 된다.

　몸을 이익 되게 하면서 도업을 수행하려면 비록 몸이 허깨비 같다
할지라도 현재는 이 몸을 바탕으로 도를 닦아야 한다. 이를 두고 거짓
을 빌려 진실을 닦고, 유위법(有爲法)을 따라 무위법(無爲法)으로 나아
간다고 하였다.

　이미 색신(色身)을 지니고 있다면 음식으로서 몸을 유지하는 바탕으
로 삼아야 한다. 이 문제를 옛 큰스님은 "전법을 교화하기 이전에 음식
을 먹는 것이 우선이다."라고 하였다. 이를 통해서 알 수 있는 것은 음
식이야말로 사람의 몸에 반드시 필요하다는 점이다.

　그러나 지나치게 음식을 탐하여 포만감을 느끼도록 먹어서는 안된
다. 과식하면 기운이 급해지고 호흡이 가빠지며 몸은 무거워져 맥이

통하지 않아 마음의 문이 닫혀 버린다. 이렇게 되면 게으른 마음이 일어나 모든 병이 한꺼번에 생겨 몸과 마음이 편안하지 못하게 되고, 이로 인해 도업 닦는 일이 방해를 받게 된다.

그렇다고 음식을 지나치게 적게 먹어서도 안된다. 만일 배가 주릴 정도로 적게 먹으면 몸은 수척해지고 마음은 들떠 의식이 견고하지 못하고 사려도 불분명하게 된다. 또 몸이 약해져 기운이 허해지면 정신이 혼미하여 조석으로 우울하고 답답하게 된다. 이러한 상태에서는 도(道)가 자라날 수 없다.

이로써 지나치게 많이 먹거나 적게 먹는 것은 모두 선정을 얻는 방법이 아니라는 점을 알 수 있다.

그러나 우선적으로 중요하게 생각해야 할 것은 먹어야 될 음식인지 아닌지 부터 식별해야 한다. 더럽고 탁한 음식을 먹으면 사람의 마음을 혼미하게 하기 때문에 병이 더욱 심해지고 수면과 번뇌까지 증가하므로 절대로 먹어서는 안된다.

또 도(道)를 닦는 데 있어서 방해되거나 지장을 주는 음식은 먹어서는 안된다. 그러한 음식을 먹으면 오래 묶었던 병이 발동하여 끝내 몸을 구성하고 있는 지·수·화·풍 사대가 서로를 위반하게 된다. 이를 두고 '병은 입을 통해서 들어온다' 고 하였는데, 이 말이 바로 이 의미에 해당된다.

이와 반대로 몸을 편안히 하고 질병을 치유할 수 있는 음식은 도를 증가시키고 생기를 더욱 자라나게 하기 때문에 반드시 먹어야 한다.

결론적으로 말해서 음식은 반드시 지나치게 많이 먹지도 말고 적게 먹지도 않아야 된다. 자기의 분량을 알고 만족할 줄 알아야 하며, 이것이 바로 선정을 닦을 때 음식을 조절하는 최초의 방편이기 때문에 반드시 깊이 살펴야 한다.

그러므로 경전에서 말씀하셨다.

"몸이 편안하면 곧 도(道)가 융성하게 된다. 음식은 분량을 조절할 줄 알고 항상 고요한 처소에 있기를 좋아한다면 몸과 마음이 적정하여 정진이 용맹스러울 것이다. 이것이 모든 부처님의 가르침이다."

2. 수면을 조절함[調節睡眠]

二調睡眠者 夫眠是無明惑覆 不可縱之 若其眠寐過多 非唯廢修
聖法 亦復喪失功夫 而能令心闇昧 善根沈沒 當覺悟無常 調伏睡
眠 令神氣清白 念心明淨 如是乃可棲心聖境 三昧現前 故經云 初
夜後夜 亦勿有廢 無以睡眠因緣 令一生空過 無所得也 當念無常
之火 燒諸世間 早求自度勿睡眠也

둘째는 수면을 조절하는 것이다. 만일 지나치게 수면을 취하면 마음
이 혼침에 빠지고 너무 적게 잠을 자면 몸에 손상이 오기 때문에 반드
시 이를 알맞게 조절해야 한다.

수면은 무명의 깜깜한 법이어서 우리의 신령하게 밝은 본성을 미혹
으로 덮어버리기 때문에 절대 멋대로 수면을 취해서는 안된다. 사람이
잠에 들기 이전에는 정신이 분명하고 역력하지만 한번 수면에 빠지면
의식이 껌껌해져 육정(六情)이 닫히게 된다.

그러므로 지나치게 수면에 빠지면 부처님의 성스러운 법을 수행하
는 것을 망치게 할 뿐만 아니라, 또한 세월을 헛되게 보내 공부한 것까
지도 잃게 된다. 결국 마음이 껌껌하게 어두워져 일체 선근을 미혹하
기 때문에 이로부터 번뇌생사에 침몰하게 된다. 때문에 수행자라면 방
종하게 수면을 취해서는 안된다.

잠들기 전에는 무상한 이치를 맹렬하게 살피고 깨달아서 일찍부터
자신을 제도할 일을 생각해야 한다. 수면을 조복 받아 정신과 기운을

맑게 하면 자연스럽게 고요한 지혜 광명이 일어나게 된다. 이와 같이 수행해야만 부처님 경지에 마음이 머물면서 삼매가 목전에 환하게 나타난다.

경전에서 말씀하셨다.

"초저녁과 새벽에도 수행을 멈춰서는 안된다."

정진 수행하는데 있어서는 초저녁 잠들기 전에 성성적적하게 마음을 쓸 뿐만 아니라 한밤 중 몸이 한가할 때에도 신령하고 어둡지 않는 마음을 명료하고 맑게 관조하면서, 오늘 하루가 지났으니 수명도 하루가 감소했다는 것을 항상 생각해야 한다. 이는 마치 언제 마를지 모를 작은 물속에 사는 물고기와도 같다.

여기에서 알 수 있듯이 수면의 인연 때문에 부질없이 일생을 보내지 말아야 한다.

또한 현재 무상(無常)이라는 불길이 온 세간을 태우고 있다고 생각해야 한다. 《법화경》에서 "삼계(三界)가 불안한 것이 마치 불타는 집과 같다."고 하였듯이 이 무상한 세간은 온갖 고통이 충만하여 매우 공포스럽다. 따라서 일찍부터 삼계에서 벗어나는 방법을 추구하여 수면에 집착해서는 안된다.

인생의 무상함에 대해 옛 큰스님은 말씀하셨다.

"이 몸을 금생에 제도하지 않는다면 다시 어느 생에 제도하랴."

이 게송이야말로 진실하고 분명한 훈계이다. 수행자라면 이 뜻을 살펴 맹렬하게 수면을 조복 받고 용맹 정진해야 할 것이다.

3. 몸을 조절함[調身]

　　三調身 四調息 五調心 此三應合用 不得別說 但有初中後方法 不同 是則入住出相有異也

　셋째는 몸을 조절하는 것, 넷째는 호흡을 조절하는 것, 다섯째는 마음을 조절하는 것인데, 이 세 가지는 반드시 일시에 조화를 이루어야 한다. 그 이유는 몸과 호흡과 마음은 동시에 일어나는 것이어서 서로 불가분의 관계에 있기 때문이다.

　그 요점을 말해본다면 몸을 조화하는 데 있어서는 느슨하지도 급해서도 안되고, 호흡의 조화는 거칠어도 매끄러워도 안되며, 마음의 조화는 들뜨거나 가라앉아서도 안된다. 다만 이 세 가지가 차례가 있어 방법이 같지 않을 뿐이다. 처음에는 몸을, 그 다음에는 호흡을, 마지막으로는 마음을 조화해야 한다. 이것은 바로 좌선에 들어갈 때와 좌선할 때 좌선에서 나올 때의 방법이 다르기 때문이다.

　다만 이 세 가지가 처음에는 몸을, 그 다음에는 호흡을, 마지막으로는 마음을 조화해야 하는 등 차례가 있어 방법이 같지 않을 뿐이다.

　이를 조화하는 데 있어서는 좌선에 들어갈 때와 머물 때와 나올 때 세 가지 모습에서 차이가 있다. 다시 말해 선정에 들어갈 때는 거친 곳에서 미세한 곳에 이르고, 선정에서 나올 때는 미세한 곳에서 거친 곳으로 나와야 한다.

夫初欲入禪調身者 行人欲入三昧調身之宜 若在定外 行住進
止 動靜運爲 悉須詳審 若所作麤獷 則氣息隨麤 以氣麤故 則心
散難錄 兼復坐時煩憒 心不恬怡 身雖在定外 亦須用意逆作方便
後入禪時 須善安身所得

처음 선정에 들어갈 때 몸을 조화하는 것이니, 수행인이 선정에 들고
자 한다면 우선 몸을 적절히 조절하여야 한다. 아직 선정에 들어가기
이전, 선정의 밖에 있을 때라면 행·주·좌·와로 이루어지는 사위의
(四威儀)의 사이에서 행동을 자세히 살펴 몸을 알맞게 조화해야 한다.

만약 행동이 거칠고 사나우면 바로 몸에서 나오는 호흡과 기운까지
도 거칠어진다. 이렇게 되면 마음이 산란하여 수습하기 어려워지는데,
마음이 산란하면 마음을 전일하게 쓰기가 어렵다. 그러므로 좌선을 할
때에도 마음속에 번뇌의 시끄러움이 일어나 고요하고 편안하지 못하
게 된다. 때문에 수행자라면 몸이 비록 선정에 들지 않았을 때라도 미
리 방편을 취하여 몸이 거칠게 움직이지 않도록 해야 한다.

이는 "걸어도 선이고 앉아도 선이고 말을 하거나 말이 없거나 움직
이거나 고요하거나 몸이 편안하다."고 한 말에 해당된다.

初至繩床 卽須先安坐處 每令安穩 久久無妨 次當正脚 若半跏
坐 以左脚置右脚上 牽來近身 令左脚指與右陛齊 右脚指與左陛
齊 若欲全跏 卽正右脚置左脚上 次解寬衣帶周正 不令坐時脫落
次當安手 以左手掌置右手上 重累手相對 頓置左脚上 牽來近身

當心而安　次當正身　先當挺動其身　竝諸支節　作七八反　如似按摩
法　勿令手足差異　如是已則端直　令脊骨勿曲勿聳　次正頭頸　令鼻
與臍相對　不偏不斜　不低不昂　平面正住　次當口吐濁氣　吐氣之法
開口放氣　不可令麤急　以之綿綿　恣氣而出　想身分中百脈不通處
放息隨氣而出　閉口鼻納淸氣　如是至三　若身息調和　但一亦足　次
當閉口　脣齒纔相拄著　舌向上齶　次當閉眼纔　令斷外光而已　當
端身正坐　猶如奠石　無得身首四肢切爾搖動　是爲初入禪定調身
之法　擧要言之　不寬不急　是身調相

　　처음 좌선하는 곳에 이르면 우선 앉는 처소를 편안하게 하여 처소가
오랫동안 방해를 받는 일이 없도록 해야 한다.

　　다음에는 다리를 바르게 해야 한다. 만약 반가부좌를 할 경우 왼쪽다
리를 오른쪽다리 위에 올리고 두 다리를 끌어당겨 왼쪽 발이 오른쪽
넓적다리와 나란히 하게하고, 오른쪽 발은 왼쪽 넓적다리와 가지런하
게 한다.

　　만약 완전한 가부좌를 하려면 오른쪽 다리를 왼쪽 다리 위에 올려놓
는다. 다음에 옷과 띠를 느슨하게 풀되 자세를 올바르게 하여 앉아있
을 때 옷이 벗겨지거나 띠가 풀어지지 않게 한다.

　　그런 다음 손을 편안하게 두되 왼쪽 손바닥을 오른쪽 손 위에 올려
두 손이 포개진 상태로 왼쪽 다리 위에 놓고 몸 가까이 끌어당겨 심장
과 일치하도록 한다.

　　그리고 가부좌한 상태에서 몸을 바르게 해야 한다. 우선 앉은 자세에

서 몸과 사지 마디마디를 가볍게 움직여 주는 일을 7~8번 반복적으로 하되 안마하듯이 손과 발이 차이가 나지 않도록 한다. 이와 같이 하고 나면 자세가 단정해지고 곧게 된다. 척추는 앞으로 굽어서도 안되며 너무 꼿꼿이 세우지도 말아야 한다.

다음에는 내 코끝이 배꼽과 일직선이 되도록 반듯하게 세워서 좌, 우로 몸이 치우치지 않도록 하고, 머리는 앞으로 수그리거나 뒤로 젖히지 않는 상태에서 올바른 자세로 앉아야 한다.

그 다음에는 입을 벌리고 가슴 속에 있는 탁한 기운을 토해야 한다. 탁한 기운을 토하는 방법은 입을 벌리고 기운을 내보내되 거칠고 급하게 해서는 안된다. 자연스런 상태로 토해내되 상상 속에서 몸속의 혈맥이 통하지 않은 처소에서 내가 지금 탁한 기운을 토하는 것을 따라 막힌 것이 나온다고 생각하면서 토해야 한다.

그런 다음에는 입을 다물고 콧구멍으로 맑은 기운을 들여 마시는 일을 세 차례 반복한다. 만일 몸과 호흡이 조화되었다면 단 한 번만해도 된다.

다음에는 입을 다물되 입술과 치아가 살짝 닿을 정도로 하고, 혀를 들어서 윗잇몸에 혀끝이 닿게 한다. 그리고 눈을 살짝 감아야 되는데, 이는 겨우 외부의 광선만 차단시킬 정도면 된다. 몸은 마치 무덤 앞에 제물을 차리는 제석상과 같이 단정하게 똑바로 앉아야 한다. 이는 몸과 머리와 사지가 요동하지 않게 하기 위해서이다. 이것이 처음으로 선정에 들어갈 때 몸을 조화하는 방법이다.

요점을 말하자면 너무 느슨하게도 하지 말고 조급하게도 하지 않는 것이 몸을 조절하는 방법이다.

4. 호흡을 조절함[調氣息]

　四初入禪調息法者　息有四種相　一風　二喘　三氣　四息　前三爲不
調相　後一爲調相　云何爲風相　坐時則鼻中息出入覺有聲　是風也
云何喘相　坐時息雖無聲　而出入結滯不通　是喘相也　云何氣相　坐
時息雖無聲　亦不結滯　而出入不細　是氣相也　云何息相　不聲不結
不麤　出入綿綿　若存若亡　資神安穩　情抱悅豫　此是息相也　守風則
散　守喘則結　守氣則勞　守息卽定　坐時有風喘氣三相　是名不調　而
用心者　復爲心患　心亦難定

　넷째, 수행인이 선정에 처음 들 때 몸을 조화한 뒤 어떻게 호흡을 고
르게 하는가에 대해 알아보자.

　호흡은 콧구멍을 통해서 면면히 이어지면서 출입하는데, 대체로 네
가지의 동일하지 않는 모습이 있다. 첫째는 풍(風)이고, 둘째는 천(喘)
이고, 셋째는 기(氣)이고, 넷째는 식(息)이다. 이 가운데는 거칠고 미세
하고 좋고 좋지 않은 것이 있다.

　만일 수행인이 분명하게 분별해서 호흡법을 지키지 않는다면 부질
없이 수고만 할 뿐 수행공부가 진전이 없게 된다. 그러므로 반드시 거
친 호흡은 가려내고 미세한 호흡을 지켜야 한다.

　좌선을 할 때 풍·천·기 등 세 가지의 거친 모습으로 호흡하면 이
것은 조화되지 않는 모습이다. 이 세 가지의 거친 호흡으로써 마음을
쓴다면 이익이 없을 뿐만 아니라, 병이 생겨 병통 때문에 선정을 이루

기 어렵다. 수행인이 좌선할 때 가슴에 통증을 앓는 경우를 많이 보게 되는데, 그 원인은 모두가 호흡이 조절되지 않기 때문이다. 따라서 몸과 마음도 안정되기가 어렵다.

若欲調之 當依三法 一者下著安心 二者寬放身體 三者想氣遍毛孔出入 通同無障 若細其心 令息微微然 息調則衆患不生 其心易定 是名行者初入定時調息方法 擧要言之 不澁不滑 是調息相也

좌선을 할 때 풍·천·기 등 세 가지의 거친 호흡상을 버리고 식(息)의 미세한 모습을 지키려면 마땅히 호흡을 훌륭하게 조화해야 한다. 이럴 경우 세 가지 방법에 의지하여야 한다.

첫째는 숨을 아래로 내려놓고 마음을 안정시키는 것이다. 수행자가 상상으로 모든 일을 놓아버리고 마음을 밖으로 치구하면서 흩어지지 않게 하고 하단전에 의식을 전일하게 주입하는 것을 말한다.

둘째는 행동이 자연스럽게 이루어지도록 몸을 느슨하게 풀어놓아야 한다.

셋째는 상상으로 호흡의 기운이 전신에 두루 퍼지도록 해야 한다. 팔만사천 털구멍을 따라서 들이쉬고 내쉬면서 몸 전체가 하나의 호흡으로 소통된다고 상상하는 것이다.

이상의 세 가지가 만족하게 갖추어지면 거친 호흡으로부터 미세한 호흡으로 들어가 자연히 심신이 안정된다. 가령 풍·천·기 등 세 가지 거친 호흡의 모습이 없고 호흡이 있는 듯 없는 듯 면면밀밀하게 이

어지면서 거칠지도 매끄럽지도 않다면 이것을 호흡이 조화된 모습이
라고 한다.

호흡이 조화되면 일체 병환이 일어나지 않고 마음도 안정된다. 이것
을 두고 수행인이 최초로 입선할 때 호흡의 기운을 조화하는 방법이라
고 한다.

5. 마음을 조절함[調心]

五初入定時調心者有三義 一入 二住 三出 初入有二義 一者調
伏亂想 不令越逸 二者當令沈浮寬急得所 何等爲沈相 若坐時心
中昏暗 無所記錄 頭好低垂 是爲沈相 爾時當繫念鼻端 令心住在
緣中 無分散意 此可治沈 何等爲浮相 若坐時心好飄動 身亦不安
念外異緣 此是浮相 爾時宜安心向下 繫緣臍中 制諸亂念 心卽定
住 則心易安靜 擧要言之 不沈不浮 是心調相

다섯째, 선정에 처음 들 때 마음을 조화하는 법에 대해 세 가지 의미
로 밝히고 있다.

첫째는 마음속에 혼란한 망상을 조복시켜 방일하지 않게 해야 한다.
즉 마음을 하나의 대상경계에 전일하게 집중하라는 뜻이다.

둘째는 마음이 들뜨고 가라앉고 느슨하고 급한 것이 알맞게 조절돼
야 한다. 가라앉는 것은 혼침이고, 들뜨는 것은 산만하게 요동치는 것
을 말한다.

셋째, 다른 인연을 버려야 한다. 이는 마음이 각자 따로따로 목전에
나타난 육진경계를 상대적으로 반연하는 것을 말한다. 색성향미촉(色
聲香味觸)의 오진(五塵)을 반연하기도 하고, 혹은 안이비설신(眼耳鼻舌
身)의 오근(五根)을 반연하기도 한다. 이렇듯 반연하는 것이 각각 동일
하지 않기 때문에 다른 인연이라고 말한 것이다. 이 모두는 마음을 조
화하는 것이 아니다.

결론적으로 말하면 마음이 들뜨지 않고 가라앉지도 않게 하는 것, 이 것이 마음을 조화하는 모습이라고 말한다.

其定心亦有寬急之相 定心急病相者 由坐中攝心用念 因此入定 是故上向胸臆急痛 當寬放其心 想氣皆流下 患自差矣 若心寬病 相者 覺心志散慢 身好透迤 或口中水涎流 或時闇晦 爾時應當斂 身急念 令心住緣中 身體相持 以此爲治 心有澀滑之相 推之可知 是爲初入定調心方法

선정심 가운데서도 느슨하고 급한 두 가지의 병통이 있다는 것을 밝 히고 있다. 위에서 밝혔던 망상을 조복시켜 마음이 들뜨지도 않고 가 라앉지도 않게 하는 것을 마음이 안정된 모습이라고 말한다.

선정에 들 때 조심하지 않으면 두 가지 병통이 일어나게 된다. 하나 는 급한 모습으로서 가슴이 꽉 막힌 상태이며, 또 다른 하나는 느슨한 상태로 몸이 축 늘어져 추스르지 못하는 상태이다. 이 두 가지 모습은 똑같이 선정심 가운데서 일어난다.

우선 선정심 가운데 마음이 급해서 일어나는 꽉 막힌 병통의 모습에 대해 알아보자.

수행인이 고요히 좌선하는 가운데 마음을 거두고자 할 때, 생각을 인 위적으로 급하게 일으키면 거두려는 생각은 허망하고 거짓된 망념이 며 진실한 정념이 아니다. 이런 마음으로 선정에 들면 선정을 닦을 때 마다 가슴이 꽉 막혀 통증을 일으키기 때문에 몸과 마음이 안온하지 못하게 된다.

수행인이 마음이 진실하게 안정되지 않는 상태에서 정진 수행할 경우 기운이 급하고 꽉 막힌 통증이 이미 몸 안에 있는 것을 볼 수 있다. 이 병통은 마음을 느슨하게 놓아 상상 속에서 모든 기운이 몸의 아래로 흐른다고 여기면 스스로 나아지게 된다.

대체로 이 병통은 선정에 빨리 들어가고자 하는 급한 생각 때문에 발병한 것이다. 만일 마음을 느슨하게 놓으면 들뜨고 혼란한 망상과 거친 마음과 급한 기운을 낱낱이 놓아버리게 되어 상기(上氣)되지 않는다.

이는 이른바 "마음의 불을 끄고 열을 제거하면 시원함을 얻으며, 모든 잡념을 여의면 다시 나의 마음이 청정해진다."고 한 경우에 해당된다. 이와 같이 한다면 급한 마음의 병은 스스로 나아지게 될 것이다.

다음으로 선정심 가운데 마음이 느슨한 병통의 모습에 대해 밝히고 있다.

수행인이 마음속에 의지가 산만하여 수습하지 못할 지경에 이르면 생각 따라 몸이 축 늘어져 추스르기가 어렵게 된다. 다시 말해서 정신이 우울하고 답답하고 불쾌한 상태가 되어 입 밖으로 침이 흘러내리기도 하고, 때로는 정신이 껌껌하게 어두워지기도 한다.

이와 같은 현상은 선정 가운데 마음을 느슨하게 놓아버렸기 때문에 생긴 병통의 모습이다. 이럴 때 수행인은 몸과 마음을 거두어 마음이 밖으로 치구하지 않게 함으로써 마음을 한 곳으로만 전일하게 집중해야 한다. 느슨한 병통은 마음을 지나치게 방일하게 놓아두었기 때문에 생긴 것이라는 것을 알아야만 한다.

　가령 마음을 고요하게 거두어 하나의 경계로 전일하게 주의를 기울이면 육근이 모두 하나로 포섭된다. 청정한 생각을 면면이 상속하면서 정신을 바짝 차려 마음이 게으름에 빠지지 않도록 해야 한다. 이를 병을 다스리는 좋은 약으로 삼는다면 느슨한 상태에서 일어나는 병통은 자연히 뿌리까지 제거될 것이다.

　그러나 선정심 가운데는 느슨하고 급한 병통뿐만 아니라 꽉 막히거나 날카로운 모습도 있다. 수행인이 선정 가운데 마음을 조화할 때 이 두 가지를 조금이라도 근신하지 않는다면 꽉 막히고 날카로운 상태에서 일어나는 병통을 조화하기란 어렵다.

　이 두 가지 마음을 잘 조화하면 꽉 막히고 날카로운 두 가지 병통이 자연스럽게 사라진다. 이는 물이 맑아지면 물고기가 환하게 보이는 이치와도 같다. 이러한 이치와 의미는 심오하지 않기 때문에 그 이치를 추리해 보면 누구나 쉽게 알 수 있을 것이라고 앞서 말했던 것이다.

　이상으로 밝힌 내용들은 수행인이 최초로 선정에 들 때 마음을 조화하는 유일한 방법이다.

夫入定本是從麤入細 是以身旣爲麤 息居其中 心最爲細靜 調麤就細 令心安靜 此則入定初方便也 是名初入定時調二事也

　선정에 드는 방법은 본래 거친 데로부터 미세한 데로 들어가는 것이다. 이는 처음에는 몸을 조화하고, 다음에는 호흡을, 그 다음에는 마음을 조화하는 것이다.

　이 세 가지 중에서 몸이 가장 겉으로 드러나 있기 때문에 첫 번째 조
화의 조건이 되었고, 호흡은 그 다음 조건이 되었으며, 마음은 가장 미
세하고 고요하기 때문에 마지막으로 조화하라고 하였다. 이것을 두고
거친 것을 조화하여 미세한 조화로 나아가는 것이라고 한다.

　이와 같이 한다면 마음이 안정되고 망상이 일어나지 않는다. 비유하
면 '지혜로운 말을 훌륭하게 길들이면 급하게 흐르는 폭포수도 건널
수 있다'고 한 경우에 해당된다. 이것이 선정에 드는 최초의 방편이다.

　二住坐中調三事者 行人當於一坐之時 隨時長短 十二時 或經一
時 或至二三時 攝念用心 是中應須善識身息心三事調不調相 若
坐時向雖調身竟 其身或急 或偏或曲 或低或昂 身不端直 覺已隨
正 令其安穩 中無寬急 平直正住

　두 번째는 선정에 머물면서 몸과 호흡과 마음을 조절하는 것이다.

　선정에 안주하면서 세 가지의 조건을 조화한다는 것은 수행인이 처
음 선정에 들어갈 때부터 나올 때까지 그 중간에서 안주하는 길고 짧
음을 말한다.

　수행인은 한 번 좌선에 들 때마다 반드시 좌선하는 중간에 생각을
거두어들이고 마음을 써야 한다. 마음을 거두어들인다는 것은 일체의
혼란과 망상 잡념을 거두어들인다는 의미이다. 이 같은 상태에서 마음
을 쓴다면 정신이 맑아지고 마음이 안정된다.

생각을 거두고 마음을 쓸 때는 반드시 몸과 호흡과 마음이 조화됐는지, 조화되지 않았는지 명료하게 밝혀야 한다. 즉 몸은 느슨하지도 급하지도 않게 하고, 호흡은 거칠지도 매끄럽지도 않게 하며, 마음은 들뜨지도 가라앉지도 않게 하는 것을 말한다. 이와 같이 할 수 있다면 조화된 모습이고 그렇지 않으면 조화되지 않은 모습이다.

처음 몸의 조화를 끝내고 나서 바로 지관을 닦을 경우 너무 오랜 시간 앉아 있으면 피로감 때문에 게으른 마음이 일어난다. 망념이 일어나면 몸이 느슨해지고 급해지기도 하고, 한쪽으로 치우쳐지기도 한다. 혹은 머리를 앞으로 수그리거나 뒤로 젖히기도 하며, 어떤 때는 이쪽 저쪽으로 흔들리기도 한다.

이처럼 몸이 바르지 않은 것을 알아차렸다면 몸 가는 대로 따라가지 말고 마땅히 몸을 바로잡으면서 몸과 마음이 안온하게 되도록 노력해야 한다. 즉 느슨하거나 급한 모습 없이 올바르게 안주해야 되는데, 이것이 바로 선정에 머무는 가운데 몸을 조화하는 모습이다.

復次一坐之中 身雖調和 而氣不調和 不調和相者 如上所說 或風 或喘 或復氣急 身中脹滿 當用前法隨而治之 每令息道綿綿 如有如無 次一坐中 身息雖調 而心或浮沈寬急不定 爾時若覺 當用前法調令中適 此三事的無前後 隨不調者而調適之 令一坐之中 身息及心三事調適 無相乖越 和融不二 此則能除宿患 妨障不生 定道可剋

180

다음은 좌선 중에 비록 몸이 조화되었다 해도 호흡이 조화되지 않아서 껄끄럽거나 매끄럽거나, 풍상(風相)이거나 천상(喘相)이거나, 혹은 다시 호흡기운이 급하여 몸속이 팽창하고 포만감이 든다면 이것은 호흡이 조화되지 않은 모습이니, 반드시 앞에서 언급했던 호흡 조화법을 사용하여 다음과 같이 병통을 대치해야 한다.

첫째는 마음을 하단전 쪽에 안착시키는 것이고, 둘째는 몸을 느슨하게 하는 것이며, 셋째는 호흡기운이 몸 전체의 털구멍으로 출입하면서 소통된다고 상상해야 한다.

이런 방법으로서 호흡을 한다면 호흡이 조화되지 않는 병통을 대치할 수 있다. 따라서 수식관(數息觀)의 도를 닦을 때는 호흡을 면면밀밀하게 하여 정신이 안온하고 희열을 느끼게 된다. 이것을 선정에 안주하는 가운데 호흡을 조화하는 모습이라고 한다.

또 고요히 앉아 참선하는 가운데 몸과 호흡이 알맞게 조화되었다 해도 마음이 들뜨고 요동치거나 가라앉거나, 혹은 느슨하고 급함이 일정치 않아 이 같은 병이 발동할 때에는 앞에서 말한 마음을 조화하는 법을 사용하여 대치해야 한다. 즉 마음을 배꼽에 안정시키고 일체의 망념을 제거하여 마음이 외부로 치구하지 않도록 해야 한다.

그러나 이 세 가지 일은 시간적인 선후가 없기 때문에 그때그때 조화되지 않는 부분을 따라 적당히 조절해야 한다. 다시 말해 몸이 조화되지 않았을 때는 몸을 조화시키고, 호흡이 조화되지 않았을 때는 호흡을 조화시키는 것이다.

결론적으로 한 번 좌선을 할 때 몸 · 호흡 · 마음 등 세 가지 조건이 삼위일체로 융화되면 몸과 호흡이 서로 어긋나지 않으며 마음도 밖으로 치구하지 않는다. 그렇게 해야만 일체 묵은 병통을 제멸할 수 있으며, 도를 방해하는 일이 생기지 않아 선정을 닦는 일은 자연스럽게 이루어질 수 있다.

三出時調三事者 行人若坐禪將竟 欲出定時 應前放心異緣 開口放氣 想從百脈隨意而散 然後微微動身 次動眉膊及手頭頸 次動二足 悉令柔軟 次以手遍摩諸毛孔 次摩手令煖 以揜兩眼 然後開之 待身熱稍歇 方可隨意出入 若不爾者 坐或得住心 出旣頓促 則細法未散 住在身中 令人頭痛 百骨節彊 猶如風勞 於後坐中煩躁不安 是故心欲出定 每須在意 此爲出定調身息心方法 以從細出麤故 是名善人住出 如偈說

進止有次第 麤細不相違 譬如善調馬 欲住而欲去

세 번째는 선정에서 나올 때 몸과 호흡, 마음을 조화하는 모습에 대해 밝혔다. 선정에 들어갈 때는 거친 데서 미세한 데로 들어갔으나, 선정에서 나올 때는 미세한 데서 거친 데로 나와야 한다.

선정에서 나올 때 세 가지 일을 조화한다는 것은 수행인이 좌선이 끝날 무렵, 선정에서 나오기 이전에 우선 다른 인연에 마음을 두어야 한다. 명자 법상을 반연하기도 하고 육근과 육진을 반연하기도 한다. 그 이유는 최초 선정에 들어갈 때 흩어진 마음을 거두어 일념으로 귀결시켰으므로 선정에서 나올 때 다른 인연에 방심하여 마음을 쫙 펴고 화창하게 하지 않아 병이 생길까 염려스럽기 때문이다. 따라서 우선 마음을 흩뜨려 다른 모습을 반연해야 한다.

다음에는 입을 벌려 몸속의 탁한 기운을 토해내고 맑은 기운을 호흡하여 모든 맥이 나의 뜻에 따라 온몸으로 유통한다고 생각한 뒤에 미미하게 움직여야 한다. 이때 절대로 거친 마음으로 급하게 기운을 사용해서는 안된다.

양쪽 어깻죽지를 움직이고, 두 손과 머리와 목을 움직인 뒤에 두 발을 움직여 몸을 유연하고 부드럽게 풀어주어야 한다. 그 다음 손으로 온몸의 털구멍을 비벼야 하는데, 이는 좌선 중에 모공호흡을 했으므로 전신의 털구멍이 열렸기 때문이다. 만일 마찰을 하지 않는 상태에서 한번 몸을 동요하게 되면 풍기(風氣)가 몸으로 들어와 풍습증을 받기 쉽다.

그 다음에는 양손을 비벼서 따뜻하게 한 후, 두 눈을 감고 따뜻해진 손바닥을 문지른 뒤에 몸에서 일어난 열이 내릴 때까지 기다렸다가 자유롭게 선정에서 나와야 방해로움이 없다.

그러나 앉아있을 때는 마음이 안주했다 할지라도 선정에서 나올 때 거친 마음으로 급하게 하면 마음의 미세한 법이 몸속에 머물러 두통을 일으키거나 뼈 마디마디와 사지가 뻣뻣하게 굳어 행동이 조화롭지 못하게 된다.

이를 비유하면 바람기운에 피로를 느끼는 것과 같다. 이것을 풍습증이라고 하는데, 이 병을 앓게 되면 좌선 중에 마음이 번거롭고 들떠 편안하지 않다. 따라서 선정에서 나오려고 할 때마다 반드시 주의를 기울여 몸에 병통이 일어나지 않게 해야 한다.

이것이 선정에서 나올 때 몸과 호흡, 마음을 조화하는 법이다. 이와 같이 미세한 곳에서 거친 곳으로 나아갈 수 있다면 선정에 들어가고 머물고 나올 때 등 세 가지 일을 훌륭하게 조화했다고 할 수 있다.

게송에 설하여진 것은 다음과 같다.

"나아감과 머묾이 차례가 있고, 거침과 미세함이 서로 위배하지 않으니, 마치 잘 길들인 말이 털끝만큼도 뜻을 어기지 않고, 가고 싶으면 가고 머물고 싶으면 머물면서 가고 머무는 것이 자유로워 전혀 막히거나 방해를 받지 않는 것과 같다."

法華經云 此大衆諸菩薩等 已於無量千萬億劫 爲佛道故 勤行精進 善入住出無量百千萬億三昧 得大神通 久修梵行 善能次第習諸善法

여기에서는 《법화경》에서 인용하여 몸과 호흡, 마음의 조화에 대해 증명하고 있다.

법(法)은 오묘한 법, 화(華)는 연화를 의미한다. 따라서 묘법과 연화의 비유로 경전의 명칭을 《묘법연화경》이라고 하였다. 이 경전은 세존께서 최후에 설하신 극치의 담론이며, 오시교(五時敎) 가운데서도 최상의 위치이다. 이 경전에서는 제법실상(諸法實相)의 오묘한 이치를 설명하였고 제법불이법문(諸法不二法門)을 현양하였다.

수행하는 방편을 요약하면 몸·호흡·마음 세 가지를 조화하여 선정에 훌륭히 들고, 훌륭히 머물고, 훌륭히 나오는 법에서 벗어나지 않는다.

과거의 모든 부처님이 이를 의지하여 도를 닦았으며 미래에 출현할 모든 부처님도 역시 이와 같이 수행할 것이다. 이는 이른바 《법화경》에서 말한 "이미 이와 같이 수행했고, 지금도 이와 같이 수행하며, 미래에도 이와 같이 수행하여 삼세의 모든 부처님이 이와 같이 수행하지 않음이 없다." 고 한 것에 해당된다.

보살(菩薩)은 보리살타(菩利薩陀)의 준말로, 번역하면 각유정(覺有情)이다. 이는 일체 유정을 훌륭하게 제도하여 깨우칠 수 있다는 의미이다. 살타(薩陀)는 '용맹하다' 는 의미다. 수행인이 용맹하게 정진하여 위없는 보리를 구하기 때문에 '보리살타' 라고 부른다. 또 보살을 개사(開士), 고사(高士), 대사(大士)로도 부르고 있다. 총론적으로 말하면 위없는 불과를 구하는 자를 '보살대승대중' 이라고 부른다.

등(等)이라는 글자는 소승에서 마음을 돌이켜 대승으로 향하는 성문과 연각을 지적해서 하는 말이다. 보살은 수행하는 인인(因人)이며, 모든 부처님은 이미 깨달은 과인(果人)이다. 모든 부처님은 수행인지에 있을 때 선정에 들고 머물고 나오는 것을 의지하여 지관수행을 함으로써 최초 발심으로부터 현재에 이르기까지 한량없는 천만 억겁동안 위없는 보리의 오묘한 도를 구하였다.

겁(劫)은 겁파(劫波)의 약칭으로 가장 장구한 시간을 의미한다. 가장 짧은 시간은 찰나라고 하는데, 겁과 찰나는 우리가 사용하는 일상적인 연월일시로는 계산할 수 없는 시간을 말한다.

보살들은 단지 일 겁, 이 겁 동안만 불도를 부지런히 정진하였을 뿐만 아니라, 무량 천만 억겁동안 불도를 추구하며 훌륭하게 선정에 들고 머물고 나오면서 지관을 간단 없이 용맹정진하며 한 순간도 쉬지 않았다. 따라서 깨닫게 되면 훌륭하게 선정에 들고 머물고 나오면서 한량없는 백천만억 삼매로 커다란 신통을 얻어 걸림 없이 자유자재하게 된다. 신통묘용은 사람마다 본래 갖추고 있어 조작이 필요치 않은데, 무엇 때문에 인위적으로 조작된 깨달음의 성취를 기다리겠는가.

그러나 중생들은 오랜 세월 동안 무명혹(無明惑)과 진사혹(塵沙惑) 등 모든 번뇌에 뒤덮여 있기 때문에 자기 마음속의 공덕 법재(法財)인 신통묘용을 잃지 않은 상태인데도 이를 잃고 있으니 매우 연민스러운 일이다. 지금 요행히 지관법을 만났으니 이를 의지해서 훌륭하게 선정에 들고 머물고 나오면서 미혹한 습기를 한 분야라도 제거한다면 공덕과 묘용의 한 분야가 환하게 밝아지게 된다.

그러므로 세존께서 보리수하에서 도를 성취한 뒤에 즉시 세 번 기이하다고 탄식하였다. 이는 《화엄경》 여래출현품에서 "일체 중생이 여래의 지혜덕상을 갖추고 있건만 단지 망상으로 집착하기 때문에 증득하지 못한다."라고 한 경우에 해당된다.

불법을 배우는 자들은 불법 가운데 약간의 문자만 익힐 뿐이다. 지관을 실천수행하지 않는 것을 비유한다면 그림 속의 떡으로 주린 배를 채우려 하고, 말로만 음식을 말하고, 다른 사람의 보배를 세는 것과 다름이 없어 자신에겐 반푼어치도 이익이 없는 것과 같다.

요즘 말법시대(末法時代)를 맞아 중생의 번뇌는 더욱 거칠어지고 무거워졌다. 만일 지관수행이 아닌 다른 수행을 하여 약간의 이익을 얻었다 해도 그것은 마치 전광석화(電光石火)처럼 한번 통과해버리면 없어져 버리는 것과 같다.

이러한 말법시대에 가장 좋은 공부 방법은 고요히 앉아서 아미타명호를 생각하고 염불하는 것이다. 이는 적적성성(寂寂惺惺)하고 성성적적(惺惺寂寂)한 상태인데, 한 구절 아미타불을 지극 일심으로 지니고 수행하여 염불삼매를 성취할 수 있다면 지관수행 중에서도 가장 오묘한 가운데 오묘한 수행이라고 할 수 있다.

05

수행방편을 행하라 · 方便行 第五

출세간 선천지혜의 즐거움은 무루법(無漏法)이고 무위법(無爲法)이다. 무릇는 생사에 늘락하지 않는 것을 말한다. 무위법은 유위법(有爲法)처럼 조작함이 없어 담담하고 고요하여 생사의 속박에서 영원히 떠날 수 있다. 이 같은 법이 가장 존귀하고 소중한 법이다. 이와 같이 분명하게 분별할 수 있기 때문에 훌륭한 지혜라고 말한다.

夫修止觀 須具方便法門 有其五法

지관을 수행하려면 모름지기 방편(方便)의 법문을 갖추어야 한다. 방(方)은 법이며, 편(便)은 그 상황에 알맞음이다. 일반적으로 대·소승 일체법문에서 개괄적으로 방편을 말하는데, 방편이라는 것은 훌륭한 솜씨로 중생의 근기에 합하여 알맞은 방법을 운용하는 것을 의미한다.

지금 여기에서의 방편은 다섯 가지 법을 정진 수행하는 것을 뜻한다. 앞에서 다섯 가지 인연을 갖추어 도(道)를 판단하는 보조수행의 인연을 구비하였고, 다음에는 밖으로 오욕경계를 물리쳐 오진에 들어가지 않게 하였으며, 다섯 가지 번뇌를 버리게 하여 내적으로 마음에서 장애가 일어나지 않게 하였고, 또 다섯 가지 일을 훌륭하게 조화하여 몸과 마음을 수행하는 데 적당하도록 하였다.

여기에서 거듭 다섯 가지 법을 정진 수행한다면 일체 수행하는 문을 성취할 수 있다. 그러나 이 법을 수행하는 데 부족함이 있다면 일체 참선관법과 염불삼매도 목전에 나타날 수가 없다.

다섯 가지 방편은 욕(欲)·진(進)·염(念)·혜(慧)·일심(一心)이다. 일체 모든 수행은 이 다섯 가지 법을 갖춤으로써 지관수행의 방편으로 삼아야 하며, 그 가운데 하나의 방편이라도 결손이 되어서는 안 된다.

1. 바라고 구하는 마음[欲]

一者欲 欲離世間一切妄想顚倒 欲得一切諸禪智慧法門故 亦名
爲志 亦名爲願 亦名爲好 亦名爲樂 是人志願好樂一切諸深法門
故 故名爲欲 如佛言曰 一切善法 欲爲其本

다섯 가지 방편 중 첫 번째는 욕(欲)이다. 욕은 낙욕(樂欲), 즉 '바라
고 구한다'는 의미이다. 일반적으로 세간에서 모든 일을 이루려면 반
드시 바라고 원하는 마음이 있어야만 성취할 수 있으며 출세간법도
역시 마찬가지이다. 바라는 마음은 일체 세간의 망상으로 전도된 생
사윤회를 떠날 수 있고, 일체 모든 선정삼매와 신통지혜법문을 구할
수도 있다.

이를 통해서 알 수 있는 것은 바라고 구하는 마음이야말로 일체 악
업의 근본일 수도 있지만 일체 선업의 근본일 수도 있다. 따라서 선과
악, 망상을 떠나고 선정을 얻는 것은 욕(欲)이라는 글자가 으뜸이 된다.
또 욕(欲)은 지관공부에 입지하기 때문에 지(志)라고 하며, 수행을 발원
하기 때문에 원(願)이라고 하며, 수행을 좋아하고 즐기기 때문에 호요
(好樂)라고도 한다.

수행하는 사람이 입지를 세워 일체 모든 심오한 선정법문을 추구하
고 좋아하며 심오한 지혜법문을 즐기기를 발원하는 갖가지 인연이 있
기 때문에 욕이라고 한다.

부처님께서는 "일체 선공덕법(善功德法)은 욕구가 그 근본이다."라고

하셨는데, 욕구는 즐기고 바라고 환희심을 낸다는 의미의 또 다른 명칭이다.

이로써 알 수 있는 것은 욕구라는 글자는 수행하는 사람에 있어서 첫째가는 방편이며 간절한 요점이다.

2. 정진[精進]

二者精進 堅持禁戒 棄於五蓋 初夜後夜 專精不廢 譬如鑽火未
熱 終不休息 是名精進善道法

두 번째는 정진 수행하는 방편이다. 정(精)은 '잡되게 섞이지 않는
다'는 의미이며, 진(進)은 '물러나지 않는다'는 뜻이다.

수행인은 한결같고 전일한 마음으로 잡되지도 혼란하지도 않게, 쉬
지 않고 용맹정진해야 한다. 어떤 공부를 하던 중요한 점은 쉬지 않고
부지런히 수행하는 것이다. 오늘은 염불을 했다가 다음날은 경전강의
를 듣고 어떤 날은 참선을 했다가 어떤 날은 주력을 하는 등 마음이 들
쭉날쭉 수시로 바뀐다면 종일 수행공부를 한다 해도 한 가지 일도 성
취할 수가 없다. 이는 수행하는 데 있어서 어찌 가련한 일이 아니라 할
수 있겠는가. 그 허물을 추구해보면 잡되지 않고 물러나지 않는 정진
을 하지 않았기 때문이다. 따라서 수행인이 불도를 성취하려면 반드시
용맹정진해야 한다.

정진이란 무엇인가. 견고하게 금계를 지녀 안으로는 탐진치만의(貪
嗔痴慢疑) 등 다섯 번뇌와 밖으로는 색성향미촉법(色聲香味觸法) 등 육진
을 버리고 안과 밖이 동시에 청정해야만 몸과 마음을 정진하는 것이
된다.

초저녁부터 새벽녘에 이르기까지 한밤중에도 잠자는 시간을 제외하
고 쉬지 않고 정진하면서 성성적적하고 적적성성하게 지관을 수행해

야 한다.

이는 나무를 비벼서 불을 구하는 것과 마찬가지이다. 만일 불이 일
어나지 않는다면 나무를 비비는 일을 쉬지 못하는 것과 같다. 이를 두
고 용맹한 정진이라고 하며, 지관을 훌륭하게 수행하는 도법이라고도
한다.

이를 비유하면 찬화(鑽火)와 같다. 찬화는 나무에 구멍을 파서 불이
일어날 때까지 비벼서 불을 일으키는 도구를 말한다. 정진은 이와 같
이 불이 일어나기 전에는 쉬지 않는 것과 같다.

3. 염[念]

三者念 念世間爲欺誑可賤 念禪定爲尊重可貴 若得禪定 卽能具
足 發諸無漏智 一切神通道力 成等正覺 廣度衆生 是爲可貴 故名
爲念

세 번째는 염(念)이다. 염은 분명하게 기억하는 마음인데, 이는 '올바르게 기억하여 마음속에 환하게 드러난다'는 의미이다.

구체적으로 말하면 세간의 오욕법은 허망하고 진실하지 않아 사람을 기만하고 현혹시키기 때문에 천박하고 증오스럽다는 것을 확실히 기억해야 한다. 또 출세간 선정지혜는 수승하고 오묘하여 존귀한 법이라는 것도 기억해야 한다.

이를 통해서 선정을 얻게 되면 즉시 무루지혜(無漏智慧)와 일체 신통력이 빠짐없이 발현하여 등정각(等正覺)을 성취하게 된다. 무루지는 무생지(無生智)이다. 무생으로서 일어남이 없다면 소멸함도 없는데, 이것이 바로 불생불멸하는 무루지혜이다.

신통은 육신통(六神通)이며, 도(道)는 칠과도품(七科道品)이며, 역(力)은 여래만이 지니는 열 종류의 지혜의 힘[十力]이며, 등정각을 성취함은 무상불도를 성취하는 것을 말한다.

정각(正覺)에 대해 말하자면 범부는 망상으로 지각하고, 외도는 사견으로 깨달으며, 이승은 공에 치우쳐 깨닫고, 보살은 단지 중도를 깨달을 뿐이기 때문에 이 모든 것은 진실한 등정각이 아니다.

오직 여래만이 진실한 등정각이라고 말할 수 있다. 여래의 등정각은 시간적으로는 과거 · 현재 · 미래를 끝까지 다하였고, 공간적으로는 우주법계를 포괄하였기 때문에 그 어떤 것과도 비교할 수가 없다. 따라서 여래의 등정각만이 일체만법과 평등할 수 있는 것이다.

여래는 삼지(三智)가 원만하게 밝고 오안(五眼)이 훤출하기 때문에 정각이라고 부른다. 지극한 묘각을 깨달은 이후에는 생멸망상이 끊어진 무연자비(無緣慈悲)를 일으키고 동체대비(同體大悲)를 운행하여 육도의 세계에 형체를 나투고 일체 중생을 광대하게 제도한다.

수행인은 이 같이 수승하고 오묘한 법을 항상 올바르게 사유하고 분명하게 기억하는 것이 가장 존귀하다. 따라서 이를 두고 '염'이라고 말한다.

4. 뛰어난 지혜[巧慧]

四者巧慧 籌量世間樂 禪定智慧樂 得失輕重 所以者何 世間之
樂 樂少苦多 虛誑不實 是失是輕 禪定智慧之樂 無漏無爲 寂然閑
曠 永離生死 與苦長別 是得是重 如是分別 故名巧慧

네 번째는 뛰어난 지혜를 실천하는 방편이다. 무릇 수행인이라면 반
드시 훌륭한 지혜로 세간의 쾌락과 출세간의 선정과 지혜에서 얻어지
는 쾌락 가운데 어느 것이 옳고 그른지, 무엇이 가볍고 중요한지를 명
료하게 밝혀 걸림이 없어야 한다. 그래야만 생사에 염증을 내고 열반
의 세계로 향상하는 마음을 낼 수 있다. 그렇지 않으면 진실과 거짓을
구별 못하고 사견과 정견이 분간되지 않아 기로에서 방황하기 쉽다.
따라서 반드시 뛰어난 지혜로 관찰해야 한다.

세간의 즐거움은 유위법의 즐거움이기 때문에 진실이 아닌 무상이며,
설사 즐거움을 얻었다 해도 즐거움 역시 끝내 괴로움으로 귀결된다. 그
때문에 세간에서는 즐거움은 적고 괴로움이 많은 것이다. 이처럼 법신
과 혜명을 살상하는 법을 즐긴다면 이는 경솔하고 천박한 것이다.

출세간 선정지혜의 즐거움은 무루법(無漏法)이고 무위법(無爲法)이
다. 무루는 생사에 누락하지 않는 것을 말한다. 무위법은 유위법(有爲
法)처럼 조작함이 없어 담담하고 고요하여 생사의 속박에서 영원히 떠
날 수 있다. 이 같은 법이 가장 존귀하고 소중한 법이다. 이와 같이 분
명하게 분별할 수 있기 때문에 훌륭한 지혜라고 말한다.

5. 일심[一心]

五者一心分明 明見世間可患可惡 善識定慧功德可尊可貴 爾時
應當一心決定 修行止觀 如金剛 天魔外道不能沮壞 設使空無所
獲 終不回易 是名一心 譬如人行 先須知道通塞之相 然後決定一
心涉路而進 故說巧慧一心 經云 非智不禪 非禪不智 義在此也

다섯 번째는 일심(一心)이 분명해야 한다.

앞에서 세간의 유위법은 모두 환란이고 악이라는 것을 뛰어난 지혜
로 분명히 구별했고, 아울러 출세간의 선정 지혜는 존귀한 법이라는
것을 인식하였다. 그 때 즉시 지극한 일념으로 지관을 수행해야 하는
데, 이 일심은 결정적인 일심이지 선정에 들어간다는 일심이 아니다.
즉 전일한 마음으로 하나의 문으로 깊숙이 들어가 공부하는 마음이다.

금강(金剛)은 가장 견고하고 날카로워 일체 사물을 파괴할 수 있으
나, 사물에 파괴당하지 않는다. 지관을 닦는 마음도 마치 금강처럼 견
고하고 날카로워야 한다. 그래야 다른 사람에게 유혹을 당하지 않으며
마군 외도에게도 파괴당하지 않고, 설사 전혀 얻은 바가 없다 해도 끝
내 마음을 바꾸지 않는다.

이를 비유하면 참선하는 가운데 매우 좋은 소식을 얻은 것과 같으며,
염불수행을 할 때 지극한 일심으로 수행하여 마음을 뒤바꾸지 않는 것
과 같다. 이를 두고 일심이라고 하였다.

이는 마치 길을 가는 사람이 먼저 도로가 막혔는지 통하는지를 분

명히 인식하는 것과도 같다. 생사의 길은 막혔기 때문에 가서는 안되며, 열반의 길은 통했기 때문에 결정적인 일심으로 전진할 수 있는 것이다.

일심이란 사량 분별을 일으키지 않는 것을 말한다. 수행하는 데 있어서 이 마음이 가장 요긴하기 때문에 절대로 생각을 뒤바꾸어 가는 길을 되돌려서는 안된다. 그러한 마음을 두고 뛰어난 지혜로서의 일심이라고 말한다.

경전에서는 "지혜가 아니면 선정에 들지 못하고, 선정에 들지 못하면 지혜가 일어나지 않는다."고 했는데, 이는 '지' 수행과 '관' 수행이 두 모습이 아님을 뜻한다.

지관을 수행하려 한다면 우선 결정심이 분명해야 하는데, 선정의 마음이 바로 지혜이다.

06

바르게 수행하라 · 正修行 第六

경계와 인연은 어느 곳에서 왔으며 무엇 때문에 떠나가는가를 시시로 관찰하고 끝까지 추구해 보면 모든 것은 본래 실체라고는 없다. 우리가 알아야 할 것은 이와 같이 수행하는 사람은 세간에 있어도 육진에 오염되지 않고 뒤섞여있다 할지라도 세간에 얽매이지 않는다는 점이다. 얽매이지 않기 때문에 세간의 일이 불법이고 · 육진경계를 따라 일어나는 일이 불사가 된다. 이는 진체와 속제가 하나의 이치로 융합 소통하는 삼매이다.

1. 좌선 중에 지관을 수행함[於坐中修止觀]

修止觀者有二種 一者於坐中修 二者歷緣對境修 一於坐中修止
觀者 於四威儀中亦乃皆得 然學道者坐爲勝 故先約坐以明止觀
略出五意不同

제6장 정수장(正修章)에서는 바르게 수행하는 방법에 대해 밝히고
있다.

만일 앞에서 말한 여러 가지 인연이 구비했다 해도 이치에 걸맞게
진실한 공부를 하지 않으면 도업을 성취하기 어렵기 때문에 생사 차안
(此岸)만을 집착하면서 피안(彼岸)을 그리워한다는 꾸지람을 끝내 면치
못한다. 따라서 수행인이 지금까지 보조수행으로써 여러 가지 인연을
빠짐없이 갖추어 몸과 마음이 청정하고 일체 번뇌가 일어나지 않는다
면, 이로부터 순일한 마음으로 지관을 정식으로 수행해야 한다.

지관을 수습하는 데는 두 가지가 있다. 첫 번째는 좌선 중에 닦는 지
관이고, 두 번째는 인연에 부딪치면서 경계를 마주하며 닦는 지관이다.

첫 번째 좌선 중에 닦는 지관에 대해 말해보자.

본래는 사위의(四威儀)에서 모두 지관을 닦을 수 있는데, 그 이유는
행주좌와(行住坐臥) 중에 위엄은 두려워할만 하고 의표는 본받을 수 있
기 때문이다.

수행하는 사람은 반드시 마음을 방일하지 않은 상태에서 가거나 앉
거나 항상 마음을 조련하고 포섭하여 도업을 성취해야 한다. 하지만

앉고 가는 것을 너무 오랫동안 하여 그 수고로움을 참기 힘들다 해도 때가 아니면 머물지도 눕지도 말아야 한다. 설사 눕고 머물러야 할 때라도 불법에 대한 정념(正念)을 항상 간직하여 이치에 걸맞게 머물러야 행주좌와에 있어서 법도에 합하고 율의를 잃지 않게 된다.

사위의 중에서 행(行)은 수행하는 사람이 걸음을 걸을 때 마음을 밖으로 치구하지 않고 들뜸이 없이 항상 정념의 상태에서 삼매를 이루어야 하는 것을 말한다.

주(住)는 도를 닦는 사람은 때가 아니면 안주하지 않아야 한다. 만일 안주할 경우라도 처소를 따라서 항상 삼보를 생각하고 공양하며, 경법을 찬탄하고, 많은 사람을 위해서 광대하게 연설하며, 경의 의미를 생각하고 경법에 걸맞게 해야 하는 것을 말한다.

좌(坐)는 도를 닦는 사람이라면 가부좌를 한 채 제법실상의 이치를 진실하게 관찰하고 대상의 분별을 영원히 단절하여 마음은 맑고 고요하며 몸은 엄숙하고 위의를 갖춰 여법하게 좌선하는 것을 말한다.

와(臥)는 누워서 수면을 취하는 것을 말한다. 수행인은 때가 아니면 누워서 수면을 취해서는 안된다. 이것은 몸과 마음을 조화하고 포섭하기 위한 것이기 때문에 잠시 누울지라도 반드시 우측으로 누워서 정념을 잃지 말아야 하고 혼란한 마음이 없어야 한다.

이처럼 정지하고 일어나고 나아가고 물러나는 사위의 가운데 똑같이 지관을 수습할 수 있다. 그러므로 사위의에서 모두 지관을 수습할 수 있다고 하였다. 이상에서 말한 사위의 가운데서 똑같이 수행공부를 할 수 있다고 한 것은 이미 오랫동안 도를 닦아 공부가 순수하게 무르익은 사람의 경우에 해당된다.

만일 초심자라면 사위의 중에 앉아서 수습하는 것이 가장 좋은 방법이다. 그것은 마음을 쉬기 쉽고, 경계 역시 쉽게 공적해지기 때문이다. 이러한 이유로 첫 번째로 좌선 중에 닦는 지관에 대해 밝혔다.

지관 수행하는 법문은 매우 많아 방법이 한결같지는 않지만 지금은 다섯 가지 뜻으로만 밝힐 뿐이다. 그러므로 총략적으로 그 뜻을 드러낸다고 말했던 것이다.

대체로 이 다섯 가지 의미에는 다음과 같이 일체 수행문을 모두 포섭하고 있다. 첫째 초심인의 근심과 산란한 마음을 대치해서 닦는 지관, 둘째 마음이 들뜨는 병을 대치해서 닦는 지관, 셋째 편의에 따라서 닦는 지관, 넷째 선정 속에서 일어나는 미세한 마음을 대치하는 지관, 다섯째 평등한 정혜로 닦는 지관이다.

1) 근심과 산란함을 대치하고자 지관을 닦음[對治心蠱亂修止觀]

一對治初心蠱亂修止觀 所謂行者 初坐禪時 心蠱亂故 應當修止以除破之 止若不破 卽應修觀 故云對破初心 蠱亂修止觀

첫째, 초심인의 근심과 산란한 마음을 상대적으로 다스리기 위해 닦는 지관에 대해 알아보자.

최초로 발심한 사람이 처음 좌선을 통해서 지관을 닦을 때 마음이 괴롭고 산란하여 쉬지 않을 경우, 반드시 '지' 수행을 통해 제거해야 한다. 지 수행은 산란하게 요동하는 마음을 정지시키는 수행이다. 지 수행을 해도 거칠고 산란한 마음병이 제거되지 않으면 '관' 수행을 통해서 타파해야 한다. 관 수행은 마음의 어두움을 관찰하는 것을 말한다.

처음 수행하는 사람이 알아야 할 것은 수행하는 데 병통이 많기는 하지만 그 많은 병통을 요약하면 혼침과 산란, 두 종류에서 벗어나지 않는다는 점이다. 그러므로 한번 지관을 닦음으로써 혼침과 산란, 이 두 가지 병을 타파할 수 있다. 즉 지 수행으로 거칠고 산란한 망상을 조복 받을 수 있고, 관 수행을 통해 마음속에 미세한 번뇌를 관조하여 타파할 수 있다.

今明修止觀有二意 一者修止 自有三種 一者繫緣守境止 所謂繫心鼻端 臍間等處 令心不散 故經云 繫心不放逸 亦如猿著鎖

지관을 닦는 데는 두 가지 의미가 있는데, 하나는 지 수행이고 또 하나는 관 수행이다.

지 수행에는 세 가지의 차별이 있다. 첫째는 인연을 어느 한곳에 매달아 두고 그 경계를 지키는 지(止)인데, 이는 생각을 붙들어 매는 법문이라고 한다. 예를 들면 수행인이 들뜬 마음이 일어나면 마음을 한 처소에 붙들어 매고, 그 한 경계를 편안히 지키거나, 의식을 자신의 코끝이나 배꼽 밑 단전에 놓고 관을 하거나, 모든 부처님의 상호를 연상하는 일이다. 이 모든 방법들을 총체적으로 말하면 마음이 다른 곳으로 흩어지지 않게 하는 것이다. 범부의 마음은 종일토록 망상이 어지럽게 날뛰며 잡념으로 유동한다. 이는 마음이 마치 원숭이나 말처럼 이리저리 날뛰는 것과 같다.

그러므로 경전에서는 말하였다.

"마음을 한 곳에 붙들어 매어 방일하지 않게 하는 것이 원숭이를 자물쇠로 채우는 것 같이 하라."

二者制心止 所謂隨心所起 即便制之 不令馳散 故經云 此五根者 心爲其主 是故汝等當好止心 此二種皆是事相 不須分別

둘째는 마음을 놓아버림으로써 제어하는 지 수행이다. 이것은 망념을 조복 받기 때문에 앞에서 말했던 마음을 한 경계에 묶어놓는 공부와는 동일하지 않다.

마음을 제어하는 수행은 자기 마음을 은미하게 관조하여 마음이 일어나는 곳을 따라 관찰하는 것을 말한다. 가령 탐욕이 일어날 경우에는 바로 탐욕을 놓아버리고, 진심이 일어나면 진심을 놓아버리며, 어리석은 마음이 일어날 때도 역시 놓아버려야 한다. 어떤 생각이든 일어났다 하면 그 일어난 마음을 바로 놓아버림으로써 망상을 조복 받아 마음이 밖으로 치구하고 흩어지지 않게 하는 공부이다.

의근(意根)은 육근(六根) 가운데 가장 중요한 작용을 하는데, 이는 분별할 수 있는 능력이 가장 분명하고 날카롭기 때문이다. 탐 · 진 · 치를 일으키고 도적질과 음행을 하는 모든 일이 육식(六識)을 따라 일어나지 않는 것이 없다.

대체로 마음이 움직이면 경계도 따라 움직인다. 그러므로 도를 닦으려 한다면 반드시 망상을 정지하여 산란한 마음이 외부경계로 치구함이 없도록 해야 한다.

이상의 두 가지 지 수행은 모두 겉으로 드러난 사상(事相) 공부이기 때문에 가장 쉽고 분명히 볼 수 있다.

三者體眞止 所謂隨心所念一切諸法 悉知從因緣生 無有自性 則心不取 若心不取 則妄念心息 故名爲止 如經中說云
一切諸法中 因緣空無主 息心達本源 故號爲沙門

셋째는 우주만유의 실제 참모습을 체득하여 그 자리에서 망상을 쉬는 지 수행이다. 여기에서는 본성이치의 측면에서 말했기 때문에 그 의미가 점점 깊고 은미하여 앞에서 나왔던 사상공부처럼 드러나게 알 수는 없다. 따라서 근본이치 자체에서 관찰해야 한다. 즉 일체 모든 법은 인연 따라서 일어났다는 것을 분명히 알아야 하는 것을 말한다.

모든 법은 크게 요약하면 의보(依報)와 정보(正報)에서 벗어나지 않는다. 의보라는 것은 산하대지와 초목 총림이고, 정보는 오음색신을 말한다. 의보와 정보, 이 두 가지 법은 인연화합을 따라서 일어났다는 것을 알아야 한다. 이 두 가지 법이 인연 따라 일어났다면 다시 인연 따라 소멸하는데, 이처럼 인연 따라 일어나고 인연 따라 소멸하는 허깨비 망상을 제법이라고 말한다.

그렇다면 인연으로 일어난 것은 있다 해도 실체가 없기 때문에 생멸 거래를 구하려 해도 끝내 얻지 못한다. 왜냐하면 본래 마음은 생멸이 없기 때문이다. 단지 심성에서 인연으로 일어났기 때문에 현실적으로 허망한 모습이 없지 않은 것이다. 때문에 일어남이 있으면 소멸함이 있고, 흘러옴이 있으면 떠나감이 있는 것이다.

여기에서 분명히 알아야 할 것은 허망한 인연이 화합해서 일어났다면 허망한 인연이 분리되면 사라진다는 점이다. 인연을 의지해서 일어났기 때문에 일어난 것은 진실로 일어난 것이 아니며, 인연을 의지해서 소멸됐기 때문에 소멸 역시 참다운 소멸이 아니다. 따라서 제법 그 당체가 자체라고는 없는 것이다.

제법이 일어남이 없다면 진실이 아닌 공이라는 것을 명료하게 통달해야 한다. 일반적으로 존재해 있는 모든 것은 중생의 허망한 분별의 모습이다. 이미 허망하다는 것을 알았다면 마음에 집착을 일으키지 않아야 한다.

만일 마음에서 집착을 일으키지 않는다면 허망한 망상심이 쉬려고 하지 않아도 자연히 쉬게 된다. 이를 두고 체진지(體眞止)라고 한다. 이는 일체 모든 법은 진실이 아닌 공이라는 것을 체득하면 허망한 분별심이 스스로 쉬게 된다는 뜻이다.

이 문제를《대승기신론(大乘起信論)》에서는 이렇게 말씀하셨다.

"일체 경계가 망상 분별로서 차별이 있다. 망상 분별이 없다면 일체

경계의 차별상을 떠나게 된다. 이것이 바로 여래의 평등법신이다. 이 법신을 의지해서 중생이 본래 각[本覺]이라고 설명한다."

이로써 망념을 쉬는 일이야말로 가장 요긴하다는 것을 알 수 있다. 이와 같이 망념을 쉴 수 있기 때문에 '체진지'라고 한다.

또 경전에서는 "일체 모든 법은 허망한 인연으로 일어났기 때문에 그 자성은 공적하여 주재자가 없다."고 하였다.

여기에서 '일체'라고 하는 것은 세간과 출세간법을 모두 포괄한 것이다. 그 의미를 말해보면 일체제법 가운데 실체를 구하려고 하나 끝내 얻지 못한다는 것이다. 모든 법은 허망한 인연을 따라 일어났기 때문에 당체가 자성이 없고, 상대적인 타성도 없으며, 자성과 타성이 공동으로 화합한 성질도 없고, 아무런 원인 없이 일어난 것도 없기 때문이다. 따라서 제법은 진여성공으로서 그 자체를 삼아 주재자라고는 없다는 것이다.

行者於初坐禪時 隨心所念一切諸法 念念不住 雖用如上體眞止 而妄念不息 當反觀所起之心

사문(沙門)이라는 두 글자는 불자(佛者)를 통칭하는 말이다. 번역하면 근식(勤息)이라고 하는데, 이는 '뭇 선법을 부지런히 닦고 모든 악업을 쉰다'는 의미이다. '계정혜(戒定慧) 삼학을 부지런히 닦고 탐진치(貪瞋癡) 삼독을 소멸시킨다'는 뜻도 있다. 또는 마음을 쉬고 제법의 근원을 통달하기 때문에 '사문'이라고 호칭한다.

제법이 진실한 공이라는 것을 체득하고 분별심을 쉰다면 제법의 본원인 우리의 마음을 통달할 수 있다.

수행인이 앞에서 언급한 삼종지(三種止)를 닦아도 이익을 얻지 못하고, 마음에서 일으킨 망념을 따라서 찰나찰나 천류하면서 전념과 후념이 단절하지 않는다면 반드시 일어나는 마음을 돌이켜 관찰해야 한다. 이것을 두고 관 수행이라고 한다.

일체제법은 모두 마음을 따라서 일어나 마음의 모습으로 나타났을 뿐이다. 만일 분별하는 마음이 없다면 일체법이 무엇을 따라 일어나겠는가.

경계는 본래 일어남이 없고 마음으로 인해 일어나게 된다. 따라서 마음을 일으키지 않으면 경계도 따라 없어진다.

過去已滅 現在不住 未來未至 三際窮之 了不可得 不可得法 則無有心 若無有心 則一切法皆無 行者雖觀心不住 皆無所有 而非無刹那任運覺知念起

일체법이 마음을 따라서 일어났다는 것을 명료하게 알았다면 반드시 일체법을 일으키는 나의 한 생각이 끝내 어떠한 형상일까 하고 회광반조(回光反照)해야 한다.

'마음은 둥근 모습일까 모난 모습일까, 푸른 색깔일까 누런 색깔일까, 또는 시간적으로는 과거 · 현재 · 미래에 있을까 아니면 내외 중간에 있을까.'

과거에 있다고 말한다면 이미 소멸하였고, 현재는 한 찰나도 정지함이 없이 흘러가고 있고, 미래는 아직 다가오지 않았으니, 과거·현재·미래에서 추궁해 보아도 나의 한 생각을 관찰하는 마음은 끝내 형상을 얻지 못한다. 마음은 시간적으로 시작과 끝이 없고, 공간적으로는 특정 방향으로 떨어지지 않기 때문이다.

따라서 마음은 내외 중간에 있지도 않으며, 길고 짧고 모나고 둥글지도 않으며, 푸르고 누렇고 붉고 하얗지도 않으며, 과거·현재·미래 등 일체처소와 일체시간에 머물지 않기 때문에 마음의 당체를 구해보아도 얻지 못하는 것이다.

범부중생은 만법(萬法)이 내 마음밖에 실재 있다고 집착하여 목전에 나타난 산하대지(山河大地)와 명암색공(明暗色空)과 인아시비(人我是非)와 견문각지(見聞覺知) 등 일체법을 모두 다 얻을 수 있다고 여긴다. 때문에 하루종일 분별심으로 유전하면서 잠시도 쉬지 않는다.

여기에서는 마음은 끝내 얻지 못한다는 것과 마음을 따라서 일어난 일체법 역시 얻지 못한다는 것을 추궁해서 명료하게 알게 되었다.

그러나 마음을 얻지 못한다는 것을 분명히 알았다 해도 마음은 무감각한 허공이나 목석처럼 무지하지 않다. 때문에 한 찰나의 생각이 없는 것은 아니어서 사물에 부딪히는 대로 모두가 있는 그대로 내 마음의 거울에 환하게 나타난다.

현재 일념은 유정과 무정의 경계에서 분명하게 지각하여 알지 못하는 것이 없다. 따라서 "마음은 임의로 운행하면서 지각해 아는 생각이 일어난다."고 하였다.

又觀此心念 以內有六根 外有六塵 根塵相對 故有識生 根塵未
對 識本無生 觀生如是 觀滅亦然 生滅名字 但是假立 生滅心滅
寂滅現前 了無所得 是所謂涅槃空寂之理 其心自止

앞에서 관찰했듯이 일념을 일으키는 마음은 과거·현재·미래에서
추궁해 보아도 끝내 처소가 없다. 하지만 처소를 얻지 못하는 가운데
서도 찰나 일념이 없는 것은 아니어서 지각해 아는 마음이 임의로 운
행한다는 것을 알 수 있었다.

수행인은 일념이 무엇으로 인해서 일어나는지 다시 한번 돌이켜 관
찰해야 한다.

우리의 내적인 마음엔 안이비설신의(眼耳鼻舌身意)라는 육근(六根)이
있다. 이 근(根)에는 승의근(勝義根)과 승의근이 의지하는 부진근(浮塵
根)이 있는데, 이것은 서로 동일하지가 않다.

부모로부터 태어난 육신을 부진근이라 한다. 이는 진실하지 않은 허
망하고 거짓된 것이기 때문에 이름을 부(浮)라고 하였고, 견문각지의
작용도 없기 때문에 진(塵)이라고 명칭하였다.

다음으로 승의근은 범부 육안의 경우엔 보이는 대상이 장애가 있기
때문에 보지 못하고 오직 천안(天眼)만이 볼 수 있다.

경전에서는 승의근에 대해 "안근(眼根)은 포도가 늘어진 것처럼 생겼
고, 이근(耳根)은 새롭게 둘둘 말린 나뭇잎처럼 생겼으며, 비근(鼻根)은
손톱이 쌍으로 늘어진 것처럼, 설근(舌根)은 초생달처럼, 신근(身根)은
허리에 찬 북처럼, 의근(意根)은 어두운 방처럼 생겼다."고 하였다.

승의근은 일을 이루도록 보조하는 뛰어난 능력이 있어 대상경계를 비추면 식(識)이 승의근을 의지해서 발동하게 함으로써 그 작용을 성취한다. 가령 안근은 색경을 볼 수 있고, 이근은 소리를 들을 수 있고, 의근은 일체법까지도 알 수 있다. 이것이 내육근을 구별한 모습이다.

외적으로는 색성향미촉법(無色聲香味觸法) 등 육진경계가 있는데, 육근과 육진이 마주하여 상호간에 교대로 짝을 이루기 때문에 이 사이에서 육식이 일어난다. 만일 육근과 육진이 상대적으로 마주하지 않는다면 육식은 일어날 길이 없다. 그 이유는 육근만이 홀으로 일어나지 못하고 육진만이 홀로 성립되지 않기 때문이다.

이로써 알 수 있는 것은 육근과 육진이 일으키는 주체가 되고, 육식이 그 사이에서 생기하는 대상이 되며, 육근이 상대하는 주체가 되고, 육진이 상대되는 대상이 되어 피차 서로가 서로를 의지해서 건립된다는 점이다.

따라서 주체로서의 육근과, 대상으로서의 육진과, 일으키는 주체로서의 육진·육근과, 그를 의지하고 바탕으로 해서 일어나는 육식이 모두 다 허깨비 변화처럼 무상하여 끝내 실체가 없는 공(空)이라는 것을 알아야만 한다. 왜냐하면 허망한 인연이 화합하여 육근과 육진이 마주하면 육식이 일어나기 때문이다. 그렇게 되면 허망한 인연이 따로 분리되고 육근과 육진에서 벗어나게 되면 망상인 육식심은 바로 소멸하게 된다.

우리가 알아야 할 것은 육식은 본래 일어남이 없는데, 육근과 육진이 허망하게 화합하는 인연 때문에 있게 된다는 점이다. 육근과 육진은 본래 일어남이 없으며 이도 역시 육식심의 인연으로 인해 있게 된다.

이와 같이 여러 인연이 화합해서 일어나는 것은 실재하는 자성이 없기 때문에 그 당체가 공(空)인 것이다. 일으키는 마음을 돌이켜 관찰해 보니 이와 같고, 소멸하는 경계를 돌이켜 관찰해 보니 이도 역시 마찬가지다.

이 문제에 대해 말해본다면 마음을 관찰해 보았으나 일어나지 않았고, 법을 관찰해 보았어도 일어나지 않았으며, 마음을 관찰해 보았으나 무상하고, 법을 관찰해 보았어도 역시 무상하다. 따라서 "마음을 관찰해보아도 이와 같고 소멸함을 관찰해보아도 역시 그러하다."고 하였다.

이로써 알 수 있는 것은 일어나면 사라지고, 사라지면 일어나는 것처럼 생멸이 끝없이 반복되기 때문에 생멸이라는 명칭과 문자는 단지 임시적으로 성립됐다는 점이다. 왜냐하면 그것은 인연이 화합하면 일어나고 인연이 분리되면 소멸하여 허망하고 거짓되고 진실하지 않기 때문이다. 따라서 단지 허망하게 생멸이라는 모습을 호칭했을 뿐이다.

수행하는 사람이 이를 돌이켜 관찰한다면 마음을 따라 일어나는 법만 얻지 못할 뿐만 아니라, 그 법을 관찰하는 마음까지도 얻지 못하기 때문에 주관인 마음과 객관인 경계가 쌍으로 없어져 마음과 경계가 함께 고요해진다.

그렇다면 진실하게 공하고 적멸한 이치가 내 목전에 환하게 나타나게 된다. 다시 말해서 생멸이 소멸하면 적멸이 현전한다는 의미인데, 이때가 되면 산하대지가 그 자리에서 없어지고 허공까지도 분쇄되어 이곳엔 인상도 없고 아상도 없고 중생상까지도 없어지게 된다.

이 문제에 대해 영가(永嘉)대사는 말씀하셨다.

"분명하게 보았더니 한 물건도 없고 사람도 없고 부처까지도 없어 삼천대천세계가 물속의 거품이며 일체범부와 성인이 순간에 사라지는 번개와 같다."

육도범부만 얻을 수가 없을 뿐만 아니라 출세간, 성문, 연각, 보살, 부처까지도 얻을 것이 없으며, 단지 망상만 공일 뿐 아니라 진심도 역시 공인 것이다. 이 경지에 도달하면 우주법계와 내 마음이 일심으로 평등할 뿐이다. 그렇다면 거기에 무슨 다른 물건이 있겠는가.

起信論云 若心馳散 卽當攝來 住於正念 是正念者 當知唯心 無外境界 卽復此心 亦無自相 念念不可得 謂初心修學 未便得住 抑之令住 往往發狂 如學射法 久習方中矣

기(起)는 발심을 일으킨다는 것이고, 신(信)은 올바른 믿음이다. 즉 대승 상근인이 대승에 대한 올바른 믿음을 일으킨다는 뜻이다. 따라서 《대승기신론(大乘起信論)》이라고 말한다.

《대승기신론(大乘起信論)》은 마명보살(馬鳴菩薩)이 지었는데, 이 책의 요지는 마음이 분주하게 밖으로 치구해 육진경계로 흩어지면, 수행인은 즉시 마음을 거둬들여 정념(正念)에 안주시켜야 한다는 것이다.

정념이란 망념이 끊어진 무념의 상태인데, 이 정념으로 일체 망념을 타파할 수 있다. 우리가 알아야 할 것은 만법(萬法)은 유심(唯心)이어서 내 마음을 떠난 밖에 따로의 한 법을 찾으려 해도 끝내 얻지 못한다는 점이다. 일체제법은 내 마음에서 나타나지 않는 것이 없다. 모든 법은 내 마음이 자체가 되어 마음 밖에 따로의 법이 없기 때문에 마음이 바로 법계성이며, 그 가운데 만법을 원만하게 갖추고 있다. 이것은 이른바 일체만법이 내 마음으로 귀결된다는 의미이다.

마음은 방향이 없고, 분야도 없으며, 형상도 없고, 상대적인 한계도 없어 그 자체를 얻지 못한다. 하지만 끝내 자체를 얻지 못한다 해도 삼라만상이 마음에 분명히 나타나게 된다. 이는 마치 허공이 본래 뭇 형상이 아니건만 모든 형상이 허공을 의지해서 발현하는 것과 같다. 때문에 삼라만상이 허공 가운데 환하게 나타나지 않음이 없는 것이다.

낱낱의 사물이 천차만별로 차이가 난다 해도 마음은 담연하고 적적하여 끝내 존재하는 것이 없이 오직 곧은 마음 정념일 뿐인 것이다. 이와 같다면 망상을 그치려 하지 않아도 그치게 된다. 이를 두고 오묘한 지(止)를 훌륭하게 수행하는 것이라고 한다.

최초로 발심한 수행인이 지 수행을 할 때 잠시라도 마음을 안주하지 못하면 애써 억지로 제압하여 망상을 그치고 정념에 안주하려 하는데, 애를 쓸수록 더욱 더 마음이 급해져 병통이 무더기로 일어나 미치거나 마음의 병을 앓기도 한다. 이 모든 것은 지 수행을 올바르게 하지 못했기 때문이다. 그러므로 처음 수행하는 사람은 급하게 마음을 가지거나 지나치게 집착해서는 안 된다.

예를 들면 옛날 조주 스님은 30년 동안 잡된 마음을 쓰지 않았으며, 또 어떤 스님은 40년간 포단을 지킨 후에야 도와 일치할 수 있었다고 한다.

따라서 수행인은 마치 거문고를 배우는 사람이 오랫동안 연주하다 보면 거문고 줄이 알맞게 조절되고 퉁기는 손가락도 적합하여, 자연스럽게 오묘한 소리가 흘러나온 것과 같이 해야 한다. 또 활 쏘는 사람이 오래 기간 서서히 익혀야 표적에 적중시킬 수 있듯이, 그와 같이 해야 한다.

二者修觀有二種 一者對治觀 如不淨觀 對治貪欲

두 번째, 관 수행에 대해 밝히고 있다. 관 수행도 역시 두 가지가 있다.

첫째는 대치관(對治觀)인데, 이는 부정관(不淨觀)으로 탐욕을 대치하는 것이다. 대치관은 보조수행의 의미로서 조관(助觀)이라고도 하며, 자기 마음 가운데 번뇌를 대치하는 것을 말한다. 어리석고 어두운 범부는 미혹한 집착이 지나치게 많아 색진 경계를 마주할 때마다 간파하지 못하고 찰나찰나 탐진치(貪瞋癡) 등 온갖 망념을 일으킨다.

수행인이 좌선을 할 때는 반드시 자기 마음속에서 일으킨 망념 중 어떤 것이 가장 큰 것인지 관찰해야 한다.

탐욕의 망념이 많으면 반드시 부정관(不淨觀)으로서 대치해야 한다. 수행방편으로는 사념처(四念處), 구상관(九想觀), 오정심(五停心) 관법이 있는데, 이 모든 것이 탐욕을 대치하는 부정관에 소속된다.

초심범부를 구제하는 데는 이 세 가지 수행법이 가장 근기에 알맞고 이익도 쉽게 얻을 수 있으며, 또 절실하게 중요하다. 그 가운데서도 구상관이 으뜸이다. 구상관은 아홉 가지 가설적인 상상관을 말하는 것으로, 실제 있는 것이 아니다.

일체중생은 애욕으로서 자기의 올바른 성명(性命)을 삼는다. 세간의 오욕락(五慾樂)을 탐착하고 거기에 빠져 삼계생사를 윤회하기 때문에 벗어날 기약이 없는 것이다. 따라서 부처님은 아홉 가지의 부정관법을 수행하여 중생들의 망념이 순수해지고 마음이 산란하지 않게 하였다. 이 구상관을 통해 삼매가 성취되면 자연스럽게 탐욕이 없어진다.

구상관(九想觀)은 다음과 같다.

첫째, 사람이 죽으면 시신에 바람이 들어 팽창한다고 상상하는 관법이다. 이는 사랑했던 남녀의 아름다운 모습이 생명이 끝나면 마치 부대에 바람을 채운 것처럼 퉁퉁 부어오른다고 상상하는 것이다.

둘째, 시체에 반점이 생긴다고 상상하는 관법이다. 이는 시체가 바람을 맞고 햇볕에 쪼이면 피부에 붉은 점, 누른 점, 어혈, 검은 점, 푸른 점 등 갖가지 반점이 나타난다고 상상하는 것이다.

셋째, 시체가 파괴된다고 상상하는 관법이다. 이는 시체는 바람과 햇볕에 의해 변화하여 오랜 시간이 지나면 몸과 머리와 발 등이 산산이 파괴되고, 심장 · 간장 · 비장 · 폐장 등 오장이 부패하여 악취가 외부에까지 흘러넘친다고 상상하는 것이다.

넷째, 시체에서 피가 질펀하게 흘러내린다고 상상하는 관법이다. 이는 머리에서 발끝까지 온몸에 피고름이 흘러넘쳐 더러운 것이 땅을 적신다고 생각하는 것이다.

다섯째, 고름이 흐르고 썩어 문드러진다고 상상하는 관법이다. 이는 시체의 몸 아홉 구멍에서 피고름이 흘러나오고 피부와 골육이 무너지고 썩어, 땅바닥에 낭자하게 흩어져 심하게 악취가 난다고 상상하는 것이다.

여섯째, 벌레가 뜯어먹는다고 상상하는 관법이다. 피고름이 나고 썩어 문드러진 시체를 벌레나 새, 짐승들이 잔혹하게 껍데기를 벗긴 후 뜯어먹는다고 생각하는 것이다.

일곱째, 시체가 흩어진다고 상상하는 관법이다. 이는 시체를 짐승들이 먹고 나면 분열되어 수족이 어지럽게 널려있다고 관찰하는 것이다.

여덟째, 백골이 된다고 상상하는 관법이다. 시체가 흩어진다고 상상한 다음, 피부와 고기는 이미 다하고 단지 백골만 남았다고 관찰하는 것이다.

아홉째, 시체를 태운다고 상상하는 관법이다. 백골이 되고 난 후에 불에 타 폭발하고 흩어져 불이 꺼지면 재와 흙이 동일하게 된다고 상상하는 것이다.

우리가 알아야 될 것은 이 아홉 가지의 부정한 모습을 가상으로 관찰하나 이 방편을 사용했을 때 커다란 깨달음을 얻을 수 있다는 것이다. 이를 두고 부정관으로서 탐욕을 대치하는 것이라고 한다.

慈心觀 對治瞋恚 界分別觀 對治著我 數息觀 對治多尋思等 此 不分別也

진심(瞋心)의 망념이 많은 사람은 반드시 자비의 마음으로서 관찰하고 대치해야 한다.

수행인이 좌선으로 관법을 행할 때 마음속에서 갖가지 진심과 원한 심이 일어나게 되는데, 이는 과거에 내 감정을 위배한 경계를 따라 일어나는 진심이다.

옳고 그름을 따지지 않은 채 아무런 까닭 없이 번뇌를 일으키는 진심도 있고, 과거에 어떤 사람이 나를 괴롭히고, 내 친구를 핍박하고, 나와 원한 맺힌 집안에 대해서 다른 사람이 칭찬했던 일을 되새기면서 이를 따라서 진심이 일어난다. 또는 자기는 옳고 타인은 틀렸다는 생각에서 시비 논쟁의 진심을 일으키기도 한다.

이렇듯 내 감정을 위배하는 경계에서 일으키는 갖가지 진심과 원한심은 일체 중생이 내 과거에 부모나 친척 등이었다고 상상으로 관찰해야 한다. 나의 부모와 친척이었다면 항상 그들을 안온하고 즐겁게 해 주어야 하며, 진심의 번뇌를 일으켜서는 안된다. 이것이 자비의 마음으로 관찰하여 불처럼 일어나는 진심을 대치하는 수행이다.

그 다음으로 나에 대한 집착의 망념이 많으면 내 몸의 한계를 분별하는 관법으로서 대치해야 한다. 여기에서 말한 분별이란 '한계'를 말하는 것이다.

내 몸은 지(地)·수(水)·화(火)·풍(風)·공(空)·근(根)·식(識)의 칠대(七大)가 임시로 화합하여 이루어진 것이다.

칠대는 각자마다 한계가 있어 그 성질이 동일하지 않다. 지대(地大)는 견고한 성질이고, 수대(水大)는 젖는 성질이며, 화대(火大)는 뜨거운 성질이고, 풍대(風大)는 움직이는 성질이며, 그 나머지 공(空)과 육근(六根)과 육식(六識)은 이에 준해서 유추하면 된다.

자기 자신에 대한 집착이 지중한 사람은 '지대가 나일까, 수대가 나일까' 하고 내 본모습을 미세하게 관찰해야 한다. 만일 지대가 나라고 한다면 화대와 수대는 내가 아니며, 화대가 나라고 한다면 지대와 풍

220

대는 내가 아니다. 또 칠대가 모두 나라고 한다면 나는 일곱 개의 생명으로 나뉘게 된다. 그렇다면 나는 본래 하나가 아니어서 한량없이 많은 몸이 있게 된다.

이렇게 관찰하면 육근과 육진과 육식의 한계에서 내 실체 모습을 찾으려 해도 끝내 찾지 못하며, 찾지 못한 것이 바로 내가 없는 곳이다. 중생은 이러한 이치를 깨닫지 못하고 내가 없는 가운데 내가 있다고 망상으로 집착한다. 사대가 자신의 몸이라고 망상으로 인식하고 육진의 그림자를 분별하는 모습으로 나타난 마음의 모습이라고 인식한다.

하지만 오온은 본래 공이며, 사대도 내가 아니다. 이와 같이 분별하고 추구한다면 나라고 집착하는 망념이 소멸하게 된다.

다음으로 사려심 때문에 산란한 마음이 자주 일어나는 사람은 수식관(數息觀)으로 대치해야 한다.

수식관은 호흡하는 횟수를 세는 것을 의미한다. 이는 콧구멍에서 미미하게 있는 듯 없는 듯 내쉬는 호흡을 하나부터 열까지 세고, 열부터 다시 하나에 이르게 하는 것을 말한다. 또 호흡을 들이마실 땐 내쉬는 호흡은 세지 않는다. 면면밀밀하게 마음은 호흡을 의지하고, 호흡은 마음을 의지하여 따로 다른 인연이 없이 오직 호흡만을 따라 횟수를 분명하게 기억해야 한다.

이와 같이 한다면 내 마음속에서 추구하는 사려가 남김없이 소멸하게 된다. 따라서 '분별하지 않는다'고 하였다.

二者正觀 觀諸法無相 並是因緣所生 因緣無性 即是實相 先了

所觀之境　一切皆空　能觀之心自然不起　前後之文　多談此理　請自
詳之

　　보조수행으로서의 관법인 조관(助觀)은 끝내고 지금부터는 수행의
주체인 정관(正觀)에 대해 알아본다.

　　일체제법은 독자적으로 일어나지 않고, 대상에서도 일어나지도 않
으며, 자체와 대상이 공동으로 화합해서 일어나지도 않고, 아무런 원
인 없이 일어나지도 않는다.

　　제법 그 자체는 바로 공[卽空]이고, 가[卽假]이며, 중[卽中]이다. 이를
두고 불가사의하게 원융한 일념삼제의 이치[一念三諦理]라고 하는데,
다음과 같이 관찰해야 한다.

　　삼관(三觀) 가운데 가장 닦기 쉽지 않은 것이 공관(空觀)이다. 그 이유
는 범부중생은 무시이래로 무명번뇌에 가려 만법이 실재 있다고 집착
하고 있으므로 공을 설해주어도 쉽게 공의 경지를 체득하지 못하기 때
문이다. 따라서 우선 제법은 무상의 이치라는 것을 통달해야만 하는
데, 무상이 바로 공인 것이다.

　　그러면 어떻게 제법이 무상이라는 이치를 명료하게 알 수 있겠는가.
그것을 예를 들어서 비교해 보자.

　　가령 여기에 아름다운 꽃이 있다고 하자. 사람들이 꽃을 보고 좋아하
고 기뻐하지만 꽃은 며칠 지나면 시들고 잎도 떨어져 버린다. 이를 통
해 알 수 있는 것은 꽃은 끝내 소멸되기 때문에 원래 그 자체가 무상이
라는 점이다. 꽃이 진실한 모습이 있었다면 변화하고 파괴되지 않았을

것이다. 일체제법의 모습도 역시 마찬가지이다. 따라서 '제법은 무상한 이치라고 관찰해야 한다'고 하였다.

이는 근기가 둔한 사람을 가르치는 말인데, 그것은 모든 법이 파괴되기를 기다린 이후에야 제법이 공이라는 것을 알기 때문이다. 근기가 영리한 사람이라면 제법 자체가 바로 공이어서 파괴되는 것을 기다리지 않고도 공이라는 이치를 통달할 수 있다. 왜냐하면 제법은 인연을 따라서 일어났기 때문이다.

일체가 이미 인연을 따라서 일어났다면 인연으로 일어난 모습은 있다 해도 실체가 없으며, 실체가 없는 성품이 바로 제법의 실재 이치로서 오묘한 성품인 것이다. 실상이란 무상이다. 무상은 인연 따라서 상으로 나타나지 않는 것이 없는데, 이를 제법의 실제 이치라고 하는 것이다.

이것을 두고 《금강경》에서는 "일체 존재해 있는 차별적인 모습은 모두가 허망한 인연의 모습이다. 인연의 모습으로 떠오른 것은 있다 해도 실재 모습이 아니라는 것을 안다면 즉시 제법의 실재 이치를 볼 수 있다."고 하였다.

만일 이와 같이 여실하게 관찰대상 경계로서의 제법은 모두가 공이라고 통달하게 되면 이치를 관찰하는 주관적인 마음까지도 자연히 일어나지 않는다.

다시 말하면 마음은 본래 일어남이 없으나 인식대상 경계를 따라서 일어나며, 대상경계가 없다면 그것을 인식하는 주관적인 마음 역시 없다는 점이다.

如經偈中說

諸法不牢固 常在於念中 已解見空者 一切無想念

경전의 게송에서는 '제법은 견고하지 않고 항상 마음속에 있다'고 하였다. 제법이 인연을 따라서 일어났다면 다시 인연을 따라서 없어진다. 그러므로 '제법은 견고하지 않다'고 하였다.

생멸하는 인연은 그 자체가 본래 공이어서 항상 내 마음 가운데 환하게 나타나 있다. 가령 마음이 없다면 상대적인 경계도 따라서 없어진다. 그 이유는 마음이 일어나면 제법도 일어나고 마음이 사라지면 제법도 사라져 일체 모든 법은 자기의 마음을 떠나지 않기 때문이다.

《능엄경(楞嚴經)》에서도 "제법이 일어난 것은 내 마음 분별의 모습이 나타난 것이며, 일체 인과와 세계 미진까지도 자기 마음을 자체로 해서 이루어진다."고 하였다. 이로써 알 수 있는 것은 마음은 만법의 근본이라는 점이다.

또 '이미 공의 이치를 이해하고 깨달은 사람은 일체 망상의 관념이 없다'고 하였는데, 이 두 구절의 의미는 매우 심오하기만 하다. 이미 공의 이치를 이해했다는 것은 일체 만법이 공으로서 무소유라는 점을 명료하게 깨달았다는 뜻이다. 이 경지에 이르면 일체 망상이 없어지며, 망상이 없어지면 마음 자체는 자연스럽게 청정해진다.

'공의 이치를 본다고 하는 것은 단지 제법이 공하다는 쪽만 보는 것이 아니다. 마하반야는 필경 공의 이치라는 것을 통달한 것이며, 망상의 관념이 없다고 하는 것은 망상의 관념이 없는 정도일 뿐만 아니라, 있어도 실제 있지 않고 없어도 정말로 없지 않다[非有非無]는 관념까지도 없다'는 것을 의미한다. 따라서 '일체 망상의 관념이 없다'고 하였다.

또 '제법은 견고하지 않고 항상 망념 속에 있다'고 하였는데, 이는 지 수행으로는 체진지에 해당되고 관 수행으로는 공관에 해당된다. 이미 공의 이치를 이해한 사람은 지 수행으로는 방편수연지, 관 수행으로는 가관에 해당된다. '일체 망상의 관념이 없다'고 하는 것은 지 수행으로는 식이변분별지, 관 수행으로는 중도관에 해당된다.

만일 이상에서 열거한 삼지삼관의 이치를 심오하게 참구한다면 다음 문장의 내용을 이미 절반 이해했다 해도 과언이 아니다.

2) 마음의 침부를 대치하고자 지관을 닦음[對治心沈浮病修止觀]

二對治心沈浮病修止觀 行者於坐禪時 其心闇塞無記瞪瞢 或時多睡 爾時應當修觀照了 若於坐中 其心浮動輕躁不安 爾時應當修止止之 是則略說對治心沈浮病止觀相 但須善識藥病相對用之一一不得於對治有乖僻之失

둘째, 마음이 가라앉고 들뜬 병통을 상대적으로 다스리기 위한 닦는 지관에 대해 밝히고 있다.

수행인이 고요히 앉아 참선을 할 때 마음이 혼침으로 껌껌해지거나 들뜨고 요동치거나 무기(無記)로 멍한 상태가 되는 등 갖가지 병통이 일어나게 된다.

무기는 뚜렷하게 기억하여 구별하지 못한다는 의미이다. 무기에는 개부무기(蓋復無記)와 명료무기(明了無記) 두 종류가 있는데, 제팔식은 명료무기이기도 하고 개부무기이기도 하다.

처음 발심한 사람은 수행할 때 마음이 산란하게 되는 경우가 많기 때문에 무기의 마음이 있다는 것을 보지 못한다. 그러나 수행이 깊어지면 밝은 마음을 덮어버린다는 개부무기가 있기 마련이다.

거친 번뇌인 혼란한 망상은 잠시 잠복된 상태로 있으나 그 가운데 일종 뚜렷하게 기억하고 구별하는 마음 없이 애매모호하게 일어나는 경우가 있다. 밝아도 밝지 않고, 어두우면서도 어둡지 않는 마음에서 자기도 모르는 사이에 망념이 일어나는 것도 지나치게 어둡지도 않은 상태에서 기억이 분명하지 못하다.

수행인은 이러한 마음의 상태를 명료하게 모르고 그것이 도(道)인 줄 집착심을 일으키게 된다. 이 때문에 세월이 애매모호한 상태로 흘러가면서 그동안 쌓아왔던 공부를 잃게 되는데, 이는 진실로 애석한 일이다.

무기의 해로움은 혼침과 산란의 병통을 능가한다. 수행인은 고요히 좌선하는 가운데 이 같은 개부무기가 발현할 때는 반드시 관조의 수행을 하여 마음이 항상 여기에 머물러야 한다. 혼침에 빠지지 않았다면 수행경계가 분명하지 못한, 껌껌하게 덮어버리는 무기가 나타나지 않게 해야 한다.

좌선 중에 무기와 혼침의 병통이 없어졌다 해도 마음이 들뜨고 불안한 것 역시 좋은 일이 아니다. 들뜨고 요동치는 것은 마음이 산란한 것이고, 경솔하게 들뜨고 불안한 상태는 몸이 산란한 경우이다. 이와 같이 몸과 마음이 산란하고 안과 밖이 불안하여 마음이 들뜨면 법신에 손해를 끼치고 공덕을 잃게 된다.

수행 중에 들뜬 병이 발동할 때는 지 수행을 통해 그 마음을 그치게 하여야 한다. 이는 지관수행으로 들뜨고 혼침한 병통을 대치하는 모습을 간략하게 말한 것이다. 그러나 반드시 약과 병이 서로 걸맞게 대치할 줄 알아야 한다. 그것을 말해본다면 지 수행으로서 산란을 대치하고, 관 수행으로서 혼침을 대치하는 것이다. 이것은 이른바 지 수행을 해야 할 경우는 지를 닦고, 관 수행이 마땅하다면 관을 닦는 경우에 해당된다.

요컨대 병과 약을 잘 알아서 병에 따라서 약을 투여해야 하며, 혼란하게 약을 투여해서 병을 증가시켜서는 절대로 안된다. 그러므로 "혼란하고 치우치게 수행하는 잘못이 있어서는 안된다."고 하였다.

3) 편의에 따라서 지관을 닦음[隨便宜修止觀]

三隨便宜修止觀 行者於坐禪時 雖爲對治心沈 故修於觀照 而心不明淨 亦無法利 爾時當試修止止之 若於止時 卽覺身心安靜 當知宜止 卽應用止安心

셋째, 편의를 따라서 지관을 닦는 것이다. 편의를 따른다는 것은 지 수행에도 구애받지 않고 관 수행에도 국한되지 않으며, 자기의 뜻을 따라 수행하면서 오직 수행의 적당함만을 추구하여 이익을 얻는 것으로서 요점을 삼는다.

비록 마음의 들뜬 병통을 대치하기 위해 지 수행을 하였어도 마음이 그대로 밝고 청정하지 못하면 역시 불법의 이익을 얻지 못한다. 이럴 때는 관 수행을 통해 망상을 그쳐야 한다. 시험을 해본 뒤에 상황이 자기 마음의 편의와 서로 호응하면 편의를 따라서 수행하는 것도 괜찮다.

좌선을 할 때 잠이 오는 마군이 많다. 이는 본래 관 수행을 통해 대치해야 하지만 관 수행을 오랫동안 해도 이익을 얻지 못하면, 다시 지 수행을 의지해서 수마(睡魔)를 조복 받는 것도 무방하다.

이렇게 오랫동안 하다보면 수마의 병통이 자연스레 소멸된다. 이를 두고 독으로서 독을 공격하는 것이라고 말하는데, 이는 몸과 마음이 청정해지면 지 수행으로서 마음을 안정시키는 공부가 된다.

若於坐禪時 雖爲對治心浮動故修止 而心不住 亦無法利 當試修觀 若於觀中 卽覺心神明 寂然安穩 當知宜觀 卽當用觀安心 是則略說隨便宜修止觀相 但須善約便宜修之 則心神安隱 煩惱患息 證諸法門也

앞에서 편의를 따라서 닦는 지 수행을 밝혔으므로 편의를 따라서 닦는 관 수행에 대해 밝히겠다.

수행인이 좌선에 들 때 지 수행을 닦아 들뜨고 혼침에 빠지는 병마를 대치했는데도 여전히 마음이 들뜨고 안주되지 않을 경우엔 관 수행을 닦아야 한다.

228

관 수행을 닦을 때 마음과 정신이 맑고 청정하며 담적하고 안온하다
는 것을 자각한다면 관 수행과 서로 호응할 수 있다. 그렇다면 관 수행
으로서 마음을 안정시킬 수 있는데, 이것이 편의를 따라서 지관을 수
행하는 모습이다. 다만 반드시 훌륭한 솜씨로 편리하고 알맞은 곳에
합치하여 닦아야 마음과 정신이 안정되며 번뇌의 환란이 식멸하여 마
하반야바라밀문에 깨달아 들어갈 수 있다.

4) 선정 중에 미세한 마음을 대치하고자 지관을 닦음
[對治定中細心修止觀]

四對治定中細心修止觀 所謂行者先用止觀對破麤亂 亂心旣息
卽得入定 定心細故 覺身空寂 受於快樂 或利便心發 能以細心取
於偏邪之理 若不知定心 止息虛誑 必生貪著 若生貪著 執以爲實
若知虛誑不實 如愛見二煩惱不起 是爲修止 雖復修止 若心猶著
愛見 結業不息 爾時應當修觀 觀於定中細心 若不見定中細心 卽
不執著定見 若不執著定見 則愛見煩惱業悉皆摧滅 是名修觀 此
則略說對治定中細心修止觀相 分別止觀方法 並同於前 但以破定
見微細之失爲異也

넷째, 선정 속에서 일어나는 미세한 마음을 다스리기 위하여 지관을
닦는 것이다. 즉 오랫동안 수행을 닦은 사람이 어떻게 지관을 닦아서
대치할 것인가에 대해 밝히고 있다. 처음 수행하는 사람에게는 이러한

병통이 일어나지 않는다. 그것은 이러한 종류의 경계는 가장 미세하여 거친 마음으로는 쉽사리 얻지 못하기 때문이다.

수행인이 거칠고 혼란한 망상을 타파하면 들뜨고 요동하는 망상이 소멸된다. 이때에 편안한 마음으로 선정 속에 들어가게 되는데, 선정 속의 마음은 미세하기만 하다. 따라서 공공적적하여 쾌락을 느끼게 되는 것이다.

어떤 때에는 선정 중에 종횡으로 망상의 헤아림이 일어나 지견이 무더기로 일어나게 된다. 미세한 마음은 선정경계와 서로 호응하기 때문에 미세한 마음으로 산을 생각하면 즉시 산이 보이고, 물을 생각하면 바로 물이 나타난다.

이와 같이 수행하는 사람은 이것을 특수하게 뛰어난 경계로 여겨 편협하고 삿된 이치를 취하여, 그것을 실재라고 집착하면서 버리려고 하지 않는다. 하지만 그 사람은 이것이 선정의 마음에 머무는 한 점의 허망한 경계로서 법진의 그림자라는 것을 전혀 모른다. 만일 이를 실재라고 고집하면 끝내 사견의 재앙에 떨어지는 것을 면치 못하게 된다.

이 문제를 두고《능엄경》에서 말씀하셨다.

"지견에 아는 마음을 수립하면 그것이 바로 무명의 근본이다"라고 하였고, 또 "성인의 마음에 그친다면 훌륭한 경계이겠지만 성인이라는 견해를 일으킨다면 뭇 사견을 받아들이게 된다."

230

이 같은 경전의 내용은 모두가 좌선하는 사람을 훈계하는 진실한 말씀이므로 주의를 기울여야 한다.

만일 이 허망한 경계가 진실이 아니라는 것을 명료하게 안다면 탐심을 일으키지 않고, 분별을 일으키지 않으면 견혹의 번뇌가 일어나지 않으며, 탐욕의 오염이 일어나지 않는다면 사혹의 번뇌가 일어날 곳이 없다. 견혹과 사혹을 일으키지 않으면 마음이 안정되는데, 이것이 지 수행이다.

그러나 다시 지(止)를 닦아 망상을 정지했다 해도 자기 마음속에 허깨비 경계를 제거하지 못하고 집착심을 일으키면 사혹과 견혹으로 업이 맺히고 사혹과 견혹으로 맺힌 업의 번뇌가 그대로 쉬지 않는다.

수행인이 지 수행을 하다 안되면 관 수행으로 관조해야 한다. 관조를 통해 선정 가운데 일어나는 미세한 마음을 돌이켜 관찰하여 한결같은 마음으로 정신을 밝히고 고요한 가운데 관조를 일으키기를 빈틈없이 해야 한다.

이와 같이 간단 없이 은미하게 관조하고 나면 선정 속에서 미세한 마음은 끝내 일어나지 않는다. 이를 두고 미세한 마음 가운데 관 수행을 하는 것이라고 한다.

세간의 외도들은 선정 중에 약간의 선정 맛을 보기만 하면 바로 공부가 끝났다고 생각하고 사견을 일으킨다. 그리고 인과를 무시하며 지관수행을 통해 대치할 줄 모르기 때문에 다시 그것을 실재라고 집착하게 된다. 이는 미혹한 가운데 갑절이나 미혹한 사람이다.

5) 정혜쌍수를 통해 지관을 닦음[均齊定慧修止觀]

五爲均齊定慧修止觀 行者於坐禪中因修止故 或因修觀 而入禪
定 雖得入定 而無觀慧 是爲癡定 不能斷結 或觀慧微少 卽不能發
起眞慧 斷諸結使 發諸法門 爾時應當修觀破析 則定慧均等 能斷
結使 證諸法門 行者於坐禪時因修觀故 而心豁然開悟 智慧分明
而定心微少 心則動散 如風中燈 照物不了 不能出離生死 爾時應
當復修於止 以修止故 則得定心 如密室中燈 卽能破暗 照物分明
是則略說均齊定慧二法修止觀也 行者若能如是於端身正坐之中
善用此五番修止觀意 取捨不失其宜 當知是人善修佛法 能善修故
必於一生不空過也

다섯째, 정혜쌍수(定慧雙修)를 통해 닦는 지관에 대해 알아보자.

번뇌를 끊지 못한 사람은 번뇌의 결사(結使)를 제거하지 못하지만,
모든 법문을 증득한 사람은 즉시 원교, 돈교의 바라밀법문을 증득하게
된다.

관찰하는 지혜가 희미하고 적은 사람은 지 수행만 있고 관 수행이
없으며, 선정이 지혜보다 많다. 반대로 선정의 마음이 희미하고 적은
사람은 관 수행만 있고 지 수행이 없어 지혜가 선정보다 많다.

선정만 있고 지혜가 없으면 이것은 바짝 마른 선정이며, 지혜만 있고
선정이 없으면 미친 지혜이다. 번뇌 결사를 끊어 제거하고 모든 법문을
증득하려 한다면 지관을 쌍으로 수행해야 선정과 지혜가 평등해진다.

수행지에 있어서는 지관(止觀)이라고 하고, 깨달음에 있어서는 정혜(定慧)라고 한다. 지관이라는 두 가지 법은 새의 두 날개와 수레의 두 바퀴와 같아서 분리되면 양쪽이 다 손상되고, 합하면 쌍으로 아름답다. 따라서 밀실 속의 등불로서 비유하여 지관을 평등하게 닦아야만 생사고해에서 해탈할 수 있다는 것을 드러냈다.

지관을 쌍수하여 정혜가 평등한 사람은 어떠한 경지인가. 그것은 다름 아닌 한 구절의 아미타불이다. 아미타는 시간적으로는 무량수불이고, 공간적으로는 무량광불이다. 여기에서 광명은 지혜에 해당되고, 수명은 선정에 해당된다.

광명과 수행이 둘이 아니라면 그것이 바로 선정과 지혜가 평등하고 오묘한 지관이다. 가령 우리가 나무아미타불이라는 한 구절을 염불할 때 염불하는 마음과 염불대상으로 떠오른 부처님을 얻지 못하는 것은 지 수행에 해당되고, 염불하는 마음과 대상으로 떠오른 부처님이 분명하게 떠오른 것은 관 수행에 해당된다.

분명히 알아야 할 것은 역력 분명할 때 그 자체를 끝내 얻지 못하며 그 자체를 얻지 못할 때가 원래 역력분명하여, 그 자리가 지(止)에 상즉하고 관(觀)에 상즉하며 관에 상즉하고 지에 상즉하여, 지와 관이 평등하고 정혜가 둘이 아닌 무량광수불이 된다는 점이다.

수행인이 훌륭하게 염불법문으로써 지관수행을 하여 일생을 부질없이 보내지 않는다면 금생이나 내생에 반드시 성불하게 될 것이다.

2. 일상생활 속에서 지관을 수행함[於坐中修止觀]

復次 第二明歷緣對境修止觀者 端身常坐 乃爲入道之勝要 而有
累之身 必涉事緣 若隨緣對境而不修習止觀 是則修心有間絶 結
業觸處而起 豈得疾與佛法相應 若於一切時中常修定慧方便 當知
是人必能通達一切佛法

앞에서 정수행을 크게 두 가지 과목으로 나누어 설명했는데, 첫 번째
는 좌선 중에 지관을 닦는 것이고 두 번째는 일상생활 속에서, 즉 인연
을 따르면서 그 경계와 마주하고 닦는 지관이다.

먼저 앉아서 하는 수행은 산란한 마음을 대치하여 지관을 닦는 것에
서부터 정혜를 평등하게 수행하는 것까지 다섯 가지로 분류하였다.

이 다섯 가지 수행 가운데 각각 정수행과 조수행으로서 닦는 지관은
동일하지 않았다. 지 수행은 어느 한 곳에 마음을 매달아 그 경계를 지
키는 것으로, 마음을 제어하는 체진지(體眞止)를 말한다.

관 수행은 부정관, 자비관, 수식관, 개분별관 등 보조수행이 있다.

정식으로 관 수행하는 것은 삼지삼관(三止三觀)을 의미하는데, 지금
은 두 번째로 외부조건을 따르면서 그 경계를 마주하고 닦는 지관에
대해 말하겠다.

그 이치를 밝히기 이전에 먼저 반드시 대의를 알아야 한다. 그래야만
수행마다 곳곳에서 부처님과 서로 호응하게 된다.

우리가 알아야 할 것은 목전에 나타나 있는 갖가지 경계가 자기 마음

속에서 나타난 견분(見分)과 상분(相分)이라는 점이다. 마음은 인식의 주체로서 견분이라고 하고, 인식대상경계는 상분이라고 한다. 인식주체로서의 견분은 인식대상으로서의 상분을 인식한다. 여기에서 상분이라고 하는 것은 인식대상경계로서 물질적인 자연현상계를 말한다.

견분과 상분은 본래 실체가 없고, 모두 자증분(自證分)을 자체로 삼고 있다. 자증분은 심왕(心王)을 말하는 것이고, 견분은 심왕을 따라서 일어나는 심소(心所)를 의미한다. 심왕 자증분에서 동시에 일어난 견분과 상분은 그 당체가 바로 공가중(空假中)이어서 불가사의한 원융삼제(圓融三諦)의 이치인 것이다.

이를 따라 관찰해보면 두두물물 모두가 오묘한 원융삼제이다. 그 때문에 "산하대지가 법왕신을 전체로 드러낸 것이며 나는 새, 달리는 짐승, 물고기, 갑각류까지도 모든 삼매를 보편하게 드러낸다."고 하였다. 또 "한 줄기 풀로 장육금신(丈六金身)을 만들고 푸른 대나무와 누런 국화꽃 등이 반야(般若) 아닌 것이 없다."고 하였다.

《능엄경》에서는 "육근·육진·육식이 낱낱이 여래장(如來藏) 묘진여성(妙眞如性) 아님이 없는 청정본연으로서 법계에 두루한다." 고 하였다.

그렇다면 범부의 마음이 성인의 마음이며, 오음경계가 바로 불사(佛事)의 경계이다. 이를 두고 《법화경》에서는 "법이 진여법 위치에 안주해서 생멸하는 세간의 모습이 그대로 상주진여(常住眞如)다."라고 하였다.

하지만 이치의 측면에서는 이와 같다고 해도 속제 현실의 측면에선 반드시 점차 수행을 거쳐서 나타나게 된다. 따라서 인연의 경계를 마주하면서 낱낱이 실재와 같이 닦아야만 바닷물속에 들어가 모래 수를 세고 끝없이 질펀한 바다를 바라보면서 탄식하는 일을 면할 수 있을 것이다.

본론으로 들어가 두 번째로 인연을 따라 경계와 마주한 상태로 지관을 닦는다고 했는데, 여기에서 연(緣)은 현실 생활 속의 인연이고, 경계는 육진경계를 말한다.

모름지기 알아야 할 것은 육도범부만 처음 공부할 때 몸을 단정히 하고 고요히 앉아서 수행하는 것이 아니라 시방제불도 최초에 수행할 땐 역시 단정한 몸으로 바르게 앉아서 도를 깨달았다는 점이다. 그 이유는 몸이 청정해지기 때문이다.

마음이 청정하기 때문에 마음의 인식대상으로 떠오른 경계도 청정하여, 마음이 공하고 경계도 고요해야 생각생각 신속한 깨달음의 세계로 흘러들어가는 것이다. 따라서 '앉아서 수행하는 것이 도로 깨달아 들어가는 가장 뛰어난 방법'이라고 하였다.

"번뇌에 쌓여있는 몸은 반드시 현실 생활 속에서 일의 인연을 만나야 한다"고 했는데, 이 말은 항상 단정한 몸으로 앉아 좌선할 수 없다는 의미를 나타낸 것이다. 그 이유는 우리 인생이 허깨비 몸을 가지고 세간에 살아가면서 종일토록 의식주에 핍박을 받기 때문이다.

따라서 반드시 세간 육진경계 속에서 머물러 있어야 한다. 그러나 이 상태에서 항상 앉아서 도를 닦고자 하는 것은 실로 어려운 일이다. 그러므로 반드시 생활 속에서 그때그때 인연을 따라 경계를 마주하면서 지관을 닦는다면 부질없는 인생을 보내지 않게 될 것이다.

수행과 세간의 일은 상대적인 두 쪽으로 구분되기 때문에 지관을 수행하면 세간의 일을 하지 못하게 되고, 세간의 일에 몰두하면 지관을 수행하지 못하게 된다. 그렇게 하면 마음을 닦는데 있어서 간격과 단락이 있게 되어 부딪치는 일마다 업을 짓게 된다. 청정한 세계에 높이 오르고 신속하게 불퇴전의 경지를 증득하고자 한다면 이런 상태에서 어떻게 그것이 가능하겠는가.

일체시간에서 일체세간의 인연을 따르고 일체경계를 마주하는 가운데 수시로 간단 없이 지관을 수행해야 한다. 항상 마음을 정(定)과 혜(慧)에 안정되게 하여 이와 같은 방편으로서 어떤 경계, 어떤 인연을 마주하는 것을 따로 논할 것 없이 마음을 돌이켜 관찰해야 한다.

경계와 인연은 어느 곳에서 왔으며 무엇 때문에 떠나가는가를 시시로 관찰하고 끝까지 추구해보면 모든 것은 본래 실체라고는 없다.

우리가 알아야 할 것은 이와 같이 수행하는 사람은 세간에 있어도 육진에 오염되지 않고 뒤섞여있다 할지라도 세간에 얽매이지 않는다는 점이다. 얽매이지 않기 때문에 세간의 일이 불법이고, 육진경계를 따라 일어나는 일이 불사가 된다. 이는 진제와 속제가 하나의 이치로 융합 소통하는 삼매이다.

이 경지에 이르면 종일 밥을 먹는다 해도 쌀 한 톨 씹는 일이 없고, 종일 옷을 입는다 해도 실오라기 하나 걸친 일이 없이 오직 도(道)만을 구하게 되는데, 이것도 현실 속에서의 지관수행이다.

이와 같이 하면 종일토록 지관수행을 통해 일심으로 도를 구한다 해도 세간의 일이 전혀 방해가 되지 않아 무애자재(無碍自在)한 경지에 오르게 된다. 이를 두고 "산은 그대로 산이고, 물은 물일뿐이다."라고 하였다.

비록 삼라만상이 역력하게 목전에 나타난다 해도 마음속엔 끝내 한물건도 없어 마음을 일으킨다 해도 따로 안주하는 집착이 없게 되는 것이다. 이를 두고 인연 따라서 경계를 마주한 상태에서 닦는 지관이라고 한다.

이와 같이 부처님의 지견을 열고 법문을 증득하려 한다면 어떤 어려움도 없을 것이다.

1) 여섯 가지 부근진(扶根塵)을 의지해서 닦는 지관[歷緣修止觀]

云何名歷緣修止觀 所言緣者 謂六種緣 一行 二住 三坐 四臥 五作作 六言語 云何名對境修止觀 所言境者 謂六塵境 一眼對色 二耳對聲 三鼻對香 四舌對味 五身對觸 六意對法 行者約此十二事中修止觀故 名爲歷緣對境修止觀也

어떤 것을 외부환경을 의지해서 닦는 지관이라고 하는가. 연(緣)이란 여섯 가지 인연을 말한다. 첫째는 가는 것[行], 둘째는 머무는 것[住], 셋째는 앉는 것[坐], 넷째는 눕는 것[臥], 다섯째는 일하는 것[作], 여섯째는 말하는 것[言語]이다.

어떤 것을 '경계를 대할 때 지관을 닦는다' 고 하는가. 경계라는 것은 육진(六塵)경계를 말한다. 첫째는 안근이 색경을 보는 것, 둘째는 이근이 성진을 마주하는 것, 셋째는 비근이 냄새를 맡는 것, 넷째는 설근이 미진을 받아들이는 것, 다섯째는 신근이 촉진에 감촉을 느끼는 것, 여섯째는 의지근이 법진을 마주하는 것이다.

수행인이 이 열두 가지 일 가운데서 지관을 수행하는 것은 육근(六根)과 육경(六境)이 마주할 때 그 중간에서 일어나는 육진(六塵)까지 합하여 십팔계(十八界)를 의지해서 닦는 것을 말한다.

❶ 길을 갈 때[行時]

一行者 若於行時 應作是念 我今爲何等事欲行 爲煩惱所使 及不善無記事行 卽不應行 若非煩惱所使 爲善利益如法事 卽應行 云何行中修止 若於行時卽知因於行故 則有一切煩惱善惡等法 了知行心 及行中一切 皆不可得 則妄念心息 是名修止 云何行中修觀 應作是念 由心動身 故有進趣名之爲行 因此行故 則有一切煩惱善惡等法 卽當反觀行心 不見相貌 當知行者 及行中一切法 畢竟空寂 是名修觀

"나는 지금 무슨 일을 하려고 길을 가려고 하는가."

첫째, 길을 가려고 하는 사람은 마땅히 이와 같이 생각을 해야 한다.
번뇌의 지배를 받아 선하지 못한 일, 무기의 일 때문에 길을 가려고 한다면 마땅히 가지 말아야 한다. 하지만 번뇌의 지배를 받지 않고 선한 이익을 여법하게 하려 한다면 마땅히 가야 한다.

무엇을 길을 가는 가운데 지를 닦는다고 하는가.

만일 길을 가는 것으로 인해서 일체 번뇌와 모든 선법·악법 등의 법이 일어난다는 것과, 길을 가는 마음과 길을 가는 도중에 일어나는 일체 모든 법은 실체를 얻지 못한다는 것을 명료하게 안다면 망념이 쉬게 된다. 이를 두고 '지를 닦는다'고 한다.

무엇을 길을 가는 가운데 관을 닦는다고 하는가.

몸은 마음을 따라서 움직인다. 이로 인해 길로 나아가는 일이 일어나게 되는데, 그것을 마음이 길을 가는 것이라고 한다. 길을 가는 것으로 인해 일체 번뇌와 모든 선법·악법 등의 법이 일어나기 때문에 길을 갈 때의 마음을 돌이켜 관조하여, 길을 가는 모습에 분별심을 일으키지 말아야 한다. 마땅히 알아야 할 것은 길을 가는 도중에 일어나는 일체 모든 법이 필경 공적하다는 점이다. 이것을 '관을 닦는다'고 한다.

여기부터는 행주좌와(行住坐臥) 등 열두 가지 일 가운데 차례로 낱낱이 지관수행을 하는 모습에 대해 해석하였다.

첫째, 길을 갈 때 닦는 지관에 대해 말해보자.

"나는 지금 무슨 일을 하려고 길을 가려고 하는가."

길을 가려고 할 때는 출발하기 전에 마땅히 이와 같은 생각을 일으켜야 한다. 이번에 길을 떠나는 것이 번뇌의 지배를 받아 살생, 도적질, 음행, 망어 등 선하지 못한 일이나 무기의 일 때문이라면 마땅히 가지 말아야 한다.

그러나 계정혜(戒定慧)를 닦고, 향을 사르고, 부처님에게 예배를 하고, 꽃을 뿌려 부처님께 공양을 하고, 경전강의를 듣고, 법문을 듣는 등 선한 이익을 여법하게 하려고 길을 떠날 경우엔 마땅히 가야 한다.

결론적으로 말하면 모든 악업은 짓지 않고 뭇 선업을 받들어 행하는 일이라면 즉시 길을 가야 하며, 그렇지 않다면 가지 말아야 한다.

다시 길을 가는 가운데 지를 수행하는 것에 대해 알아보자.

내가 길을 가는 것으로 인해 일체 선악법(善惡法)이 일어난다는 것과, 길을 떠나지 않는다면 길을 가는 도중에 일어나는 일도 없다는 것을 명료하게 알아야 한다. 이것을 두고 "만법은 오직 행하는 데 따라서 일어난다."고 하였다. 또 마땅히 알아야 할 것은 "길을 떠나고 떠나지 않는 것은 오직 내 마음에서 나타날 뿐이므로 마음으로 인해서 있다."는 점이다.

만일 길을 가야겠다는 일념이 일어나지 않는다면 즉시 길을 떠나는 일도 없고 가야할 길도 없다. 이런 마음을 보면서 길을 가야 한다. 경계는 본래 일어남이 없이 내 마음으로 인해서 있다는 것을 안다면 그것을 만법유식(萬法唯識)이라고 한다.

일체법은 마음으로 귀결하기 때문에 일체만법은 내 마음으로 귀결하는 데 불과한 것이다. 또한 마음은 본래 일어남이 없는데, 대상경계 때문에 있다는 것을 안다면 만법은 오직 내 행동하는 모습일 뿐이다. 따라서 일체법은 행동으로 귀결하는 데에 불과한 것이다.

그 최후까지 추구해보면 행동하는 주체도 없고 행동할 대상도 없다. 주체와 대상은 본래 고요하다. 이를 분명히 알면 망념을 쉬게 되는데,

이것을 '지를 닦는 것'이라고 한다. 지 수행이 이와 같다면 관 수행도 역시 마찬가지이다. 때문에 옛 조사스님들은 오로지 길을 걸으면서도 항상 삼매를 닦았다고 한다.

❷ 머물 때[住時]

二住者 若於住時 應作是念 我今爲何等事欲住 若爲諸煩惱及不善無記事住 卽不應住 若爲善利益事 卽應住 云何住中修止 若於住時 卽知因於住故 則有 一切煩惱善惡等法 了知住心 及住中一切法皆不可得 則妄念心息 是名修止 云何住中修觀 應作是念 由心駐身 故名爲住 因此住故 則有一切煩惱善惡等 法 則當反觀住心 不見相貌 當知住者 及住中一切法 畢竟空寂 是名修觀

둘째, 머물고 있을 때 닦는 지관에 대해 말해보자.

"나는 지금 무슨 일 때문에 머물려고 하는가."

머물 때에는 마땅히 이렇게 생각해야 한다. 이때도 번뇌로 인해 착하지 못한 일과 무기의 일 때문에 머무는 것이라면 머물지 말아야 한다. 그러나 선으로 이익된 일이라면 마땅히 머물러야 한다.

머무는 가운데 지 수행은 어떻게 해야만 하는가.

안주하는 것으로 인해서 일체 번뇌와 선법·악법 등의 법이 있다는 것을 알고 머무는 마음과, 머무는 가운데 일체법은 모든 것을 얻지 못한다는 것을 명료하게 안다면 망념이 쉬게 된다. 이것을 지 수행이라고 한다.

머무는 가운데 관 수행은 어떻게 해야만 하는가.

"내 마음을 따라 몸이 안주하기 때문에 그것을 머무름이라고 한다."

마땅히 이러한 생각을 해야 한다. 머무는 것 때문에 일체 번뇌와 선법·악법 등이 있다면 안주하는 마음을 돌이켜 관찰하여 그 모습을 분별하지 말아야 한다. 마땅히 알아야 할 것은 안주하는 것과 안주하는 가운데 일어나는 일체법은 공적하다는 점이다. 이것을 관 수행이라고 한다.

여기에서는 안주하는 가운데 지관을 닦는 것에 대해 말하고 있다. 안주한다는 것은 정지하여 머문다는 뜻이다. 마음을 따라서 몸이 안주한다고 하는 것은 몸이 마음의 지배를 받아서 마음이 몸을 머물게 한다는 뜻이다.

만일 마음을 안주하지 않으면 몸도 역시 안주하지 않는다. 모든 법이 끝내 공적하다고 하였는데, 이는 머무는 마음과 머무는 대상으로서의 법이 낱낱이 당체가 본래 고요하여 진공의 이치와 서로 호응하는 것을 의미한다. 그러므로 끝내 공적하다고 하였다.

❸ 앉아있을 때[坐時]

三坐者 若於坐時 應作是念 我今爲何等事欲坐 若爲諸煩惱 及不善無記事

等 卽不應坐 爲善利益事 則應坐 云何坐中修止 若於坐時 則當了知因於坐故 則有一切煩惱善惡等法 而無一法可得 則妄念不生 是名修止 云何坐中修觀 應作是念 由心所念疊脚安身 因此則有一切善惡等法 故名爲坐 反觀坐心 不 見相貌 當知坐者 及坐中一切法 畢竟空寂 是名修觀

셋째, 앉아 있을 때 닦는 지관에 대해 말해보자.

"나는 지금 무슨 일을 하기 위해서 앉아 있으려고 하는가."

앉아있을 때는 마땅히 이와 같이 생각을 해야 한다.

만일 모든 번뇌와 불선업과 무기의 일 등 때문이라면 앉지 말아야 하고, 선업으로 이익 되는 일을 하려고 한다면 앉아야 한다.

무엇을 앉아있는 가운데 지를 닦는다고 하는가.

앉아있을 때라면 앉아 있는 것으로 인해 일체 번뇌와 선법·악법 등의 법이 일어나게 되는데, 여기에서 하나의 법도 얻을 것이 없다는 것을 명료하게 안다면 망념이 일어나지 않는다. 이것을 '지를 닦는다'고 한다.

무엇을 앉아있는 가운데 관을 닦는다고 하는가.

응당 내 마음을 따라 앉아야지 하는 생각을 일으켰기 때문에 다리를 포개고 편안히 앉았다는 것이다. 이로 인하여 일체 선악 등 법이 일어나게 된다는 것을 생각해야 한다. 이 때 앉는 마음을 돌이켜 관찰하여 그 어떤 모습도 보지 않아야 한다. 알아야할 것은 앉아야겠다고 분별하는 내 마음이든 그것으로 일으킨 일체 선악법이든 필경에 평등하다는 것이다. 이것을 '관을 닦는다'고 한다.

생각을 따라 다리를 포개고 앉아 몸을 편안하게 한다는 것은 마음이 일어나면 갖가지 법도 따라 일어난다는 것을 의미한다. 가령 앉아있는 가운데 한 구절의 아미타불 명호를 염불하여 주관과 객관이 쌍으로 분명히 떠오른다면 이것이 바로 지관을 닦는 것이 된다. 지관이라는 두 법은 자기의 마음을 떠나지 않는다. 자기의 마음이라는 것은 염불하는 마음이며, 염불하는 그 마음이 바로 지관이다.

마음은 무시이래로 혼침하지도 산란하지도 않는다. 산란하지 않기 때문에 공적한 마음이 바로 지 수행이고, 혼침하지 않기 때문에 역력분명한 마음이 관 수행이다. 따라서 한 평생 한 구절 아미타 명호를 염불할 수 있다면 자기 마음의 지관이 자연스럽게 환하게 드러나게 되는 것이다.

❹ 누울 때[臥時]

四臥者 於臥時應作是念 我今爲何等事欲臥 若爲不善放逸等事 則不應臥 若爲調和四大故臥 則應如師子王臥 云何臥中修止 若於寢息 則當了知因於臥 故 則有一切善惡等法 而無一法可得 則妄念不起 是名修止 云何臥中修觀 應 作是念 由於勞乏 卽便昏闇 放縱六情 因此則有一切煩惱善惡等法 卽當反觀 臥心 不見相貌 當知臥者 及臥中一切法 畢竟空寂 是名修觀

넷째, 누울 때 닦는 지관에 대해 알아보자.

행주좌와(行住坐臥) 사위의(四威儀) 가운데 모두 지관을 수행할 수 있다. 그 때문에 일체의 시간, 일체의 처소에서 지관공부가 이루어지지 않는 곳이 없다. 하지만 눕는 것은 본래 선이 아닌데 누워있음으로 인해서 어떻게 지관을 수행할 수 있다는 것인가. 우리는 누워있음으로 인해서 색신을 조화하고 정신의 부족함을 보양해야 한다.

범부중생은 업보에서 불러들인 몸뚱이 때문에 잠을 자지 않으면 정신이 손상되어 마음을 수행하고 도를 이룰 수 없다. 그러므로 반드시 누워야 한다.

누울 때는 마땅히 이와 같이 사유해야 한다.

"나는 지금 무엇 때문에 누우려고 하는가."

불선업, 방일함 등의 일 때문이라면 눕지 말아야 한다. 선하지 못하고 방일한 것은 음욕과 분노, 어리석음을 말한다. 하지만 교리를 연구하고 불법을 크게 전파하려 하는 일이라면 마땅히 누워야만 한다.

내 몸은 외부세계의 지수화풍(地水火風)이 모여 사대(四大)를 이루고 있다.

지대(地大)는 견고하고 서로가 장애하는 성질이 있는데, 이는 안이비설신(眼耳鼻舌身) 등을 말한다. 지대는 수대를 빌리지 않으면 서로가 화합하지 못한다. 이를 경전에서는 "모발, 손톱, 치아, 피부, 근육, 뼈 등이 모두 지대로 되돌아간다."고 하였다.

수대(水大)는 윤택하고 젖는 성질인데, 이는 눈물, 콧물, 진액 등을 말한다. 수대는 지대를 빌리지 않으면 바로 흘러 산만하게 흩어지게 된다. 이에 대해 경전에서는 "눈물, 콧물, 고름, 피, 진액, 침, 담, 정기, 대변, 소변 등이 모두 물로 되돌아간다."고 하였다.

화대(火大)는 건조하고 뜨거운 성질을 말한다. 즉 우리의 몸 가운데 따뜻한 기운을 화대라고 말한다. 화대는 풍대를 빌리지 않으면 더욱 커지지 않는다. 이에 대해 경전에서는 "따듯한 기운은 불로 되돌아간다"고 하였다.

풍대(風大)는 움직이는 것이 그 성질이다. 입식과 출식, 우리의 몸과 수족의 동작 등 이 모든 것이 풍대에 해당된다. 몸을 움직일 수 있는 것은 모두 풍대를 따라 이루어진다. 이것은 경전에서 말한 "움직이는 것은 모두 바람으로 되돌아간다."고 한 것에 해당된다.

여기까지가 내적으로 내 몸 가운데 임시로 화합해있는 지 · 수 · 화 · 풍 사대이다. 우리가 알아야할 것은 사대는 독사와 같다는 점이다.

만일 사대 가운데 하나의 대(大)만 조화가 이루어지지 않아도 백 한 가지 병이 생긴다. 따라서 반드시 사대를 알맞게 조화해야 한다. 수행하는 사람이 사대를 조화하기 위해 누울 때에는 '백수(百獸)의 왕' 사자처럼 누워야 한다. 사자가 눕는 것은 혼침 때문이 아니다. 적적(寂寂)한 가운데 성성(惺惺)해서 일반 사람들처럼 방종하면서 깊이 잠에 들려고 눕지 않는다.

무엇을 누워있는 가운데 지관을 닦는다고 하는가.

잠을 자며 휴식할 경우 눕는 것으로 인해 계정혜(戒定慧) 등의 선법과 살도음(殺盜淫) 등의 악법이 일어나게 되는데, 이를 미세하게 추구하고 관찰한다면 그 실체가 없다. 이로 인해 알 수 있는 것은 누워있는 가운데 생멸과 미오(迷悟)와 거래를 끝내 얻지 못한다는 점이다. 꿈속에서는 끝없이 생멸이 상속하지만 한 법도 얻을 것이 없다. 이와 같다면 망념이 일어나지 않는다. 이를 두고 '지를 닦는다'고 한다.

누워서 관을 닦을 경우엔 마음속으로 이와 같이 생각해야 한다.

범부들은 피로함 때문에 마음이 혼침하고 감정이 방종하게 된다. 이로 인해 일체 선과 불선법이 일어나게 되는 것이다. 그 때 바로 돌이켜서 '이 한 생각 눕는 마음은 그 모습이 보이지 않는다'고 관찰해야 한다. 이와 같이 관찰한다면 이것을 '관을 닦는다'고 한다.

❺ 일을 할때[作時]

五作者 若作時應作是念 我今爲何等事欲如此作 若爲不善無記等事 卽不應作 若爲善利益事 卽應作 云何名作中修止 若於作時 卽當了知因於作故 則有一切善惡等法 而無一法可得 則妄念不起 是名修止 云何名作時修觀 應作是念 由心運於身手造作諸事 因此則有一切善惡等法 故名爲作 反觀作心 不見相貌 當知作者 及作中一切法 畢竟空寂 是名修觀

다섯째, 일을 할 때 닦는 지관에 대해 밝히고 있다. 예를 들면 물을 긷거나 나무를 나를 때나 손님을 맞이하고 보낼 때 등 일상적인 일을 하면서도 지관수행을 잊어서는 안 된다.

작(作)이라는 것은 일의 조작을 의미한다. '작'이라는 한 글자는 실로 모든 선을 할 수 있는 으뜸이 되기도 하고, 만 가지 악을 일으키는 괴수가 되기도 한다. 따라서 수행인은 일을 하기 이전에 반드시 미세하게 추구하여 지금 현재 하려는 일이 남에게 손해를 끼치는 일인지, 이익이 되는 일인지 생각해봐야 한다. 이 일이 남에게 유익하면 용맹정진하는 마음으로 해야 하고, 손해를 끼친다면 해서는 안된다.

일을 하는 마음은 내적으로 육근에 있지도 않고, 중간으로 육식에 있지도 않으며, 밖으로 육진에 있지도 않아서 모습이 보이지 않는다. 따라서 일을 하는 주체와 마음과 하는 일의 대상이 필경 공적하다고 여겨야 한다. 그 때문에 이를 관 수행이라고 한다.

또 알아야할 것은 '조작'이라는 말은 그 세력이 매우 커서 인간 천상의 인과를 조작할 뿐만 아니라, 출세간으로서 사성(四聖)의 인과까지도 조작으로 인해 생긴다는 점이다. 만일 조작이 아니라면 끝내 한 물건도 없다는 것을 알아야 한다. 그것을 구체적으로 설명하면 마음이 지옥을 만들고 부처를 만들기도 하며, 생사로 유전하기도 하고 안락하고 오묘하고 상주하게도 한다. 이 모든 것이 조작으로 이루어지며 다른 물건이 하는 것은 아니라는 것이다.

이로써 알 수 있는 것은 선과 악이 마음으로서 근본을 삼고, 마음은 조작의 근본이라는 점이다. 마음이 움직이기 때문에 몸도 움직이고, 몸이 움직이기 때문에 경계도 따라서 움직인다. 만일 마음이 움직이지 않는다면 경계 역시 움직이지 않는다.

옛날에 쇠를 다루는 장인이 있었는데, 그는 평생 쇠를 두들겨 병기를 만들면서 생활을 하였다. 이를 본 스님이 민망히 여겨 그에게 "쇠를 한 번 두들길 때마다 거기에 맞춰 나무아미타불을 염불하라."고 권하였다.

장인은 스님의 가르침을 따라 염불수행을 실천하여 오래토록 수행이 쌓여 공부가 성숙하게 되었다. 이를 두고 '물이 모이면 도랑이 이루어진다'고 하였을 것이다.

그는 임종할 때 "탕탕 쇠를 두드렸더니 쇠는 강철이 되었고 천하가 태평하니 나는 서방으로 가노라."고 하였다고 한다.

이로써 관찰해보면 염불하며 쇠를 두드리는 것도 지관 수행이다. 우리는 이러한 이치를 경솔하게 여기지 말아야 한다.

❻ 말을 할때[語時]

六語者 若於語時 應作是念 我今爲何等事欲語 若隨諸煩惱 爲論說不善無記事而語 卽不應語 若爲善利益事 卽應語 云何名語中修止 若於語時 卽知因此語故 則有一切煩惱善惡等法 了知語心 及語中一切煩惱善不善法 皆不可得 則妄念心息 是外修止

여섯 째, 말을 할 때 지관을 닦는 것이다. 이른바 '거친 말이나 미세한 말 등이 제일의제(第一義諦)로 되돌아간다'는 것이 여기에 해당된다.

일체 세간을 다스리는 언어와 희로애락은 실상의 이치와 서로 위배되지 않는다. 때문에 말을 할 때는 반드시 돌이켜 관조해야만 이익이 매우 크다.

공자는 논어에서 "한마디의 말이 나라를 일으킬 수도 있고, 나라를 망하게 할 수도 있다."고 하였다. 또 "재앙은 입으로부터 나오고, 병은 입을 따라서 들어간다."고 하였는데, 이는 말이 매우 중요하다는 것을 강조한 것이다.

옛 어른들은 제 입 지키기를 병 입처럼 하라고 했다. 한마디 말이라도 나라를 일으키고 백성들에게 복이 될 만한 말을 해야 한다. 한마디의 말이 나라와 집안을 망치고 내 몸을 상하게 하고 생명을 잃게 한다면 하지 말아야 한다.

무엇을 말하는 가운데 지를 닦는다고 하는가.

지를 닦는 사람은 반드시 이치를 추구하여 말 때문에 일체 번뇌와 선법·악법 등의 법이 있게 된다는 것을 깨달아야 한다. 일체 번뇌라고 하는 것은 어둡고 번거로운 법으로서 우리의 마음과 정신을 뇌란시키는 것을 말한다.

번뇌는 많기는 하지만 세 가지에서 벗어나지 않는다.

견사(見思)번뇌는 진여의 이치를 미혹해서 분별의 견해를 일으키고, 경계를 맞이해서는 탐애의 생각을 일으키는 것을 말한다. 진사(塵沙)번뇌는 중생 마음속의 망념습기가 허공에 떠도는 먼지와 같고, 강가의 모래처럼 많은 것을 말한다. 무명(塵沙)번뇌는 명료함이 없어 어두운 것을 말한다.

우리의 마음은 본래 청정한 유일대광명장(唯一大光明藏)으로서 세계의 이치를 남김없이 철저하게 관조하고 있으나, 중생이 전도망상 때문에 깨달음을 등지고 육진으로 합하여 본래 지니고 있는 실상의 오묘한 지혜가 변해 무명 흑암의 번뇌가 되어 자기 마음의 오묘한 이성이 매몰되었다는 것이다. 따라서 망념이 끊어진 자리에서 집착이 끊어진 말을 하는 것을 지 수행이라고 한다.

대체로 지 수행은 미혹을 조복 받고, 관 수행은 좀 더 적극적으로 미혹을 타파한다. 삼지(三止)로서 미혹을 정지시키고, 삼관(三觀)의 지혜로서 공가중 삼제에 대한 미혹을 관조하여 타파한다. 근본삼지를 발현하여 자성삼제를 나타낸다면 본지 풍광이 철저하게 드러난다.

그렇다면 말하는 가운데 지 수행은 어떻게 해야 하는가.

말을 할 때 상대방을 관찰하지 말고 말하는 자신을 돌이켜 관찰함으로써 말을 하는 마음은 끝내 얻지 못한다는 것을 깨달으면, 말하는 가운데 일체 선·악 등의 법을 얻지 못하는 것을 알게 된다.

말하는 나의 주관을 떠나면 객관도 동시에 사라지게 되는데, 이와 같이 주관과 객관을 모두 얻지 못한다면 허망한 마음이 쉬게 된다. 이를 말하는 가운데 지를 닦는 것이라고 한다.

云何語中修觀 應作是念 由心覺觀鼓動氣息 衝於咽喉脣舌齒齶 故出音聲語言 因此語故 則有一切善惡等法 故名爲語 反觀語心 不見相貌 當知語者 及語中一切法畢竟空寂 是名修觀 如上六義修習止觀 隨時相應用之 ──皆有前五番修止觀意 如上所說

무엇을 말 하는 가운데 관을 닦는다고 하는가.
마땅히 이와 같이 생각을 해야 한다.

'죽은 사람은 입이 있는데도 무엇 때문에 말을 할 수 없는 것일까.'

내가 말하는 것은 분별심이 호흡의 기운으로 요동하여 언어 음성이 있게 된 것이기 때문이다. 이로써 알 수 있는 것은 언어는 안에서 호흡의 기운이 움직여 목과 입술과 혀와 잇몸과 충돌하기 때문에 언어가 형성되어 말이 나오게 된다는 점이다. 이와 같지 않다면 말을 하고 싶은들 어떻게 말을 할 수 있겠는가.

중요한 것은 입이 말을 하는 것이 아니라 마음으로 인해 말이 있다는 점이다. 만일 단순히 입으로만 말을 할 수 있다면 언어장애인도 말을 할 수 있어야 하는데, 그들은 무엇 때문에 말을 하지 못하는가. 말은 입만 가지고 하지 못한다. 마음에서 분별심이 움직여 입으로 말을 할 때 말을 하는 마음을 돌이켜 관찰해보면 안으로 육근, 밖으로 육진, 중간의 육식 등 그 어디에도 실체라고는 없다.

따라서 말을 하는 마음은 그 당체가 즉공(即空)·즉가(即假)·즉중(即中)이다. 말을 할 수 있는 마음만 즉공·즉가·즉중일 뿐만 아니라 말 가운데 일체 선·악 등 언어도 역시 즉공·즉가·즉중이어서 필경 공적하다. 이와 같은 이치를 아는 것을 말하는 가운데 관을 닦는다고 한다.

옛날 제2조(第二祖) 혜가(慧可) 대사는 초조인 달마 대사 처소에 이르러 칼로 팔을 끊으면서 신심을 보이고 법을 구하였는데, 아픔을 견디지 못하면서 달마(達磨) 대사에게 말하였다.

"제 마음을 편하게 해주십시오."

달마 대사는 말하였다.

"마음을 가져오너라. 그러면 너를 편안하게 해주리라."

혜가 대사가 "마음을 찾아보았으나 끝내 얻지 못하였습니다."라고 답변하자 달마 대사는 말하였다.

"나는 너에게 마음을 편하게 해주는 일을 끝냈다."

이 경우가 바로 필경 공적한 지관의 의미와 서로 부합한다고 할 수 있다.

復次 第二明歷緣對境修止觀者 端身常坐 乃爲入道之勝要 而有累之
身 必涉事緣 若隨緣對境而不修習

2) 내적인 청정색근을 의지해서 닦는 지관[六根門中修止觀]

次六根門中修止觀者

육근(六根)이 육진(六塵)을 마주했을 때는 어떻게 지관을 수행할 것인지 이야기해보자.

최초로 발심한 사람이 지관을 수습하여 지관과 서로 호응하여 이익을 얻기란 쉽지 않다. 그 이유는 지관은 번뇌와 서로 호응하지 않기 때문이다. 따라서 반드시 마음의 모든 번뇌를 놓아버리고 주관과 객관이 둘이 아니라는 것을 깨달아 분별을 일으키지 않고 내 몸에 대한 집착을 잊도록 노력해야 한다.

그런 다음에 지(止)와 관(觀)이라는 두 가지 법은 '집착을 타파하는 날카로운 도끼와 같고, 분별심을 없애는 강한 칼과 같으며, 깨달음으로 나아가는 사다리이고, 번뇌를 제거하는 오묘한 약'이라는 것을 반드시 알아야 한다.

하루 종일 지관을 잊지 않는다면 무엇 때문에 불도를 이루지 못하고 생사를 끝내지 못할까봐 걱정하겠는가. 그 때문에 육근이 한 경계를 마주한 가운데 수습하는 지관을 가르쳐 생각생각에 지관을 떠나지 않고 간단 없이 공부하는 법을 환하게 드러냈다.

육근이 육진을 상대하여 지관을 수행한다는 것은 안근이 색진을 볼 때 수행하는 지관으로부터 제육의근이 법진을 마주하면서 수습하는 지관까지 말한다.

❶ 안근이 색경을 바라볼 때[眼見色時]

一眼見色時修止者 隨見色時 如水中月 無有定實

첫째, 육근 가운데 안근(眼根)이 색경(色境)을 바라볼 때 지(止)를 닦는 것이다. 안근에 보이는 색상은 요약하면 현색(顯色) · 형색(形色) · 표색(表色) 등 세 가지에서 벗어나지 않는다.

현색(顯色)은 청황적백(靑黃赤白)과 광명, 그림자, 어두움, 연기, 구름, 티끌, 안개, 허공 등을 말한다. 이는 분명히 환하게 드러나 볼 수 있다는 의미이다. 현(顯)은 '분명하게 나타난다', 색(色)은 '형질의 장애가 있다'는 뜻이다.

형색(形色)의 형(形)은 '형상'의 의미이다. 장단방원(長短方圓)과 거칠고 미세하고 높고 낮은 것, 올바르고 올바르지 못한 것 등이 여기에 소속된다.

표색(表色)은 행·주·좌·와와 취사, 굴신을 말한다. 표(表)는 '표현한다'는 의미이다. 표색은 실재하는 물질이 아니라 행동하는 일이기는 하지만 그 행동엔 표현이 있어 상대적으로 나타나는 것을 볼 수 있다.

또《아비담론》에서는 세 가지의 동일하지 않는 색에 대해 설명하고 있다.

하나는 눈으로 볼 수 있고 마주할 수 있는 색이다. 일체 색신이 여기에 해당되는데, 세간의 색은 눈으로 볼 수 있고 또 안근과 상대적으로 마주하기 때문이다.

또 하나는 눈으로 볼 수는 없으나 상대적으로 마주할 수 있는 색으로, 안이비설신(眼耳鼻舌身) 오근(五根)과 색향미촉(色香味觸) 등 사진(四塵)이 여기에 해당된다. 안식은 볼 수는 없지만 색을 마주할 수 있고, 이식은 볼 수 없지만 소리는 마주할 수 있고, 신식은 볼 수는 없지만 촉을 마주할 수 있다. 이 모든 것은 청정색으로서 승의근(勝義根)에 해당된다. 그리고 색향미촉(色香味觸)은 너무 작아 육안으로 보려고 해도 볼 수 없지만 이·비·설·신의근과 마주하기 때문에 상대적으로 마주함이 있는 색이라고 한다.

다음으로 눈으로 볼 수도 없고 마주할 수도 없는 색인데, 이는 무표색(無表色)에 해당된다. 우리의 제육의식이 과거에 보았던 경계를 인식할 때 그것을 낙사영자(落謝影子)라고 한다. 다시 말해서 의식 속에 그림자로 떠오른 색이다. 대체로 전오진(前五塵)은 의식으로 명료하게 분별하기는 하지만 단지 의식 속에서만 나타나기 때문에 내재한 색을 볼수 없으며, 역시 겉으로 드러나 상대적으로 마주함도 없다. 따라서 표현이 없는 색이라고 하여 무표색이라고 말한다.

'지' 수행을 하는 사람은 지금까지 서술한 갖가지 색을 눈이 가는대로 따라 보면서, 이 모든 것이 허공 꽃이고 물속에 어린 달과 같아 있다해도 실재 있지 않고, 있지 않다 해도 실재 있지 않는 상태에서 있기 때문에 단정적인 실체가 없다는 것을 명료하게 알아야 한다.

若見順情之色 不起貪愛 若見違情之色 不起瞋惱 若見非違非順之色 不起無明及諸亂想 是名修止

만일 내 감정에 기쁜 마음으로 순종하는 색을 보면 마땅히 허깨비와 같고, 변화와 같으며, 물거품과 같고, 그림자와 같다는 것을 알고 탐애심을 일으키지 말아야 한다. 반대로 내 감정을 위배하는 증오스런 색을 본다 할지라도 진심과 고뇌를 일으키지 않아야 하며, 또 내 감정에 위배하지도 않고 순종하지도 않는 색을 본다 할지라도 무명과 혼란한 망상을 일으키지 않는다면, 이것을 지 수행이라고 한다.

우리가 마땅히 알아야 할 것은 이상에서 밝혔던 현색·형색·표색 등 갖가지 색 가운데 낱낱이 모두가 감정에 순종하는 색, 위배하는 색, 위배하지도 않고 순종하지도 않는 색이 동일하지 않다는 것을 알고 수행인은 스스로 자세히 살펴야 한다는 점이다.

云何名眼見色時修觀 應作是念 隨有所見 卽相空寂 所以者何 於彼根塵空明之中 各無所見 亦無分別 和合因緣 出生眼識

다음에는 색을 볼 때 수행하는 관법에 대해 밝히고 있다.

수행자는 마땅히 이와 같이 생각해야 한다. 내 감정에 위배되거나 순종하거나 위배되지도 순종하지도 않는 이 세 가지의 색은 보는 데 따라 허공 꽃, 물속에 어린 달, 꿈, 허깨비, 물거품, 그림자 등과 같아서 본래 스스로 공적하여 끝내 털끝만큼도 얻을 만할 것이 없다는 것을 알아야 한다.

근(根)·진(塵)·공(空)·명(明) 등은 각자 보는 바가 없고 또한 분별도 없다. 이것은 무정물로서 분별이 없기 때문이다. 비록 분별이 없기는 하지만 이것 역시 안식을 이끌어내는 보조역할을 한다. 이 문제를 눈의 측면에서 논해 본다면 눈은 볼 수 있는 안근(眼根)이 있고 보이는 색진(色塵)이 있다. 외부를 볼 때 보이는 색진이 있기 때문에 공간을 떠나서 색진을 보는 것이 불가능하다.

범부의 육안으로는 환하게 본다 해도 한 푼, 한 치의 간격을 통과하지 못하며 또한 껌껌하게 어두워도 볼 수 없다. 그 이유는 반드시 여러 가지 외부 인연이 화합해야만 사물을 바라볼 수 있는 안식이 일어나기 때문이다.

또한 식(識)은 사물을 명료하게 식별한다는 의미인데, 이는 일체제 법을 관조하고 명료하게 분별하기 때문이다.

안식은 안근과 색진이 인연이 되어 일어난다. 눈은 안근으로 인해서 일어나고 안근은 안식으로 인해서 볼 수 있다. 그러나 모든 경전과 논 서에서는 "안식은 아홉 가지 인연이 일시에 화합해야 일어나고, 이식 은 여덟 가지 인연이 화합해야 일어난다."고 하였는데, 여기에서는 무 엇 때문에 광명 · 공간 · 근 · 진 등 네 가지 조건만을 말하고 있겠는가. 이는 자세함과 간략함의 차이일 뿐이다.

여기에서는 아홉 가지 인연이 화합해야 안식이 일어난다는 의미에 대해 대략 살펴보기로 한다.

아홉 가지 인연이 화합해야 안식이 일어난다고 했는데, 연(緣)은 보 조해서 성취한다는 의미이다. 이에 대해 말해본다면 광명 · 공간 · 근 · 경 등의 보조조건이 화합하여 안 · 이 · 비 · 설 등 여덟 종류의 식 (識)을 일으키는 것이다. 왜냐하면 안식 등 전오식은 제팔식 상분을 의 지해서 건립되고, 제팔식 종자를 따라서 일어나며, 광명과 공간 등 모 든 경계를 자체 모습으로 삼기 때문이다.

육식은 팔식상분과의 인연으로 일어나고, 오진경계를 취하여 분별 하며, 칠식을 의지해서 집취한다. 제칠식은 제팔식 견분과의 인연으로 일어나며 제육식의 염정법을 전환하여 그를 의지한다. 제팔식은 모든 식의 근본이다. 세간과 출세간 등의 일체법 종자를 함장하며 제칠식을 의지해서 전오근·오식을 의탁하고 전환하는 것으로서 자체 모습을 삼는다.

이를 따라 알 수 있는 것은 식은 조건을 깔고 일어나며, 그 보조인연은 다시 식을 깔고 있어 이 두 가지는 서로 의지관계를 이룬다는 점이다. 이 때문에 식이 일어나는 조건은 많고 적음이 동일하지 않다. 따라서 안식은 아홉 가지 인연이 일시에 화합해야 일어나고, 이식은 여덟 가지 인연이 화합해야 일어난다고 하였다.

안식(眼識)을 일으키는 구연(九緣)에 대해 설명해보자.

첫째는 명연(明緣)이다. 광명은 해와 달을 말한다. 광명은 모든 색상을 환하게 나타낼 수 있다. 눈은 광명으로 인해서 사물을 보며 광명이 없다면 안식이 발생하지 못한다. 따라서 광명은 안식을 이끌어내는 보조조건이다.

둘째는 공연(空緣)이다. 공간이라는 것은 그 어디에도 걸림이 없어 모든 색상을 환하게 드러낼 수 있다. 눈은 공간이 있어야만 볼 수 있고, 귀도 공간이 있어야만 들을 수 있다. 만일 공간이 없다면 안식과 이식 등 두 개의 식은 발생하지 못한다. 그 때문에 공간은 안식과 이식을 이끌어내는 보조조건이다.

셋째는 근연(根緣)이다. 근(根)은 안·이 등 오근(五根)을 말한다. 안식은 안근을 의지해서 볼 수 있으며 신식은 신근을 의지해서 촉감을 느낄 수 있다. 가령 오근이 없다면 전오식은 의지할 대상이 없게 된다. 따라서 오근은 오식이 의지하는 보조조건이다.

넷째는 경연(境緣)이다. 경(境)은 오진경계를 말한다. 안(眼) 등 오근이 비록 보고 듣고 냄새를 맡고 맛보고 감촉을 느끼는 오식을 갖추기는 했으나 이 오식에 상대되는 색(色) 등 오진이 마주하지 않으면 오식이 독자적으로 일어날 수 없다. 때문에 경은 오식을 이끌어내는 보조조건이다.

다섯째는 작의연(作意緣)이다. 수·상·행 등 심소가 발현하면 대상경계에 주의를 기울이고 살피는 의미가 있다. 예를 들면 눈이 처음 색경을 마주했을 때 바로 지각하고 살피라는 마음이 일어나 그 마음을 이끌고 인식대상경계로 나아가므로 제육식으로 하여금 그 대상경계는 선이다, 악이다 하는 분별을 일으키게 한다. 나머지 이·비·설·신 등 네 가지 근도 역시 이와 같다. 이 때문에 일체 시간과 모든 경계에서 지각하고 살피는 마음이 두루 보편하게 활동하는 것은 모두가 주의를 기울이라고 경책하는 작의(作意)심소의 작용이다. 따라서 작의심소는 안(眼) 등 육식(六識)을 일으키는 보조조건이다.

여섯째는 근본의연(根本依緣)이다. 근본은 제팔아뢰야식이며 의(依)는 의탁한다는 의미이다. 제팔식은 모든 식의 근본이다. 안(眼) 등 육식은 제팔식 상분경계를 의지하여 일어나고, 제팔식 상분은 안(眼) 등 육식을 의탁하여 일어난다. 따라서 근본의는 육식을 일으키는 보조조건이다.

일곱째는 염정의연(染淨依緣)이다. 염정의는 제칠말라식을 말한다. 일체 염정제법이 말라식을 의지하여 염법(染法)으로도 정법(淨法)으로도 전환된다. 안(眼) 등 육식이 색·성 등 육진경계에서 모든 번뇌와 혹업(惑業)을 일으키면 이 번뇌염법이 전환하여 제팔식으로 들어가 유루

생사법이 된다. 만일 육식이 모든 청정한 도품을 수행한다면 이 청정한 도품을 전환, 제팔식으로 귀결되어 무루열반법을 성취한다. 그 때문에 제칠식을 염법과 정법이 번갈아 의지한다 하여 염정의라고 한다. 하지만 칠식은 팔식을 의지하여 일어나고 팔식은 칠식을 의지하여, 인연을 따르면서 서로가 서로를 의지한다. 때문에 염정의는 안(眼) 등 팔식을 일으키는 보조조건이다.

여덟째 분별의연(分別依緣)이다. 분별은 제육의식을 말한다. 이 식은 선·악·유루·무루·색신 등 제법을 분별한다. 안(眼) 등 오근이 비록 오진경계를 취하기는 하지만 자체적으로 분별하지 못하고 모두 제육의식을 의지하여 분별을 한다.

이로써 알 수 있는 것은 오근이 오진경계의 좋고 나쁨을 마주하게 되면 육식분별을 따라서 일어난다는 점이다. 제칠식의 염정도 육식분별을 따라서 알며, 제팔식의 상분도 육식분별을 따라서 나타난다. 때문에 분별의는 안(眼) 등 팔식을 일으키는 보조조건이다.

아홉째는 종자연(種子緣)이다. 종자는 안(眼) 등 팔식 종자를 말한다. 안식은 안근종자를 의지해서 색을 볼 수 있다. 나머지 육식도 여기에 준해서 알 수 있을 것이다. 제칠식은 염정종자를 의지해서 간단 없이 상속할 수 있고 제팔식은 제법종자를 함장함으로써 일체제법을 출생할 수 있기 때문에 모든 식은 각자 자체종자를 의지해서 일어난다. 따라서 종자는 안근 등 모든 식을 일으키는 보조조건이다.

이상에서 설명한 것처럼 아홉 가지 인연이 일시에 갖추어져야 안식을 출생할 수 있다.

次生意識 卽能分別種種諸色 因此則有 一切煩惱善惡等法 卽當反觀念色之
心 不見相貌 當知見者 及一切法畢竟空寂 是名修觀

이와 같다면 청황적백(靑黃赤白)과 순종하는 경계, 위배하는 경계, 순종
하지도 위배하지도 않는 갖가지 색은 제육의식이 분별한다. 이로 인해
일체 번뇌와 선·악 등의 색법이 있게 된다. 이 때 즉시 색을 생각하는
마음을 돌이켜 관찰하면 사물을 보는 것은 눈이 아니라 마음이 보는 것
이며, 보는 마음을 돌이켜 관찰하면 마음의 모습마저도 보이지 않는다.

우리가 알아야 될 것은 모든 보이는 선·악 색법은 필경 공적하다는
점이다. 이를 두고 "보고 듣는 것은 허깨비와 같고, 삼계는 헛꽃과 같으
며, 듣는 소리를 되돌리면 이근의 가리움이 제거되고, 육진이 소멸하
면 깨달음이 원만하고 청정해진다."고 하였던 것이다. 이것이 눈으로
볼 때 닦는 지관이다.

아나율타 존자는 잠을 자다 부처님께 꾸지람을 들은 후, 잠을 자지
않고 열심히 수행정진 하다가 끝내 실명을 하였다. 세존께선 그를 연
민히 여기시고 "낙견조명 금강삼매(樂見照明 金剛三昧)를 닦으라"고 명
하였다. 그는 열심히 정진하여 마침내 천안을 얻어 육안(肉眼)을 의지
하지 않은 채 삼천대천세계를 손바닥 보듯 하였다고 한다. 이것이 눈
으로 색을 보며 지관을 닦아 이익을 얻은 하나의 예이다.

우리가 여기서 볼 수 있는 것은 일체처에서 지관을 수행할 수 있다
는 점이다. 이를 두고 "근근진진이 모두 진실한 원통경계이며 두두물
물이 보리의 도"라고 한다.

❷ 이근이 성진을 마주할 때[耳聞聲時]

二耳聞聲時修止者 隨所聞聲 卽知聲如響相 若聞順情之聲 不起愛心 違情之聲 不起嗔心 非違非順之聲 不起分別心 是名修止 云何聞聲中修觀 應作是念 隨所聞聲 空無所有 但從根塵和合 生於耳識 次意識生 强起分別 因此卽有一切煩惱善惡等法 故名聞聲 反觀聞聲之心 不見相貌 當知聞者 及一切法 畢竟空寂 是名爲觀

둘째, 이근(耳根)이 성진(聲塵)을 마주할 때 닦는 지관법문에 대해 밝히고 있다.

모든 소리는 산골짜기에서 되돌아오는 메아리처럼 진실한 모습이 아니어서, 그것은 허깨비 망상으로서 소리의 모습이라고 호칭하는 데 불과할 뿐이다.

내 감정에 순종하는 좋은 소리는 세간의 아름다운 악기소리와, 노래하고 찬탄하는 소리 등을 말한다. 반면에 헐뜯고 훼방하고 비통한 마음으로 저주하는 소리 등은 내 감정을 위배하는 소리이다. 내 감정을 위배하거나 순종하는 소리에 대해 논할 것 없이 모든 소리는 골짜기에서 일어나는 메아리처럼 홀연히 일어났다 바로 사라진다는 점을 분명히 알아야 한다. 그 때문에 소리를 따라서 탐애하는 마음도 성내는 마음도 일으키지 말아야 한다. 만일 감정을 위배하지도 순종하지도 않는 담박한 소리를 듣는다 할지라도 이 역시 분별을 일으키지 않고 들어도 듣지 않는 것과 동일하다면 이를 '지' 수행이라고 한다.

귀로 소리를 듣는다는 것은 이근만 들을 수 있을 뿐 아니라 반드시 이식도 동시에 일어나는 것이다. 그러나 이식은 분별하는 마음이 없기 때문에 단지 소리를 있는 그대로 들을 수 있을 뿐이다. 이를 두고 분별하는 마음이 있지 않으면 대상을 보아도 보이지 않고 소리를 들어도 들리지 않고 음식을 먹어도 맛을 모르는 경우와 같다고 한다.

따라서 내적으로 이근이 있고 밖으로는 성진이 있고 그 중간에는 명료하게 식별하는 마음이 있는 것을 이식이라고 말한다. 이것은 이근과 성진이 인연이 되어 그 중간에서 이식이 일어나는 경우이다. 이식은 이근을 의지해서 일어나고 이근은 이식으로 인해서 들을 수 있다. 이식은 단지 소리를 들을 수 있을 뿐, 그 소리가 좋은 소리인지 나쁜 소리인지 분별하지 못한다. 따라서 반드시 제육의식이 이식과 동시에 일어나야만 소리의 좋고 나쁨을 분별할 수 있다. 이 분별심 때문에 일체 선·악 등의 법이 일어나게 된다.

안식은 아홉 가지 조건을 갖추어야 일어나지만 이식은 여덟 가지 조건만 갖추어도 일어난다. 안식은 광명의 인연이 없으면 볼 수 없지만, 이식은 광명의 인연이 없어도 들을 수 있기 때문이다.

일체 중생은 번뇌의 지배를 받으며 종일토록 소리의 좋고 나쁜 감정을 따라 생멸로 유전하기 때문에 소리를 들을 때 내 자성으로 돌이켜 듣지 못한다는 것을 알아야 한다. 만일 듣는 마음을 내 자성으로 돌이켜 들을 수 있다면 소리의 모습이 보이지 않게 되어 듣는 사람과 들리는 일체 모든 소리가 끝내 공적하다. 이를 두고 "소리를 자성으로 돌이켜 듣는다면 내 자성에서 위없는 도를 성취한다."고 하였다.

《능엄경》이근원통장(耳根圓通章)에서는 이와 같이 말씀하셨다.

"최초로 발심하여 소리를 들을 때 소리를 따르지 않고 내 자성으로 돌이켜 들어가면, 대상의 소리도 동시에 없어진다. 소리와 내 자성으로 돌이켰다는 마음이 이미 고요하다면, 소리의 진동과 그 소리가 사라지면서 고요한 두 가지 모습에 대해 분별심이 일어나지 않는다. 이와 같이 점진적으로 수행이 증가하면 듣는 마음과 들리는 소리가 끝까지 다했다는 마음에도 머물지 않게 된다. 듣는 마음과 들리는 소리가 공하여 그것이 공하였다는 깨달음이 극도로 원만하게 되면, 공이라고 깨닫는 마음과 들리는 소리마저 공이라는 것까지도 소멸된다. 소리를 따라서 마음이 생멸하는 것이 소멸되면 적멸한 경지가 목전에 나타나게 되는데, 이때에 세간·출세간을 홀연히 초월하여 시방세계가 원만하게 밝아진다."

이는 여기에서 관 수행에서 듣는 마음과 들리는 소리가 끝내 공적하다고 한 이치와 서로 부합한다. 이것이 이근을 통해서 하는 '관' 수행이다.

❸ 비근이 냄새를 맡을 때[鼻臭香時]

三鼻臭香時修止者 隨所聞香 卽知如焰不實 若聞順情之香 不起著心 違情之臭 不起瞋心 非違非順之香 不生亂念 是名修止

셋째, 비근(鼻根)이 냄새를 맡을 때 닦는 지관에 대해 밝히고 있다.

수행인은 전단향과 침수향 또는 인위적으로 조성한 향 등을 따라 냄새를 맡게 되는데, 이를 두고 향진(香塵)이라고 한다. 이 향진은 인연을 따르는 능력이 있어 그것을 훌륭하게 사용하면 좋은 쪽으로 운용이 되고, 악한 쪽으로 사용하면 악이 된다. 이를 통해 알 수 있는 것은 이 향기는 실로 선으로 오를 수도 있고 악으로 빠져들 수 있는 인연이어서, 선과 악의 근본이 된다는 점이다.

세간의 일체 모든 향기가 실재하지 않는다는 것을 명료하게 알았다면, 내 마음에 적합하고 내 의식을 기쁘게 하는 갖가지 탐애스러운 향기를 맡는다 할지라도 한 생각도 탐욕으로 집착하는 마음을 일으키지 않는다. 반대로 더러운 냄새를 맡는다 할지라도 단 한 생각 성내는 마음도 일어나지 않는다. 또 내 감정을 위배하지도 않고 순종하지도 않는 냄새를 맡는다 할지라도 어리석은 마음으로 어지러운 망상을 일으키지 않게 된다. 이것이 비근으로 향진을 맡으면서 '지' 수행을 하는 것이다.

云何名聞香中修觀 應作是念 我今聞香 虛誑無實 所以者何 根塵合故 而生鼻識 次生意識 强取香相 因此則有 一切煩惱善惡等法 故名聞香 反觀聞香之心 不見相貌 當知聞香 及一切法 畢竟空寂 是名修觀

무엇이 냄새를 맡는 가운데 관을 닦는 것인가.

마땅히 '내가 지금 맡는 냄새는 허깨비와 같고 속임수와 같아 실재가 없다'고 생각해야 한다. 그 이유는 비근과 향진이 화합하여 비식이 일어나기 때문이다. 동시에 제육의식이 일어나 향기의 모습을 억지로 취해 이로 인해 일체 번뇌와 선·악 등의 법이 있게 된다. 따라서 이를 두고 '냄새를 맡음'이라고 말한다. 냄새를 맡는 마음을 돌이켜 관찰해 보면 그 실재하는 모습이 보이지 않는다. 마땅히 알아야 할 것은 냄새를 맡는 것과 일체법은 끝내 공적하다는 점이다. 이것을 관 수행이라고 한다.

이 문제를 좀더 상세하게 서술해 보겠다.

냄새를 돌이켜 관찰해보면 그것은 실재가 없는 허깨비와 같다. 그 이유는 비근과 향진이 화합하여 비식과 동시에 일어나야 냄새를 맡을 수 있기 때문이다. 이러한 이치를 알고 향진을 훌륭하게 사용하는 사람은 바로 선법을 이룰 수 있다. 그 예를 하나 든다면 천상에 있는 향적세계에서는 향기로운 밥을 먹으면서 불사를 이루는데, 그것을 향광장엄(香光莊嚴)이라고 한다.

이와는 반대로 향진을 훌륭하게 사용하지 못하는 사람은 향기 때문에 번뇌를 일으키고 업을 지어 삼계생사로 끝없이 유전한다. 이러한 것들은 제육의식이 분별하기 때문에 있다는 점을 알아야만 한다. 분별은 식심 때문에 일어나고 식심은 비근과 향진이 화합하여 일어난다. 만일 비근과 향진이 인연으로 화합하지 않는다면 비식은 일어나지 않으며, 비식이 일어나지 않으면 제육의식도 일어나지 않는다. 의식이 일어나지 않으면 냄새에 대한 분별이 없고, 분별이 없다면 일체 선악 등의 법도 따라서 없게 된다.

이로써 알 수 있는 것은 비근과 향진이 인연으로 화합하면 허망하게 분별이 일어나고 화합된 인연이 분리되면 허망한 냄새라는 명칭도 소멸한다는 점이다. 생멸을 허망이라고 말하고 허망이 소멸한 자리를 진실이라고 한다. 이와 같이 돌이켜 관찰해보면 냄새를 맡는 마음의 실체가 끝내 어느 곳에 있겠는가. 이 마음의 실체는 내적으로 비근에 있지도 않고, 외적으로 향진에 있지도 않으며, 그 중간의 비식에도 있지도 않아, 방향도 없고 형상도 없는 것이다.

이를 통해서 알아야 할 것은 냄새와 냄새를 맡는 마음은 그 본질이 공적하다는 점이다. 이를 두고 주관과 객관이 분리되고 상대적인 의존관계마저 단절하여 끝내 공적하다고 말한다. 이것을 관 수행이라고 한다.

❹ 설근이 미진을 감수할 때[舌受味時]

四舌受味時修止者 隨所受味 卽知如於夢幻中得味 若得順情美味 不起貪著 違情惡味 不起嗔心 非違非順之味 不起分別意想 是名修止 云何名舌受味時 修觀 應作是念 今所受味 實不可得 所以者何 內外六味 性無分別 因內舌根和 合 則舌識生 次生意識 强取味相 因此則有 一切煩惱善惡等法 反觀緣味之識 不見相貌 當知受味者 及一切法 畢竟空寂 是名修觀 及一切法 畢竟空寂 是名 修觀

넷째, 설근(舌根)이 미진(味塵)을 받아들일 때 지를 닦는 것이다.

설근이 맛을 받아들이면 바로 꿈과 허깨비 속에서 맛을 보는 것과 같다는 것을 알아야 한다. 만일 내 감정에 순응하는 좋아하는 맛을 본다 해도 탐애의 집착을 일으키지 않고, 감정을 위배하는 싫어하는 맛을 본다 해도 진심을 일으키지 않으며, 감정을 위배하지도 순응하지도 않는 맛을 본다 해도 의식의 관념으로 분별을 일으키지 않는다면 이를 두고 설식을 통해 지를 닦는다고 한다.

무엇을 설근으로 맛볼 때 관을 닦는다고 하는가.

마땅히 '지금 받아들이는 맛은 그 실체를 얻지 못한다'고 생각해야 한다. 왜냐하면 내적으로 받아들이는 육미(六味: 시고, 달고, 쓰고, 맵고, 짜고, 싱거운 맛)와 외적으로 존재해있는 육미는 본질적으로 좋다 나쁘다는 분별이 없는데, 밖으로의 미진이 내적인 설근과 화합하여 설식이 일어나기 때문이다.

그 다음 제육의식이 동시에 일어나 맛의 모습을 억지로 취하기 때문에 일체 번뇌, 선·악 등의 법이 있게 된다. 미진과 설근이 화합하여 일어난 설식을 돌이켜 관찰해보면 실재하는 모습이 보이지 않는다. 따라서 맛을 보는 것과 일체법은 끝내 공적하다는 것을 알아야 한다. 이를 두고 관을 닦는다고 한다.

이를 좀 더 부연하여 설명해보기로 한다.

일반적으로 음식을 먹을 경우 시고, 달고, 쓰고, 맵고, 짜고, 싱거운 맛에서 모두 지관 수행이 가능하다.

옛 사람은 말하였다.

"종일 음식을 먹었건만 단 한 알의 쌀알도 먹지 않았다고 했는데, 그것은 마음이 맛에 대한 분별이 없기 때문이다."

　　설근은 미진과 인연으로 화합하여 설식이 일어나며, 설식은 설근을 의지해서 일어나고, 설근은 설식으로 인하여 맛을 보게 된다. 따라서 맛을 보는 주체를 설식이라고 한다. 설식이 일어나면 설근과 동시에 일어나는 제육의식이 맛에 대한 좋고 나쁨을 분별한다. 설근은 맛을 분별하는 주체이고 미진은 분별의 대상이다. 이와 같이 설근과 미진이 인연으로 화합하기 때문에 설식이 일어나는 것이다.
　　대체로 설식은 아홉 가지 조건 가운데서 일곱 가지 조건만 화합해도 일어난다. 그 이유는 설식은 해와 달의 광명이 없는 깜깜한 어두움 속에서도 맛을 볼 수 있으며, 걸림 없이 툭 트인 공간이 없다 해도 분별할 수 있기 때문이다.
　　결론적으로 말하면 설식은 아홉 가지 인연 가운데 공간의 인연과 광명의 인연을 떠나, 일곱 가지 인연만 화합해도 일어날 수 있다.

❺ 신근이 촉진에 감촉을 느낄 때[身受觸時]

五身受觸時修止者 隨所覺觸 卽知如影 幻化不實 若受順情樂觸 不起貪著 若受違情苦觸 不起瞋惱 受非違非順之觸 不起憶想分別 是名修止 云何身受觸時修觀 應作是念 輕重冷煖澁滑等法 名之爲觸 頭等六分 名之爲身 觸性虛假 身亦不實 和合因緣 卽生身識 次生意識 憶想分別苦樂等相 故名受觸 反觀緣觸之心 不見相貌 當知受觸者 及一切法 畢竟空寂 是名修觀

다섯째, 신근(身根)이 촉진(觸塵)과 접촉하였을 때 지를 닦는 것이다.

신근이 촉진을 감촉할 경우 그것은 실제로 촉각이 있는 것이 아니고 그림자, 허깨비 변화와 같이 실재하지 않는다는 것을 알아야 한다.

만일 감정에 순응하는 즐거운 감촉을 느낀다 할지라도 탐애의 집착을 일으키지 않고, 감정을 위배하는 괴로운 감촉을 받아들인다 할지라도 진심과 고뇌를 일으키지 않으며, 감정을 위배하지도 순응하지도 않는 감촉을 받아들인다 해도 그것을 기억하여 분별하는 생각을 일으키지 않는다면, 이것을 지를 닦는다고 한다.

무엇을 신근이 촉진을 받아들일 때 관을 닦는다고 하는가.

가볍고 무겁고 차갑고 따뜻하고 껄끄럽고 매끄러운 것 등을 촉진이라고 한다. 촉진의 성품은 허깨비처럼 거짓이며, 몸 또한 실재하지 않는다. 단지 신근과 촉진이 화합하는 인연 때문에 바로 신식이 일어나는 것이다. 그 다음으로 제육의식이 감촉을 기억하여 괴로움과 즐거움 등의 모습을 분별한다. 이를 신근이 촉진을 받아들이는 것이라고 한다. 따라서 신근이 촉진과 인연으로 일어나는 마음을 돌이켜 '실재하는 모습이 보이지 않는다' 고 여겨야 한다. 마땅히 알아야 할 것은 받아들인 촉진과 일체법은 공적하다는 점이다. 이를 두고 관을 닦는다고 한다.

일반적으로 우리의 몸이 차고 따뜻한 것, 바람이 부는 것, 남녀의 몸이 부드럽고 윤기 있는 것, 아름다운 의복에서 감촉을 느끼는 것 등을 촉진이라고 한다. 촉진에서 지를 닦는다는 것은 감촉하는 촉진경계를 따라서 거울 속에 비친 그림자 영상과도 흡사하다. 그것은 거울상에 나타난 허상이기 때문에 실재 있지 않는 것이 그림자로 나타나는 것이 므로, 허깨비 변화와 같아 본래 진실이 아니라는 것을 알아야 한다.

하나의 예를 들어보자.

부처님 제자인 필능가파차 존자는 최초로 발심 출가하여 부처님으로부터 '세간의 모든 법은 고(苦), 공(空), 무상(無常), 무아(無我), 부정(不淨)하기 때문에 즐겨서는 안된다'는 말씀을 자주 들었다. 이 말씀을 듣고 그는 걸식을 하면서 관법에 들어갔는데, 자기도 모르는 사이에 독이 발에 들어가 온몸에 퍼져 매우 고통스러웠다. 그는 즐겨서는 안된다는 생각으로 인해 즐겁지 못한 경계까지 만나서 부처님 말씀을 깨닫게 된 것이다.

'내 몸이 앓이 있어야만 고통을 알 수 있다'고 생각한 그는 심한 통증을 느끼게 되자 걸음을 멈추고 통증에 마음이 끌려가지 않으면서 '이 고통을 아는 사람은 끝내 누구일까' 하고 관찰하였다. 이로 인해 몸에 지각하는 마음이 생긴 그는 통증을 느끼기는 했지만 우리의 본각인 청정한 마음에는 통증의 모습이 따로 없다는 것을 알게 되었다.

또 '한 몸에 통증을 느끼는 지각과 통증이 도달하지 못하는 마음이 어떻게 따로 있을 수 있겠는가. 그렇다면 이 한 몸에 통증과 통증을 느끼는 마음 둘이 있어야 한다. 지각하는 마음과 통증이 둘로 나뉘어 있다면 마땅히 이 한 몸에서 두 부처를 이루게 될 것이니 그러한 이치가 있을 수 있겠는가'라고 생각했다. 그는 마음을 돌이켜 관찰하고 생각을 거둔 지 오래지 않아 몸과 마음이 홀연히 공적하여 통증을 느끼는 마음과 통증을 일으키는 대상이 따로 있다는 것을 느끼지 못하고 바로 주관과 객관 둘 다 잊어버려 마음이 청정해졌다고 한다.

내 감정을 위배하는 촉진도 이와 같다면 감정에 순응하거나 위배하지도 순응하지도 않는 촉진경계 또한 스스로 알게 될 것이다. 이를 두고 촉진을 통해 지를 닦는다고 한다.

무엇을 몸이 감촉을 받아들일 때 관을 닦는다고 하는가.

대상을 통해 느끼는 모든 촉감을 촉진이라 하고, 그 촉감을 주관적으로 받아들이는 머리 등 여섯 분야를 신근이라고 한다. 이 여섯 분야는 머리·몸·양 팔·양 다리를 말한다. 알아야 할 것은 감촉하는 대상경계는 그 성질이 본래 공적하여 진실이 아니며, 그 감촉을 받아들이는 내 몸도 역시 진실이 아닌 허깨비라는 점이다.

우리의 몸은 지·수·화·풍 사대인연으로 화합하여 신근이 있으며, 사대인연이 분리하면 신근도 따라서 없어진다. 안으로는 신근이 인이 되고 밖으로는 촉진이 연이 되어, 내적인 인과 외적인 연이 화합하여 신식이 일어나며, 다음으로 제육의식이 일어나 목전의 촉진에서 괴로움과 즐거운 모습 등을 분별하게 된다. 그 때문에 이를 '촉진을 받아들임'이라고 한다.

대체로 신식으로 인해서 촉진을 느끼고, 의식으로 인해서 괴로움과 즐거움을 분별한다. 이로써 촉진은 자기 스스로 독립적인 것이 아니고, 우리의 마음으로 인해서 있게 된다는 점을 알 수 있다. 그렇다면 촉진을 받아들이는 마음은 끝내 따로의 모습으로 얻지 못한다는 것을 돌이켜 관찰해야 한다. 이를 두고 "마음은 본래 일어남이 없건만 대상경계로 인해서 일어나기 때문에 대상경계가 없을 때엔 마음도 역시 없다."고 하였다.

이처럼 인(因)과 연(緣)이 화합해 일어난 것은 반드시 인과 연의 분리를 따라 소멸하여 생멸거래는 끝내 형상이 없다. 그 때문에 모습을 보지 못한다고 하였다. 따라서 촉진을 받아들이는 마음과 대상인 촉진이 끝내 공적한 것이다.

《능엄경》에서는 이와 같이 말씀하였다.

발타파라 존자는 과거 전생에 위음왕부처님 밑에서 법을 듣고 출가하였다. 어느 날 그는 스님들과 함께 목욕을 하면서 이런 생각을 했다.

'몸이 물과 합하여 물의 촉감을 느낄 때 올바른 생각을 일으켜 이 감촉이 무엇으로 인해 있을까. 만일 이 감촉이 때를 씻는 것으로 인해 있다면 때는 본래 무정물인데 어떻게 감촉을 일으킬 수 있는가. 이는 때를 씻음으로 인해서 감촉이 있지 않는 것이 분명하다. 또 감촉이 몸을 씻는 것으로 인해 있다면 몸을 이루고 있는 지·수·화·풍 사대가 본래 공적한데 어찌 있을 수 있겠는가.'

이를 따라서 끝까지 추구해보았더니 촉진이 일어나지 않았고 내 몸도 역시 존재하지 않게 되어, 그 중간에서 감촉을 느끼는 마음이 편안하여 요동하지 않았다.

이로 인해 원통경계로 깨달아 들어가 외부의 촉진과 안으로의 몸이 동시에 공적하여 오묘한 감촉이 청정하여 본래 오염됨이 없었는데, 청정하여 오염됨이 없는 처소가 끝내 공적하여 주관과 객관의 상대적인 두 모습이라고는 없었다. 이것을 '촉진을 통해 관을 닦는다'고 한다.

❻ 의지근이 법진을 마주할 때[意知法中]

六意知法中修止觀相 如初坐中已明訖 自上依六根修止觀相 隨所意用而用
之 ——具上五番之意 是中已廣分別 今不重辨 行者若能於行住坐臥見聞覺知
等一切處中修止觀者 當知是人眞修摩訶衍道 如大品經云 佛告須菩提 若菩薩
行時知行 坐時知坐 乃至服僧伽梨 視眴一心 出入禪定 當知是人名菩薩摩訶衍

여섯째, 의지근(意知根)이 법진(法塵)을 마주할 때 닦는 지관에 대해
밝히고 있다.

색성향미촉(色聲香味觸)은 전오진이 의식에 떠오른 낙사영자(落謝影
子)인 법진의 모습을 인식한다. 이 문제는 좌선 중에 지관을 수습하는
장에서 자세히 밝혔다.

의식은 다섯 가지 인연이 화합해서 일어나는데, 다섯 가지란 아홉
가지 인연 가운데 명(明)·공(空)·근(根)과 분별의연(分別依緣)을 제외
한 경(境)·작의(作意)·근본의(根本意)·염정(染淨)·종자(種子) 등을
말한다.

의식은 세력의 작용이 다른 식보다 광대하여, 시간과 공간에 구애없
이 보편하게 일체법을 인식하므로 삼경(三境)에 두루 통한다. 또 의식
은 삼량(三量)까지도 모두 갖추고 있다. 따라서 이 의식을 훌륭하게 사
용하면 팔식망상을 전환해서 사지보리(四智菩提)를 이룰 수 있겠지만,
잘못 사용하면 보리열반이 전환하여 번뇌생사를 이루게 된다.

이로써 알 수 있는 것은 의식이야말로 모든 악의 근본이 될 수도 있

고, 모든 선의 뿌리도 될 수 있다는 점이다. 다시 말해 중생이 생사로 윤회하느냐, 아니면 열반의 안락에 들어가느냐 하는 문제는 오직 이 의식의 작용에 의할 뿐 다른 물건이라고는 없다.

인식대상인 삼경(三境)을 풀이해보면 다음과 같다.

성경(性境)은 안식으로부터 신식에 이르기까지 전오식과 제팔식이 인식하는 색 등 오진인 실제경계의 모습에서 그 대상에 대해 명칭과 언어를 일으키지 않고, 계산하거나 헤아리는 마음 없이 자체의 있는 모습 그대로 인식한다는 뜻이다. '성'은 자체성질이라는 의미이다.

독영경(獨影境)은 허공 꽃, 토끼 뿔처럼 명칭만 있을 뿐 실재가 없는 것과 과거 혹은 미래에서 환상 변화로 나타난 제육의식의 상분경계를 말한다. 다시 말해 실제 종자가 없이 독자적으로 의식 속에서 나타난 상상으로 구성된 경계를 독영경이라고 한다. 영(影)은 그림자의 모습 인데, 이는 상분의 다른 명칭이다.

대질경(帶質境)에서 대(帶)는 함께 끼고 합한다는 뜻이고, 질(質)은 체 질을 의미한다. 이 경계는 본질 상분이 있기는 하지만 그 본질을 실제 와 같이 살피지 못하고 잘못 인식하는 것을 말한다. 예를 들면 제칠식 의 견분이 인식하는 상분 그림자는 제팔식 견분인데도 그것을 주재하 는 자아로 잘못 인식하는 경우다. 제육의식이 새끼줄을 뱀으로 잘못 인식하는 경우가 여기에 해당된다.

삼경을 인식하는 삼량(三量)은 현량(現量), 비량(比量), 비량(非量)을 말한다.

현량(現量)은 환하게 드러난 것을 헤아리는 것인데, 전오식이 목전에 환하게 나타난 오진경계를 마주하였을 때 자체모습 있는 그대로를 분별없이 인식하는 것을 말한다.

비량(比量)은 과거에 인식했던 것과 현재를 서로 비교해서 추리하고 헤아려서 인식해 아는 것이다. 예를 들면 담장 밖에서 연기가 피어오르면 그 아래에 불이 있다는 것을 과거의 경험으로 비교 추리해서 아는 경우이다.

비량(非量)은 대상에 대한 잘못된 인식을 말한다.

삼량(三量)은 육식이 분별하는 인식의 주체이고, 삼경(三境)은 인식대상의 경계가 된다.

앞에서는 이미 열거했던 육근 가운데 각자마다 육진경계를 마주한 상태에서 지관 수행을 하는 방법에 대해 말하였다. 이를 의거해 말해 본다면 그 숫자가 여섯이지만 본성 자체에 여섯이라는 간격은 본래 없다. 왜냐하면 본성 가운데는 육근의 작용을 통일된 모습으로 알기 때문이다.

우리들은 육근으로 간격이 막히지 않는 하나의 본성을 본래 가지고 있어 오묘하고 밝은 마음이 항상 육근을 통해서 지혜를 발하여 선악과 주관, 객관의 상대적인 모습을 본래 얻을 수 없지만, 단지 중생은 이 같은 본성을 미혹하여 번뇌의 장애를 받을 뿐이다. 결국 본래 있는 진심이 간격이 없는 데서 간격이 생겨 내 마음의 보리 열반을 위배하게 되어, 보는 것은 색의 범주를 벗어나지 못하고 귀는 소리를 듣는 것에만 국한되는 것이다.

가령 색을 볼 때 보는 마음을 돌이켜 자성의 색을 보고, 소리를 들을 때 듣는 마음을 돌이켜 자성의 소리를 듣는 것처럼 육근 가운데 하나의 근(根)만 근원으로 되돌릴 수 있다면 나머지 오근 모두 동시에 해탈하게 되는 것이다. 이때에는 안근이 색을 볼 뿐만 아니라 소리를 듣고 냄새를 맡고 감촉을 느끼는 등 모든 육근의 작용을 동시에 일으킬 수 있다. 다시 말하면 육근 가운데 하나의 근이 모든 육근의 작용을 동시에 걸림 없이 일으킬 수 있다는 것이다.

이 문제를 《열반경》에서는 "여래는 하나의 근으로 색을 보고, 소리를 들으며, 냄새를 맡고, 맛을 구별하며, 감촉을 느끼고, 일체법까지도 안다."고 하였다. 하나의 근이 그렇다면 나머지 근도 역시 이와 같다. 이것이 바로 육근이 상호간에 걸림없이 작용하는 의미이다.

예를 들면 아나율타 존자는 눈이 없었으나 모든 것을 볼 수 있었고, 발란타용 존자는 귀가 없어도 들을 수 있었으며, 극가신녀는 코가 없어도 냄새를 맡을 수 있었다. 또한 교범발제는 혀가 없어도 맛을 알았으며, 순야다신은 몸이 없어도 감촉을 느꼈고, 마하가섭은 마음으로 생각하지 않아도 지혜가 원만하고 총명하여 명료하게 알 수 있었다. 이러한 사례 등이 육근이 걸림 없이 작용한다는 증거이다.

마하연(摩訶衍)은 대승(大乘)을 의미한다. 수행하는 사람이 전일하게 지관을 수습한다면 이 사람이야말로 대승의 도를 진실하게 수행한다고 할 수 있다.

《대품반야경》에서 부처님께서 수보리에게 말씀하기를 "수보리야, 만일 보살이 행할 땐 행할 줄 알고, 앉을 땐 앉을 줄 알며, 대가사를 입거나 눈으로 살피거나 깜짝하는 순간에도 지극한 일심으로 선정에 출입해야 한다."고 하였다.

다시 말해 어떤 행동, 어떤 일을 하더라도 반드시 사량분별(思量分別)을 일으키지 않고 일심으로 수행해야 한다는 것이다. 일심은 두 마음이 아닌 것을 말한다. 이러한 마음으로 선정에 안주해야 하는데, 이것을 일컬어 '걸어가도 선이고 앉아도 선이어서 행주좌와(行住坐臥) 견문각지(見聞覺知)에서 마음이 자연스럽게 선정을 이룬다'고 말한다.

이와 같이 할 수 있다면 이 사람이야말로 자리이타를 행하는 보살 가운데 대보살인 '보살마하살'인 것이다.

復次 若人能如是一切處中修行大乘 是人則於世間最勝最上無與等者 釋論偈中說

閑坐林樹間 寂然滅諸惡 澹泊怕得一心 斯樂非天樂 人求世間利 名衣好床褥 斯樂非安穩 求利無壓足 衲衣在空閑 動止心常一 自以智慧明 觀諸法實相 種種諸法中 皆以等觀入 解慧心寂然 三界無倫匹

만일 어떤 사람이 일체 처소에서 이와 같이 대승 정 수행을 할 수 있다면 그 사람은 세간에서 가장 뛰어나고 가장 으뜸이어서 그와 겨룰 자가 없을 것이다.

여기에서는 《대지도론》에서 게송으로 이 문제에 대해 밝히고 있다.

숲속에 한가로이 앉아
고요한 마음으로 모든 악을 소멸하네

담박하게 증득한 일심
이 즐거움은 천상의 즐거움이 아니라네

사람들은 세간의 이익과
좋은 옷과 좋은 침상을 추구하나
이 즐거움은 안온이 아니니
이익을 구하는데 만족이 없기 때문이네

누더기 옷으로 텅 비고 고요한 가운데 있으면서
행동거지를 따라 마음이 항상 한결 같다네
스스로 지혜의 마음으로
제법실상의 이치를 관조하네

갖가지 제법을
모두 평등한 마음으로 관찰하고 깨달아
지혜의 마음이 고요하여
삼계에는 그를 짝할 이 없다네

 '부차(復次)부터 무여등자(無與等者)' 까지는 지관법문을 지닌 사람의 공덕이 불가사의하다는 것을 찬미하고 있다. 그 사람은 여래 가업(家業)의 짐을 감당할 수 있기 때문이다.
 수행인은 자비와 지혜의 두 가지 법으로써 중생들을 포섭하고 받아들이기 때문에 세간에서 가장 존귀하고 가장 고상하다. 따라서 세간 사람들은 그를 같은 수준에서 평등하게 짝 할 수가 없다.

'숲속에 한가히 앉아' 부터 네 구절은 속제(俗諦) 가관(假觀)에서 진제(眞諦) 공관(空觀)으로 깨달아 들어가는 선 공덕이 뛰어나다는 것에 대해 밝히고 있다.

'한가히 앉아 있다' 는 것은 마음을 비우고 편안히 앉아 있는 것을 말하는데, 이것은 심란하게 시끄러운 것을 멀리 여의었다는 뜻이다. 숲속은 세간을 멀리 여의고 세상 사람과 왕래하지 않는 곳이다.

'고요한 마음으로 모든 악을 소멸하네' 라는 구절은 모든 선 공덕을 일으키고 일체 번뇌와 서로 호응하지 않는 것을 의미한다.

'담박하게 증득한 일심' 은 마음이 한결같이 담연하다는 뜻이다. 우리 중생들의 마음은 흉내 내기 좋아하는 원숭이와 같고, 의식은 날뛰는 말과 같아서 동분서주하며 하루 종일 번뇌와 함께 한다. 그런데 어떻게 담박한 일심이라고 할 수 있겠는가.

모름지기 단정히 앉아서 제법실상의 이치를 관조해야만 이와 같이 될 수 있을 것이다. 다시 말해 몸과 손발이 편안하여 요동하지 않으며 마음까지도 항상 담박하여 산란심이 없어야만 이 경지에 도달할 수 있다.

'이 즐거움은 천상의 즐거움이 아니라네' 는 세간의 쾌락은 출세간의 쾌락과 비교되지 않으므로 부처와 중생처럼 천양지차인 것을 말한다.

세간의 즐거움은 유루법이다. 이는 유위법으로서 생멸이기 때문에 즐거움이 끝내 무너진다. 하지만 출세간의 즐거움은 무루법이고 무위법이다. 무위는 불생불멸하여 끝내 파괴되는 일이 없기 때문에 그 즐거움은 유위법인 천상의 즐거움이 아니라고 말한 것이다.

여기에서 우리가 알아야 할 것은 제행(諸行)은 무상(無常)이며 생멸법이라는 점이다. 생멸(生滅)이 소멸하고 나면 적멸(寂滅)의 즐거움이 있는데, 적멸의 즐거움은 인간세상이나 천상(天上)의 생멸의 즐거움과 비교가 되지 않는다는 것이다. 이는 속제 가법으로부터 진제 공관으로 깨달아 들어가는 이치에 대해 밝힌 것이다.

'사람들은 세간의 이익과' 부터 네 구절은 범부들이 어리석고 우치하여 진실을 미혹하고 도적을 자기 자식으로 잘못 인식하듯, 허망을 실제로 여기는 것에 대해 밝혔다. 미혹하기 때문에 세간의 욕구를 떠나지 못할 뿐만 아니라, 도리어 탐구하면서 생각생각 집착을 버리지 못한다. 또 출세의 길로 달리면서 명예를 추구하기도 하고 상업을 하면서 재리(財利)를 도모하기도 한다.

사람들은 세간의 오욕 육진경계 속에서 갖가지 계교를 부리면서 탐구하는 마음에 싫증을 내지 않는다. 그들은 인생의 쾌락을 끝까지 다 맛보는 것을 목적으로 삼기 때문에 쾌락이 괴로움의 원인이라는 것을 전혀 모른다. 따라서 세간의 쾌락은 안온한 법이 아니다.

'누더기 옷으로 텅 비고 고요한 가운데 있으면서' 부터 네 구절은 생사를 벗어날 길이 있고 열반에 오르는 문이 있어, 고통의 불에 타지도 않고 영원히 안온하다는 것에 대해 말하였다. '누더기 옷' 은 출가한 사람을 가리킨다. 즉 발심하고 출가하여 거친 옷을 입고 담백한 음식을 먹으며 바위굴이나 수풀에 머물면서 종일토록 부처님만 생각하며 도를 추구하는 것을 의미한다.

행동을 따라 마음이 항상 변함이 없는 것은 지 수행에 속하고, 지 수행을 통한 지혜의 총명으로써 제법실상을 관찰하는 것은 관 수행에 해당된다.

제법은 정보(正報)와 의보(依報)를 말한다. 반야의 지혜를 일으켜 일체 정보와 의보인 제법을 관찰해보면 법마다 실상(實相)이다. 실상은 차별상이 없다. 그 이유는 세간의 일체 제법은 모두 인연을 따라서 일어나 자체의 모습이 없기 때문이다.

범부가 집착한 유(有)의 모습도 없고, 이승이 막혀있는 공(空)의 모습도 없으며, 보살의 주관과 객관을 나누는 두 모습도 없고, 진제 속제를 떠난 중도(中道)의 모습도 없어 차별상이 없는 데서 나타난 모습이 바로 실상이다.

'실상에는 따로의 모습이 없다'는 진제인 공의 의미이고, '실상은 차별상으로 나타나지 않음이 없다'는 속제인 가의 의미이며, '실상은 상이 없으며 상으로 나타나지 않음도 없다'는 중도의 의미이다.

따라서 갖가지 모든 법 가운데서 평등한 마음으로 관찰하여 공관을 수행할 경우 한 법이 공(空)하면 일체법이 공하여 가(假) 가운데 동시에 공하고, 가를 닦을 경우 하나가 가이면 일체가 다 가여서 공 가운데 가가 동시적이며, 중(中)을 닦을 경우 하나의 중이면 일체가 중이어서 공과 가가 중도와 함께 한다.

중도 밖에 따로의 공과 가가 없고 공과 가 외에 중도가 따로 없다. 이 셋 가운데 하나를 들으면 동시에 공가중(空假中) 삼제를 갖추고 공가중 삼제를 따로 말한다 해도 하나의 이치여서 셋과 하나가 두 모습이 아니다. 그 때문에 이를 두고 '제법을 평등하게 관찰함'이라고 하며, 또 '공가중 삼제를 원만하게 관찰함'이라고 한다.

'지혜의 마음이 고요하여 삼계에는 그를 짝할 이 없다네'라는 구절은 지관을 수행하는 사람은 세상 사람과 같은 수준으로 논하지 못한다는 것에 대해 밝혔다.

여기에서 '지혜'는 스스로 수행하고 스스로 이해한 지혜이다. 이 지혜로 세간을 분명하게 관조하여 갖가지 제법을 낱낱이 다 평등관으로써 관찰하여 낱낱의 제법이 즉공(即空) · 즉가(即假) · 즉중(即空) 아님이 없음을 명료하게 통달하게 되는 것이다.

지혜로 관조하고 나면 일체 번뇌가 일어나지 않는다. 그 때문에 마음이 담연하고 적정하여 일체 경계를 따라서 요동하지 않는다. 따라서 수행자가 이와 같이 할 수 있다면 '삼계에는 그를 짝할 이 없다네'라고 하였다.

07

선근이 일어난다·善根發相 第七

올바른 마음으로 감정과 집착에 얽매이지 않는 자가 선정삼매를 닦을 땐·마음과 의식을 진실하게 하여 사된 경계를 받아들이거나 애착하지 않아야 하고·놀라거나 두려워하지 않아야 하며·기뻐하거나 노여워하지 않아야 한다·그리고 주관과 객관의 상대적 이분법에 대한 집착을 잊고 애증심도 동시에 버려 그가 우뚝서도 텅빈듯 망극의 분별심을 일으키지 않아야 한다.

行者若能如是從假入空觀中善修止觀者 則於坐中身心明淨 爾時當有
種種善根開發 應須識知

지관 정수행을 닦을 경우 과거 전생에 쌓았던 선근이 어떻게 발현될
것일까. 제7장 '선근발상(善根發相)'에서는 갖가지 선근이 발현하는
모습에 대해 밝히고 있다.

만일 전생에 지관을 닦지 않았다면 선근도 일어나지 않을 것이다. 따
라서 수행자는 이러한 선근 공덕의 모습이 발현될 때 반드시 그것이
어떤 이유로 일어나는지 낱낱이 식별해야 한다.

여시(如是)라는 두 글자는 앞의 정수행에서 닦았던 갖가지 지관수행을
두고 하는 말이다. 이와 같이 수행을 하려면 속제(俗諦) 가(假)를 따라서
진제(眞諦) 공(空)으로 깨달아 들어가야 한다. 즉 허망한 유위법으로부
터 차별적인 모습이 없는 진공으로 깨달아 들어가는 것을 말한다.

본래 지관은 삼종지관(三種止觀)과 이십오륜(二十五輪) 등 여러 종류가
있으나 수행방법은 똑같지 않다. 하지만 앞에서 수행했던 '좌선 중에
수습하는 지관'과 '경계인연을 마주하고 닦는 지관'이 속제 가를 따
라서 진제 공으로 들어가는 종가입공관(從假入空觀)과 상응하기 때문
에 여기에서는 홀으로 이를 지적했을 뿐이다.

'훌륭하게 수행한다'는 것은 훌륭한 방편으로 지관을 수습한다는 의
미이다. 수행인 가운데 이와 같이 종가입공관을 수습하는 자는 편안하
게 앉아 공부하는 가운데 몸과 마음이 투명하게 되고 청정함을 얻게
된다. 이 때 갖가지 선근이 개발되는데 이를 소홀히 해서는 안 된다.

1. 외부에서 일어나는 선근의 모습[外善根發相]

今略明善根發相 有二種不同 一外善根發相 所謂布施 持戒 孝
順父母尊長 供養三寶 及諸聽學等善根開發 此是外事 若非正修
與魔境相灑 今不分別

선근이 일어나는 모습을 간략히 밝히면 두 가지에서 벗어나지 않는
다. 첫 번째는 외부에서 일어나는 선근의 모습이고, 두 번째는 내적으
로 일어나는 선근의 모습이다.

첫 번째, 밖으로 보고 듣는 가운데 일어나는 선근의 모습에 대해 알
아보자.

좌선 중에 지관을 닦을 경우, 평소에 일어나지 않던 좋은 생각이 일
어나 착한 마음이 생기게 된다. 홀연히 환희심이 생겨 베풀고 싶은 마
음이 일어나 재물을 보시하기도 하고, 수행법을 설법해주기도 하며,
다른 사람에게 두려움 없는 마음을 갖도록 힘을 실어 주기도 한다. 이
것은 보시하고 싶은 마음이 선근으로 일어나는 모습으로 과거 전생에
보시를 행했기 때문에 일어나는 것이다.

또는 홀연히 계율을 지녀야 되겠다는 환희심이 일어 대승·소승
계율 등 갖가지 계율을 지니게 된다. 이것도 전생에 선근을 닦았기 때
문에 지관을 닦음으로써 전생의 선근이 발동하게 된 것이다. 뿐만 아
니라 부모님에게 효도하고 스승과 어른을 공경하며, 삼보에 공양하고,
불경을 독송하거나 경전을 배우는 등의 선근을 일으키는 것이다.

이와 같은 선근은 겉으로 드러난 일체 사상(事相)법문이며, 발현한 선근은 과거 전생에 훈습으로 수행한 이유 때문에 나타난 결과이다. 이처럼 외적으로 발현한 선근은 내적으로 마음속에서 발현하여 수행 공부 하는 데 전혀 방해가 되지 않는다. 하지만 올바르게 수행하지 않는다면 마군의 경계와 서로 뒤섞이게 된다.

2. 안으로 일어나는 선근의 모습[內善根發相]

二內善根發相 所謂諸禪定法門善根開發 有三種意

두 번째, 안으로 마음속에서 숙세의 선근이 일어난 모습이다. 이는 모든 선정법문이 참선 삼매에서 선근으로 개발된 것으로서 세 가지로 분류할 수 있다.

첫째는 삼매 속에서 선근이 발현하는 모습이고, 둘째는 마군 경계를 좇지 않기 위해 선근의 진실과 거짓을 분별하는 것이며, 셋째는 지관 수행을 통해 발현한 선근을 자라나게 하는 것이다.

1) 삼매 속에서 선근이 발현하는 모습[明善根發相]

第一明善根發相 有五種不同 一息道善根發相 行者善修止觀苦 身心調適 妄念止息 因是自覺其心 漸漸入定 發於欲界及未到地 等定 身心泯然空寂 定心安穩 於此定中 都不見有身心相貌

삼매 속에서 선근이 발현하는 모습은 다시 다섯 가지로 나눌 수 있다.

첫째는 호흡관을 닦음으로써 선근이 발현하는 모습이고, 둘째는 중생이 탐심이 많기 때문에 부정관을 닦음으로써 선근이 발현한 모습이고, 셋째는 중생이 진심이 많은 까닭에 자비관을 닦음으로써 선근이 발현하는 모습이다. 넷째는 만법이 인연으로 이루어진 것을 모르면 어리석은 치심이 많이 생기므로 인연관을 닦음으로써 선근이 발현하는 모습이고, 다섯째는 염불공덕으로 선근공덕이 발현하는 모습이다.

첫째, 호흡관을 닦음으로써 선근이 발현하는 모습은 수행자가 단정한 마음으로 정좌하여 지관을 닦아 기운과 호흡을 조화하는 것이다. 호흡을 잘 조절하여 지관을 닦기 때문에 몸과 마음이 쾌적하게 조화를 이룬다. 이는 콧구멍으로 호흡을 조절하는 것에 해당된다.

다시 말해 호흡을 조절함으로써 몸과 마음이 안온해지고 거칠고 들뜬 생각이 일어나지 않는다. 들뜬 생각이 일어나지 않기 때문에 호흡이 고르게 되면 점진적으로 선정 삼매에 들어가는 것을 스스로 깨달아 욕계정(欲界定)인 미도지정(未到地定) 등이 일어나는 것이다. 욕계정은 우리가 현재 사는 곳에서 일어나는 선정을 말하는데, 욕(欲)은 정욕·색욕·식욕·음욕 등 네 종류가 있다. 밑으로 아비지옥으로부터 제일 꼭대기인 제육타화자재천(第六他化自在天)에 이르기까지 남녀가 서로 뒤엉켜 욕구를 떠나지 못한다. 그 때문에 욕계라고 말한다.

가령 지관을 수식관(數息觀)으로 닦는다면 모든 망념이 없어지고 마음이 고요하게 안정되어 몸이 마치 그림자나 구름처럼 텅 비고 청정하여 광명이 일어나기도 한다. 하지만 몸과 마음의 모습이 있는 것이 보여 그것을 잊지 못하므로 몸은 뜬 구름과 같고 마음은 희미한 그림자처럼 되어 안과 밖이 경쾌하고 편안하다는 느낌이 든다. 이를 두고 욕계정의 모습이라고 한다.

욕계정의 모습으로부터 더욱 노력하여 진일보하면 일심이 응연담적한 경지에 도달하게 된다. 다시 말해 있는 모습을 전환하여 무상의 모습을 이루게 되는 것이다. 그 가운데 홀연히 텅 비고 툭 틔어 침상에서도 잠자는 모습이 보이지 않는 것이 마치 태허공과 같아 적연하고 안온하여 내 몸과 세계가 보이지 않는다. 하지만 번뇌의 장애는 그대로 존재한다.

於後或經一坐二坐 乃至一日二日 一月二月將息 不得 不退 不失 卽於定中忽覺身心運動八觸而發者 所謂覺身痛痒冷煖輕重?滑等 當觸法時 身心安定 虛微悅豫 快樂淸淨 不可爲喩 是爲知息道根本禪定善根發相 行者或於欲界未到地中 忽然覺息出入長短 遍身毛孔皆悉虛疎 卽以心眼見身內三十六物 猶如開倉見諸麻豆等 心大驚喜 寂靜安快 是爲隨息特勝善根發相

미도지정을 얻을 경우 시간의 길고 짧음이 일정하지 않다. 향이 하나 다 탈 때까지 선정에 들기도 하고 날이 샐 때까지 지속되기도 하며 하루, 이틀, 한 달, 두 달 동안 선정에 들기도 한다.

선정력이 있어 신체를 보조하고 망념으로 요동하지 않기 때문에 비록 오랜 시간 선정 속에서 머문다 할지라도 몸에는 전혀 손상이 없다. 하지만 단지 선정의 맛에 집착하여 앞으로 전진하는 데 장애를 받아서는 안된다.

선정 속에서 물러나지도 않고 선정을 잃지도 않고 오랫동안 지속하게 되면 홀연히 몸과 마음에 여덟 가지 감촉이 일어난다.

몸에 통증을 느끼기도 하고[痛], 가려움증이 일어나기도 하며[痒], 얼음물속으로 들어간 듯 시리기도 하고[冷], 열이 치솟기도 한다[煖]. 또 한 뜬 구름 같이 몸이 가볍기도 하고[輕], 바위처럼 몸이 무겁게 느껴지기도 하며[重], 몸이 꽉 막히고 꺼끌꺼끌해지기도 하고[澁], 유연하고 매끄러움을 느끼기도 한다[滑].

우리가 알아야 할 것은 이 여덟 종류의 감촉의 경계는 선정 속에서 동시에 일어나는 것이 아니라 그때그때 상황에 따라 일어난다는 점이다. 수행인은 여덟 가지 감촉이 일어나는 것으로 인해 공부에서 물러나는 일이 있는데, 그것은 여덟 가지 경계를 이해하지 못하고 마군 경계가 발현했다고 여기기 때문이다. 따라서 여덟 가지 감촉이 일어날 때는 선정 가운데 나타나는 일종의 경계라는 것을 알고 요동하지 않는다면 신심은 자연스럽게 안정된다.

여덟 가지 감촉이 일어났다가 사라지면 몸과 마음은 고요하며 텅 비고 투명해져 청정하고 쾌락해진다. 왜냐하면 선정의 즐거움은 뛰어난 맛이 따로 있어 세간 오욕락으로 비교할 수 없기 때문이다. 이것을 '수식관으로 도를 닦는 것'이라고 한다.

이와 같은 미도지정의 모습은 수행인이 과거 전생에 선정 선근을 닦은 바탕에서 금생에 지관수행을 했기 때문에 일어나는데, 이를 근본선(根本善)이라고 한다. 근본선이라고 하는 것은 욕계를 뛰어넘은 색계의 초선, 이선, 삼선, 사선을 말한다.

이 네 가지의 선은 비록 세간 선정이긴 하지만 모든 선정의 근본이 된다. 수행자가 미도지정 가운데 여덟 가지 감촉의 관문을 통과하면 또 새로운 경계를 보게 된다. 그 예를 들면 콧구멍으로만 숨을 쉬는 게 아니라 털구멍이 모두 다 열려 호흡하는 것을 느끼게 된다. 이런 경지가 되면 내 마음에 혜안이 열려 몸 안의 서른여섯 가지 물건이 환하게 보이게 된다. 그것은 마치 창고를 열면 그 안에 저장되어 있는 곡식이 분명하게 보이는 것과도 같다.

서른여섯 가지 물건은 자신의 몸 안과 밖, 중간 세 곳에서 벗어나지 않는다.

몸밖에 갖춘 열두 가지 물건은 발(髮) 모(毛) 조(爪) 치(齒) 치(眵) 누(淚) 연(涎) 타(唾) 시(屎) 뇨(尿) 구(垢) 한(汗) 등이다. 또 몸에 있는 열두 가지 물건은 피(皮) 부(膚) 혈(血) 육(肉) 근(筋) 맥(脈) 골(骨) 수(髓) 방(肪) 고(膏) 뇌(腦) 막(膜) 등이며, 몸 안에 함축하고 있는 열두 가지 물건은 간(肝) 담(膽) 장(腸) 위(胃) 비(脾) 신(腎) 심(心) 폐(肺) 생장(生臟) 숙장(熟臟) 적담(赤痰) 백담(白痰) 등이다.

수행자가 미도지정 가운데 서른여섯 가지 물건을 보게 되면 크게 놀라거나 환희심을 느끼며, 마음이 적정하고 상쾌하고 편안해진다, 이를 두고 수식관을 따라서 특별하고 뛰어난 선근이 발현한 모습이라고 한다. 이처럼 뛰어난 선근의 모습은 사념처 등 모든 선관을 능가한다.

二不靜觀善根發相　行者若於欲界未到地定　於此定中身心虛寂
忽然見他男女身死　死已膨脹爛壞　蟲膿流出　見白骨狼籍　其心悲
喜　壓患所愛　此爲九想善根發相　或於靜定之中　忽然見內身不淨
外身膨脹狼籍　自身白骨從頭至足　節節相柱　見是事已　定心安穩
警悟無常　壓患五欲　不著我人　此是背捨善根發相　或於定心中　見

於內身及外身 一切飛禽走獸 衣服飲食 屋舍山林 皆悉不淨 此爲
大不淨善根發相

둘째, 몸이 청정하지 못하다고 관하는 부정관(不靜觀)을 통해서 나타
난 선근의 모습이다.

수행인이 욕계 미도지정에서 몸과 마음이 텅 비고 고요해지면, 홀연
히 어떤 남녀의 몸이 죽은 것처럼 보이기도 한다. 시체가 부풀어 오르
고, 썩어 부서지고, 벌레가 뜯어먹고, 고름이 흐르는 모습을 보게 된다.
또 백골(白骨)이 낭자한 모습을 본다면, 그 마음에 슬픔과 희열이 일어
나 평소에 탐애했던 자신의 몸과 상대방의 몸에 싫증을 느끼게 된다.
이것이 구상선근의 발상이다.

우선 구상(九相)에 대해 알아보자.

사람이 죽으면 시체 속에 바람이 들어가 풍선처럼 부어오르고, 몸에
없던 푸른색의 어혈(瘀血)이 생기며, 사대육신(四大六身)이 무너지고,
피가 흘러 질펀하게 땅을 덮는다. 또 고름이 생겨 썩어 문드러지고, 온
갖 벌레가 시체를 뜯어먹으며, 시체가 산산이 흩어져 무너져 백골만
남으며, 마지막에는 백골마저 불에 타 없어지는 모습이 생긴다.

수행인이 고요히 앉아 선정 삼매에 들었을 때 홀연히 몸 안에 청정
하지 못한 것이 보이는데, 백골이 머리부터 발끝까지 보기도 하고 백
골이 마디마다 서로 버티고 있는 것을 보기도 한다. 수행인은 이런 것
들을 보고 나면 홀연히 경각심이 일어나 내 몸은 무상하다는 것을 깨
닫게 된다. 우리가 알아야 할 것은 범부 중생은 광겁이래로 생사에 빠

져드는 것이 모두 전도된 망상 때문이라는 점이다.

　제법은 본래 무상한데 상주한다고 헤아리고, 즐겁지 않은데 즐겁다고 헤아리고, 실재하는 아(我)가 아닌데 실재하는 아가 있다고 헤아리고, 청정하지 않은데 청정하다고 헤아린다.

　이와 같은 전도된 망상 때문에 생사를 벗어나 윤회를 뛰어넘지 못한다. 지금 선정가운데 무상을 깨닫고 마음 마음이 오욕경계에 싫증을 느껴 아상과 인상에 집착하지 않게 되는데, 이것이 배사(背捨) 선근이 발현한 모습이다.

　배사는 팔배사(八背捨)인데, 팔해탈(八解脫)이라고도 한다. 배(背)는 '위배한다', 사(捨)는 '버린다'는 뜻이다. 이 관법을 수행하면 무루의 지혜가 일어나 삼계 견혹과 사혹을 끝까지 끊고 아라한과를 증득하는데, 이것을 팔해탈이라고 한다.

　三慈心善根發相 行者因修止觀故 若得欲界未到地定 於此定中忽然發心慈念衆生 或緣親人得樂之相 卽發深定 內心悅樂淸淨不可爲喩 中人怨人 乃至十方五道衆生 亦復如是 從禪定起 其心悅樂 隨所見人 顔色常和 是爲慈心善根發相 悲喜捨心發相 類此可知也

　셋째, 자비로운 마음으로 관찰하는 가운데 선근이 일어나는 모습이다. 우리 중생들은 무량겁이래로 지관수행과 대자대비(大慈大悲), 대희대사(大喜大捨), 사무량심(四無量心) 등의 수행을 하지 않은 적이 없었다.

이 문제를 두고 옛 사람은 "가사를 입기 쉽다고 말하지 마라. 이것은 전생에 보리의 종자를 심었기 때문이다."라고 하였다. 수행자가 과거 전생에 자비희사(慈悲喜捨), 사무량심을 수행하기는 했지만 단지 공부가 아직 성취되지 않았을 뿐이다. 따라서 지금 지관을 수행하는 것이다.

전생에 자비희사 선근을 심은 인연에다 금생에 지관을 수행한 것으로 인해 미도지정을 얻으면 홀연히 과거 전생의 선근이 발동하여 자비의 마음으로 중생을 염려하는 마음이 일어나며, 가까운 사람들이 즐거움을 얻는 모습을 보고 자신도 즐거움이 일어난다는 것이다.

가까운 사람은 세 종류가 있다. 가장 친한 사람은 부모와 스승이고, 중간쯤 친한 사람은 형제와 자매이며, 조금 친한 사람은 친구와 지인들이다.

세 종류의 친한 사람들이 즐거움을 얻는 것도 역시 세 가지로 차별이 난다. 가장 친한 사람들의 즐거운 모습을 보면 선정 속에서 모든 부처님을 만나는 즐거움이 일어나고, 중간으로 친한 사람의 즐거운 모습을 보면 보살과 나한을 만나는 즐거움이 일어나며, 조금 친한 사람의 즐거운 모습을 보면 마치 하늘나라의 즐거움을 얻는 듯하다. 이와 같은 심오한 선정에서 갖가지 쾌락의 모습이 일어나 마음이 즐겁고 청정해지는데, 그 즐거움이 세간 오욕락과는 비교가 되지 않는다.

친하지도 않지만 소원하지도 않는 중간쯤 친한 사람과 원수 같은 사람을 연유해서 일어나는 쾌락상도 역시 세 가지가 있다.

최하로 친한 사람을 해칠 경우 그것은 최하의 원한이 되고, 중간쯤 친한 사람을 해치는 것은 중간쯤 원한이 되며, 최상으로 친한 사람을 해치는 사람은 최상의 원한이 된다.

원한이 있는 사람이든 중간쯤 친한 사람이든 시방세계의 모든 중생들의 즐거움을 얻는 모습을 보게 되는데, 이는 선정에 들면 시방육도(十方六道)의 일체중생 가운데 친함과 원한을 논할 것 없이 낱낱이 대자대비(大慈大悲)의 마음으로 연민하게 여기지 않음이 없음을 말한다. 따라서 원한과 친함이 평등하고 아상(我相)과 인상(人相)이 동시에 공적하여 선정 가운데 자애로움을 일으키게 된다.

선정으로부터 일어나는 마음이 기쁘고 쾌락하여 한 생각이라도 상대방에게 염증과 원한의 마음을 일으키지 않기 때문에 안색은 항상 부드럽고 화색이 돌게 된다. 이것을 두고 자애로운 마음으로 관찰하는데서 일어난 선근의 모습이라고 한다.

사무량심 가운데 자애로운 마음이 이와 같다면 나머지 비(悲), 희(喜), 사(捨)의 마음도 역시 마찬가지이다. 따라서 "그 나머지 세 가지 마음도 이에 준해서 알 수 있을 것이다."라고 하였다.

四因緣觀善根發相 行者因修止觀故 若得欲界未到地身心靜定 忽然覺悟心生 推尋三世無明行等諸因緣中 不見人我 卽離斷當 破諸執見 得定安穩 解慧開發 心生法喜 不念世間之事 乃至五陰 十二處十八界中 分別亦如是 是爲因緣觀善根發相

넷째, 인연관을 닦는 가운데 일어난 선근의 모습이다. 인(因)은 직접적인 원인이고, 연(緣)은 인을 보조하는 조건을 말한다.

인은 삼세십이인연(三世十二因緣)을 말한다. 천태사교의(天台四敎儀)에서는 십이인연을 세 종류로 분류하고 있다.

하나는 삼세십이인연이다. 과거 무명(無明)과 행(行)의 이지인(二支因)이 현재의 식(識), 명색(名色), 육입(六入), 촉(觸), 수(受)의 오지과(五支果)를 부르고 애(愛), 취(取), 유(有)의 현재 삼지인(三支因)이 미래 생(生), 노사(老死)의 이지과(二支果)를 부르는데, 이것이 삼세십이인연이다.

이세십이인연(二世十二因緣)은 무명과 행으로부터 애, 취, 유에 이르기까지 현재 십지인(十支因)이 되어서 생, 노사의 이지과를 불러들인다.

일념십이인연(一念十二因緣)은 현재 한 찰나에 일어나는 생각에 십이인연을 동시에 갖춘 것을 말한다.

우리가 반드시 알아야 할 것은 한 생각은 극도로 촉박한 한 찰나의 일념(一念)이 아니며, 선업과 악업이 일어나서 성취되기까지를 일념이라고 한다는 점이다. 예를 들면 우리가 일념무명을 일으켜 한 마리의 닭을 살생하려 할 때 살생하고 나서야 업이 이뤄지는 것까지를 일념이라고 한다. 여기에서 말하는 일념은 삼세십이인연과 이세십이인연이 시간적으로 연이어 속박하는 모습과는 다르다. 삼세인연은 단견(斷見)과 상견(常見)을 타파하고, 이세인연은 아상의 집착을 타파하고, 일념인연은 실제 성품이 있다는 것을 타파한다.

중생들은 무시이래로 이 세 종류의 인연관을 닦았으나 단지 오음의 집착 때문에 부모의 태속으로 들어가면서 수행했던 마음이 미혹해진 것이다. 그 때문에 현생에 그러한 이치를 모르는 것이다.

금생에 지관을 수행했기 때문에 몸과 마음이 고요하고 안정되어 홀연히 깨달은 마음이 일어나 삼세무명과 행 등의 모든 인연을 추리해 보면, 그 가운데는 인상과 아상이 보이지 않는다. 이를 통해 단견과 상견을 떠나 모든 집착을 타파하게 된다.

최초로 무명(無明)은 행(行)을 깔고, 행은 식(識)을 깔고, 유(有)는 생(生)을 깔고, 생은 노사(老死)를 깔고 있기 때문에 혹업고(或業苦)의 생사인과(生死因果)를 이루게 된다.

이를 역(逆)으로 추리해 보자. 지금의 노사는 어디로부터 왔는가. 그것은 생으로부터 왔으며, 생은 취(取)로부터 왔고, 식은 행으로부터, 행은 무명으로부터, 무명은 망상전도로부터 온 것이다. 그 전도된 망상을 추구해 보면 와도 온 것이 없고 가도 간 것이 없어, 그 자체는 원래 허망한 무명으로서 끝내 실체를 얻지 못한다. 무명이 소멸하면 행이 소멸하며 노사까지도 소멸한다.

삼세인연이 단견과 상견을 타파한다는 것은 삼세는 끝없이 교대로 뒤바뀌기 때문에 상주(常住)도 아니고, 상주도 아닌 가운데 삼세는 끝없이 상속하기 때문에 단멸도 아니다. 또 과거는 이미 흘러가 없으므로 상견을 타파하고, 미래는 끝없이 이어지기 때문에 단견을 타파하며, 현재는 과거와 미래가 간단 없이 소멸하고 이어지기 때문에 단견과 상견을 쌍으로 타파하는 것이다.

앞 문장에서 '인상과 아상을 보지 않는다' 라는 구절은 이세십이인연(二世十二因緣)을 추구해서 살피는 것이다. 무명(無明)으로부터 유(有)에 이르기까지가 현재십지인(現在十支因)이 되고, 생사는 미래이지과

(未來二支果)가 된다.

　가령 이 몸이 어디로부터 왔는가를 추구해보면 부모가 남겨주신 몸으로 여러 가지 인연이 임시로 화합해서 성립된 것이다. 따라서 어머니와 아버지가 교합하는 인연이 없었다면 이 몸을 얻을 수 없다. 하지만 어머니와 아버지만이 교합을 하고 중음신(中陰身)의 허망한 식이 없다면 이 역시 몸을 얻지 못한다. 따라서 반드시 중음신으로서 생을 받을 원인이 있어야만 어머니와 아버지가 교합하는 인연을 빌려 태어나게 되는 것이다.

　그렇다면 이와 같은 인(因)과 연(緣)을 추구해 볼 때 각자 일어나는 성질이 있는 것일까, 아니면 없는 것일까.

　만일 각자 태어나는 성질이 따로 있다면 동시에 두 명이 태어나야 하고, 태어나는 성질이 화합하여 서로가 공동으로 일어나는 일이 있다면 이 역시 태어나지 못한다.

　이와 같이 추구해 볼 때 공동으로 화합해서 태어나는 것도 아니고, 원인 없이 태어나는 것도 아니다. 따라서 이 몸에서 아상을 추구해 보아도 끝내 실체를 얻지 못한다. 아상(我相)이 없으면 그에 상대되는 인상(人相)도 역시 없는 것이다. 그 이유는 아상이 있어야만 동시적으로 인상이 있게 되기 때문이다.

　대체로 아상과 인상은 상대적인 의존관계에서 성립되기 때문에 진실하게 있는 것이 아니다. 때문에 이세십이인연은 아상과 인상이라는 차별적인 견해를 타파하는 것이다.

　이와 같이 우리의 몸이 실제로 있다느니 없다느니 하는 단견과 상견을 멀리 떠나서 아상과 인상이 있다는 잘못된 견해를 일으키지 않는다면, 마음은 안온하여 지혜가 개발되고 마음이 분명하게 드러나 법에 대한 희열이 충만하게 될 것이다. 이에 따라 세간의 일체 육진경계의 일을 생각하지 않게 된다.

오음(五陰)은 색수상행식(色受想行識)을 말한다. 이 오음으로 이뤄진 몸에 대한 집착은 마치 그늘이 광명을 가리듯 우리의 진실한 본성을 덮어버린다. 때문에 '다섯 가지 그늘'이라고 하였다.

십이처(十二處)는 육근(六根)과 육진(六塵)이고, 여기에 육식(六識)을 더하면 십팔계(十八界)가 된다. 오음을 분류한 육입(六入)·십이처·십팔계에서 실제 자성을 추구해보았으나 실제를 얻지 못하는 것도 역시 이와 같다. 이는 지관 수행을 하기 때문에 과거 전생에 수행했던 인연관이 금생의 선근 모습으로 발동한 것이다.

五念佛善根發相 行者因修止觀故 若得欲界未到地定 身心空寂 忽然憶念諸佛功德 相好不可思議 所有十方 無畏 不共三昧 解脫 等法 不可思議 神通變化 無礙說法 廣利衆生不可思議 如是等 無 量功德 不可思議

다섯째, 염불수행을 통해서 일어나는 선근의 공덕이다.

우리가 금생에 생사고해(生死苦海) 가운데 몰입했다 할지라도 절대 자포자기해서는 안되며 자신을 존귀하게 여겨야 한다.

가령 여러분들이 경전강의를 기쁜 마음으로 듣는 것도 과거의 선근

공덕 때문이며, 환희심으로 염불을 하고 서방극락세계에 왕생을 발원하는 것도 역시 전생에 염불하기를 좋아했던 선근이 발현한 모습일 뿐이다. 단지 우리가 전생에 간절하게 발원하지 않고 죽음에 임박한 즈음에야 진실한 마음으로 염불했기 때문에 생사를 끝내지 못하고 거듭 괴로움의 세계로 들어간 것이다.

전생에 염불한 공덕이 있었기 때문에 금생에 단 한번만이라도 훈습을 받으면 바로 기쁜 마음으로 염불을 하게 된다. 따라서 금생에 부처님 가르침을 의지해서 흩어진 마음 없이 간절하게 한 구절 아미타불을 염불하면 임종할 때 서방극락세계로 왕생하여 아미타부처님을 직접 뵙고 무생법인(無生法忍)을 깨닫게 된다.

알아야 할 것은 다음 생에 얻게 되는 것은 모두 전생에 심은 선근의 씨라는 점이다. 이로써 끝없이 망망한 생사의 바다 가운데 선근을 심는 것이 가장 긴요한 일임을 알 수 있다.

염불(念佛)에는 세 종류가 있다. 하나는 법신불(法身佛)을 염불하는 것이고, 또 하나는 보신불(報身佛)을 염불하는 것이며, 그리고 응신불(應身佛)을 염불하는 것이다. 중생이 미혹을 일으키고 업을 짓는 갖가지 장애가 동일하지 않으므로 세존께서 그 병통에 따라 처방한 것도 각자 차이가 난다.

가령 깜깜한 혼침의 장애가 있어 무기의 상태에 빠졌을 땐 반드시 응신불을 염불하여 부처님의 삼십이상 팔십종호(三十二相 八十種好)를 관찰함으로써 대치해야 한다.

또 악한 생각이 일어나는 사람은 보신불을 염불해야 된다. 그 이유는 여래과보의 몸인 보신불은 십력(十力), 사무소외(四無所畏), 십팔불공법(十八不共法), 삼십칠조도품(三十七助道品) 등 한량없는 삼매를 만족하게 갖추었기 때문이다. 이와 같이 보신불을 염불하면 오욕과 십악 등의 악한 생각을 대치할 수 있다.

그리고 대상경계가 자신을 핍박하는 경우, 가령 몸에 홀연히 극심한 통증을 느끼거나 손발이 없어지거나 불에 타고 물에 빠지는 일을 당할 때에는 반드시 청정법신 비로자나불(淸淨法身 毘盧遮那佛)을 염불해야 한다. 그 이유는 비로자나 법신불은 공적하여 따로의 형상이 없기 때문이다.

수행인이 전생에 이 같은 세 종류의 염불을 했기 때문에 금생에 지관을 수행하면 몸과 마음이 공적하여 홀연히 모든 부처님의 공덕과 상호는 불가사의하다는 것을 기억하게 된다. 이 경계는 삼매를 얻는 뒤 몸과 마음이 모두 공적하게 된다.

공적한 것은 단지 있다고 집착하는 모습만 고요할 뿐 대상 자체마저 없는 것은 아니다. 이를 두고 진공묘유(眞空妙有)라고 하는데, 때문에 공적한 가운데 홀연히 모든 부처님 공덕과 상호는 불가사의하다는 것을 기억하게 된다. 이것이 바로 응신불을 염불하는 데서 일어난 선근이 모습이다.

모든 여래의 삽십이상 팔십종호는 원력 수행의 공덕으로서 장엄하였다. 따라서 낱낱의 상호마다 미묘하지 않음이 없어 우리가 마음으로 헤아리지 못하고 언어로 의론하지 못한다. 때문에 모든 부처님 지혜와 공덕은 불가사의하다고 말한 것이다. 이것이 바로 보신불을 염불하는

데서 일어나는 선근공덕의 모습이다. 또 걸림 없는 설법을 통해 중생에게 이익을 주는 것은 법신불을 염불하여 발현한 선근발상이다.

법신은 여여하여 자체가 움직이지 않는데서 중생에게 감응의 교화를 일으키며, 대비 원력으로 구계(九界)중생을 갖가지 방편으로 교화하고 인도한다. 이와 같은 한량없는 제불공덕은 불가사의하기만 하다.

作是念時 卽發愛敬心生 三昧開發 身心快樂 淸淨安穩 無諸惡相 從禪定起 身體輕利 自覺功德巍巍 人所愛敬 是爲念佛三昧善根發相

모든 부처님의 한량없는 공덕이 선정 속에 떠오를 경우, 곧바로 부처님에 대한 애경심이 일어나고 이로부터 삼매가 개발되어 몸과 마음이 안온함을 깨닫게 되며 일체 악한 분별심의 모습이 사라진다. 이것이 삼매 속에서 나타나는 모습이다.

삼매가 일어나면 몸이 가뿐하고 공덕이 드높아져 모든 사람이 나를 사랑하고 공경하는 것을 느끼게 된다. 이것이 염불삼매에서 일어난 선근의 모습이다.

우리의 마음은 본래 부처인데, 단지 망상 전도 때문에 부처라는 것을 증득하지 못한다. 만일 지관수행으로 훈습한다면, 마음이 부처이고 마음으로 부처가 되는 것이다.

따라서 내 마음으로 부처가 되는 것은 본인이 스스로 닦는 데 있는 것이다. 비유하면 물고기가 물속에서 차고 따뜻한 것을 스스로 아는 것과도 같다.

**復次 行者因修止觀故 若得身心證靜 或發無常 苦 空 無我 不淨
世間可厭 食不淨相 死離盡想 念佛 法 僧 戒 捨 天**

앞에 간략히 말했던 다섯 종류의 선근발상을 다시 자세히 밝힌다면
한량없고 가없어 이루 다 헤아릴 수가 없다.

수행인이 지관을 닦음으로써 몸과 마음이 청정해지면 유루과보(有
漏果報)의 네 가지 모습인 무상(無常)·고(苦)·공(空)·무아(無我)라는
관찰이 일어난다. 이는 소승에서 수행하는 사념처관(四念處觀)이다.

사념처에서 염(念)은 관찰하는 지혜이고, 처(處)는 관찰대상경계이
다. 이는 중생들이 색수상행식(色受想行識) 등 오온에서 네 가지 잘못된
전도되는 견해를 일으키는 것을 말한다.

이를 풀이해보면 색온(色蘊)에서는 청정하지 않은데도 청정하다는
전도된 견해를, 수온(受蘊)에서는 즐겁지 않은데도 즐겁다는 전도된
견해를, 상온(想蘊)과 행온(行蘊)에서는 찰나찰나 끝없이 천류하는데
도 주재하는 실아(實我)가 있다는 전도된 견해를, 식온(識蘊)에서는 간
단 없는 생멸을 거듭하는데도 상주(常住)한다는 전도된 견해를 일으
킨다.

이와 같은 네 가지 전도된 견해를 제거하기 위해 반드시 사념처관(四
念處觀)을 닦아야 한다.

사념처는 자기의 몸은 청정하지 않다고 관찰하는 것, 감정으로 받아

들이는 것은 괴로움이라고 관찰하는 것, 분별하는 마음은 무상(無常)이라고 관찰하는 것, 일체법은 무아(無我)라고 관찰하는 것이다. 이처럼 네 가지로 구별해서 관찰하기 때문에 별상념처관(別相念處觀)이라고 한다.

이를 다시 총체적으로 묶어서 관찰할 경우 내 몸이 청정하지 못하다고 생각한다면 감정과 마음과 법까지도 모두 부정하다고 동시에 관찰해야 하며, 감정을 괴로움이라고 생각한다면 몸과 마음과 법까지 동시에 괴로움이라고 관찰해야 하고, 법이 무아라고 관찰한다면 그 나머지 셋도 동시에 무아라고 관찰해야 한다. 이것을 총상념처(總相念處)라고 한다.

과거 전생에 이러한 사념처관을 수행했기 때문에 금생에 지관삼매를 수행하는 가운데 사념처관의 선근 모습이 발현한 것이다.

사념처관을 닦은 후에는 염불(念佛)·염법(念法)·염승(念僧)·염계(念戒)·염사(念捨)·염천(念天) 등 육념(六念)법문을 닦아서 생각을 긍정적으로 바꿔야 한다.

과거에 세존께서는 모든 제자들에게 '내 몸은 청정하지 않다'라는 관법을 수행하게 했었다. 부처님 제자들은 대부분 왕자 귀족의 신분으로 출가했는데, 그들은 세간 오욕육진을 마주할 때마다 번뇌의 집착을 일으키는 경우가 많았다. 때문에 부처님께서는 대상경계를 바라보며 청정하지 못하다는 수행을 닦아서 오욕육진에 대한 집착을 버리게 하였다.

부처님 제자들은 이 같은 부정관을 오랫동안 닦아 수행이 성숙한 단계에 이르자, 눈을 뜨나 감으나 자신의 몸도 시체의 모습으로 보여 청정하지 못하다고 심한 염증을 일으키게 되었다. 따라서 자살하기도 하고, 또는 다른 사람에게 죽여 달라고 교사하는 등 세상에 대한 염증을 일으키는 경우가 많았다.

세존께서는 그들이 방편에 집착하여 오히려 병통을 일으키는 것을 보고 연민하게 여기셨다. 때문에 사념처법문을 설한 이후에 다시 육념(六念)법문을 가르쳐 자살하는 병통을 물리치게 하였던 것이다.

알아야 할 것은 부처님 가르침 가운데서 밝힌 모든 대·소승법문이 해탈의 도가 아닌 것이 없다는 점이다. 그러나 비유방편의 가르침에서 근본 뜻을 얻지 못한 자들은 방편의 약에 집착해서 오히려 병을 키우게 된다.

육념(六念)법문은 구체적으로 다음과 같다.

첫째는 염불(念佛)이다. 모든 부처님의 여래십호에는 대자대비와 지혜광명과 한량없는 신통을 만족하게 갖추고 있어 뭇 고통을 제거할 수 있기 때문에 염불을 해야 한다.

둘째는 염법(念法)이다. 법은 여래가 지닌 공덕으로 십력(十力), 사무애(四無碍), 십팔불공등법(十八不共法) 등과 부처님이 설하신 삼장십이부경법(三藏十二部經法)을 말한다. 만일 이와 같은 공덕법을 관찰한다면 선정을 얻게 되어 반드시 열반의 길로 나아가게 되어 있다. 따라서 법을 염해야 한다.

셋째는 염승(念僧)이다. 승은 여래의 제자로 무루법을 얻고 계정혜(戒定慧) 삼학(三學)을 갖추어 세간의 훌륭한 복전이 될 수 있기 때문에 반드시 공경 공양해야 한다.

넷째는 염계(念戒)이다. 계율은 신구의(身口意) 삼업(三業)으로 일으키는 잘못된 악을 방지할 수 있다. 대소승의 금계는 모든 악한 번뇌를 차단하기 때문에 계를 염해야 한다.

다섯째는 염시(念施)이다. 자기가 보시하는 것이 일체 세간을 훌륭하게 이롭게 한다는 것을 관찰하고 인색하게 탐하는 마음을 멀리 여읜다면, 물질을 아끼는 마음이 없어지게 된다. 때문에 반드시 보시를 해야 한다.

여섯째는 염천(念天)이다. 욕계 등 하늘나라에 태어나 하늘나라의 쾌락을 받게 된 것은 전생에 계율을 지키고 보시를 했던 선근공덕 때문이다. 우리도 역시 그들과 마찬가지로 계율을 지키고 보시하는 공덕을 갖추면 하늘나라에 태어날 수 있다. 중요한 것은 계율을 지키고 보시를 하면 욕계 · 색계 · 무색계 등 하늘나라뿐만 아니라 제일의천(第一義天)에서도 태어나 진상적멸락(眞常寂滅樂)을 받는다는 것이다. 그러므로 염천이라고 한다.

念處 正勤 如意 根力 覺道 空 無相 無作 六度 諸波羅密 神通變化等 一切法門發相 是中應廣分別 故經云 制心一處 無事不辨

염처(念處)로부터 각도(覺道)까지는 칠과도품(七果道品)의 모습이다. 이는 사념처(四念處) · 사정근(四正勤) · 사여의족(四如意足) · 오근(五根) · 오력(五力) · 칠각지(七覺支) · 팔정도(八正道)의 삼칠조도품(三七助

310

道品)을 말한다.

공(空)·무상(無常)·무작(無作)은 삼해탈문(三解脫門)이다. 따라서 육도(六度)와 신통변화 등의 일체법문이 일어난다는 것이다.

육도(六度)는 육바라밀인데, 범어로 바라밀은 생사차안을 떠나 번뇌중류를 건너서 열반피안에 도달한다는 뜻이다.

'신통변화'는 중생을 교화하는 일체 방편의 법문 편에서 말한 것이다. 이와 같은 일체 법문이 개발되는 모습은 자세히 분별해서 설명해야 되는데, 여기에서는 단지 그 명칭만 표시했을 뿐이다.

경전에서는 "우주만법은 한량없이 많지만 그것을 일으키는 주인은 내 마음이기 때문에 내 마음을 망상으로 요동하지 못하게 다스리는 처소에서는 이루지 못할 일이 없다."고 하였다.

우리가 알아야 할 것은 불법은 허다한 일이 없고 단지 경전에서 말하는 이 두 구절이 수행에서 가장 중요한 길이 되고 있다는 점이다. 옛 큰스님은 "세간에는 하나도 어려운 일이 없으나 단지 분별심이 있는 사람이 두려울 뿐이다."고 하셨는데, 이 역시 이 같은 뜻일 것이다.

2) 선정의 진실과 거짓을 분별함[分別眞僞]

二分別眞僞者有二　一者辨邪僞禪發相　行者若發如上諸禪時　隨因所發之法　或身搖動　或時身重　如物鎭壓　或時身輕欲飛　或時如縛　或時透迤垂熟　或時煎寒　或時壯熱　或見種種諸異境界　或時其心闇蔽　或時起諸惡覺　或時念外散辭諸雜善事　或時歡喜躁動　或

時憂愁悲思 或時惡觸 身毛驚豎 或時大樂昏醉 如是種種邪法與禪
俱發 名爲邪僞

　둘째, 수행 중에 일어나는 선근발상이 진실인지 거짓인지 분별해야
하는데, 이 진위를 밝히는 것은 두 가지 의미가 있다.

　첫째는 선근이 일어나는 모습이 삿되고 거짓인지 분별해야 한다.

　수행인이 만일 위와 같이 삼매가 일어날 때 선근이 발현하는 모습에
따라서 몸이 어지럽게 요동치기도 하고, 혹은 마치 어떤 물질이 꽉 누
른 것처럼 무겁게 느껴지기도 하며, 때로는 몸이 날아갈듯이 가볍게
느껴지기도 하고, 때로는 속박을 받는 것처럼 느껴지기도 하며, 혹은
몸이 축 늘어져 잠이 오기도 한다.

　혹은 몸을 지지는 듯 하다가 갑자기 한기가 느껴지기도 하고, 때로는
갖가지 특이한 경계를 보거나, 혹은 마음이 컴컴하게 덮여 막힌 것처
럼 느껴지기도 하며, 때로는 악한 분별심을 일으키거나, 때로는 잡다
한 좋은 일을 밖으로 산란하게 치구하여 마음을 어지럽게 하기도 하
고, 때로는 기뻐 들떠서 어쩔 줄 모르거나, 때로는 근심과 걱정이 꽉 차
서 슬픈 생각을 하기도 하며, 혹은 악한 촉감 때문에 모골이 송연해지
기거나, 혹은 마치 술에 취해 미친 기운이 도는 것처럼 지나치게 즐겁
기도 하다는 것이다. 이와 같은 갖가지 삿된 법이 선정삼매와 함께 일
어나면, 그것을 삿되고 거짓된 선근발상이라고 한다.

　삼매 속에서 선근이 발동할 때 그것이 올바른지 삿된 것인지, 진실인
지 거짓인지를 분간하지 못한다면 물고기 눈과 진주를 혼동하는 것과

같은 잘못을 범할 수 있다. 이러한 진실인지 거짓인지에 대한 의미는 두 가지가 있다. 하나는 삿되고 거짓된 삼매의 모습을 논변하는 것이고, 또 하나는 진정한 삼매에서 일어나는 선근의 모습을 논변하는 것이다.

여기에서 말하고 있는 삿되고 거짓된 삼매에서 발현한 모습은 수행인이 지관을 닦는 가운데 일어났던 모습을 따라 몸을 꽉 누르는 것처럼 무겁거나, 몸이 축 늘어져 정신이 혼미해지고 어두운 모습으로 발현되기도 한다. 몸이 가볍고 무겁고 잠이 오고 뜨겁고 차갑고 하는 등의 갖가지 특이한 경계는 모두 다 삿되고 거짓된 모습이지 진정한 삼매에서 발현한 선근의 모습은 아니다.

자기의 마음 가운데 껌껌한 것을 느끼기도 하고, 때로는 악한 분별심을 일으키기도 하며, 때로는 삿된 생각으로 사유를 하기도 하고, 때로는 지나치게 들뜬 마음으로 환희하기도 하며, 혹은 근심에 잠기기도 하는 등의 갖가지 삿된 법이 선정삼매와 동시에 일어나면 그것을 모두 사견이라고 말한다.

수행인이 이와 같은 갖가지 경계를 피하기 어려운 것은 우리가 지관 수행을 열심히 할 때 진실한 마음과 망상이 교차하며 내적인 마군과 외적인 마군이 무더기로 일어나기 때문이다. 따라서 이를 반드시 식별해야 한다.

此之邪定　若人愛著　卽與九十五種鬼神法相應　多好失心顚狂　或時諸鬼神等知人念著其法　卽加勢力　令發諸邪定　邪智　辯才　神通

惑動世人 凡愚見者 謂得道果 皆悉信伏 而其內心顚倒 專行鬼法
惑亂世間 是人命終 永不值佛 還墮鬼神道中 若坐時多行惡法 卽
墮地獄 行者修止觀時 若證如是等禪 有此諸邪僞相 當卽却之 云
何却之 若知虛誑 正心不受不著 卽當謝滅 應用正觀破之 卽當滅矣

　이와 같은 삿된 선정에 한 생각이라도 좋은 경계로 알고 애착을 갖
는다면 바로 인도 구십오종 외도의 귀신법과 서로 일치하게 되어 진심
을 잃고 전도망상에 빠지게 된다.

　모든 귀신들은 신통력이 있기 때문에 사람들이 삿된 법에 집착하는
것을 알면 즉시 세력을 더하여 더욱 애착을 갖게 한다. 따라서 모든 번
뇌와 삿된 선정, 삿된 지혜, 삿된 변재, 삿된 신통 등의 경계가 일어나게
된다. 이러한 갖가지 삿된 경계로 세상 사람들을 감동시켜 그들을 보
는 사람으로 하여금 '저 사람은 도를 깨달은 사람이다' 라고 생각하게
하여 믿고 의지하고 복종하면서 그를 따라 행동하게 만든다. 하지만
이는 자신을 미혹하고 타인까지 현혹하게 하는 것이다.

　내적인 마음은 망상으로 전도되어 오로지 외도의 귀신법만 행하게
되는데, 이를 따르는 사람은 생명이 끝날 때까지 영원히 부처님을 만
나지 못할 뿐더러 오히려 귀신의 세계에 떨어진다. 만약 이 사람이 남
은 복이 있어서 인간 세상에 태어난다 할지라도 악한 짓을 많이 하여
죽으면 바로 지옥에 떨어진다. 수행인이 지관선정을 닦을 때 이와 같
은 삿된 거짓의 모습이 있다는 것을 알게 되면 그 자리에서 바로 물리
쳐야 한다.

그렇다면 어떻게 물리쳐야 할 것인가. 이 모든 모습이 거짓임을 알아 올바른 마음으로 받아들이지도 않고 집착하지도 않는다면 바로 사라져 버린다. 만일 사라지지 않는다면 반드시 지관법을 수행해서 타파해야만 한다. 그러면 즉시 소멸하게 될 것이다.

옛 사람은 말했다.

"익숙한 길에서 오히려 길을 잃는 경우가 많다."

옛 사람의 말처럼 지혜가 분명하지 않으면 흰 구름이 만 리나 떠나가듯이 가는 길에 해로움이 끝이 없을 것이다. 이는 시작에서 털끝만큼이라도 편차가 난다면 그 결과는 천지 차이일 것이라는 의미이다. 따라서 수행인이라면 이 점을 신중하게 생각해야 한다.

사견으로 일어난 선정경계는 번거롭고 상도에서 벗어난다. 따라서 수행인이라면 한 생각이라도 사견경계에 애착의 마음을 일으켜서는 안 된다. 만일 한 생각이라도 애착의 마음을 일으키면 인도에서 성행하고 있는 구십오종 사견 마군 외도법과 서로 일치하여 올바른 진심을 잃게 되는 경우가 많다. 그럴 경우 수행자는 생각생각에 전도된 미친 마음을 일으키게 된다.

마군과 귀신들은 뛰어난 아라한의 신통의 경지에 도달하지 못했지만, 유루법의 다섯 가지 신통을 갖추고 있다. 즉 그들은 다른 사람의 마음을 읽는 타심통을 갖추고 있기 때문에 귀신들은 수행자가 어떤 법에 애착하는가를 알고 그 세력을 더해 애착하는 마음을 더욱 성대하게 만든다. 그리고 모든 삿된 삼매, 삿된 지혜, 삿된 변재, 삿된 신통 등 갖가지 경계로 도업을 파괴하고 훼방하기 때문에 수행자는 마왕 권속이 되어 영원히 생사윤회에 침몰하게 된다.

수행자가 이것이 마군의 업이라는 것을 모르고 좋은 경계로 집착한다면, 그때부터 스스로 미혹하고 타인까지 미혹하게 하여 삿된 선정과 삿된 지혜로 설법한다. 어리석은 범부는 그를 보고 이 사람이야말로 도를 얻은 자라고 믿고 복종하면서 그를 의지하여 행동하게 된다. 음욕과 노여움과 어리석음을 계정혜(戒定慧)라고 허망하게 말하기도 하고, 술과 고기를 먹으면서 깨달음의 길에 장애가 되지 않는다는 등 갖가지 요망한 말과 미혹하는 언어를 진실이라고 여긴다.

그들은 귀신의 법이 내적으로 자기 마음의 전도된 망상이라는 것을 전혀 모르는 상태에서 자기 멋대로 사용한다. 이런 사람은 겉으로 보기엔 도인(道人)인 것 같지만, 실제 행동은 마군의 도를 행할 뿐이다. 따라서 그는 금생의 수명이 다하고 죽을 땐 삿된 마군 귀신의 세계에 떨어져 영원히 부처를 만나지 못한다.

부처란 '깨닫는다'는 의미이다. 깨닫는다는 의미는 육진경계에 대한 집착을 버리고 본심으로 되돌아간다는 것을 말한다. 하지만 귀신의 법은 이 같은 이치를 미혹하기 때문에 깨달음을 등지고 육진경계로 치구한다. 이처럼 한 쪽은 미혹하고 한 쪽은 깨달으니, 이것은 마치 한 사람은 서쪽으로 가고 한 사람은 동쪽으로 달리는 것과 같다. 따라서 삿된 선정을 일으키면 영원히 부처를 만나지 못하는 것이다.

수행자가 살생, 도적질, 음행 등의 갖가지 악한 법을 행하면 임종할 때 즉시 지옥에 떨어져 온갖 고통을 당하게 된다. 그때 하늘을 원망하고 사람을 헐뜯고 부처님 법을 훼방하는데, 그것은 자기가 귀신의 법을 미혹해서 평생토록 악한 법을 행했다는 것을 모르기 때문이다.

이는 인과(因果)의 이치를 전혀 몰랐기 때문에 영원히 악한 세계에 떨어지게 되는 것이다. 이를 두고 은혜를 원수로 갚은 경우라고 하는데, 참으로 연민스러운 일이 아닐 수 없다. 안타까운 일은 마왕의 마음씀씀이가 지나치게 혹독하다는 점이다.

수행자가 지관을 닦을 때 이와 같은 갖가지 사견과 거짓의 모습을 알았다면, 즉시 물리치고 탐애하지 않아야 한다. 이러한 경지를 만나면 반드시 모든 목전의 차별상은 나의 허망한 분별의 모습이며, 모든 분별심은 망상의 견해라는 것을 명료하게 깨달아야 한다.

삿된 지혜와 삿된 신통이 일어날 때는 즉시 그것이 허망한 망상 분별의 모습이라는 것을 인지해야 한다. 우리는 부처님 법이 삿된 신통으로써 해탈로 여기지 않고, 생사를 벗어나 깨달음의 길을 원만하게 성취함으로써 극치를 삼고 있다는 것을 알아야 한다.

올바른 마음으로 감정과 집착에 얽매이지 않는 자가 선정 삼매를 닦을 땐, 마음과 의식을 진실하게 하여 삿된 경계를 받아들이거나 애착하지 않아야 하고, 놀라거나 두려워하지 않아야 하며, 기뻐하거나 노여워하지 않아야 한다. 그리고 주관과 객관의 상대적 이분법에 대한 집착을 잊고 애증심도 동시에 버려 그 가운데서도 털끝만큼의 분별심을 일으키지 않아야 한다.

우리는 지관을 수행하는 가운데 올바른 지혜로 명료하고 분명하게 관조하여 털끝만큼도 사견에 오염되지 않아야 오묘한 지관과 서로 일치할 수 있다는 것을 알아야 한다. 지관을 수행하는 가운데 털끝만큼이라도 집착하는 경계가 있다면 즉시 마군의 경계에 떨어지기 때문이다.

이 문제를 두고 옛 큰스님들은 말씀하셨다.

"털끝만큼이라도 집착하는 생각이 있다면 그것이 삼악도에 떨어지는 원인이며, 한 찰나라도 망상이 일어나면 그것이 영원한 족쇄가 된다."

옛날에 어떤 수행자가 처음에는 용맹 정진하는 마음을 일으켰다가 오랜 시간이 지나자 선정 중에 환락의 마음이 일어나 환한 미소를 지었다. 그때 한 선지식이 "선정 중에 무엇 때문에 웃느냐?"고 묻자 그 수행자는 "선정을 닦는 가운데 금빛 털을 가진 사자가 찾아와 희롱해서 웃었다."고 하였다.

선지식은 "이것은 마왕이 혼란을 일으킨 것이기 때문에 좋아하는 것을 버려야 한다. 선정 가운데 보이는 것은 모두가 허망한 것이므로 절대 집착하지 말아야 한다."라고 하며 한 개의 화살을 주면서 거듭 그러한 경계가 찾아오면 즉시 이 화살을 쏘라고 하였다. 수행자가 선정 속에서 그러한 경계를 다시 보고 즉시 화살을 쏘자 홀연히 자기의 몸에서 통증을 느껴 깨어나 살펴보니 마왕이 아닌 자기의 대퇴골을 찔렀다고 한다.

이로써 알 수 있는 것은 마왕은 오로지 수행인을 혼란시키고 도업을 파괴시키는 것을 자기의 임무로 삼고 있다는 점이다. 따라서 수행인은 간단 없이 이러한 문제를 마치 자기의 눈을 보호하듯 살피고 방지해야 한다.

二者辯眞正禪發相 行者若於坐中發諸禪時 無有如上所謂諸邪
法等 隨一一禪發時 即覺與定相應 空明淸淨 內心喜悅 擔然快樂
無有覆蓋 善心開發 信敬增長 智鑒分明 身心柔軟 微妙虛寂 厭患
世間 無爲無欲 出入自在 是爲正禪發相 譬如與惡人共事 恒相觸
惱 若與善人共事 久見其美 分別邪正二種 禪發之相 亦復如是

둘째는 진실하고 올바른 선정삼매에서 일어난 선근의 모습에 대해 밝히고 있다.

수행자가 만약 좌선하는 가운데 삼매가 발현할 때는 마음속으로 애증의 감정을 일으키지 않고 놀라지도 않으며 앞에서 설명했던 갖가지 삿된 선정 없이 낱낱이 텅 비고 밝고 청정해야 한다.

마치 만 리의 푸른 하늘에 끝내 한 물건도 없는 것처럼 우리는 자기의 마음 가운데 한 가지 천연적인 오묘한 즐거움만 있다는 것을 깨달아야 하며, 또한 내 마음을 번뇌가 뒤덮는 일도 없어야 한다. 그것은 지혜로 분별하기 때문에 자연스럽게 그렇게 되어 삿되고 거짓되고 오염된 법과 서로 일치하지 않게 되는데, 이것을 진실하고 올바른 선정에서 발현한 선근의 모습이라고 한다.

알아야 할 것은 우리의 마음은 본래 선도 악도 아니며, 단지 선악의 인연을 따르는 가능성이 있을 뿐이라는 점이다. 그 때문에 우리의 마음은 선성(善性)으로 일어날 수도 있고 악성(惡性)으로 일어날 수도 있는 것이다.

가령 악인과 함께 일을 하면 무명번뇌가 진여를 훈습하여 바로 진여가 무명번뇌를 따라 일어나게 된다. 따라서 우리의 마음은 항상 번뇌와 저촉하게 된다. 이와는 반대로 선한 사람과 공동으로 일을 하면 진여가 무명을 훈습하게 되고, 무명이 진여의 훈습을 받기 때문에 이와 같은 상태가 오랫동안 지속되어 좋은 일을 보게 된다.

이는 옛 성인이 "선한 사람과 사귀는 것은 마치 향기로운 방에 있으면 향기와 하나로 조화되는 것과 같고, 반대로 악인과 교제하는 것은 마치 어물전(魚物廛)에 있으면 그 냄새와 하나로 조화되는 것과 같다."고 말씀하신 경우에 해당된다.

수행인이 선정삼매에서 발현한 모습이 진실인지 거짓인지 분별하는 것도 바로 이와 같은 의미이다.

3) 지관을 통해 선근을 자라나게 함[止觀長養諸善根]

三明用止觀長養諸善根者 若於坐中諸善根發時 應用止觀二法修令增進 若宣用止 則以止修之 若宣用觀 則以觀修之 具如前說略示大意矣

셋째는 지관수행을 통해 선근을 자라나게 하는 것에 대해 밝혔다.

수행인이 좌선하는 가운데 안과 밖으로 선근이 개발될 때 반드시 지(止)와 관(觀)의 두 법을 닦아 선근이 더욱 자라나게 해야 한다. 그것은 지 수행을 해야 할 경우엔 지를 닦고 관 수행을 해야 마땅하다면 관을 닦아, 지와 관을 혼란스럽게 닦아서는 안된다는 것을 의미한다.

이러한 지관수행 법문은 앞장의 정수행장에서 자세히 풀이한 것과 같으므로 여기에서는 의미만을 대략 제시할 뿐이다.

08

마군의 장애를 물리쳐라·覺知魔事 第八

실상(實相)이란 분별상이 없다는 뜻이다. 세상 사람들은 어떤 사물을 보면 그것은 실재 있는 것이라고 착각하는데, 이것은 망상의 견해이다. 만일 현실적으로 눈앞에 보이는 것이 있다 해도 그 자체는 실재가 아닌 허깨비와 같은 망상의 모습이라는 것을 관찰한다면 차별적인 모습 그 자체에서 분별의 모습이 없어지게 된다. 이것이 바로 청정한 실상이다.

梵音魔羅 秦言殺者 奪行人功德之財 殺行人智慧之命 是故名之爲惡
魔 事者 如佛以功德智慧度脫衆生 入涅槃爲事 魔常以破壞衆生善根
令流轉生死爲事 若能安心正道 是故道高方知魔盛

제8장에서는 수행자의 깨달음과 마군의 일에 대해 밝히고 있다.

수행공부가 더욱 순수해지고 깊어지면 기회를 틈타 마왕이 수시로 찾아와 수행을 방해하고 선근을 파괴한다. 따라서 마군이 찾아오면 반드시 그것을 깨닫고 알아 그에게 절대 미혹 당해선 안된다.

마군은 범어로는 마라(魔羅)라고 하며, 한문으로는 살자(殺者)이다. 마군은 수행인의 공덕법을 빼앗고 지혜의 생명을 죽이기 때문에 그를 '악마가 하는 일'이라고 말한다. 여기에서 생명이라고 하는 것은 우리의 육신과 마음이 임시로 연대하여 일정기간 유지하는 것을 말하지만, 모든 부처님은 지혜부처의 종자로서 생명을 삼는다.

우리는 마군의 일과 부처님의 일이 까마득히 멀다는 것을 알아야 한다.

부처님의 일이란 어떤 것인가. 그것은 육도만행(六度萬行)으로 중생들을 개과천선하게 하여 미혹을 깨달음으로 전환하고 괴로움을 떠나 안락함을 얻게 하는 데서 벗어나지 않는다. 그 밖에 따로의 법문이라고는 없다. 이는 이른바 생사를 떠나 열반을 증득하고 미혹을 버리고 피안에 오르는 것을 말한다.

반면에 마왕(魔王)은 항상 중생들의 선근을 파괴하여 생사로 유전시키는 것을 일로 삼고 있다. 따라서 생사고해에 빠져 있는 한량없는 중생은 모두 마왕의 자손이라는 점을 알아야 한다.

가령 어떤 중생이 청정한 수행을 하여 생사에서 벗어나면 마왕은 즉시 진로심(塵勞心)을 일으키고, 생사를 따라서 유전하면 환희심을 일으킨다. 올바른 도에 마음을 안주하면 도가 높아지고, 도가 높아야 만 마군이 성대함을 알게 되는데, 그것은 내적인 마군과 외적인 마군 이 수행인을 교대로 공격하기 때문이다.

우리가 수행을 할 때 마왕은 즉시 찾아와 수행을 하지 못하도록 마 음을 요란하게 뒤흔든다. 우리의 현전 일념은 시간적으로나 공간적으 로나 두루 보편하다. 만일 이러한 마음이 망상으로 어지러울 때에는 마군이 깨닫지도 알지도 못하지만, 이와는 반대로 한 생각 망상도 일 으키지 않고 본래 밝은 마음이 환하게 드러나면 마군의 궁전이 진동 을 하게 된다.

예를 들면 세존께서 설산에서 고행하고 성도하려 할 때 마왕의 궁 전이 진동하였는데, 그때 마왕은 세존 한 사람이 성도함으로써 많은 사람이 따라서 수행하여 마군의 백성이 감소할까봐 매우 두려워했다. 이때 마왕은 마군의 병사에게 명령하여 세존을 교란시키라고 하였으 나 세존께서는 대광명신통장에 이미 깨달아 들어갔기 때문에 일체제 법은 법마다 실재 이치라는 것을 명료하게 통달하였으므로, 모든 마 군의 병사들이 그 어떤 방법도 써 볼 수가 없었다.

마왕은 다시 자기 딸을 시켜 유혹하게 하였으나 세존께서는 신통력 으로서 마왕의 딸을 추한 여인으로 변하게 하여 그들 스스로 물러나 게 만들었다. 그 후 마왕은 자신이 직접 찾아와 세존의 성도를 방해하 려고 하였으나 그 역시 세존에게 항복을 당하였다. 그 때문에 팔상성도(八相成道) 가운데 항마(降魔)의 설이 있게 된 것이다.

도(道)가 한 자 높으면 마군은 열 자가 높아진다고 하니 이를 잘 분별해야만 한다. 하지만 마군을 봐도 마군으로 여기지 않으면 마군은 스스로 파괴되고, 괴이한 일을 보아도 괴이하게 여기지 않으면 괴이함이 스스로 무너진다.

이와 마찬가지로 평등하여 차이없는 올바른 생각으로 한계가 있는 마군의 일을 소멸하는 것은 마치 끓는 물속에서 얼음이 녹는 것과 같다.

1. 마군의 종류

仍須善識魔事 但有四種 一煩惱魔 二陰入界魔 三死魔 四鬼神魔 三種皆是世間之常事 及隨人自心所生 當須自心正除遣之 今不分別 鬼神魔相 此事須知 今當略說 鬼神魔有三種

마군은 팔만사천 종류가 있지만, 이를 요약하면 네 종류가 있다.

첫째는 번뇌마(煩惱魔)이다. 이는 마음 내에서 일어나는 마군으로 탐진치(貪嗔癡) 삼독심(三毒心)이 일어나 공부를 할 수 없을 정도로 번뇌가 일어나는 것을 말한다. 이것은 수행인이 올바르게 공부하기 어렵게 하는 어두운 번뇌법으로 우리의 심성을 뇌란시킨다.

둘째는 음입계마(陰入界魔)로 생사의 괴로운 과보를 이루는 것을 말한다. 이 생사법은 지혜의 생명을 빼앗기 때문에 음입계마라고 한다. 이는 단지 오음(五陰)을 열고 합하는 차이가 있는데, 오음을 열면 십이입·십팔계가 되고 이를 다시 합하면 색법·심법에서 벗어나지 않는다. 이와 같이 열고 합하는 것이 동일하지 않는 이유는 중생이 색법·심법에 미혹한 정도가 동일하지 않기 때문이다.

셋째는 사마(死魔)이다. 사람이 죽으면 지·수·화·풍 사대가 흩어져 몸을 잃고 생명도 따라서 끝난다. 수행인이 올바른 수행을 하고 싶어도 홀연히 무상한 사마를 만나면 지혜의 생명을 연속시킬 수가 없다.

넷째는 귀신마(鬼神魔)이다. 이를 천자마(天子魔)라고도 부르는데, 욕계 육욕천 꼭대기에 있는 파순마왕을 말한다.

수행인이 공부를 할 때 귀신이 기회를 틈타 수행을 하지 못하도록 교란을 하는데, 네 종류의 마군 가운데 번뇌마·음입계마·사마 등 세 종류는 세상에서 항상 일어나는 일이다. 이것은 마음을 따라 일어나므로 스스로 마음을 바르게 하면 제거할 수 있다.

가령 번뇌가 바로 보리인 것을 통달하면 번뇌마가 없어지며 오음·십이입·십팔계가 모두 허깨비 변화라는 것이 명백해지면 음입계마가 스스로 타파된다. 또 죽음에 임박했을 때 죽음을 자기 집에 되돌아가듯 편안한 마음으로 받아들이면 사마도 스스로 없어진다. 귀신은 '어두움'이라는 것을 알고 우리가 지혜 광명을 올바르게 일으키면 곧

바로 멀리 떠난다. 그러나 귀신마군의 모습을 반드시 심도 있게 식별해야 한다.

귀신마는 분류하면 세 종류가 있는데 다음과 같다.

1) 정매귀(精魅鬼)

一者精魅 十二時獸 變化作種種形色 或作少女 老宿之形 乃至可畏身等非一 惱惑行人 此諸精魅欲惱行人 各當其時而來 善須別識 若於寅時來者 必是虎獸等 若於卯時來者 必是兎鹿等 若於辰時來者 必是龍鼈等 若於巳時來者 必是蛇蟒等 若於午時來者 必是馬驢駝等 若於未時來者 必是羊等 若於申時來者 必是猿猴等 若於酉時來者 必是雞烏等 若於戌時來者 必是猿猴等 若於亥時來者 必是豬等 子時來者 必是鼠等 丑時來者 必是牛等 行者若見常用此時來 卽知其獸精 說其名字訶責 卽當謝滅

첫째, 정매귀신은 도깨비 무리를 말한다. 본래 썩은 나무 바윗돌이 오랜 세월 해와 달의 정기를 받으면 괴이한 정매귀신이 된다. 이를 시간에 따라 사람을 홀리는 귀신이라고도 한다.

수행인이 삿된 생각으로 좌선을 하면 이 홀리는 귀신에게 집착을 하는 경우가 많다. 이럴 때 십이시(十二時)의 짐승이 변하여 갖가지 형색을 드러낸다. 어린 남녀의 모습이나 늙은 사람의 모습을 나타내기도 하며, 짐승의 형상을 나타내기도 한다. 이렇게 모습을 달리하면서 사람을 즐겁게 하기도 하고, 속이기도 하며, 사랑스러운 형체로 나타나기도 하고, 공포스러운 형상으로 나타나기도 하여 수행인이 선정을 닦지 못하게 괴롭힌다.

이 정매귀신은 수행인을 교란시키려 할 때 각자 자기 시간에 맞춰 찾아온다.

귀신이 자기 시간에 맞는 짐승으로 변화한 것을 식별하려면 열두 시간 가운데 어떤 시간을 따라 찾아오는지 관찰하여 찾아오면 즉시 알아야 한다.

가령 인시(寅時)에 찾아오는 것은 호랑이며, 축시(丑時)에 온다면 소이다. 이에 대해 말해 본다면 인시에 처음에는 이리, 다음으로 표범, 호랑이가 찾아온다. 묘시에는 여우·토끼·담비가, 진시에는 용·교룡·물고기가 찾아온다. 이상의 아홉 종류의 짐승은 동방(東方) 목(木)에 속한다.

사시(巳時)에는 두렁허리·잉어·뱀이, 오시(午時)에는 사슴·말·노루가, 미시(未時)에는 양·기러기·매가 찾아온다. 이 아홉 종류는 남방(南方) 화(火)에 속한다.

신시(申時)에는 꿩털·원숭이 한 쌍이 찾아오며, 유시(酉時)에는 까마귀·닭·꿩이, 술시(戌時)에는 개·이리 등이 찾아온다. 이상의 아홉 종류는 서방(西方) 금(金)에 속한다.

해시(亥時)에는 돼지·멧돼지 등이 찾아오고, 자시(子時)에는 고양이·쥐 등이, 축시(丑時)에는 소·개·자라가 찾아온다. 이상 아홉 종류는 북방(北方) 수(水)에 속한다.

중앙 토(土)는 사계절의 왕이다. 따라서 사방을 수행으로 사용한다면, 이는 중앙 토를 사용하는 것이 된다.

오행(五行) 십이지(十二支)의 짐승을 가지고 셋으로 논변하여 서른여섯 종류의 짐승으로 열거했다. 이 의미를 심오하게 체득하고, 시간 따라 찾아오는 짐승 이름을 부르면 즉시 떠난다는 것을 알아야 한다. 귀신은 사람들이 자기 이름을 아는 것을 두려워하여 찾아왔을 때 이름을 부르면 감히 접근하지 못한다.

이름만 불러도 접근하지 못하는데, 하물며 그 형체까지 알고 있다면 더더욱 가까이 다가오지 못한다. 따라서 짐승의 형체와 이름을 알면 귀신의 홀림이 감히 수행에 방해가 되지 못한다.

귀신의 홀림을 다스리는 법을 예를 든다면 옛날에 은둔해서 수행하는 한 스님이 있었는데, 거울을 놓고 그 뒤에 앉았더니 귀신이 거울 속에서는 모습을 변화하지 못하므로 거울을 보고 귀신임을 식별하여 쫓아버렸다고 한다. 이 역시 안과 밖으로 귀신을 다스리는 좋은 방법이다.

2) 퇴척귀(堆剔鬼)

二者堆剔鬼 亦作種種惱觸行人 或如蟲蝎緣人頭面鑽刺熠熠 或擊櫪人兩腋下 或乍抱持於人 或言說音聲喧鬪 及作諸獸之形 異相非一 來惱行人 應卽覺知 一心閉目 陰而罵之 作是言 我今識汝 汝是閻浮提中食火臭香偸腦吉支 邪見喜破戒種 我今持戒 終不畏汝 若出家人 應誦戒本 若在家人 應誦三歸五戒等 鬼便却行匍匐

而去 如是若作種種留難惱人相貌 及餘斷除之法 並如禪經中廣說

둘째, 퇴척귀는 가장 악한 야찰귀신이다. 수행인이 좌선에 들 때 이 귀신이 찾아와 괴롭히는 경우가 많은데, 갖가지 형상으로 수행인을 뇌란시킨다. 가령 벌레나 전갈의 모습으로 나타나 얼굴을 기어다니기도 하고, 혹은 쿡쿡 찌르기도 하며, 혹은 몸을 오르락내리락하기도 한다. 이는 고통은 없지만 가려움을 견디기가 힘들다.

어떤 때는 귀 · 눈 · 콧구멍으로 들어가기도 하며, 혹은 양쪽 겨드랑이 밑에서 마판을 두들기거나 포옹하기도 하여 흡사 물건이 있는 듯 느껴지지만 손에 잡히지는 않고 쫓아내면 다시 찾아오기도 한다.

또 어떤 때는 떠들썩하게 소리를 지르면서 시끄럽게 하기도 하고, 갖가지 특이한 형상으로 찾아와 수행인을 괴롭힌다. 이 귀신의 얼굴은 비파처럼 생겼으며, 눈이 네 개에 입은 두 개로 가장 무서운 형상을 하고 있다. 수행인은 이 귀신이 출현했을 때 급히 대치하는 방법을 알아야 한다.

이 귀신은 과거 구나함부처님 때 말법 중에 한 비구가 여러 스님들을 뇌란시키기를 좋아하므로 스님들이 그를 물리쳐 쫓아낸 일이 있었다. 이 비구는 즉시 악한 원을 세워 좌선하는 사람들을 항상 괴롭혔는데, 이것이 퇴척귀의 원조귀신이다.

이 원조귀신은 일생의 과보가 끝나면 다음 생에 다시 똑같은 업으로 태어나 수행인을 뇌란시킨다. 이 귀신은 꾸짖으면 부끄러운 마음으로 떠나니 수행인이 이러한 일을 알았다면 지극한 마음으로 눈을 감고 이와 같이 꾸짖어야 한다.

"나는 지금 너의 이름을 알고 있다. 너는 염부제(閻浮提) 가운데 불을 먹고 냄새를 맡고 스님들의 법랍을 도둑질하는 길지(吉支)라는 귀신이다. 삿된 견해로 계율의 종자를 파괴하기 좋아하지만, 나는 계율을 지니고 있기 때문에 너를 두려워하지 않는다."

이 귀신은 본래 계율을 파계한 소치 때문에 생긴 것이다. 그러므로 계율을 들으면 수치스러운 마음을 일으키게 되는데, 하물며 파계한 귀신을 떠나가게 하는 것쯤이야 어렵겠는가.

만일 출가한 스님이라면 마땅히《범망경》사분률(四分律) 오분률(五分律) 등을 부지런히 독송하고, 재가신자라면 삼귀오계(三歸五戒)를 외워야 한다. 계율 하나에 다섯 신장이 옹호하기 때문에 오계만 외워도 스물다섯 호법신장이 지켜준다. 이들이 가장 두려워하는 계법을 외우면 귀신은 곧바로 설설 기어서 떠나간다.

이와 같이 갖가지로 수행인을 뇌란시키는 모습과 귀신을 끊어서 제거하는 방법은《선바라밀경(禪波羅密經)》에 자세히 설명되어 있다.

3) 마뇌(魔惱)

三者魔惱 是魔多化作三種五塵境界相來破善心 一作違情事 則可畏五塵 令人恐懼 二作順情事 則可愛五塵 令人心著 三非違非

順事 則平等五塵 動亂行者 是故魔名殺者 亦名華箭 亦名五箭 射
人五情故 名色中作種種境界惑亂行人 作順情境者 或作父母兄弟
諸佛形象 端正男女可愛之境 令人心著 作違情境界者 或作虎狼
師子羅刹之形 種種可畏之像 來怖行人 作非違順境者 則平常之
事 動亂人心 令失禪定 故名爲魔

셋째, 마뇌에 대해 밝히고 있는데, 이는 천자마라고도 한다.

마뇌의 목적은 두 가지 선(善)을 파괴하고 두 가지 악(惡)을 증가시키
는 데 있다. 마군병사와 마군장군을 파견하기도 하고 천자마 자신이
직접 찾아오기도 하는데, 수행과정에서 이 마군은 조복 받기가 가장
힘들다.

퇴척귀와 시간 따라 홀리는 두 마군은 파순의 먼 권속이지만, 이 마
뇌는 파순과 가까운 권속들이다.

두 가지 선(善)과 두 가지 악(惡)에 대해 말해본다면, 사홍서원(四弘誓
願)은 이미 일어난 선이고 수행은 아직 일으키지 않은 선이며, 견혹과
사혹은 이미 일어난 악이고 무명(無明)은 아직 일어나지 않은 악이다.

이 마군은 수행인의 오근(五根)을 따라 세 종류의 오진경계 모습을
변화로 조작하여 도심(道心)을 파괴하기를 가장 좋아한다. 세 종류의
경계는 강한 마군, 유연한 마군, 강하지도 유연하지도 않은 마군임을
유추해서 알 수 있을 것이다.

마뇌는 화전(華箭)이라고도 부른다. 그 이유는 화살처럼 날아오는 한
떨기의 꽃은 사람이 보았을 땐 꽃이지만 실제로는 그 중간에 한 개의

화살이 들어있어 수행인의 신명을 손상시키기 때문이다.

《대론(大論)》에서는 이 문제에 대해 이렇게 말씀하셨다.

"마군은 지혜의 생명을 파괴하고 도법을 무너지게 한다. 그 때문에 마군이라고 명칭한다."

모든 외도의 무리는 마군을 욕계의 주인이라고 말하는데, 이를 사람들은 화전이라고 한다. 또 마뇌는 오전(五箭)이라고도 부른다. 이는 오근(五根)을 따라 들어가 불법과 선법을 파괴하기 때문이다. 세간의 번뇌 인연도 역시 마왕의 힘이다. 이는 모든 부처님의 원수로서 일체 성인을 파괴하고 인간사를 거스르며 열반을 좋아하지 않기 때문에 마군의 일이라고 부른다.

이 마군이 나타내는 세 종류의 경계는 삼독심에서 벗어나지 않는다. 삼종경계 중 내 감정에 순종하는 기분 좋은 경계는 부모형제의 모습을 보이기도 하고, 장엄한 부처님의 형상으로 나타나기도 한다. 시시닥거리고 웃으면서 하는 말과 노래하고 춤추는 것, 음란한 구경거리 등이 여기에 해당된다. 이는 탐애심을 따라서 일어난다.

또 내 감정에 위배되는 경계를 만드는 경우는 호랑이 · 사자 · 나찰 · 야차 등의 두려운 형상으로 찾아와 수행인을 속박하고 고문하는 등 공포스럽게 하는 것이다.

내 감정에 위배되지도 않지만 그렇다고 순종하지도 않는 경계는 일상적인 일들로 사람의 마음을 뇌란시켜 선정을 잃게 하는 경우다. 이것은 어리석은 마음으로부터 일어난다. 이것들이 바로 세 도적의 부류이며, 세간을 탐애하는 것도 모두가 마군의 일이다.

마군이 뇌란시키는 것은 여섯 감촉에서 벗어나지 않는다. 그런데도 지금 다섯 화살로 다섯 감정을 쏜다고 하는 것은 실제로는 여섯을 말하는 것이다. 왜냐하면 의근(意根)이 오근(五根) 가운데 포함돼 있기 때문이다.

천마파순은 육진경계로 부처님까지도 뇌란시키는데, 하물며 유유적적하게 수행하는 말세 범부는 말해서 무엇 하겠는가. 따라서 지관을 수행하는 가운데 한 생각도 일으키지 말고, 금강왕보검을 가지고 부처가 오면 부처를 자르고 마군이 오면 마군을 잘라, 이 경계에서는 부처다 중생이다 하는 분별심이 없어야 한다.

或作種種好惡之音聲 作種種香臭之氣 作種種好惡之味 作種種苦樂境界 來觸入身 皆是魔事 其相衆多 今不具說 舉要言之 若作種種五塵 惱亂於人 令失善法 起諸煩惱 皆是魔軍 以能破壞平等佛法 令起貪欲 憂愁 瞋恚 睡眠等諸障道法 如經偈中說

欲是汝初軍 憂愁爲第二 饑渴第三軍 渴愛爲第四 睡眠第五軍 怖畏爲第六 疑悔第七軍 瞋恚爲第八 利養虛稱九 自高慢人十 如是等衆軍 壓沒出家人 我以禪智力 破汝此諸軍 得成佛道已 度脫一切人

앞에서 말했던 천자마는 퇴척귀를 두고 말한 것이다. 혹 갖가지 듣기

좋거나 싫은 소리를 조작하고, 갖가지 냄새의 기운을 조작하기도 하며, 갖가지 좋고 싫은 맛을 조작하고, 갖가지 괴롭거나 즐거운 경계를 조작하기도 하는 등 다섯 종류의 경계로 찾아와 사람의 몸을 감촉한다. 이 것이 마군의 일이다.

마군의 일은 형상이 수없이 많지만 그 요점만 말해본다면 오종경계를 조작하여 사람들을 뇌란시키면서 선법을 잃게 하고 번뇌를 일으켜 생사에 유전하게 한다. 이 모든 것은 마군이 평등한 불법을 파괴하여 사람으로 하여금 탐욕과 근심, 성내는 마음과 수면 등을 일으키게 하여 도법(道法)을 장애한다.

평등법은 여래의 설법이고, 평등하지 못한 법은 외도 천자마가 지배하는 것을 말한다. 가령 탐욕과 근심과 성내는 마음 등은 평등하지 못한 법이다.

마군에 대해 경전 가운데 게송으로 설해진 것은 이와 같다.

"욕구는 너의 첫 번째 마군이고, 근심은 두 번째 마군이며, 목마름과 배고픔은 세 번째 마군이다. 목마르듯 탐애하는 것은 네 번째 마군이고, 수면은 다섯 번째 마군이며, 공포는 여섯 번째 마군이고, 의심과 후회는 일곱 번째 마군이다. 성내는 마음은 여덟 번째 마군이고, 이익과 헛된 명성은 아홉 번째 마군이며, 잘났다고 뽐내면서 남을 무시하고 교만한 것은 열 번째 마군이다."

이와 같은 여러 마군들이 출가인을 짓누르는데, 출가인은 선정지혜의 힘으로 마군을 꺾어 조복 받아야 한다.

마군은 비록 수행인을 놓아주려 하지 않으나, 수행인은 마군이 도달하지 못한 처소에 이르게 되면 바로 위없는 정각을 성취하고 청정하여 걸림 없는 실상의 열반을 증득하게 된다. 이로부터 동체대비심(同體大悲心)을 일으켜 대자비심과 두려움 없는 정신으로 미혹하고 전도되어 고뇌 받는 중생들을 광대하게 제도하게 된다. 그러므로 불도를 성취하고 나서 모든 중생을 제도한다고 하였다.

2. 마군을 물리치는 방법[卻魔事]

行者旣覺知魔事 卽當卻之 卻法有二 一者修止卻之 凡見一切外
諸惡魔境 悉知虛誑 不憂不怖 亦不取不捨 妄計分別 息心寂然 彼
自當滅 二者修觀卻之 若見如上所說種種魔境 用止不法 卽當反觀
能見之心 不見處所 彼何所惱 如是觀時 尋當滅謝 若遲遲不去 但
當正心 勿生懼想 不惜軀命 正念不動 知魔界如 卽佛界如 若魔界
如 佛界如 一如無二如 如是了知 則魔界無所捨 佛界無所取 佛法
自當現前 魔境自然消滅

우리는 앞에서 마군의 일이 발동했을 때 물리치지 않는다면 마군에게 미혹과 혼란을 당하게 되는 것에 대해 알 수 있었다. 수행자가 이것을 알아차렸다면 반드시 마군을 물리쳐야 한다.

마군을 물리치는 방법은 두 가지가 있다.

첫째는 지 수행을 닦아 물리치는 방법이다. 외부에서 찾아온 일체 감정을 위배하고 순종하는 모든 마군경계를 보면, 그것은 허망하여 실재가 아니라는 것을 알고 마음속에 근심과 공포를 일으키지 말아야 하며, 취하고 버린다는 마음도 내지 말아야 한다. 오직 마음이 적연하면 마군은 스스로 사라진다.

그 예를 들면 천태지자 대사가 천태산 정상에서 수행할 때, 마왕이 대사의 친척권속과 사랑하는 부모로 변하여 찾아왔다. 대사는 그것이 마군의 경계임을 알고 오직 실재의 이치를 깊이 사념하여 공적한 경지에 마음을 안주함으로써, 일체가 모두 허깨비의 변화임을 통달하여 본래 보는 바가 없었다. 그랬더니 오래지 않아 마군이 물러났다고 한다. 이는 온전히 지 수행으로 마군을 물리친 경우이다.

둘째는 관 수행을 닦아 물리치는 방법이다. 지 수행을 해도 물러나지 않으면 즉시 바라보는 마음을 돌이켜 관찰해야 한다. '보는 자는 누구이며 보이는 자는 누구인가'라고 관조하면 존재하는 모습이 보이지 않게 된다. 안과 밖으로 찾고 구하여도 끝내 얻지를 못하는데, 어떻게 마군이 수행인을 뇌란시키겠는가. 이와 같이 관 수행을 한다면 오래지 않아 마군이 사라지게 된다.

이 몇 구절의 의미는 특별히 기억해야 한다. 그 이유는 마군을 타파하는 가장 좋은 방법이기 때문이다.

가령 지지부진하면서 마군이 떠나지 않으면 반드시 마음과 의식을 진실되게 해야만 한다. 사대(四大)가 본래 공적하며 오온(五蘊)은 주재자가 없다는 것을 명료하게 알고, 한 생각이라도 두렵다는 생각을 일으키지 않아야 한다.

목숨을 아끼지 않고 수행 정진하여 정념이 요동하지 않아 사견과 정도를 통달하고 마음이 고요해지면, 마군과 부처의 경계가 하나의 이치로 여여(如如)함을 알게 된다. 하나가 여여하면 둘이 여여하여 평등한 하나의 모습이라는 것을 깨달아야 한다. 마군의 경계라고 해서 버릴 것도 없고 부처님 경계라고 해서 취할 것도 없다면, 불법은 자연히 목전에 나타나고 마군의 경계는 스스로 소멸하게 된다.

이와 같이 할 수 있다면 사견이 정도를 간섭하지 않게 되는데, 이때에 정도가 환하게 드러나게 된다. 이 경지에 이르면 설사 마군이 찾아와 뇌란시킨다 해도 마군의 일을 빌려서 불가사의하게 관찰을 할 수 있다.

이럴 경우 마군이 바로 청정 본연한 법계여서 마군의 경계를 벗어나지 않는 상태에서 바로 부처의 경계가 나타난다. 이 둘은 분별심일 뿐 실제 이치에선 상대적인 차별이 없다. 이처럼 마군과 부처의 경계에서 버리고 취하는 마음이 끊어지면 부처가 없고 있는 것에 관계 없이 본성이 상주한다. 그 때문에 불법이 자연히 목전에 나타나고 마군의 경계는 스스로 소멸한다고 하였다.

알아야 할 것은 중생들은 취하고 버리고 기뻐하고 싫어하는 것 때문에 마군의 뇌란을 받아 생사에서 해탈하지 못한다는 점이다. 그렇다면 마군이 외부에서 찾아와 사람을 뇌란시키는 것이 아니라 사람이 허망한 분별심으로 자기 자신을 뇌란시키는 것이다.

만일 마음속에 취하지도 않고 버리지도 않으며 기뻐하지도 않고 싫어하지도 않아 마군과 부처가 하나로 여여한 경계라는 것을 명료하게 통달한다면 마군의 경계에 나아가서 도를 깨우치게 되는데, 이것을 근본법이라고 한다.

復次 若見魔境不謝 不須生憂 若見滅謝 亦勿生喜 所以者何 未曾有人坐禪 見魔化作虎狼來食人 亦未曾見魔化作男女來爲夫婦 當其幻化 愚人不了 心生驚怖 及起貪著 因是心亂 失定發狂 自致其患 皆是行人無智受患 非魔所爲 若諸魔境惱亂行人 或經年月

不去 但當端心正念堅固 不惜身命 莫懷憂懼 當誦大乘方等諸經
治魔呪 默念誦之 存念三寶 若出禪定 亦當誦呪自防 懺悔慚愧 急
誦波羅提木叉 邪不干正 久久自滅 魔事衆多 說不可盡 善須識之

　다음으로 만일 마군경계가 사라지지 않아도 근심하지 말고, 마군경
계가 사라져도 역시 기뻐하지도 말라고 밝히고 있다. 좌선할 때 나타
난 마군이 호랑이로 변하여 실제로 수행인을 잡아먹는 일은 일어나지
않았으며, 마군이 남녀로 변하여 수행인의 실제 남편이 되고 아내가
된 것을 본 적이 없다.

　마땅히 알아야 한다. 이와 같은 마군경계는 전부 허깨비의 변화일 뿐
이다. 허깨비의 변화인 마군에 대해 어리석은 사람은 그 실재를 모르
고 무서운 경계에선 공포를 일으키고, 좋은 경계가 나타나면 탐욕의
집착을 일으키기도 한다. 이로 인해 마음이 혼란해지기 때문에 올바른
선정을 잃어버리고 미친 기운이 발동하여 스스로 환란을 일으키게 되
는 것이다.

　이 모든 일은 수행자가 지혜가 없어 스스로 환란을 일으키는 것이
지, 내 마음 밖에 마군이 따로 있어 외부에서 찾아와서 생기는 일은 아
니다.

　모든 마군경계가 수행인을 뇌란시키면서 한 달, 한 해가 지나도록 떠
나지 않으면 내 마음을 단정히 추슬러서 정념(正念)이 흩어지지 않게
굳게 지켜야한다. 내 몸에 집착하면 그것도 탐심이라 마군이 더욱 치
성하기 때문에 목숨을 아끼지 말고 두려운 마음을 품지 말며,《대승방

등경》등 경전과 마군을 다스리는 주문을 외우면서 삼보에 마음을 간직해야 한다.

선정에서 나올 때에도 역시 주문을 외워 마군을 방비하고 참회하여 부끄러운 마음을 가져야 한다. 바라제목차(波羅提木叉)를 오래도록 독송하다 보면 삿된 마군이 정도를 간섭하지 못하고 스스로 없어진다.

마군의 일은 수없이 많아 이루 다 설명하지 못하니 그때그때 이것을 잘 식별해야 한다.

《대승방등경》은 《능엄경(楞嚴經)》《유마경(維摩經)》《사익경(思益經)》《해탈심밀경(解脫深密經)》등이며, 마군을 다스리는 주문은 능엄주(楞嚴呪), 대비주(大悲呪) 등이다.

바라제목차를 번역하면 계율이다. 이 역시 대승계와 소승계의 구별이 있다. 수행자가 선정 속에서 마군에게 뇌란을 당할 때, 일체 계율과 삼보와 대승경전을 암송하면 마군은 자연스럽게 소멸하고 삼매도 스스로 목전에 나타나게 된다.

삼보(三寶)는 불법승(佛法僧)을 말하는데, 이 세 가지는 세간에서 가장 존귀하기 때문에 보배라고 한다. 그러나 이것도 주지삼보(住持三寶), 동체삼보(同體三寶), 별상삼보(別相三寶)로 나뉘는데, 대승삼보와 소승삼보는 동일하지 않다.

是故初心行人 必須親近善知識 爲有如此等難事 是魔入人心 能令行者心神狂亂 或喜或憂 因是成患致死 或時令得諸邪禪定 智慧 神通 陀羅尼 說法教化 人皆信伏 後卽壞人出世善事 及破壞正

法 如是等諸異非一 說不可盡 今略示其要 爲令行人於坐禪中 不
妄受諸境界 取要言之 若欲遣邪歸正 當觀諸法實相 善修止觀 無
邪不破 故釋論云 除諸法實相 其餘一切皆是魔事 如偈中說
若分別憶想 卽是魔羅網
不動不分別 是則爲法印

초심수행인은 반드시 선지식과 친근하여야 하는데, 그 이유는 이와 같은 어려운 마군의 일이 있기 때문이다.

이 마군이 사람의 마음속으로 들어가 수행자를 미치게 하여, 혹은 기뻐하고 혹은 근심하며 이로 인하여 병이 나고 끝내는 죽음에까지 이르는 경우도 있다. 어떤 때는 삿된 선정, 삿된 지혜, 삿된 신통, 삿된 다라니를 얻게 하여 사람들을 삿된 설법으로 교화하면 여러 사람이 그에게 현혹되어 믿고 복종하기도 한다. 하지만 훗날에는 출세간의 선한 일을 무너뜨리고 나아가 정법까지 파괴시킨다.

이와 같은 특이한 경계는 한결같지 않아서 이루 다 말로 설명할 수 없다. 여기에서는 간략히 요점만을 제시하여 수행인이 좌선하는 가운데 모든 경계에 망상으로 오염되지 않게 할 뿐이다.

가령 수행하면서 삿된 마군을 버리고 정도로 귀의하고자 할 경우, 제법실상의 이치를 관찰하여 지관을 훌륭하게 닦는다면, 그 어떤 삿된 마군이라 할지라도 타파하지 못할 일이 없다. 따라서 《석론(釋論)》에서는 "제법실상을 제외한 그밖에 일체 모든 것은 마군의 일이다."고 하였다. 왜냐하면 실상을 떠난 밖에 따로 얻을 법이라고는 하나도 없기 때문이다.

이 문제는 게송에서 설한 바와 같다.

"만일 분별하고 기억하고 상상한다면
이것이 바로 마군의 그물이며
마음을 움직이지 않고 분별하지 않는다면
이것이 법인(法印)이다."

여기에서는 사견에 집착한 이유와 그 과보(果報)에 대해 밝히고 있다.

초심수행인은 최초로 발심하여 지관을 수행하는 자이다. 선지식은 병을 알고 약까지 식별하여 병에 따라 그에 알맞은 약을 주는 자이다.

다라니는 번역하면 총지(總持)라고 하는데, 일체 선법을 지니고 흩어지거나 잃지 않는 것을 말한다. 또는 일체법을 총괄하고 한량없는 의미를 지녔다고 하기도 하며, 선법을 잃지 않고 악을 일으키지 않는 것을 의미하기도 한다. 하나를 들으면 천 가지를 깨달을 수 있는 것도 '총지'라고 말할 수 있다.

제법실상(諸法實相)이라는 이 네 글자는 《법화경》의 주요 골자이다. 십법계인과(十法界因果)의 법이 본래 허망한 모습을 떠나 모습마다 모두 진실임을 말한다. 때문에 제법실상이라고 부른다.

실상(實相)이란 분별상이 없다는 뜻이다. 세상 사람들은 어떤 사물을 보면 그것은 실재 있는 것이라고 착각하는데, 이것은 망상의 견해이다. 만일 현실적으로 눈앞에 보이는 것이 있다 해도 그 자체는 실재가 아닌 허깨비와 같은 망상의 모습이라는 것을 관찰한다면 차별적인 모습 그 자체에서 분별의 모습이 없어지게 된다. 이것이 바로 청정한 실상이다.

《대승기신론(大乘起信論)》에서는 "일체 차별적인 경계는 망상 분별 때문에 일어난다. 만일 망상 분별이 없다면 일체 차별적인 경계의 모습이 없게 되는데, 그 자리가 바로 여래의 평등 법신이며 이 법신을 의지해서 본각(本覺)이라고 설명한다."라고 하였다. 여기에서 말하는 본각은 실상의 이치이다.

따라서 마군은 내 마음밖에 실재하는 마군이 아니고, 내 마음속에서 일어나는 허망한 분별의 모습이라는 점을 간과해서는 안될 것이다.

09

병을 다스려라 · 治病 第九

우리의 육신은 지·수·화·풍 사대가 화합하여 서로를 부지하고 있다. 그가운데 일대만 조화가 되지 않아도 병이 일어나는데, 사대 전체가 조화되지 않는다면 생명을 보존할 수 없을뿐 아니라 타인을 교화하는 일 또한 불가능하다. 따라서 지광을 수행하는 자라면 반드시 내적인 마음으로 병을 치료하는 방법을 잘 알아야 한다. 하지만 치료하는 방법이 너무나 번다하므로 그 가운데 진정한 의미를 체득하는 것은 그 사람의 역량에 있으니 어찌 무자로서 다 전할 수 있겠는가. 무자는 알맹이 없는 쭉정이와 같은데 비해 진정한 의미를 체득하는 것은 자기의 마음에 있을 뿐이기 때문이다.

行者安心修道 或四大有病 因今用觀心息鼓擊發動本病 或時不能善
調適身心息三事 內外有所違犯 故有病患 夫坐禪之法 若能用心者 則
四百四病自然除差 若用心失所 則四百四病因之發生 是故若自行化他
應當善識病源 善知坐中內心治病方法 一旦動病 非惟行道有障 則大
命慮失

　중생들의 오온(五蘊) 가운데 색신(色身)은 지수화풍(地水火風) 사대(四
大)로 이루어졌다. 그것은 마치 네 마리의 뱀이 성질이 서로 다르고
물과 불이 서로 상극인 것과 같다. 몸이 있으면 병이 있기 마련인데,
방편으로 보여주는 병과 실제로 생긴 병은 다르다.

　실제로 일어나는 병은 수행 과정에서 생긴 병이고, 방편으로 나타
내는 병은 깨달은 뒤에 중생교화를 위해 보여주는 병이다.

　예를 들면 방편으로 나타내는 병은 유마거사(維摩居士)가 병을 핑계
삼아 비하르에 누워있으면서 몸의 병으로써 범부들을 훈계하고 소승
을 물리치며 대승을 꾸짖었던 일을 말한다. 또 부처님께서 열반에 드
시면서 상주하는 법신의 이치를 《열반경(涅槃經)》에 설한 것도 병을
의지해 설법한 경우다. 이 모두는 방편으로 시현한 병 가운데 행한 법
문이다.

　방편으로 나타내는 병은 지금 다스릴 바가 아니고, 현재 다스려야
할 병은 과거 업의 과보로 태어난 몸의 병이다.

　업(業)으로 받은 몸의 병의 경우, 지·수·화·풍 사대(四大)가 마치
네 마리의 뱀이 움직이듯 서로가 서로를 침해하는 데서 일어난 것이

다. 수행인이 오랫동안 병을 앓게 되면 선정을 닦는 데 커다란 장애가 생긴다. 몸에서 장기간 병이 떨어지지 않으면 닦아야 할 복을 잃고 가이없는 죄를 일으키게 된다.

경전에서는 "강을 건너는 도구를 깨뜨리고 교량마저 철거한다면 정념을 잃는다."고 하였는데, 바로 이 의미에 해당된다. 대체로 병이 생기면 계율이 무너지는데, 이는 강을 건너는 도구를 파괴하는 것과 같다. 또한 선정마저도 파괴하는데, 이는 강을 건너는 교량을 철거해 버리는 것과 같다.

따라서 사견으로 전도된 마음을 일으켜 피고름과 악취가 나는 몸에 집착하고 아끼면서 청정한 법신을 파괴하므로 정념을 잃게 된다고 하였다.

이러한 인연 때문에 반드시 병마(病魔)를 대치해야 한다. 알아야 할 것은 법은 홀로 일어나는 것이 아니라 상대적인 조건을 의지해야만 일어난다는 점이다.

병마는 아무런 인연 없이 일어나는 것이 아니다. 수행인이 편안한 마음으로 수행을 하다가 사대(四大)가 조화되지 못해서 병이 생기기도 하고, 음식을 조절하지 못해 병이 생기기도 하고, 선정 중에 몸과 마음과 호흡 등 세 가지를 조절하지 못해 병이 생기기도 한다. 또한 마음을 조심스럽게 간직하지 못하여 귀신이 그 틈을 엿보아 병이 생기기도 하고, 마군의 장난으로 병이 생기기도 하며, 전생 업보로 병이 일어나기도 한다.

모든 병은 마음을 따라서 일어난다. 그렇다면 마음을 잘 쓰느냐 잘못 쓰느냐에 따라서 병이 있고 없는 것이 구별된다. 좌선수행을 할 때 요점은 마음 씀씀이에 있다. 마음을 잘 사용하면 한량없는 이익을 얻고, 반대로 마음을 잘못 사용하면 허다한 허물을 저지르게 된다.

우리의 육신은 지·수·화·풍 사대(四大)로 이루어져 있으므로 그 가운데 일대만 조화를 이루지 못해도 백 한 가지 병이 생긴다. 따라서 사대(四大)가 조화를 이루지 못한다면 사백 네 가지 병이 일어나게 된다.

만일 마음 씀씀이를 잘 쓰면 모든 병이 자연스럽게 소멸되겠지만, 마음 씀씀이가 옳지 못하면 이로 인해 일체 병환이 발생한다. 그러므로 우리가 자리이타(自利利他)와 상구보리 하화중생(上求菩提 下化衆生)의 공덕을 성취하려 한다면 반드시 병의 근원을 잘 알아야 한다.

또 모름지기 좌선하는 가운데 마음으로 병을 다스리는 방법을 알아야 한다. 병을 알고 그 병에 알맞은 약을 처방해야만 병에 따라 약을 투여할 수 있다. 그렇지 않고 홀로 심산유곡 암자에 거처하면서 도를 닦다가 하루아침에 병이 일어났는데도 병을 다스릴 방법이 없다면, 도업을 이루는 데 장애가 될 뿐만 아니라 생명까지도 위태로워 끝내는 사망에 이르는 경우도 있다.

그렇지만 사소한 병이 있을 때는 꼭 약을 먹어야 할 필요는 없다. 왜냐하면 우리의 몸에는 면역력이 있기 때문이다. 예를 들면 재산이 많은 사람이 병이 많고 궁색한 사람이 병이 적은 이유는 그만큼 약을 복용하지 않았기 때문인데, 그것은 자기 몸속에 병에 항거할 면역력이 있는 것과 같은 이치이다.

1. 병이 발생하는 모습[明病發相]

今明治病法中有二意 一明病發相 二明治病方法 一明病發相者
病發雖復多途 略出不過二種 一者四大增損病相 若地大增者 則
腫結沈重 身體枯瘠 如是等百一患生 若水大增者 則痰陰脹滿 食
飮不消 腹病下痢等百一患生 若火大增者 卽煎寒壯熱 支節皆痛
口氣大小 便痢不通等百一患生 若風大增者 則身體虛懸 戰掉痔
痛 肺悶脹氣 嘔逆氣急 如是等百一患生 故經云 一大不調 百一病
起 四大不調 四百四病一時俱動 四大病發 各有相貌 當於坐時及
夢中察之

　병을 다스리는 방법은 두 가지가 있다. 첫째는 병이 발생하는 모습을
밝히고, 둘째는 병을 치료하는 방법을 밝힌다.

　병이 발생하는 모습은 여러 가지가 있으나 간략히 밝히면 두 가지에
불과하다.

　첫째, 지·수·화·풍 사대(四大)가 어느 한쪽으로 증가하거나 감소
하는 것으로 인해 생기는 병의 모습이다. 우리의 육신은 지·수·화·
풍 사대로 조성되어 있다. 그 가운데 일대(一大)만 세력이 지나치게 증
가하거나 감소해도 바로 질병이 생기게 된다. 그러므로 사대가 평등하
게 조화를 이루지 않으면 안된다.

　만일 지대(地大)의 세력이 나머지 삼대(三大)보다 증가하면 몸이 무
겁게 가라앉으며 종기가 생기고 통증이 일어나기도 하며, 몸이 수척하

게 말라 축 늘어지는 등 백한 가지 병이 일어난다. 만일 수대(水大)가
지나치게 증가하면 습담이 가득 차 음식이 소화되지 않고 복통이나 설
사 등 백한 가지 병이 생긴다. 또 화대(火大)의 세력이 증가하면 뜨거운
열 기운이 뻗쳐 사지 마디마디가 아프고 통증이 일어나며 입맛을 잃거
나 대소변 소통이 안 되는 등 백한 가지의 병이 생긴다. 만일 풍대(風大)
의 세력이 증가하면 몸이 허공에 매달린 듯 떨리고 흔들리면서 통증을
일으키거나, 폐가 답답하고 기운이 팽창하여 구토가 나고 숨이 급해지
는 등 백한 가지의 병이 일어난다.

경전에서는 이 문제를 두고 "사대(四大) 가운데 일대(一大)만 조화를
이루지 못해도 백한 가지 병이 일어나고, 사대가 조화를 이루지 못하
면 사백네 가지 병이 일시에 일어난다."고 하였다.

사대에서 일어난 병은 각자의 특징적인 모습이 있으므로 마땅히 좌
선할 때와 꿈속에서도 잘 살펴야 한다.

二者五藏生患之相 從心生患者 身體寒熱 及頭痛口燥等 心主口
故 從肺生患者 身體脹滿四肢煩疼 心悶鼻寒等 肺主鼻故 從肝生
患者 多無喜心 憂愁不樂 悲思瞋恚 頭痛眼闇昏悶等 肝主眼故 從
脾生患者 身體面上 遊風遍身 痼癢疼痛 飮食失味等 脾主舌故 從
腎生患者 咽喉噎寒 腹脹耳聾等 腎主耳故 五藏生病衆多 各有其
相 當於坐時及夢中察之可知

둘째, 오장(五藏)으로부터 병이 일어나는 모습이다. 오장(五藏)은 심

352

장(心藏)·간장(肝藏)·비장(脾藏)·폐장(肺藏)·신장(腎藏) 등 다섯 가지를 말한다.

오장 가운데 심장에 병이 생기면 몸에 한기가 들거나 열이 나며, 두통이 오거나 입이 바짝 마르는 등의 증세가 나타나는데, 이는 심장이 입을 주관하기 때문이다.

폐장으로부터 일어난 병은 몸이 잔뜩 부어오르고 사지가 쑤시며, 가슴이 답답하고 코가 막히는 등의 증세가 나타난다. 이는 폐장이 코를 주관하기 때문이다.

간장으로부터 생긴 병은 기쁜 마음이 없고, 근심과 걱정이 많아 즐겁지 않으며, 슬프고 성내는 마음이 일어나 머리가 아프고 시력이 어두워지는 등의 증세가 나타나니, 이는 간장이 눈을 주관하기 때문이다.

비장으로부터 생긴 병은 전신에 바람이 돌고, 고질적인 가려움과 통증이 심하며, 입맛이 없는 등의 증세가 나타난다. 이는 비장이 혀를 주관하기 때문이다.

신장으로부터 생긴 병은 목구멍이 막히고, 복부가 부어오르거나 귀가 어두워지는 등의 증세가 나타나는데, 이는 신장이 귀를 주관하기 때문이다.

오장으로부터 일어난 병의 모습을 알고 싶다면 맥이 뛰는 법을 인식해야 병을 치료할 수 있다. 의술을 훌륭하게 행하는 자는 사대(四大)에 대해 잘 알고 있는데, 최상의 의사는 환자의 음성만 듣고도 알 수 있고, 중간쯤 되는 의사는 얼굴색만 보아도 알 수 있으며, 최하의 의사는 진맥을 해봐야만 알 수 있다. 하지만 수행인은 의술에 정통할 필요는 없고 단지 병에 대한 상식만을 간략하게 알면 된다.

오장에서 일어난 병의 모습에 대해 대략 제시해 보면 다음과 같다.

가령 맥이 크고 곧게 뛰면 간에 병이 난 것이고, 맥이 가볍고 들뜨면 심장에 병이 난 것이며, 맥이 첨예하게 충돌하면 폐장에 병이 난 모습이다. 맥이 구슬처럼 굴러가듯 뛰면 신장에 병이 난 것이며, 맥이 침중하고 느슨하게 뛰면 폐장에 일어난 병의 모습이다.

또 얼굴에 광택이 없고 손발에 땀이 없으면 간병, 얼굴색이 푸르면 심장병, 얼굴빛이 검으면 폐병, 몸이 기력이 없으면 신장병, 몸이 보리 쭉정이처럼 까슬까슬하면 비장에 병이 난 모습이다.

오행(五行)이 서로 상극하여 오장 병이 생기는 경우는 서술한 바와 같다. 단지 오행과 오장, 오근의 상속과 상극의 의미를 알아야 한다.

이 문제에 대해 말해보면 동방(東方)은 오행으로 갑을목(甲乙木)인데 색깔은 푸르고 간에 소속되어 있으며, 남방(南方)의 병정화(丙丁火)는 검붉은 색으로 심장에, 서방(西方)의 경신금(庚申金)은 하얀 색으로 폐에, 북방(北方) 임계수(壬癸水)는 검은 색으로 신장에, 중앙 무기토(戊己土)는 황색으로 비장에 속하여 몸을 주관한다.

여기에서는 오근과 오장이 서로 상극하는 것에 대해 밝혔다. 그러므로 병이 일어나는 것이다. 그리고 우리는 반드시 육신(六神)의 병의 모습까지도 알아야 한다.

가령 정신이 어두운 것을 많이 느끼면 간에 혼이 없는 것이고, 전후로 일어난 일을 잊어버리는 경우가 많으면 심장에 신(神)이 없는 것이며, 공포스럽고 생각이 뒤바뀐 경우는 폐에 혼(魂)이 없는 것이고, 지나치게 좋아하고 슬퍼하고 지나치게 웃는 경우는 신장에 지(志)가 없는 것이다. 생각이 자주 뒤바뀌고 현혹되는 경우는 비장에 의(意)가 없는 것이며, 유쾌한 마음이 지나치게 많은 것은 음속에 정(精)이 없는 경우이다. 이상은 육신 가운데 병이 있는 모습이다.

　如是四大五藏病患因起非一　病相衆多　不可具說　行者若欲修止觀法門　脫有患生　應當善知因起　此二種病　通因內外發動　若外傷寒冷風熱　飮食不消　而病從二處發者　當知因外發動　若由用心不調　觀行違僻　或因定法發時　不知取興　而致此二處患生　此因內發病相

이와 같이 사대와 오장에서 일어난 병은 원인이 한결같지 않다. 지대와 수대가 함께 일어나는 경우가 있고, 수대와 풍대가 공동으로 일어나는 경우가 있으며, 또는 지대·수대·풍대가 함께 일어나는 경우가 있고, 지·수·화·풍 사대 전체가 화합해서 일어나는 경우가 있다. 따라서 병의 모습을 빠짐없이 설명하는 것이 불가능하다. 수행인이 지관법문을 닦고 싶어 할 경우 병환이 있다면 반드시 병이 일어난 원인을 잘 알아야 한다.

이상에서 설명했던 사대와 오장에서 일어난 두 종류의 병은 총체적으로 안과 밖에 원인이 있어 활동하게 된다.

만일 외상으로 오는 경우는 한랭(寒冷)과 풍열(風熱) 또는 음식이 소화되지 않은 것이다. 이 병은 사대와 오장 두 곳을 따라서 발동한 것이기 때문에 그 원인이 외부에서 일어났다는 것을 알아야 한다.

만일 마음 씀씀이가 조화롭지 못하고 수행이 정도를 위배해 삿된 것으로 치우치거나 혹은 선정이 일어날 때 취하고 버릴 것을 모르면 사대와 오장에 병이 일어난다. 이것은 내부의 원인으로 일어난 병의 모습이다.

《대반야경(大般若經)》에서는 "수행이 오지(五地)에 오른 보살은 세간의 의술까지도 통달한다."고 하였다.

세간의 의사들은 진맥을 하고 처방을 하여 병을 치료한다. 불법은 세간이 아니기는 하지만 세간을 떠나지도 않았다. 따라서 세간의 의술을 방편으로 빌려서 중생 몸의 병을 다스려야 한다. 예를 들면 여래의 설법이 법약(法藥)이 되어 중생 내면의 번뇌 병을 다스리는 것과도 같다.

수행자는 중생의 갖가지 병환에 있어서 그 인연을 잘 알아야 하는데, 선정이 발현할 때 취할 것은 취하고 버릴 것은 버려야 한다. 만일 취하고 버릴 것을 모르면 사대와 오장 등 두 곳에서 병환이 일어나게 된다. 이것을 내부의 원인으로 일어난 병의 모습이라고 한다.

復次 有三種得病因緣不同 一者四大五藏增損得病如前說 二者鬼神所作得病 三者業報得病 如是等病 初得卽治 甚易得差 若經久則病成 身羸病結 治之難愈

다음으로 병을 일으키는 인연이 세 가지가 있는데, 그 인연이 동일하지 않다.

첫째, 지·수·화·풍 사대(四大)와 오장(五藏)이 증가하고 감소하여 균형이 맞지 않아서 얻은 병은 앞에서 설명한 것과 같다. 둘째는 귀신의 장난으로 얻은 병이고, 셋째는 전생의 업보로 인하여 얻은 병이다.

이 같은 병은 처음 얻었을 때 바로 다스리면 쉽게 고칠 수 있으나, 시일이 오래 경과하게 되면 몸이 수척해지고 굳어져 치료하기가 매우 어렵다.

귀신 병에 대해 밝혀보기로 한다.

사대(四大) 오장(五藏)에서 일어난 병은 귀신 병이 아니고, 귀신 병은 사대 오장병이 아니다. 귀신 병이 없다고 하면 무당들은 한결같이 귀신 병으로 치료를 하여 낫는 경우가 있다고 말하며, 또 사대 오장병이 없다고 하면 의사들은 한결같이 탕약으로 치료하여 낫는 경우가 있다고 말한다. 이 두 경우를 살펴보았을 때 귀신 병이 있다는 것을 충분히 알 수 있다.

옛날에 사리불 존자가 기사굴산에서 금강삼매(金剛三昧)에 들어있었다. 그 때에 두 귀신이 허공을 통과하였는데 한 귀신의 이름은 가라이고, 또 한 귀신의 이름은 우바가라였다. 사리불이 결가부좌하고 선정 삼매에 들어있는 것을 멀리서 바라보고는 가라 귀신이 상대방 귀신에게 말하였다.

"나는 지금 내 주먹의 힘으로 사문의 머리를 후려칠 수 있다."

그 말을 듣고 우바가라가 가라에게 말하였다.

"사문의 머리를 후려칠 수 있다는 생각을 하지 마라. 왜냐하면 이 사문은 세존의 제자 가운데 총명한 지혜가 가장 으뜸이기 때문이다."

가라 귀신은 거듭 말하였다.

"나는 사문의 머리를 후려칠 수 있다."

선한 우바가라는 말하였다.

"그대가 내 말을 듣지 않으려면 여기에 머물러라. 나는 너를 버리고 떠나겠다."

악한 귀신인 가라는 대꾸하였다.

"그대는 사문을 두려워하는가."

착한 귀신은 말하였다.

"나는 실로 그를 두려워한다. 그대가 사문의 머리를 후려친다면 대지가 두 쪽으로 나뉘고 거센 비ㆍ바람이 일어나 천지가 진동을 하면서 모든 하늘나라에서 놀라고 두려워하여 사천왕까지도 알게 된다. 그러면 우리의 처소마저 불안해진다."

악귀가 말을 듣지 않자 선한 귀신은 그곳을 떠났다.

악귀는 바로 사리불에게로 가서 머리를 후려쳤다. 그러자 천지가 크게 진동을 하고 사방에서 거센 비·바람이 몰아쳐 대지가 두 쪽으로 나뉘고 악귀는 즉시 지옥에 떨어졌다.

그때 사리불은 삼매에서 일어나 옷을 여미고 가란타죽에 계시는 세존의 처소에 나아가 머리로 부처님 발을 향해 예배하고 한쪽으로 물러나 앉았다.

부처님께서 사리불에게 말씀하셨다.

"그대는 지금 아픈 곳이 없느냐."

사리불은 답변하였다.

"저는 평소에 병이 없었는데, 지금은 두통 때문에 괴롭습니다."

부처님께서는 말씀하셨다.

"가라라는 귀신이 만일 수미산을 후려쳤다면 수미산이 두 쪽으로 나뉘었을 것이다. 요행히 그대는 금강삼매에 들어서 삼매 신통력을 의지했기 때문에 머리를 맞아도 상처를 입지 않았다. 그렇지 않았다면 극도로 위험했을 것이다."

이 인연은 《증일아함경(增一阿含經)》에 매우 상세하게 기술되어 있다. 따라서 귀신이 장난을 하면 역시 병이 생긴다는 것을 알 수 있다.

다음으로 업보로 인하여 일어난 병인데, 오로지 전생의 죄업 때문에 생기는 병이 있고, 금생에 계율을 파괴하여 이로 인해 전생의 죄업이 발동하여 생기는 병이 있다.

업력으로 이뤄진 병은 오근을 통해 범한 죄업을 알 수 있다. 가령 살생의 죄업은 간과 눈에 병이 생기고, 술을 마신 죄업은 심장과 입에 병이 생기며, 음욕으로 지은 죄업은 신장과 귀에 병이 생긴다. 허망한 말로 지은 죄업은 비장과 혀에 병이 생기고, 도적질을 한 죄업은 폐와 콧구멍에 병이 생기며, 오계를 파괴한 죄업은 오장과 오근에서 병이 일어난다. 이러한 병은 업보가 소멸하면 자연히 낫는다.

그러나 반드시 알아야 할 것은 금생에 금계를 근엄하게 지녀야 전생의 죄업이 드러나 병을 치료할 수 있다는 점이다.

가령 전생에 무거운 죄업을 지었다면 지옥에 떨어지는 과보를 받아야만 하지만 금생에 금계를 근엄하게 지키면 인간세상에서 단지 두통만으로 무거운 죄업이 소멸되는데, 이는 업이 뒤바뀌려 하기 때문에 일어나는 병이다.

2. 병을 치료하는 방법[明治病方法]

　二明治病方法者 卽深知病源起發 當作方法治之 治病之法 乃有多途 擧要言之 不出止觀二種方便 云何用止治病相 有師言 但安心止在病處 卽能治病 所以者何 心是一期果報之主 譬如王有所至處 羣賊迸散

　사대 오장병과 귀신병과 업보로 생긴 병은 어떤 방법으로 치료하는지에 대해 알아보자.

　병이 일어난 근원을 이미 알았다면 갖가지 방법으로 다스려야 하는데, 그 갖가지 병을 대치하는 방법은 동일하지 않다. 가령 수행인이 노동이나 음식으로 인해 병이 났다면 이는 반드시 약으로 치료해야 하고, 좌선을 올바르게 하지 못해 병이 났다면 좌선을 통해 수식관을 잘 조화해서 치료해야 하며, 귀신과 마군의 병은 반드시 수행력과 대비주력으로 치료해야 하고, 업보로 생긴 병은 내적으로 수행력을 사용하고 밖으로는 삼보전에 간절한 마음으로 참회해야 나을 수 있다.

　《경률론(經律論)》에서 밝히고 있는 '병을 다스리는 방법'은 한량이 없지만 그 요점만 말해본다면 지(止)·관(觀)이라는 두 종류의 수행방편에서 벗어나지 않는다. 지·관이라는 두 법은 병을 치료하는 가장 훌륭한 약이고 만병을 총괄하는 대다라니이다.

　무엇이 지 수행으로 병을 다스리는 모습인가.

　옛 큰스님은 말씀하셨다.

"오직 병이 일어난 곳에 마음을 두고 의식을 집중하면 바로 치료가 된다."

이는 모든 병이 일어난 처소를 따라 진실한 마음으로 병난 곳에 마음을 머물고 밖으로 치구하지 않기를 삼일 동안 계속할 수 있다면 모든 병이 낫지 않음이 없다는 것을 말한다.

마음은 우리 생명의 주재자이다. 비유하자면 마음은 왕과 같고 병은 도적과 같다. 이는 마치 왕이 이르는 곳마다 도적들이 흩어져 달아나는 것과도 같다. 따라서 왕과 같은 마음이 병이 있는 곳에 편안하게 안주해 있다면 도적과 같은 병은 자연히 소멸하게 된다.

次有師言 臍下一村名憂陀那 此云丹田 若能止心守此不散 經久卽多有所治 有師言 常止心足下 莫間行住寢臥 卽能治病 所以者何 人以四大不調 故多諸疾患 此由心識上緣 故令四大不調 若安心在下 四大自然調適 衆病除矣

지 수행을 통해 병을 다스리는 방법에 대해 알아보자.

배꼽에서 한 치 아래를 우타나(憂陀那)라고 하는데, 이것이 단전(丹田)이다. 어린아이가 처음 태어날 때 달고 나오는 것을 탯줄이라고 하고, 탯줄이 끊어진 곳이 배꼽이다.

단전이란 내단(內丹)을 수련하는 곳이다. 의서인 《황정외경경(黃庭外景經)》에서는 "단전 가운데 정기가 은미하다."고 하였다.

일설에는 단전이 세 군데 있다고 한다. 배꼽 아래를 하단전(下丹田), 심장 아래 있는 것을 중단전(中丹田), 양쪽 어깨 사이에 있는 것을 상단전(上丹田)이라고 한다. 지금 밝히고 있는 것은 배꼽 아래 있는 하단전이다.

수행인이 하단전에 마음을 집중하고 흩어지지 않게 하여 오랜 시간 지나면 병이 낫는 경우가 많다. 단전은 바로 기해혈(氣海穴)을 말하는데, 이 혈은 만병을 소멸할 수 있다. 만일 여기에 마음을 집중한다면 호흡이 조화롭게 이루어져 병이 나을 수 있다.

수행인이 알아야 할 것은 단전만 지켜도 병이 나을 뿐만 아니라, 배꼽에 의식을 집중해도 모든 병을 치료할 수 있다는 점이다.

이 문제를 두고 옛 큰스님은 말씀하셨다.

"마음을 배꼽에 집중한 뒤 눈을 감고 입과 치아를 합하면서 혀끝은 윗잇몸을 떠받쳐 기운이 조화롭게 해야 한다. 만일 마음이 밖으로 달리면 거두어 되돌리고, 생각을 해도 배꼽이 보이지 않으면 다시 그 모습을 자세히 살펴 의식을 집중하면 치료하지 못할 병이 없다."

외도(外道)들에게도 이 같은 수련법이 있기는 하지만, 단지 그들은 이 경지를 최고의 깨달음이라고 집착하는데, 그것은 근본적으로 잘못된 것이다.

또 어떤 스님은 "항상 마음을 발바닥에 집중한다면 모든 병을 치료할 수 있다."고 하였다.

모든 병환은 사대(四大)가 조화되지 않기 때문에 일어난다. 사대가 조화되지 않는 것은 마음이 위로 들뜨기 때문이다. 들뜬 마음을 아래로 내린다면 음식이 소화되고 오장육부(五臟六腑)가 순조롭게 돌아가 사대가 조화를 이루게 된다.

옛날에 나이 구십이 넘은 어떤 노인이 있었는데, 사람들이 그에게 장수하는 비결을 물었더니 "나에게는 특별한 비결은 없고 매일 잠이 들기 전에 발을 씻을 뿐이다."고 하였다. 단지 발만 씻어도 병이 낫는다고 하는데, 마음을 발바닥에 집중한다면 이는 가장 훌륭한 치료법이 될 것이다.

발바닥은 의서(醫書)에서 말하는 용천혈(湧川穴)을 말한다. 이 치료법은 병을 치료하는데 많은 이익이 있으므로 수행인은 항상 이 법을 사용해야 한다.

有師言 但知諸法空無所有 不取病相 寂然止住 多有所治 所以者何 由心憶想鼓作四大 故有病生 息心和悅 衆病卽差 故淨名經云 何爲病本 所謂攀緣 云何斷攀緣 謂心無所得 如是種種說 用止治病之相非一 故知善修止法 能治衆病

어떤 스님은 말씀하셨다.

"제법은 공적하여 실제 있지 않다는 것을 알아서 병의 모습에 집착하지 않고 마음을 고요하게 지에 머무르면 병이 낫는 경우가 많다."

우리의 마음은 지·수·화·풍 사대(四大)를 고무시키기 때문에 병이 일어나므로, 마음을 쉬어 사대를 화기롭고 기쁘게 한다면 모든 병환이 바로 치유된다.

《정명경(淨名經)》에서 말씀하셨다.

"무엇이 병의 근원인가. 이른바 밖으로 분별하고 치구하는 반연심이다. 어떻게 반연심을 끊어야 하는가. 마음에 얻었다는 소득심이 없어야 한다."

이와 같은 갖가지 말씀을 살펴보면 지 수행으로서 병을 다스리는 모습은 한결같지 않다. 그러므로 지 수행을 훌륭하게 하면 많은 병을 치료할 수 있다는 것을 알아야 한다.

수행인이 도학을 강론하고 불법을 선양하는 데 있어서 세간의학이 무슨 필요가 있겠는가. 하지만 생사를 해탈하고 불과(佛果)를 증득하려면 반드시 허깨비로 있는 사대(四大)를 의지해서 수행해야만 깨달음을 증득할 수 있다.

만일 이 몸이 없다면 도를 닦을 수 없다. 이를 두고 거짓을 빌려서 진실을 닦는 것이라고 한다. 그 때문에 반드시 사대가 조화를 이루어야 한다.

앞서 사대(四大) 가운데 일대(一大)만 조화를 이루지 못한다 해도 백한 가지 병이 일어난다고 하였는데, 사대가 모두 조화를 이루지 못한다면 어떻게 수행을 할 수 있겠는가. 옛 사람이 "마음이 편안해야 도가 융성해진다."고 한 것처럼 만일 몸에 병이 있어 마음이 편안하지 못하다면 어떻게 도를 성취할 수 있겠는가.

수행인이라면 병을 치료하는 방법을 대략적으로나마 알아야 하고 그것만 집착해서는 안된다. 그러므로 어떤 스님은 말씀하셨다.

"단지 모든 법은 공적하여 실제로 있는 것이 없다는 것을 알아야 한다."

일반적으로 존재해 있는 것은 모두 허망한 허깨비라는 것을 명료하게 알아야 한다. 일체제법은 법마다 실제의 모습이라고는 없다. 때문에 이와 같이 고요하게 마음을 머물고 안주하여 병의 모습에 집착하지 않는다면 대부분 치유된다.

이 몸은 실재가 아닌 허망한 허깨비의 모습인데 무엇 때문에 집착을 하겠는가. 단지 고요하고 담담하게 한결같은 마음으로 선정 가운데 안주해야만 할 것이다.

영가(永嘉) 스님은 "사대(四大)를 놓아버리고 적멸한 성품 가운데 임의로 마시고 먹는다."고 하였는데, 이것이 바로 이 의미에 해당된다.

무엇이 병의 근원인가. 그것은 이른바 밖으로 치구하는 반연심(攀緣心)이다. 반연심이란 집착 때문에 생기는 것이다. 반연심 때문에 소득심(所得心)이 있고, 소득심이 있으면 병이 생긴다. 수행인이 소득심이 없는 무심(無心)의 경지를 구하려면 반드시 반연심을 끊어야 하며, 반연심을 끊으려면 집착심을 일으키지 않는 것이 가장 중요하다.

그렇다면 어떻게 반연심을 끊어야 하는가. 이는 소득심을 없애면 된다.

혜가(慧可) 대사가 달마 대사에게 "마음을 찾아보았으나 끝내 얻지를 못했습니다."라고 하였는데, 이것이 반연심이 끊어진 경우이다.

또 《능엄경(楞嚴經)》에서는 "내·외·중간 그 어느 곳에도 마음으로 집착하는 바가 없어야만 한다."고 했는데, 이러한 말씀들이 반연심을 끊었다는 것을 증명하는 것이다. 이는 속담에서 "가죽이 존재하지 않은데 털이 어디에 붙겠는가."라고 하는 것에 해당된다.

이것이 지 수행으로서 병을 다스리는 근본 방법이다. 따라서 지 수행을 훌륭하게 한다면 모든 병을 다스릴 수 있다.

次明觀治病者 有師言 但觀心想 用六種氣治病者 卽是觀能治病
何等六種氣 一吹 二呼 三嘻 四呵 五噓 六呬 此六種息 皆於唇口
之中 想心方便 轉側而作 綿微而用 頌曰
　心配屬呵腎屬吹 脾呼肺呬聖皆知
　肝藏熱來噓字至 三焦壅處但言嘻

다음으로 관 수행으로서 병을 대치하는 것이다. 앞에서 밝힌 지 수행으로 병을 치료하는 방법이 한결같지 않았듯이 관 수행으로 병을 치료하는 방법 역시 한량없이 많다.

어떤 스님은 "오로지 마음의 상상을 관찰하여 육기(六氣)로서 병을 치료한다면 능히 모든 병을 다스릴 수 있다."고 하였는데, 이것은 관 수행으로서 병을 치료할 수 있다는 의미이다.

어떤 것이 여섯 종류의 호흡 기운인가.

첫째 취(吹)는 불을 일으킬 때처럼 후후 내뿜는 호흡법이고, 둘째 호(呼)는 더운 기운을 불어내듯 호호하는 호흡법이며, 셋째 희(嘻)는 화기로운 호흡법이다. 넷째 가(呵)는 꾸짖듯이 내는 호흡법이고, 다섯째 허(噓)는 탄식하듯이 내쉬는 호흡법이며, 여섯째 희(呬)는 힘든 일을 끝내고 휴식할 때 후하고 숨을 몰아쉬는 호흡법이다. 이 여섯 가지 기운은 단지 호흡에 소리를 함께 하여 기운을 내뱉는 것으로서 치료하는 것이다.

오장(五臟)을 다스리는 것은 치아와 입술과 혀를 조정해서 기운을 불어내야 한다. 이는 가상관(假想觀), 즉 마음속으로 상상해서 그때 상황 따라 호흡을 굴리면서 하는 것이므로 기운과 호흡을 거칠게 드러내지 말고 면면밀밀하고 미세하게 사용해야 한다.

알아야 할 것은 여섯 가지 호흡 기운은 세력이 가장 광대하여 사대 오장의 모든 중병을 두루 치료할 수 있다는 점이다.

가령 지관을 닦고 있을 때 몸이 차다고 느껴지면 응당 불을 일으키듯이 취(吹)호흡을 해야 하며, 몸에 열이 난다고 느껴지면 내쉬는 호(呼)호흡을 해야 하고, 사지 마디마디가 아프면 화기로운 희(嘻)호흡을 해야 한다. 이것만 사용해도 바람을 다스릴 수 있다. 또 마음이 번거롭고 상기가 되면 가(呵)호흡으로 다스려야 하고, 담이 걸려서 고통스러우면 허(噓)호흡으로 다스리고, 몸이 피곤하면 휴식하는 희(呬)호흡으로 다스려야 한다.

계송에서 말하기를

심장은 가(呵)호흡에 속하고

신장은 취(吹)호흡에 속하며

비장은 호(呼)호흡에 속하고

폐장은 희(呬)호흡을 사용해야 한다는 것을 성인은 모두 안다네.

간장이 뜨거우면 입김을 천천히 불어내는 허(噓)호흡을 해야 하고

삼초(三焦)가 막힌 곳은 화기로운 희(嘻)호흡을 말할 뿐이네.

삼초(三焦)란 초부(焦腑)를 말한다. 삼초는 물과 곡식이 통과하는 도로이며, 몸의 기운이 시작하고 끝나는 곳이다.

《황제경(黃帝經)》에서는 삼초에 대해 이와 같이 밝혔다.

위장의 입구 아래 있는 상초(上焦)는 음식을 받아들이는 것을 위주로 하고, 위장의 중완에 있는 중초(中焦)는 물과 곡식을 썩히고 익히는 것을 위주로 하며, 방광 위에 있는 하초(下焦)는 물과 곡식을 내보내는 것을 위주로 한다.

이처럼 상 · 중 · 하로 나누었기 때문에 '삼초'라 말하고 육부(六腑) 가운데 하나이기 때문에 '초부'라고도 호칭한다.

이와 같이 수행공부로 병을 치료하는 것은 처음 발심하는 자가 사용하는 방편이고 정수행법은 아니다.

有師言 若能善用觀想運作十二種息 能治衆患 一上息 二下息

三滿息 四焦息 五增長息 六滅壞息 七煖息 八冷息 九衝息 十持息 十一和息 十二補息

여기에서는 호흡으로 많은 병을 대치할 수 있는 것에 대해 알아본다.

호흡은 콧구멍으로 하는 것이기 때문에 앞에 육기(六氣)에서 말했던 것과 동일하지 않다.

대체로 호흡은 몸과 마음이 서로를 의지해서 하는 것이다. 이를 비유하면 나무에 불을 지필 때 나무와 불이 서로를 의지해서 연기가 나오는 것과 같다. 연기의 맑고 탁한 것을 바라보면 나무가 말랐는지 젖었는지 알 수 있듯이 호흡이 강한지 유연한지를 살피면 몸이 건강한지 병이 들었는지 증험할 수 있다.

옛 큰스님은 "만일 마음속 상상으로 관 수행을 잘 사용하여 열두 가지의 호흡을 운행하면 모든 병을 치료할 수 있다"고 말씀하셨다.

열두 가지 호흡이란 첫째는 상식(上息), 둘째는 하식(下息), 셋째는 만식(滿息), 넷째는 초식(焦息), 다섯째는 증장식(增長息), 여섯째는 멸괴식(滅壞息), 일곱째는 난식(煖息), 여덟째는 냉식(冷息), 아홉째는 충식(衝息), 열 번째는 지식(持息), 열한 번째는 화식(和息), 열두 번째는 보식(補息)을 말한다.

此十二息 皆從觀想心生 今略明十二息對治之相 上息治沈重 下息治虛懸 滿息治枯瘠 焦息治腫滿 增長息治羸損 滅壞息治增盛 煖息治冷 冷息治熱 衝息治壅塞不通 持息治戰動 和息痛治四大

不和 補息資補四大衰 善用此息 可以遍治衆患 推之可知

　열두 가지 호흡은 상상으로 관찰하는 마음에서 일어난다. 여기에서는 간략하게 열두 가지 호흡으로 병을 대치하는 모습에 대해 밝히고자 한다.

　상식(上息)은 몸이 무겁게 가라앉는 병을 다스리고, 하식(下息)은 몸이 허공에 뜨듯이 허한 병을 다스리며, 만식(滿息)은 몸이 수척하고 바짝 마른 것을 다스리고, 초식(焦息)은 부풀어 오른 종기를 다스린다. 증장식(增長息)은 몸이 파리하고 체중이 줄어든 것을 다스리고, 멸괴식(滅壞息)은 몸이 지나치게 증가하는 것을 다스리며, 난식(煖息)은 냉병을 다스리고, 냉식(冷息)은 열병을 다스린다. 충식(衝息)은 기가 막혀서 소통하지 않는 것을 다스리고, 지식(持息)은 두려움으로 몸이 떨리는 것을 다스리며, 화식(和息)은 지·수·화·풍 사대가 조화되도록 다스리고, 보식(補息)은 사대가 쇠한 것을 보호한다. 이 열두 가지 호흡을 훌륭히 사용하면 모든 병을 다스릴 수 있다는 것을 유추해서 알 수 있을 것이다.

　가령 중음신(中陰身)이 최초 일념으로 태속에 들어갔을 때는 보식(報息)을 한다. 태속에서 어머니의 호흡을 의지해 아이가 점점 자라나 바람 길이 매끄럽게 성취되면 아이의 호흡 출입은 어머니를 따르지 않는다. 태어나면 어머니와 처소를 달리하여 각자의 호흡이 있다. 따라서 이를 보식이라고 한다.

　호흡을 의지한다 함은 마음을 의지해서 일어난다는 것이다. 가령 성내는 마음이 일어날 때는 호흡이 거칠어지는데, 이것이 마음을 의지해서 일어난 호흡의 하나의 예다.

앞에서 육기(六氣)는 보식(報息)에 상상을 더하였고, 지금 열두 가지 호흡은 호흡을 의지하여 상상을 함께 했다. 따라서 이 두 가지 호흡은 동일하지 않다.

앞에서는 다섯 가지 색깔을 따라 오장에 병이 일어났지만, 여기에선 오장을 의지해서 병이 일어난 것이다. 그러므로 지금은 호흡을 의지해서 병을 치료해야 한다. 여기에서 열두 가지 호흡을 할 때 각각 마음속에 상상을 따라서 성취되도록 해야 한다. 힘써야 될 것은 반드시 모든 병의 근원을 자세하게 알아야 한다는 점이다.

따라서 수행인이 호흡을 할 때 절대로 잘못 사용해서는 안된다. 이것을 두고 병을 알고 약을 알아서 병에 따라 약을 투여하는 것이라고 말하는데, 이 점이 가장 요긴하다.

有師言　善用假想觀　能治衆病　如人患冷　想身中火氣起　卽能治冷　此如雜阿含經治病秘法七十二種法中廣說

어떤 스님은 말씀하셨다.

"마음속으로 상상하는 관법[假想觀]을 훌륭히 사용하면 능히 모든 병을 다스릴 수 있다."

예를 들면 옛날에 치명적인 종기를 앓는 사람이 훌륭한 의사에게 치료를 부탁했더니 의사는 이렇게 말하였다.

"이 종기는 크게 중요한 게 아니고 단지 팔에 난 조그마한 부스럼이 너의 생명과 매우 깊은 관계가 있는 것이 염려스러울 뿐이다. 마땅히 부스럼에 주의를 기울이도록 하라."

그 소리를 듣고 병자는 지극 일심으로 작은 부스럼에만 주의를 기울였다. 오랫동안 지속하였더니 종기가 완전히 치유되었는데, 이것은 상상만으로 병을 치료하는 것이므로 오직 마음으로서만 이루어진다.

그러므로 냉병을 앓을 경우 마음속으로 불기운을 상상하면 냉병을 치료할 수 있고, 열병을 앓을 때는 밖에서 시원하고 맑은 바람을 받아들인다고 상상하면 열병을 치료할 수 있다.

《잡아함경(雜阿含經)》에서는 72가지 병을 치료하는 비법을 밝히고 있는데, 낱낱이 관심방편으로서 치료하도록 가르치고 있다.

하나의 예를 든다면 《아함경(阿含經)》가운데 다음과 같은 이야기가 나온다.

사위국에 이름이 신거라는 장자가 있었다. 그 집에는 한 여종이 있었는데, 이 여종은 생김새가 극도로 추악하여 집 밖에서 잡초를 뽑거나 물을 긷는 등의 가장 하천하고 힘든 일만 해왔다.

어느 날 여종은 홀연히 야외로 나아가 샘물을 보았다. 샘물가에는 나무가 있었고 나무 위에는 단정한 여인이 목을 매 죽어 있었는데, 샘물

가운데 죽은 여인의 그림자가 나타났다. 여종은 그것이 죽은 여인이라는 것을 모르고 자기의 그림자라고 여겼다. 여종은 나무 위에 있는 시체를 보지 못했기 때문에 크게 화를 내면서 '내 모습이 단정해 장자의 부인이 되거나 딸이 되고도 남는데, 어떻게 나에게 항상 천한 일만 시키는가' 라고 생각하며 물 긷는 항아리를 깨버리고 집으로 돌아와 보배 휘장 속에 단정히 앉아있었다.

집 주인은 여종이 미쳤다고 여기고 그간의 일을 물었다. 여종은 앞에 일어났던 일을 이야기하면서 주인에게 "내 모습이 이처럼 단정한데, 무엇 때문에 나를 우대하지 않느냐."고 따졌다. 주인은 말을 하지 않고 여종을 거울에 비춰보게 하였더니 그녀는 거울 속에 추악한 모습이 보이는데도 믿지 않고 오히려 거울이 추악하다고 하였다.

주인은 우물가에 죽은 여인이 있다는 것을 알고 여종을 우물가로 보내어 죽은 여인의 그림자가 샘물 가운데 나타난 것이지 실제로 자기의 용모가 단정한 것이 아니라는 것을 보게 하였다. 이로 인해 여종은 그동안의 일을 확실히 알게 됐고 크게 부끄러워했다고 한다.

여기에서 알 수 있는 것은 그림자를 보는 것으로 인해 병(病)이 일어났다면 역시 그림자를 보아야 병이 낫는다는 점이다.

옛 사람은 매화열매의 신맛을 상상하며 목마름을 그치게 하였고, 하얀 모래를 곡식으로 상상하여 주린 배를 채웠다고 하였다. 이 모든 것은 상상으로 관찰하여 이뤄진 모습이다. 청정한 수행자라면 상상으로 수행하는 법을 갖춰야만 가장 크게 이익을 얻을 수 있다는 것을 알아야 한다.

마음이 부처이고 마음에서 부처가 되며 모든 부처님의 올바르고 보편한 지혜가 모두 마음의 상상으로부터 일어난다. 마음으로 부처님을 상상할 때 마음이 바로 부처의 삼십이상 팔십종호가 된다. 상상에 진실이 있고 텅 빈 곳에 실제가 있다. 올바른 마음으로 단정히 앉아 자기가 이미 연꽃 속에 앉아 있다고 상상하며 일심으로 부처님을 기억하고 염불하면 단정코 성불하게 된다. 따라서 수행을 하는 데 있어 상상으로 관찰하는 것이 최상의 방법이다.

有師言 但用止觀檢析身中 四大病不可得 心中病不可得 衆病自差 如是等種種說 用觀治病 應用不同 善得其意 皆能治病 當知止觀二法 若人善得其意 則無病不治也 但今時人根機淺鈍 作此觀想多不成就 世不流傳 又不得於此更學氣術休糧 恐生異見 金石草木之藥 與病相應 亦可服餌

우리의 사대(四大) 색신은 지·수·화·풍 외부 사대를 빌려서 이루어져 있다. 만일 외부 사대가 없다면 내적인 우리 몸의 사대도 결코 있을 수 없다. 지금 내적인 사대에서 병(病)이 일어났다면 반드시 자기의 색신(色身)을 미세하게 관찰하여 병이 어디에 있는가를 찾아야 한다.

가령 지대(地大)에 병이 있으면 내 몸을 이루고 있는 외부 산하대지에도 역시 병이 있어야만 하며, 화대(火大)에 병이 있으면 목전의 등불과 땔감에서 일어나는 불 등에도 병이 있어야 한다. 하지만 산하대지와 등불 등에는 병이 없기 때문에 결국 내 몸을 이루고 있는 지대와 화대 등에도 병이 없다는 것을 알아야 한다.

이와 같이 미세하게 관찰한다면 지·수·화·풍 사대에는 병의 모습이 본래 없고, 외부 사대에 병이 없다면 여기에서 한 걸음 더 나아가 사대를 주재하는 내 마음속에서 병의 모습을 추구해야만 한다. 그러나 내 마음을 돌이켜 관찰해 보아도 그 실체 역시 끝내 얻지 못할 것이다. 내 마음을 추구해 보아도 실체를 얻지 못하였는데, 하물며 병의 실체가 어디에 있겠는가.

그 예를 든다면 옛날 남악혜사(南嶽慧思) 대사는 산중 암혈에서 《법화경》을 수지 독송하다가 종기와 중풍이 생겨 사지가 무거워 일어나지 못하였다. 그 후 대사는 마음의 근원을 곧바로 관찰하여 병(病)은 업(業)을 따라 일어나고, 업은 미혹을 따라 일어났다는 것을 알고, 그 미혹을 끝까지 추구해 보았으나 실체를 얻지 못하였다. 다시 자신의 사대병환의 근원을 추구해 보았으나 여기에서도 역시 실체를 얻지 못하였다고 한다. 그렇다면 병이 찾아왔다 해도 마음의 실체가 없는데 누구를 핍박하겠으며, 누가 그 병을 받아들이겠는가. 이와 같이 관찰한다면 병은 스스로 낫게 된다.

앞에서 큰스님들이 관 수행으로 병을 치료하는 갖가지 방법에 대해 말하였다. 비록 큰스님들의 말씀은 동일하지 않지만, 그 의미를 체득할 수만 있다면 모든 수행에서 많은 병을 치료할 수 있다. 의미를 체득했으면 언어의 집착을 잊어야 한다.

중요한 것은 지(止)와 관(觀)이라는 두 종류의 수행법문으로 다스리지 못할 병이 없다는 점이다. 하지만 요즘은 말법시대여서 중생의 근

기가 천박하고 둔하여 가이없는 죄업을 종횡으로 짓고 있다. 이 모든
것은 미혹으로부터 찾아온 것이다. 이 상태에서 거친 마음, 급한 기운
으로 지관수행을 한다면 성취되지 않는다.

예로부터 지금까지 육기(六氣)와 십이식(十二息)을 상상으로 관찰하
면서 수행을 한사람들은 많았지만, 잘못된 수행 때문에 이익을 얻은
사람들은 많지 않았다. 따라서 세간에서는 이 수행법이 지금까지 유전
되지 않는 경우가 많다.

하지만 우리들이 위태로운 몸에 약간이나마 이 수행법을 빌려서 병
을 치료할 수 있다면 몸은 편안해지고 도(道) 역시 간직된다. 만일 이
수행법을 가지고 명예를 얻고자 세상 사람들을 선동하는 자라면, 그것
은 허깨비 마군의 짓이므로 급히 버려야만 한다.

이는 대체로 불법에서 가장 중요한 것은 지견(知見)이 순수하고 올바
른 데에 있으므로 털끝만큼의 삿된 생각이 내 마음에 있으면 절대 안
된다는 것을 의미한다.

사대에 병이 일어나면 반드시 지관을 수행하여 치료해야 한다. 그러
나 수행 도력이 아직 박약하다면 금석(金石)이나 약초로 조제한 세간
의 약으로 치료해도 무방하다. 그러므로 본문에서 "병과 약이 서로 맞
는다면 약을 복용해도 된다."고 하였다.

若是鬼病 當用彊心加呪以助治之 若是業報病 要須修福懺悔 患
則消滅 此二種治病之法 若行人善得一意 卽可自行兼他 況復具
足通達 若都不知 則病生無治 非唯廢修正法 亦恐性命有虞 豈可

自行敎人 是故欲修止觀之者 必須善解內心治病方法 其法非一
得意在人 豈可傳於文耳

만약 이것이 귀신의 병이라면 반드시 견고한 마음으로 용맹정진하
고 주력의 힘을 더해야 한다. 주력이란 신묘장구대다라니, 능엄주(楞嚴
呪), 왕생주(往生呪), 삼십육수주(三十六獸呪) 등으로 보조해서 치료하는
것을 말한다.

또 만약 이것이 전생의 업보로 인하여 일어난 병이라면 반드시 부처
님 앞에서 광대하게 공양을 해야만 한다. 공양물이란 향과 꽃, 영락 등
을 말한다. 혹은 선지식에게 의복·음식·침상·의약 등 네 가지 일로
서 공양을 해도 된다.

이와 같이 밖으로는 복덕을 닦고 내적으로는 간절한 마음으로 예배
하고 참회한다면 전생의 업보로 일어난 병은 자연스레 소멸된다.

앞서 나왔던 신묘장구대다라니나 왕생주 등은 설명하지 않아도 알
겠지만, 만일 시간 따라 나타나 사람의 마음을 홀리는 귀신의 장난이
라면 반드시 삼십육수주를 외워야만 한다. 그 주문을 말해본다면 '波
提陀 毗耶多 那摩那 吉利波 阿違婆 推摩陀 難陀羅 憂陁摩 吉利摩 毗
利吉 遮陀摩'이다.

만일 수행인이 이 두 가지 치료법 가운데 하나의 의미만 잘 체득하
고 여법하게 치료한다면, 자신의 수행에 만족할 뿐 아니라 타인을 이
롭게 하는 데도 충분하다는 것을 알아야 한다.

두 가지 중에서 하나만 알아도 이와 같이 훌륭한데, 두 가지 방법을

완전하게 통달한다면 자리이타의 공덕은 더 말할 필요가 없을 것이다. 그러나 두 가지 치료법을 전혀 이해하지 못한다면, 병이 생겨도 손을 써 볼 수가 없어 치료하기가 매우 어렵다. 이럴 경우 정법을 수행하지 못할 뿐만 아니라 생명마저 끊어질 염려가 있다.

우리의 육신은 지·수·화·풍 사대가 화합하여 서로를 부지하고 있다. 그 가운데 일대만 조화가 되지 않아도 병이 일어나는데, 사대 전체가 조화되지 않는다면 생명을 보존할 수 없을 뿐 아니라 타인을 교화하는 일 또한 불가능하다.

따라서 지관을 수행하는 자라면 반드시 내적인 마음으로 병을 치료하는 방법을 잘 알아야 한다. 하지만 치료하는 방법이 너무나 번다하므로 그 가운데 진정한 의미를 체득하는 것은 그 사람의 역량에 있으니 어찌 문자로서 다 전할 수 있겠는가. 문자는 알맹이 없는 쭉정이와 같은데 비해 진정한 의미를 체득하는 것은 자기의 마음에 있을 뿐이기 때문이다.

3. 마음을 사용하여 좌선 중에 병을 치료함[用心坐中治病]

　復此 用心坐中治病 仍須更兼具十法 無不有益 十法者 一信 二
用 三勤 四常住緣中 五別病因法 六方便 七久行 八知取捨 九持
護 十識遮障 云何爲信 謂信此法必能治病 何爲用 謂隨時常用 何
爲勤 謂用之專精不息 取得差爲度 何爲住緣中 謂細心念念依法
而不異緣 何爲別病因起 如上所說 何爲方便 謂吐納運心緣想 善
巧成就 不失其宜 何爲久行 謂若用之未卽有益 不計日月 常習不
廢 何爲知取捨 謂知益卽勤 有損卽捨之 徵細轉心調治 何爲持護
謂善識異緣觸犯 何爲遮障 謂得益不向外說 未損不生疑謗 若依
此十法 所治必定有效不虛者也

　다음으로 마음을 사용하여 좌선하는 가운데 병을 치료하는 법이 있
다. 이것도 반드시 열 가지 법을 함께 갖추어야 이익을 얻을 수 있다.
　열 가지 법이란 신(信), 용(用), 근(勤), 상주연중(常住緣中), 별병인법
(別病因法), 방편(方便), 구행(久行), 지취사(知取捨), 지호(持護), 식차장(識
遮障)이다.
　무엇을 신(信)이라고 하는가. 이 법은 반드시 병을 치유할 수 있다고
확신하는 것을 말한다.
　무엇을 용(用)이라고 하는가. 이 치료법은 때에 따라 수시로 사용하
는 것을 말한다.
　무엇을 근(勤)이라고 하는가. 이것은 병 다스리는 방법을 전일하고

정미하게 사용하면서 쉬지 않고 차도가 있을 때까지 한정하는 것을 말한다.

무엇을 상주연중(常住緣中)이라고 하는가. 이것은 마음을 세심하게 살펴 생각생각 치료법에 의지해서 다른 인연을 따르지 않는 것을 말한다.

무엇을 별병인법(別病因法)이라고 하는가. 이것은 병이 어디서 일어났는지 원인을 판별하는 것인데, 앞에서 설명한 치료법과 같다.

무엇을 방편(方便)이라고 하는가. 이것은 호흡으로 마음을 운행하고, 인연을 상상하면서 훌륭한 솜씨로 성취하여 그 알맞음을 잃지 않는 것을 말한다.

무엇을 구행(久行)이라고 하는가. 만일 이 치료법을 썼는데도 바로 이익이 나지 않는다면 병이 나을 때까지 시간을 계산하지 않고 항상 닦고 익히면서 그만두지 않는 것을 말한다.

무엇을 지취사(知取捨)라고 하는가. 이 치료법이 이익 됨을 알았으면 더욱 부지런히 정진하고 손해가 있으면 즉시 버려, 미세하게 마음을 돌려서 조화롭게 다스리는 것을 말한다.

무엇을 지호(持護)라고 하는가. 이는 다른 인연에 저촉되고 범하는 것을 잘 식별하는 것을 말한다.

무엇을 식차장(識遮障)이라고 하는가. 이는 병이 나아서 이익을 얻었어도 외부로 드러내지 말아야 하며, 아직 손해가 생기지 않았어도 의심을 하거나 비방하지 않는 것을 말한다.

만약 이 열 가지 법에 의지하여 병을 치료한다면 반드시 효험이 있어 허망하지 않을 것이다.

마음을 써서 좌선하는 가운데 병을 치료하는 법에 대해 좀더 구체적으로 밝혀본다. 이것은 반드시 열 가지 법을 겸해야 훌륭한 영험이 있다.

첫째, '믿음' [信]은 단정코 병을 치료한다는 것에 대해 굳게 믿고 한 생각도 의혹의 마음을 일으키지 않는 것을 말한다. 이는 광대한 바다와 같은 불법에 들어가려면 신심(信心)이 으뜸이고 지혜가 번뇌를 건너는 도구라는 점에서도 신심이 가장 요긴하다.

둘째, '쓰임' [用]은 만일 믿기만 하고 치료하지 않으면 이익이 없다는 것을 말하는데, 이는 마치 날카로운 칼을 도적 잡는 데 사용하지 않으면 자신이 피해를 당하는 경우와 같다.

셋째, '부지런히 정진함' [勤]은 오로지 정진할 뿐 쉬지 않고 병이 나을 때까지 기한을 정하는 것을 말하는데, 이는 불을 비비다가 중도에 쉬면 불을 얻기 어렵듯이 부지런히 정진하지 않으면 병이 낫기 어려운 것과 같다.

넷째, '인연 가운데 머묾' [常住緣中]은 생각생각 병을 다스리는 인연에만 머물고 마음이 흔들리지 않는 것을 말하는데, 이는 고양이가 쥐를 잡을 때처럼 모든 주의력을 병을 다스리는 쪽으로 기울이는 것과 같다.

다섯째, '병의 원인을 판별하는 법' [別病因法]은 병의 근원을 알지 못하고 잘못 치료하면 병과 치료법이 서로 호응하지 않아 전혀 이익이 없는 것을 말한다.

여섯째, '병을 치료하는 방편' [方便]은 사람이 거문고를 탈 때 줄의 완급을 조절해야 소리의 운율이 잘 조화되듯 병을 치료하는 방법 역시 그 알맞음을 잃지 않는 것을 의미한다.

일곱째, '오랜 수행' [久行]은 오래도록 효과를 보지 못했더라도 병이 다 나을 때까지 지속적으로 치료하는 것을 말하는데, 이는 도를 공부를 하는 사람이 변함없는 마음으로 수행하고 익히면서 그만두지 않는 이치와 같다.

옛 사람은 밤낮을 가리지 않고 오랫동안 수행을 하다보니 자연스럽게 도가 성취되었다. 그러므로 옛말에 "도는 잠시도 떠나서는 안되며, 떠난다면 그것은 도가 아니다."고 하였는데, 병을 다스리는 것도 역시 그러하다.

여덟째, '취함과 버림을 앎' [知取捨]은 올바른 지혜로 취해야 할 것은 취하고, 버려야 할 것은 버리면서 털끝만한 집착이 없어야 한다는 것을 말한다. 우리 범부들은 종일토록 거친 마음과 급한 기운으로 망념이 요동하기 때문에 불법에서 이익을 얻지 못한다. 그러므로 거친 마음을 전환해서 미세한 생각을 이루고, 미세한 생각을 거두어 근본 마음자리로 되돌아가야 도와 서로 일치할 수 있다.

아홉째, '보호하고 유지함' [持護]은 병의 금기사항을 잘 식별하여 음식을 먹거나 행동하거나 앉거나 머물거나 눕는 가운데 훌륭하게 몸을 조절하고 보호해야 하는 것을 말한다.

열 번째, '장애를 차단하고 가림' [識遮障]은 치료에 이익을 얻었다 하더라도 다른 사람에게 말을 해서는 안되며 병이 낫지 않았다 해도 의심과 비방을 일으키지 않는 것을 말한다. 이는 물속에 있는 물고기가 물이 차가운지 따뜻한지를 스스로 아는 것과 같다. 이처럼 도가 있느냐 없느냐는 자기만이 알 뿐이다.

그 예로서 옛 고승대덕은 도를 기르며 명예와 이익을 추구하지 않았기 때문에 가난한 것도 편안히 여겼다. 이는 한번 거동하면 만 리 밖 타향에 구름처럼 떠돈다 할지라도 자신의 덕은 숨기고 허물만 드러내는 것을 차단하고 가리면서 도를 보호한다는 의미에 해당된다.

수행인이 이 열 가지 법을 의지하여 병을 다스린다면 반드시 효과가 있으리라는 것은 의심할 여지가 없다. 이로써 지관법으로 병을 다스리는 것에 대해 알아보았다.

10

깨달음의 증과를 얻는다 · 證果 第十

말세중생이든 일심선관을 수행하여 여래의 행을 함으로써 여래의 장엄으로 자신을 장엄하려 하지만 근기가 천박하여 이를 이루기는 매우 어렵다. 하지만 염불수행을 한다면 비교적 쉽게 성취할 수 있다. 염불할 때 일심선관으로 염불하는 마음이 공적하면 공관에 해당되고, 염불대상의 부처님이 분명히 떠오르는 것은 가관이며, 공도 아니고 가도 아닌 것은 중도관이고, 염불이 있음으로 혼란하지 않는 경지에 이르면 일심선관이 자연스럽게 목전에 나타나게 된다. 이때에 생각이 말과 같고 말이 생각과 같다. 이것이 바로 여래의 행을 하는 것이다.

1. 종가입공관[從假入空觀]

若行者如是修止觀時 能了知一切諸法皆由心生 因緣虛假不實
故空 以知空故 卽不得一切諸法名字相 則體眞止也

제1장부터 제5장까지는 방편인 보조수행이었고, 제6장부터 제9장
까지는 정수행이었다. 정수행과 보조수행이 진실한 수행인지(因地)가
되었다면 반드시 증득하는 깨달음의 과보[實覺]가 있기 마련이다. 따라
서 제10장 증과장(證果章)에서는 깨달음의 과보를 증득한 것에 대해
밝히려고 한다.

중생들은 미혹한 이래로 홀연히 천당에 태어났다가 다시 지옥으로
떨어지기도 하지만 마음은 털끝만큼도 감소하지 않고, 시방제불은 정
각을 성취했다 해도 마음은 실오라기만큼도 증가하지 않는다.

모든 부처님은 중생의 미혹한 마음에서 증득한 것이며, 중생은 모든
부처님의 깨달음에서 미혹한 것이다. 그렇다면 미혹과 깨달음의 자체
는 동일하고, 인(因)과 과(果)가 두 모습이 아니라는 점이 분명하다. 즉
중생의 마음 가운데 모든 부처님의 깨달음이 있고, 모든 부처님의 깨
달음이 중생의 마음을 떠나지 않는 것이다.

수행자가 정수행과 보조수행을 할 때 일체제법이 마음을 따라서 일
어난다는 것을 명료하게 알았다면 모든 법은 세간의 육도범부와 출세
간의 성문·연각·보살·부처님 법에서 벗어나지 않는다.

제법을 자세히 분석하면 미혹한 법, 깨달은 법, 번뇌염법, 번뇌를 떠

난 청정한 법, 생사유루법, 열반무루법, 방편교, 실교, 대승교, 소승교, 편교, 원교, 돈교, 점교 등 한량없이 많은데, 그 모든 것이 일심에서 환하게 드러나지 않은 것이 없다. 왜냐하면 이 모든 법은 일심을 따라서 조작되기 때문이다.

《화엄경》에서는 이 문제를 두고 "제법이 일어나는 것은 내 마음 분별의 모습이 나타난 것이며, 십법계와 세계미진이 마음을 자체로 하여 성립된 것이다."라고 하였으며 "시방 허공이 내 마음속에 있는 것은 마치 뜬구름이 허공에 흐르는 것과 같다."고 하였다. 이는 내 마음이 세계 허공을 포괄하여, 항하사 모래수와 같은 세계가 내 마음속에 있다는 것을 의미한다.

또 《화엄경》에서는 "내 마음은 솜씨 좋은 화가와 같아 갖가지 오음을 조작하듯, 우리의 마음이 일체 세간법을 조작하지 않는 것이 없다."고 하였다.

우리의 현재 일념 분별심은 십법계의 오음(五陰)을 조작한다. 이는 마치 화가가 붓으로 갖가지 색을 칠하여 그림을 그리는 것과 같다. 이로써 알 수 있는 것은 세간과 출세간의 갖가지 오음이 내 마음을 따라서 조작되었다는 점이다.

가령 한 생각이 있다는 집착심이 일어나면 육도범부 중생의 오음이 일어나고, 공(空)이 있다는 집착을 일으키면 이승(二乘)이 일어나며, 대비심을 일으켜 자리이타행을 병진하면 보살이 되고, 동체대비심을 일으켜 일체중생이 본래 평등하다는 마음을 일으키면 부처님의 법계를 이룬다. 따라서 출세간 사성(四聖)과 세간의 육도범부가 우리의 일심을 따라서 일어나지 않는 것이 없다는 것을 알 수 있다.

마음이 일어나면 십법계 인과의 모든 법이 완연하게 건립되고, 일념 분별심이 소멸하면 십법계의 모든 법이 그 자리에서 공적해진다. 경전에서는 "삼계는 따로의 법이 없고 우리 일심 분별을 따라 조작된 것이다."라고 하였다. 그러므로 수행자는 일체제법이 일심을 따라서 일어난다는 것을 명료하게 통달해야 한다.

그렇지만 모든 법이 내 마음으로 인해서 일어났다는 것을 이미 알았다고 해도 마음은 또 무엇으로부터 일어났는가 하는 점을 알아야 한다.

대상경계는 일어나는 원인이 본래 없고 마음도 경계가 없다면 제법도 마음도 일어나는 일이 없다. 경계는 본래 일어남이 없는데 내 마음으로 인해서 있다는 것을 이미 알았다면, 경계는 본래 일어남이 없고 마음도 본래 일어남이 없다. 이것은 단지 경계로 인해서 일어난다는 것을 알아야만 한다.

마음이 일어남이 없다면 육진경계가 공적하고 육진을 상대로 해서 일어나는 육근도 공적하다. 그러므로 본문에서는 "허망한 거짓 인연법은 실재하지 않기 때문에 있는 그 자체가 공적하다"고 하였다.

경계와 마음이 본래 공적하다면 무엇 때문에 일체 모든 법이 있게 되었는가. 여기에서 알아야 할 것은 일체 모든 법은 인(因)과 연(緣)이 화합하여 허망한 거짓으로 일어났다는 점이다. 그렇다면 마음의 인과 경계의 연, 경계의 인과 마음의 연이 분리될 경우 제법이라는 허망한 명칭이 사라져, 일어난 것은 인과 연이 일어났을 뿐이며 사라지는 것도 인과 연이 사라졌을 뿐이다.

허깨비와 같은 인과 연은 일어났다 사라질 뿐 모든 법의 본체는 본래 일어나는 일이 없으며, 따라서 제법과 마음은 본래 얻을 것도 없다. 그렇다면 내 마음은 맑은 거울처럼 본래 청정하여 모든 육진경계의 오염을 떠나 내적으로 내 몸과 외적으로의 세계를 철저하게 관조하여 분명하게 알지 못하는 것이 없다.

안으로 육근은 제팔아뢰아식에서 일어난 분별심이며, 밖으로 산하대지는 제팔아뢰아식이 변화한 모습이다. 그렇다면 제팔아뢰아식에서 일어난 분별의 마음과 산하대지의 모습은 본래 따로의 자체가 없고 단지 제팔식을 자체로 삼을 뿐이다.

이를 두고 육근은 마음이고, 마음에 비친 제법은 육진이어서 이 두 가지는 마치 거울에 묻은 때와 같다. 거울의 때가 지워질 때 광채가 스스로 나타나듯 마음과 제법에 대한 두 가지 집착을 놓는다면, 마음의 자체는 바로 진실하게 된다. 그러므로 본문에서는 "일체제법의 명칭과 모습을 얻지 못한다."고 하였다.

이 문제를 유식에서 말하는 세 가지 자성으로 설명한다면 우리가 최초로 일으키는 일념불각은 인이 되고 그 인이 변화한 것은 연이 된다. 그러므로 옛 큰스님은 말씀하셨다.

"내적으로 우리의 몸과 밖의 세계가 허깨비처럼 나타나 실제 있지 않는 것이 있는 것처럼 보인다."

그런데도 중생들은 내 마음 망상의 인과 연이 화합해서 나타난 모습을 실제 있다고 집착하는 것을 변계소집성(遍計所執性)이라고 한다.

하지만 일체제법은 이미 내 마음의 인연을 따라서 일어났기 때문에 실제하지 않는 허상일 뿐이다. 따라서 제법은 있다 해도 실제 있지 않는 것을 의타기성(依他起性)이라고 한다. 이러한 의타기성은 자성이 본래 없어 그 자체가 공적한 일심일 뿐 내 마음밖에 실제하는 법은 없는 그 자체를 원성실성(圓成實性)이라고 한다.

수행인이 이와 같이 관찰한다면 제법에 대해 분별망상을 일으키지 않으므로 그것을 제법의 진실한 자체를 체득하고 망상을 그쳤다 하여 체진지(體眞止)라고 한다.

체진지를 통해서 변계소집성은 본래 공적하고, 의타기성은 있다 해도 허깨비와 같다는 것을 명료하게 통달한다면, 사물 그 자체가 바로 원성실성이 된다.

육도범부에서 모든 법의 명칭과 모습을 얻지 못하여 삼계내의 견사혹(見思惑)을 일으키지 않으면 체진지이고, 소승의 제법과 명칭을 얻지 못하여 진사혹(塵沙惑)을 일으키지 않으면 방편수연지(方便隨緣止)이며, 보살이 거처하는 실보장엄토(實報莊嚴土)의 명칭과 모습을 얻지 못하여 근본무명이 일어나지 않으면 식이변분별지(息二邊分別止)다. 이것을 삼지(三止)라고 한다.

爾時上不見佛果可求 下不見衆生可度 是名從假入空觀 亦名二諦觀 亦名慧眼 亦名一切智

392

이때 위로는 구할 만한 불과(佛果)가 보이지 않고 아래로는 제도할 만한 중생이 보이지 않는다. 이를 종가입공관(從假入空觀)이라고 한다. 또는 이제관(二諦觀), 혜안(慧眼), 일체지(一切智)라고도 한다.

대체로 사마타공관(奢摩他空觀)을 수행하려면 마땅히 마음의 고요한 자체를 의지해야 한다. 고요한 자체는 망념으로 요동하지 않는 본원자성을 말한다. 이는 삼공여래장(三空如來藏) 가운데 번뇌가 끝까지 공적한 공여래장(空如來藏)에 속한다.

이를 두고 옛 사람은 "신령한 광채 홀로 드러나 육근과 육진을 아득히 벗어났다."고 하였다. 이 경지에선 명료하게 보려 해도 끝내 한 물건도 없어 그 가운데는 인아(人我)와 시비, 피차의 차별적인 모습이라고는 끝내 없다.

우리의 목전에 나타난 분명한 일념이 차별상이 본래 없다는 것을 명료하게 통달한다면, 한 생각 망념이 일어난 자리가 바로 망념이 본래 없다는 것을 알 수 있다. 이를 임시적인 명칭으로 일념이라고 하는데, 이것을 관찰할 대상경계로 삼는다.

또 이 무념으로서의 일념을 관찰하는 것이 관찰하는 주관적인 지혜가 되는데, 전념이 사라지고 후념이 아직 일어나지 않을 때 그 중간에 오롯한 일념이 관찰하는 주관적 지혜가 되어 우리의 본성은 본래 무념의 경계라는 것을 알게 된다.

이때 관찰할 대상으로서의 경계와 관찰할 주관으로서의 지혜가 한결같이 하나의 평등한 이치로 여여(如如)하게 되는데, 그곳에서 무슨 차별적인 망념이 일어나겠는가. 여기에선 부처라는 생각도 일어나지

않는다. 또 사구(四句)를 떠나고 백비(百非)마저 단절되어 언어의 길이
끊기고 분별심이 활동하는 처소마저 소멸한다[언어도단 심행처멸(言
語道斷 心行處滅)]. 따라서 위로는 성취할 만한 불도가 보이지 않고, 아래
로는 제도할 중생이 있다는 견해마저도 일어나지 않는다.

　부처님의 세계라고 해서 취할 것도 없고, 마군의 경계라고 해도 따로
버릴 것도 없다.

　명료하게 알아야 할 것은 진여법계엔 중생이다 부처다 하는 헛된 명
칭이 단절되고, 평등한 성품 가운데는 자타(自他)의 차별 형상이 보이
지 않는다는 점이다.

　이 문제를 두고 옛 큰스님은 "평등한 진여법계엔 중생도 없고 부처
까지도 없다."고 하였다. 이 가운데선 한 티끌만큼도 번뇌에 오염되지
않아서 중생 모습만 얻지 못할 뿐만 아니라, 부처 역시 따로 얻지 못하
여 완전하게 모든 차별을 쓸어버린다.

　이 문제는《능엄경》에서 "하나가 부정되면 일체가 동시에 부정되어
십법계가 일시에 부정된다."고 했던 경우와 같다. 그 자리는 일체 망념
으로 분별하는 모습을 떠났다. 이를 두고 속제의 거짓으로부터 진제의
진공으로 깨달아 들어가는 종가입공관이라고 한다. 그 이유는 속제(俗
諦) 생사의 거짓으로부터 열반진공인 진제(眞諦)의 이치로 깨달아 들어
가기 때문이다.

　가령 깨달음이 이 같은 진공의 이치에 이를 땐 속제의 차별이 진제
에서는 원래 차별이 없음을 명료히 통달하게 된다.

　진제 진공의 이치에서 속제의 차별이 일어나는 것을 비유한다면, 마

치 항하사 모래수와 같은 삼천대천세계가 거대한 바다에서 일어난 물거품과도 같다. 또 일체 세간의 범부와 출세간의 성인이 번갯불이 스치듯 한 찰나에 일어났다 사라지는 것과도 같은데, 여기에서 무슨 피차와 인아(人我)와 시비를 담론할 것이 있겠는가.

이는 말세중생은 번뇌가 지중하여 지관을 수행하여 정혜(定慧)를 성취하고 싶어 하지만, 그 일이 매우 쉽지 않다는 점을 알 수 있다.

따라서 진실한 마음으로 평생 동안 한 구절 아미타불을 염불하면 이것이 바로 종가입공관이 된다. 나무아미타불 명호를 염불하여 한 마음도 혼란하지 않은 경지에 이르면 염불이 있는 곳으로부터 염불하는 마음마저 없는 경지에 이르고, 망상이 일어난 곳에서부터 망상이 없는 데로 깨달아 들어가 염불하는 마음과 염불의 대상인 아미타부처님까지 둘 다 잊어버린 경지에 이르게 된다. 이 경지를 '생각이 텅 빈 진실한 마음'이라고 하는데, 이를 두고 종가입공관을 닦음이라고 하며 이제관(二諦觀)이라고도 한다.

진제 쪽에서 관찰하면 현상계의 모든 차별법이 끊어지고, 속제의 편에서 관찰하면 일체 만법이 차별적으로 질서정연하게 건립된다. 수행인이 일체제법은 허망한 망상 분별의 인연으로 일어나 진실이 아닌 헛된 법이기 때문에 그것은 공(空)이라고 관찰한다면 진공관(眞空觀)이 된다.

망상분별로 일어난 인연법은 실제가 아니어서 본래 없는 공이라고는 하지만, 그 평등한 공에서 인연을 따라 삼라만상의 차별이 건립되는 것이 전혀 방해가 되지 않는 것을 속제관(俗諦觀)이라고 한다.

이 문제를 두고 경전에서는 "진제는 한결같은 성품이 본래 진실한 이치임을 드러낸다."고 하였다. 또한 "실제이지에 있어선 한 티끌도 받아들이지 않아 시(是)와 비(非)가 쌍으로 끊어지고 주관과 객관을 동시에 잊으며 만법 자체가 진여라고 가리키면서 삼승(三乘)을 회합하여 일불승(一佛乘)으로 귀결시킨다."라고 하였다. 따라서 진제라고 한다.

이와는 반대로 속제는 한결같은 진제성공의 성품이 인연을 따라서 일어난 일을 말한다. 이는 '불사문중(佛事門中)에선 한 법도 버리지 않는다'라고 한 경우에 해당된다. 이 문제를 구체적으로 예를 든다면 신하는 충성을, 자식은 효도를, 나라는 올바른 정치를, 한 집안에는 화목을 권하고, 선업은 천당의 즐거운 과보를 받는다는 것을 보이며, 악업은 지옥의 고통을 받는다는 것을 나타낸 것 등이 모두 여기에 속한다. 이를 속제라고 말하며, 또는 혜안(慧眼)이라고도 하고 일체지(一切智)라고도 한다.

범부의 육안은 견혹(見惑)과 사혹(思惑)에 가려서 보고 듣는 일체법이 모두 실제 있다고 여긴다. 그렇지만 만일 진공의 이치를 체득한다면 일체법이 모두 차별상이 없다고 관찰한다. 그것은 혜안으로 모든 차별법이 현재 있는 상태에서 진공의 이치임을 명료하게 알기 때문이다.

일체 내외법의 명칭을 명료하게 알기 때문에 일체지라고 한다. 일체지와 이제관과 혜안은 모두 종가입공관의 다른 명칭일 뿐이며, 외형적인 명칭만 다를 뿐 근본자체는 동일하다.

若住此觀 卽墮聲聞辟支佛地 故經云 諸聲聞衆等自歎言 我等若
聞淨佛國土 敎化衆生 心不喜樂 所以者何 一切諸法 皆悉空寂 無
生無滅 無大無小 無漏無爲 如是思惟 不生喜樂

여기에서는 경전을 인용하여 집착의 잘못에 대해 증명하고 있다.

여래의 가르침은 중생의 근기에 맞게 교화하지 않음이 없으며, 중생
근기는 천차만별로 차이가 난다. 그 때문에 부처님 가르침 역시 한량
없는 차별이 있게 된 것이다. 그러나 차이가 있다 해도 그 귀결점을 끝
까지 추구해보면 근본이치는 하나일 뿐이다. 이를 두고 "방편에는 많
은 문이 있으나 근원으로 들어가는 길은 둘이 없다."고 하였다.

이로써 알 수 있는 것은 여래가 설법하신 일체 관(觀) 수행문은 성불
하는 방편 아닌 것이 없다는 점이다. 이는 이른바 낚시라는 방편으로
고기를 끌어내어 끝내 부처님의 지혜로 깨달아 들어가게 하는 것이지,
방편으로서 구경각을 삼는 것은 아니라는 것이다. 따라서 본문에서는
"공관(空觀)에만 집착한다면 성문(聲聞)이나 벽지불의 경지에 떨어진
다."고 하였다.

부처님께 사제법문의 설법음성을 듣고 도를 깨달은 자를 성문이라
고 하는데, 이는 부처님의 음성교화를 듣고 사제법에 의지하여 진공의
이치를 깨달았기 때문이다.

범어의 '벽지가라(辟支迦羅)'는 번역하면 연각(緣覺) 또는 독각(獨覺)
이다. 부처님이 출현한 세상을 만나 부처님께 인연설법을 듣고 십이인연
을 관찰하여 진공의 이치를 깨달으면 연각이라고 한다.

독각은 부처님이 없는 세상에 출현하여 스승 없이 인연법을 스스로 깨달은 자를 말한다. 봄에는 모든 꽃이 피고 가을에는 낙엽이 지며 모든 초목은 태어나서 자란 후 다시 고목이 되는 것을 관찰하여, 만법은 모두 무상하다는 것을 알고 자기 마음을 깨닫는다. 따라서 독각이라고 한다.

독각도 역시 부처님의 가르침인 십이인연을 관찰하므로 연각이라고 해도 되지만, 단지 부처님을 만나고 만나지 못하는 데서 근기의 영리하고 둔함이 있기 때문에 연각과 독각이라는 두 종류로 구분했다는 학설도 있다.

연각과 독각을 논할 것 없이 공관은 불교에서는 초보적인 입문공부다. 만일 여기에 집착으로 안주하여 대승불교로 전진하지 않는다면 불법의 커다란 이익을 잃게 된다. 그러므로 "종가입공관(從假入空觀), 즉 속제 유(有)로부터 진제 공의 이치로 깨달아 들어가는 관문에만 안주한다면 성문과 벽지불의 경지에 떨어진다."고 하였다.

성문과 독각은 삼계내의 견혹과 사혹을 끝까지 끊고 생사의 울타리를 벗어났다. 이는 부처님이 성불하고 나서《아함경》에서 말했던 "나의 삶은 이미 다했고 청정한 수행은 이미 수립했으며 하는 일은 이미 이루어 후생의 과보를 받지 않는다.[我生已盡 梵行已立 所作已辦 不受後有]"라고 한 경우에 해당된다.

이로부터 혜안으로서 삼계를 돌이켜보면, 중생들은 태어나면 다시 죽고, 죽으면 다시 태어나면서 생사가 단절하지 않고 윤회가 반복된다. 이 때문에 삼계중생의 생사에 대해 깊은 염증을 느끼게 된다.

이들은 삼계를 마치 견고한 감옥처럼 여기고 생사를 원한 맺힌 집안을 보듯 하면서 진공열반의 이치만을 굳게 지키며 다시 세상에 출현하여 중생을 교화하고 인도하려 하지 않는다. 이는 지극히 소극적인 염세주의로서 삼매의 구덩이에서 벗어나지 못하고 있는 것이다.

이를 두고 여래께서는 《법화경》에서 "너희들은 마치 다시는 생명이 발아하지 못할 섞은 종자와 같다."고 꾸짖으셨다.

본문에서 말한 경전은 방등대승경전(方等大乘經典)을 지적한 것이다.

여래의 제자인 마하가섭과 사리불 등은 소승(小乘) 편공(偏空)에 집착하여 위없는 무상정등정각을 구하려 하지 않았다. 따라서 방등대승경전인 《유마경》에서는 유마 거사가 대승원교를 찬탄하고 소승을 배척하여 그들로 하여금 소승을 부끄럽게 여기고 대승을 흠모하게 하였다.

이에 관한 내용은 《유마경》에 자세히 나온다. 이 때문에 마하가섭과 모든 제자들은 스스로 깊이 탄식하면서 "우리들은 무엇 때문에 선근 종자를 영원히 끊고 대승에 있어서 섞은 종자처럼 되었을까."라고 말하였다. 일체 성문들이 불가사의한 대승해탈법문을 듣고 모두 울부짖자 그 소리가 삼천대천세계에 진동하였으나 모든 보살들은 크게 기쁜 마음을 내며 대승법을 공경하게 되었다.

반야부에서는 공에 대한 집착을 도태시켰고 법화회상(法華會相)에 이르러서 삼승방편교(三乘方便敎)를 일불승으로 회귀하였는데, 소승들은 그때서야 오묘한 법을 깨닫고 과거의 미혹을 슬퍼하였다.

그들은 탄식하면서 "우리들은 옛날에 불국토를 청정하게 하면서 중생을 교화한다는 말씀을 들었어도 마음에 즐거움이 일어나지 않았습니다. 이로 인해 세존께서 과거에 방등회상(方等會相)과 반야회상(般若會相)에서 '모든 대승보살을 위해 너희들은 미래에 부처가 되어 시방세계에 신통으로 유희하면서 불국토를 정화하여 중생을 성취할 것이다' 라고 수기하였으나 저희들은 그 말씀을 듣고도 환희심을 일으키지 않았습니다. 왜냐하면 세존이시여 저희들은 삼계생사를 이미 벗어나 최고의 열반을 증득하였다고 여겼으며, 이미 늙고 몸은 피로하여 단지 공(空)과 무상(無相), 무착(無著)만을 생각하면서 부처님이 교화하시는 아뇩다라삼먁삼보리심 가운데 한 생각도 즐거운 마음을 일으키지 않았습니다. 따라서 중생을 제도하리라는 자비원력도 일으키지 않고 오직 소극적으로 자리적인 측면에만 머물렀습니다. 모든 법은 진공의 이치라는 것을 증득했기 때문입니다." 라고 말하였다.

일체법은 모두가 공적하여 본래 일어난 일도 없고 소멸한 것도 없으며 크고 작은 것도 없으므로 무루(無漏)이고 무위(無爲)이다. 범부 중생은 이 같은 이치를 미혹하기 때문에 일체법에는 인아와 시비, 대소와 생멸이 모두 있다고 여긴다. 이는 모두 망상분별을 따라 일어난다. 가령 육근과 육진을 벗어난다면 그곳엔 끝내 한 물건도 없게 되는데, 이를 두고 무루라고 한다.

공무루(空無漏)에 대해 말해본다면 《반야심경》가운데 안ㆍ이ㆍ비ㆍ설ㆍ신ㆍ의가 없다는 것은 내적으로 육근이 공적한 것이고, 색ㆍ성ㆍ향ㆍ미ㆍ촉ㆍ법이 없다는 것은 외적으로 육진이 공(空)하다는 것이며, 사제(四諦) 십이인연(十二因緣)이 없다는 것은 이승법계가 공하기 때문이고, 육바라밀이 없다는 것은 보살법계가 공한 것이며, 지혜도 없고 얻을 것도 없다[無智亦無得]는 것은 부처님 법계가 공한 것이다. 이는 하나가 공하면 일체가 공이어서 십법계가 공하지 않는 것이 없는데, 이것을 공무루라고 한다.

단지 이승은 공무루만을 생각하기 때문에 공(空)과 유(有)가 둘이 아닌 중도(中道)의 이치에 있어서 기뻐하는 마음을 일으키지 않는다. 하지만 공무루 경계야말로 매우 중요하므로 그것을 소승으로만 치부해 버리면 절대로 안된다. 이는 선어록에서 말하고 있는 "시방세계의 모든 중생이 한군데 모여 각자 무위법(無爲法)을 배우고 있다. 그것이 부처를 선발하는 장소인데 마음이 공적해야만 부처로 선발된다."라고 한 경우에 해당된다.

불법을 배우는 사람이 가장 행하기 어려운 것은 초보 단계인 공무루 공부이다. 범부중생은 무시이래로 한결같이 모든 법은 실제 있다고 미혹하여 집착한다. 안으로는 몸과 마음이 있고 밖으로는 세계가 있어, 생(生)이 있으면 멸(滅)이 있고 큰 것이 있으면 작은 것이 있다고 여긴다.

몸으로는 생로병사(生老病死)가 반복하고, 마음은 찰나찰나 생주이멸(生住異滅)이 반복하며, 산하대지는 성주괴공(成住壞空)이 있어 삼라만상이 모두 여기에서 벗어나지 않는다. 그런데 지금 그 모든 것이 공적하다고 관찰하는 것은 실로 매우 어렵기만 하다. 우리가 만일 진공무루(眞空無漏)의 이치에 도달할 수만 있다면 속제 가운데서도 공(空)의 이치를 행하기가 쉬울 것이다.

단지 공적한 쪽으로만 집착하여 생(生)과 멸(滅)이 없고 대(大)와 소(小)가 없는 것에 대해 단정적으로 집착한다면 편공에 떨어지게 된다. 그러므로 다시 공으로부터 현실 유로 나와야만 공이면서도 공이 아닌, 즉 공과 유가 둘이 아닌 중도를 실천할 수 있다.

그 예로 염불법문을 수행하면 유념(有念)으로부터 무념(無念)에 이르고, 생(生)이 있는데서 무생(無生)의 이치를 증득한다. 이를 표면적으로 관찰해보면 번뇌생사를 끊어 자기 자신만 사바세계를 버리고 극락으로 왕생하여 흡사 소극적인 면이 있는 듯도 하다. 그러나 한번 극락에서 태어나면 오묘한 깨달음을 증득하여 일체 중생을 끝까지 제도하겠다는 대비원력을 타고 거듭 사바세계로 찾아와 모든 유정들을 제도하게 된다.

그러므로 염불법문을 수행하면 소극적인 자리(自利)의 측면이 바로 적극적인 이타(利他)의 측면이 된다. 때문에 염불공부가 오로지 자리(自利)에만 속한 듯 하지만 그 자리가 바로 이타(利他)의 근본이 되는 것이다. 불법은 진실한 이익을 얻어야 진실하게 누릴 수 있다. 따라서 철학에서 말하고 있는 마음을 떠나 상대적인 성질만 연구하는 것과 동일하게 여겨서는 안된다.

가령 한결같이 마음 밖의 성질만 연구하여 명칭과 모습을 분별한다면 바다에 들어가 모래를 세는 것처럼 한갓 자신만의 피곤함을 면치 못한다. 불법이 진실하게 수용하는 처소가 확실하게 없었다면 어떻게 예로부터 지금까지 그 빛을 드날리며 현재까지 이어져 내려오겠는가. 우리는 이점을 자세히 살펴야 할 것이다.

**當知若見無爲入正位者 其人終不能發三菩提心 此卽定力多故
不見佛性**

　가령 수행자가 세속으로부터 진제로 깨달아 들어가는 공관(空觀)을
닦아 무위법(無爲法)을 보고 깨달음의 올바른 이치에 들어갔다고 여기
며 이를 구경각(究竟覺)이라고 생각한다면, 그 사람은 끝내 세 가지의
보리심을 일으키지 못한다.

　삼보리심(三菩提心)은 아뇩다라삼먁삼보리심을 말한다. 이를 번역하
면 '위없이 진실하고 평등하고 올바른 깨달음'이다. 이것을 분류할 수
없는데도 굳이 분류한다면 세 가지의 보리가 있는데, 이는 세 가지 근
기와 성품을 대치하는 것을 말한다.

　첫째, 진성보리(眞性菩提)이다. 진(眞)은 거짓이 아니라는 뜻이고, 성
(性)은 변개(變改)하지 않는다는 의미이다. 거짓도 아니고 변개하지 않
는 것을 진성이라고 한다. 이러한 진성을 도(道)라고 여기기 때문에 진
성보리라고 말한다. 이는 여래께서 깨달은 불과보리(佛果菩提)이다.

　이 문제를 경전에서는 "가령 어떤 사람이 보리심을 일으키고 나서
다시 모든 중생에게 보리심을 일으켜 대승법의 의미를 배우라고 한다
면 이는 자신이 먼저 해탈하고 나서 중생까지도 해탈하게 하는 것이
된다."라고 하였다. 이 말이 바로 진성보리의 의미에 해당된다.

　둘째, 실지보리(實智菩提)이다. 실지(實智)는 자기의 본성을 관조하는
지혜가 이치에 걸맞아 허망하지 않는 것을 말한다. 이러한 실지를 도
(道)로 삼기 때문에 실지보리라고 한다. 이는 연각이 일으키는 보리심

이므로 연각보리(緣覺菩提)라고도 한다.

이 문제를 경전에서는 "수행인이 홀로 연각행을 닦으면서 보리심을 일으켰으나, 중생들에게는 보리심을 일으켜 대승경전의 의미를 배워야 한다고 교화하지 않는다."고 하였다. 이러한 수행을 하기 때문에 자기만 홀로 해탈을 얻게 된다.

셋째, 방편보리(方便菩提)이다. 방편은 훌륭한 솜씨로 중생의 근기에 호응하여 교화의 작용이 자유자재한 것을 말한다. 이러한 방편으로써 도를 삼기 때문에 방편보리라고 한다. 이는 대승보살이 수행하는 것을 말한다.

진성보리는 중도를, 실지보리는 공을, 방편보리는 속제를 설명한 것이다. 이를 삼보리심이라고 한다.

수행인이 속제로부터 진제의 공으로 깨달아 들어가는 것은 실지보리의 작은 분야에 불과하다. 이는 지혜는 부족하고 선정삼매 쪽의 힘이 많기 때문에 불성을 보지 못한다. 이로 인해 성문승은 한결같이 공적한 경지에 빠져 진실한 성공이 바로 오묘한 속제의 유[眞空妙有]인 것을 밝히지 못한다. 다시 말해 유와 공이 둘이 아닌 하나의 중도의 이치임을 모른다.

그 때문에 여래의 위없는 보리열반인 중도불성에 있어서 위배하지 않는 가운데 위배하게 된다. 그러므로 불성을 보지 못한다고 하였다.

2. 종공입가관[從空入假觀]

若菩薩爲一切衆生 成就一切佛法 不應取著無爲而自寂滅 爾時
應修從空入假觀 則當諦觀心性雖空 緣對之時 亦能出生一切諸法
猶如幻化 雖無定實 亦有見聞覺知等相差別不同

   소승인은 편공을 증득하여 이를 구경각으로 여기므로 공관에서 가
관으로 나와[從空出假] 중생을 교화하지 않으려고 한다. 하지만 보살은
소승과는 달리 위로는 깨달음을 구하고 아래로는 중생을 교화하는 수
행공부가 있어 자리이타(自利利他)의 덕을 동시에 갖추고 있다.

   최초 발심할 때 사제(四諦)의 이치를 따라 사홍서원(四弘誓願)을 일으
켜 자리이타를 행하면서 모든 법은 허깨비 변화와 같다는 것을 명료하
게 알아 허깨비 법으로 허깨비 법을 자연스럽게 일으킨다. 즉 일체중
생이 일체불법을 성취하게 한다는 뜻이다.

   여래의 법은 십력(十力), 사무외(四無畏), 십팔불공법(十八不共法) 등이
다. 우리가 알아야 할 것은 보살도 이와 같은 여래의 법을 성취하려고
모든 법이 허깨비와 같다는 것을 명료하게 알고, 허깨비와 같은 불사
를 일으키며 허깨비와 같은 중생을 제도한다는 점이다.

   따라서 여래는 무위법에 집착하지 않는 상태에서 자연히 무위법에
서 적멸(寂滅)하다. 그때 공관(空觀)을 닦아 가관(假觀)으로 나와 무위법
도 허깨비와 같다는 것을 알게 된다. 그러므로 무위의 상태를 떠나지
않은 상태에서 작위하지 않음이 없으며, 적멸이 허깨비와 같다는 것을

통달하기 때문에 적멸이 유위법 밖에서 따로 실재하지 않은 적멸이다.

보살은 이와 같은 이치를 명료하게 통달한다. 따라서 보살은 광대한 마음을 일으켜 모든 중생을 제도하면서 인간 천상의 과보와 성문·연각과 대승초기 방편보살을 구하는 것이 아니라, 오직 최상승을 의지하고 보리심을 일으켜 법계 중생과 일시에 아뇩다라삼먁삼보리를 증득하여 이 모든 것이 허깨비와 같다는 것을 명료하게 통달하기를 발원하는 것이다. 그러므로 보살의 발심을 종공출가관(從空出假觀)이라고 한다.

제(諦)는 '진실을 살펴 허망하지 않다' 는 뜻이며, 관(觀)은 '관찰' 의 의미이다. 이는 자기 마음 본성을 진실하게 관찰하여 내 마음은 방향도 없고 한계도 없어 끝내 그 실체를 얻지 못하지만, 인연의 경계를 만날 땐 일체제법을 출생할 수 있다는 것을 의미한다. 위로는 성문·연각·보살·부처와 아래로는 육도범부인 세간과 출세간의 일체 모든 법이 마음을 의지해서 있는 것이다.

이러한 모든 법은 있다 해도 그 자체의 성질은 공적하며, 있다 해도 실재하는 것이 아니다. 그러므로 "일체제법은 단정적으로 실재하는 것은 없지만 실재 있지 않으면서 인연 따라서 허깨비로 있으므로 역시 견문각지(見聞覺知) 등의 모습으로 차별이 난다."고 하였다.

이것은 일어나지 않는 무생(無生)을 설한다 해도 일어나지 않는 것이 없고, 차별상이 없다 해도 차별상이 없지 않음을 말한다. 모든 세간법은 희롱하는 일로 관찰하여 번갯불이나 그림자처럼 여겨야 한다. 이는 《금강경》에서 말한 "모든 법은 꿈과 허깨비, 물거품과 같고 그림자와 이슬, 번갯불과 같다."고 한 것에 해당된다.

《능엄경》에서는 "허공은 본래 모든 차별상이 아니다. 그러나 자연스럽게 모든 차별상이 발현된다."고 하였는데, 여기에서 허공은 마음을 비유한 것이다. 자기의 마음은 인연따라 작용한다. 단지 세상 사람들이 허깨비 변화와 같은 모든 인연법을 실제 있다고 여기는 것은 마치 마술사가 수건으로 토끼나 말을 허깨비로 만들었을 때 그것을 진짜로 여기는 것과도 같다.

《대승지관(大乘止觀)》에서도 "관으로는 제법이 본래 일어나지 않고 지금 소멸하지도 않는다는 것을 알았다 해도, 우리의 마음이 분별인연을 따라서 일어나기 때문에 허망한 세간의 작용이 없지 않다. 이것은 마치 꿈과 같아 실제 있지 않는 것이 허깨비로 있는 것이다. 그러므로 이러한 이치를 관찰하는 것이 바로 관 수행이다."라고 하였다.

우리가 알아야 할 것은 일체제법은 허깨비 아닌 것이 없다는 점이다. 유(有)도 허깨비이고, 공(空)도 허깨비이고, 중도(中道)도 허깨비이고, 시방제불(十方諸佛)도 허깨비이고, 우리가 오늘날 도량을 건립하여 불사(佛事)를 하는 것도 허깨비이다.

이 문제에 대해 영명(永明) 대사는 이렇게 말씀하셨다.

"거울 속의 마군에게 항복받고, 꿈속의 불사를 크게 일으키며, 허깨비와 같은 중생을 광대하게 제도하고, 허깨비와 같은 보리를 증득한다."

진공의 편에서 말한다면 설명할 만한 법이 없지만, 가관의 측면에서 논변한다면 자연스럽게 설법이 없는 곳에서 설법이 있게 된다.

우리가 허깨비와 같다는 관 수행을 배우면 누리는 것은 다함이 없다. 그 예를 들면 유마힐 거사는 여환삼매(如幻三昧)를 증득하였으므로 사방 열 자되는 작은 방에 팔만사천 등왕보좌(燈王寶座)를 수용하였다. 또 마야 부인은 여환삼매(如幻三昧)를 닦았기 때문에 하나의 배에 삼천대천세계를 수용할 수 있었다.

요즘같이 혼탁한 세상에서는 처신하기가 매우 어렵다. 그러나 공관으로부터 가관으로 나오는 것을 배워 여환삼매관법을 익힌다면 자리이타(自利利他)가 세상을 살아가는데 가장 요긴한 법문이 될 것이다.

行者如是觀時　雖知一切諸法畢竟空寂　能於空中修種種行　如空中種樹　亦能分別衆生諸根　性欲無量故　則說法無量　若能成就無礙辯才　則能利益六道衆生　是名方便隨緣止　乃是從空入假觀亦名平等觀　亦名法眼　亦名道種智　住此觀中　智慧力多故　雖見佛性而不明了

수행자가 진제 공(空)에서 속제 가(假)로 나오는 관법인 종공입가관(從空入假觀)을 성취했을 때 안으로는 몸과 마음이, 밖으로는 세계와 유정(有情)과 무정(無情)이 필경 공적하다. 그러나 이 공적한 가운데 갖가지 허깨비와 같은 수행문을 닦아 도량을 건립하고 불사를 일으키는 것이 마치 물에서 노니는 물고기의 흔적과 같고 허공을 나는 새의 자취와 같으니, 한번 지나면 없어진다는 것을 알고 흔적에 집착하지 말아야 한다.

이는 허깨비와 같은 약으로 허깨비와 같은 병을 다스리며, 허깨비와 같은 경전을 강의하고, 허깨비와 같은 설법을 하여 한량없는 법으로서 중생을 제도하지만, 제도하는 주체도 제도를 받는 대상도 허깨비 아닌 것이 없다는 것을 알아야 한다.

그러므로 많은 경전에서는 "만일 모든 보살이 청정한 원각을 깨닫는 마음으로 심성과 육근과 육진이 모두 허깨비 변화라는 것을 알고, 모든 허깨비 법문을 일으킴으로써 허깨비를 제거하고 허깨비를 변화시켜서 허깨비와 같은 중생을 제도한다면, 바로 내적으로는 대비심이 일어나 일체 보살이 이로부터 수행을 일으켜 점진적으로 수행이 증가한다."고 하였다. 이것이 바로 진제 공을 따라 속제 가로 나와 허깨비와 같은 법문을 닦는 종공입가관이 된다.

보살이 도종지(道種智)가 발현한 뒤에는 바로 걸림없는 변재를 일으키게 된다. 걸림없는 변재는 네 가지가 있는데, 이를 사무애지(四無碍智)라고 한다.

의무애변(義無碍辯)은 일체 의리를 명료하게 통달하여 걸림이 없으며, 법무애변(法無碍辯)은 일체 법상의 명자를 통달하여 걸림 없이 분별한다. 사무애변(辭無碍辯)은 모든 법의 명자와 의리로 일체 중생을 수습하여 지역따라 다른 방언으로 연설함으로써 그들로 하여금 각자 자기의 언어로 이해하여 변설이 걸림이 없으며, 낙설무애변(樂說無碍辯)은 일체 중생의 근기에 따라 그들이 즐겨듣는 법문으로 설법하여 설법이 원융하고 걸림 없어 하루종일 설법을 한다 해도 피로한 마음이나 권태심을 일으키지 않는다.

이 네 가지 변재가 있어야만 육도세계의 일체 중생을 이익 되게 하면서 허깨비와 같은 걸림 없는 변재로 인연을 따라 방편으로 교화하는 것에 대해 명료히 통달하게 된다. 이를 두고 방편수연지(方便隨緣止)라고 한다.

비록 방편의 인연으로 갖가지 일을 일으키나 얻을 만할 실제법이 없다는 것을 알기 때문에 중생을 제도한다 해도 망념을 그치지 않는 상태에서 저절로 그치게 된다.

그 예로 《종경록(宗鏡錄)》을 저술한 영명연수(永明延壽) 대사는 매일같이 108가지 일을 정해놓고 빠짐없이 실천하였는데, 만일 일반인이라면 108가지 일을 실천하느라 매우 힘들어했을 것이다. 하지만 대사는 그 많은 일을 매일 실천에 옮기면서 아무 일 없는 듯 해냈다. 이것은 대사가 마음에 한 생각도 일으키지 않고, 한 물건도 없다는 것을 명료하게 알았기 때문이다. 바쁜 가운데 바쁜 마음이 없었으며, 괴로운 일 가운데 괴로움이 없었던 것은 모든 일들이 허깨비와 같다는 것을 알았기 때문인데, 이것이 바로 방편수연지의 공로다.

알아야 할 것은 방편수연지야말로 우리에게 가장 적절한 수행이라는 점이다. 그 예를 들면 밥을 먹을 땐 밥을 먹는 마음을 돌이켜 관찰하고, 차를 마실 땐 차를 마시는 마음을 돌이켜 관찰하며, 손님을 맞이하고 전송할 때 등 어느 처소, 어느 시간이 됐든 돌이켜 관찰하는 마음을 일으킨다면 자연히 망념으로 흐르지 않게 된다. 그것은 사람은 두 마음이 없고 마음에는 두 가지 작용이 없기 때문이다.

이 문제에 대해 옛 큰스님은 "인연 따라 본성을 깨달으면 그곳에는 거짓도 없고 진실도 없다." "걸어가도 선이고 앉아도 선이다."라고 말씀하셨다. 또 "걸어도 아미타염불이고 앉아도 아미타염불이다."라고 하셨는데, 이 모두는 방편수연지의 작용에 해당된다.

염불결사를 한 재가 거사들은 세상살이를 하지 않을 수 없기 때문에 방편수연지를 수행하는 것이 가장 적합하다. 그 이유는 열반의 공(空)에서 생사의 가(假)로 들어가므로 공을 관하여도 원래 공일 뿐만 아니라, 공이면서도 공이 아니어서 공과 가를 병행하기 때문이다. 이를 평등관(平等觀)이라고도 하는데, 공에 치우치지도 않고 유에 치우치지도 않아 공의 처소가 원래 유이고 유의 처소가 원래 공이다. 이것을 두고 공과 유가 두 모습이 아니며 진제와 속제가 평등하다고 한다. 이 평등관을 법안(法眼) 또는 도종지(道種智)라고 한다.

법안으로는 속제만을 관찰하는데, 도종지는 보살이 중생을 교화하면서 일체의 도로서 중생의 선근을 일으키기 때문이다. 도는 '도를 닦는다'는 뜻이고 종은 '종자'의 의미인데, 이것이 도를 수행하는 종자이다.

우리는 과거 전생부터 금생에 이르기까지 참선을 하거나 염불을 하여 각자 종자의 차이가 난다. 보살은 십법계의 차별적인 도의 종자가 동일하지 않다는 것을 환하게 알고 있다. 따라서 도종지라고 부른다. 이를 요약하면 중생의 근기를 관찰하여 거기에 알맞은 가르침을 베풀어 병에 따라 약을 투여한다는 의미이다.

보살이 중생을 제도하려면 반드시 도종지가 있어야 법안이 원명하며, 그렇지 않으면 중생을 제도하기가 지극히 어렵다. 하지만 도종지는 쉽사리 깨닫기 힘들다. 지금 말법시대에 법을 펴고 중생을 이롭게 하려면 늙을 때까지 염불을 진실하게 하여 한 구절 아미타 명호를 부를 경우, 그 자리에서 아상·인생·중생상·수자상 등 사상(四相)이 없어진다. 따라서 안으로는 신심을, 밖으로는 세계에 대한 집착을 잊게 되는데, 이것이 바로 지(止) 공부이다. 또 소리소리 부처님 명호를 부를 때마다 부처님 상호가 더욱 분명해지는데, 이것은 관(觀) 수행이다.

염불을 부르는 자와 부르는 대상인 부처님, 이 둘을 쌍으로 잃는 경지에 이르러 자타(自他)가 둘이 아닐 땐 이 경지에서 마음을 되돌려 허깨비와 같은 염불공부로 허깨비와 같은 중생을 교화하게 된다. 집착이든 병이든 논할 것 없이 단지 '아미타'라는 약으로서 다스려 중생들이 각자 허깨비와 같은 그림자 모습을 소멸하고 임종 시에 허깨비와 같은 극락에 왕생하게 해야 한다. 이와 같다면 이익이 절묘한데, 그 경지를 어떻게 언어로 설명할 수 있겠는가.

마땅히 알아야할 것은 공관(空觀)과 가관(假觀)을 수행하는 것은 모두 성불하는 방편이므로 절대 집착해서는 안된다는 점이다. 가령 '공'을 따라 '가'로 들어가는 관법에 집착하게 되면 지혜는 많고 선정이 적어 비록 불성을 본다 해도 명료하지 못하다. 이것은 공관과 가관의 양쪽에 막혀있기 때문에 불성을 명료하게 보지 못하는 것이다.

따라서 보살이 이 공관과 가관을 성취했다 할지라도 이는 방편관일 뿐 정관(正觀)은 아니다.

3. 중도정관[中道正觀]

菩薩雖復成就此二種觀 是名方便觀門 非正觀也 故經云 前二種
爲方便道 因是二空觀 得入中道第一義觀 雙照二諦 心心寂滅 自
然流入薩婆若海 若菩薩欲於一念中具足一切佛法 應修息二邊分
別止 行於中道正觀

앞에서는 단지 공관만 닦으면 선정에 치우쳐 중도를 증득하지 못하
고, 가관만 닦으면 지혜에 치우쳐 중도를 증득하지 못한다는 것에 대
해 밝혔다. 따라서 반드시 지관을 동시에 수행해야만 선정과 지혜가
평등하여 중도를 증득할 수 있다. 경전에서는 "앞에 두 가지는 방편도
인데, 이공관(二空觀)으로 인해 중도제일의제관(中道第一義諦觀)으로 들
어간다."고 하였다.

이공(二空)은 아공(我空)과 법공(法空)이다. 범부중생이 오온법에서
주재자를 억지로 세우는 것을 아집이라고 한다. 가령 색·수·상·
행·식 등 다섯 법을 추구해 본다면, 이 오온법에는 자성이라고는 없
어 아(我)의 자체가 보이지 않는 것을 '아공'이라고 명칭한다.

오온법을 실재 있다고 헤아리는 것을 법집이라고 한다. 이 오온법이
허깨비와 같다는 것을 추구한다면, 그것은 인연을 따라 일어났기 때문
에 이도 역시 자성이 없는 '법공'이라고 한다.

공관을 닦으면 아공을 증득하고, 가관을 닦으면 법공을 증득하게 된
다. 만일 중도제일의관을 닦는다면 '아집'과 '법집'을 동시에 버리게

되어 공이라는 개념까지도 제거된다. 공과 집착을 둘 다 잊게 된다면 '공공(空空)'을 증득하게 된다.

진속이제(眞俗二諦)를 쌍으로 관조하여 진제 공과 속제 유를 떠나지 않는 것을 중도관이라고 한다. 그러나 공과 유를 떠난 밖에 따로의 중도가 있다면, 이는 단지 중도일 뿐이다. 이를 비유하면 마치 구름 밖에서 달을 보는 것과 같아 원만한 중도라고 하지 못한다. 왜냐하면 중도는 반드시 진속이제를 쌍으로 관조하여 양쪽을 떠나지도 않으며, 또한 양쪽에 상즉하지도 않기 때문이다.

우리의 분명한 일념 가운데는 삼천성상(三千性相)과 백계천여(百界千如)를 갖추어 일념마다 공가중(空假中) 아님이 없다. 가령 일념이 있다고 말한다면 일념 자체를 끝내 얻지 못하며, 또 일념을 공이라고 한다면 삼천성상이 분명하게 나타난다. 일념이 일어날 때 일념이 일어나는 곳을 관조해보면 그 실체를 끝내 얻지 못하므로 '공'의 의미가 되며, 동시에 일념이 일어나는 곳에 현상세계가 분명하게 나타나면 이를 '가'의 의미라고 한다.

일념 가운데 세계가 분명히 나타나지만, 그 일어난 실체를 끝내 얻지 못하므로 공도 아니고 가도 아니다. 따라서 공과 가의 이변이 쌍으로 떠난 자리가 바로 공이고 바로 가여서, 이변을 쌍으로 관조하면 바로 중도의 의미가 된다. 그러므로 이공관으로 인해 중도제일의제관으로 들어가면, 마음마다 적멸하여 염념이 상주하고 공과 유가 두 모습이 아니어서 진제로서의 부정과 속제로서의 긍정이 동시이기 때문에 자연히 생각생각이 살바야해(薩婆若海)로 흘러 들어간다. 살바야는

'지혜'라는 뜻인데, 염념이 부처님의 대지혜로 흘러들어가는 것을 말한다.

보살이 일념 가운데 일체 불법을 갖추고자 한다면, 우리의 분명한 일념 가운데 모든 법을 갖추지 않는 것이 없음을 알아야 된다. 이를 두고 백천 삼매가 마음의 근원에 함께 있으며, 항하사 공덕이 마음으로 동일하게 귀결된다고 한다. 그 이유는 한 법도 자기의 마음을 떠나지 않고 법마다 자기 마음에서 나타나지 않는 것이 없기 때문이다.

단지 중생은 미혹하여 자기 마음 여래의 오묘한 능력이 번뇌에 덮여 나타나지 않을 뿐이다. 보살이 일념 가운데 일체불법을 성취하려면 반드시 식이변분별지(息二邊分別止)를 닦고 중도정관(中道正觀)을 실천해야 한다.

식이변분별지를 설명해 본다면 이변은 상대적으로 의존하는 법을 말한다. 예를 들면 공과 유, 아와 무아, 상과 무상, 대와 소, 높고 낮음, 길고 짧음, 친근하고 소원한 것 등인데, 이와 같이 상대적으로 의존하는 것이 모두 여기에 해당된다. 우리가 알아야할 것은 이변으로서 상대적으로 의존하는 법은 단정적인 실체가 없다는 점이다. 왜냐하면 서로가 의존하는 법은 모두 상대적인 비교를 따라 일어나기 때문이다.

크고 작음이 상대적으로 의존하는 것에 대해 말해본다면, 큰 것은 진실로 큰 것이 아니고 작은 것으로 인해 크다는 것을 보며, 작은 것은 진실하게 작은 것이 아니라 큰 것으로 인해 작은 것을 보는 것이다.

일체경계를 마주하면서 상대적인 분별을 일으키지 않기 때문에 공과 유에 대한 집착을 쉬어, 어느 한쪽 법에 치우치지 않는다. 따라서 생사를 싫어하지도 않고 열반을 기뻐하지도 않아 어느 한쪽을 그친다는 생각 없이 이변에 나아간 상태에서 바로 중도이다.

도(道)는 이변이 없는데 무엇을 그치겠는가. 대체로 그치기를 기약하지 않은 상태에서 스스로 그치게 된다. 그러므로 식이변분별지를 불지지(不止止)라고도 한다. 이것이 최고의 공부이다.

올바르다면 어느 한쪽에 치우치지도 빗나가지도 않는다. 이것은 공과 유에 집착하지 않는 상태에서 공과 유를 떠나지 않고, 이를 부정한다면 둘 다 부정하고 긍정한다면 둘 다 긍정하여, 긍정과 부정이 동시적으로 이루어진다. 이와 같이 수행하기 때문에 "중도정관을 실천한다."고 하였다.

云何修正觀 若體知心性非眞非假 息緣眞假之心 名之爲正 諦觀心性非空非假 而不壞空假之法 若能如是照了 則於心性通達中道圓照二諦 若能於自心見中道二諦 則見一切諸法中道二諦 亦不取中道二諦 以決定性不可得故 是名中道正觀

무엇을 정관(正觀) 수행이라고 하는가. 정관을 수행한다는 것은 현전일념이 유(有)도 아니지만 공(空)도 아닌 것을 관조하는 것을 말한다.

진실이 아니면 진실한 공이 아니고, 거짓이 아니라면 오묘하게 있는 것이 아니다. 진실이라고 인식하고 거짓이라고 인식하는 마음을 쉬어야만 이것이 오묘한 삼매로서 진제법문이다. 이것을 두고 하나가 공하면 일체가 공하여, 십법계가 동시에 공하지 않는 것이 없다고 한다. 우리의 심성을 진실하게 관찰한다면 공도 아니고 가도 아니므로, 공과 가를 파괴하지 않는 상태에서 모든 차별상이 완연하게 드러나 공이면서도 진실한 공이 아니다.

이처럼 공이면서 공이 아닌 상태를 속제법문이라고 한다. 속제는 유에 속하고 진제는 공에 속한다. 공을 취하지도 않고 역시 유에 집착도 하지 않아 밖으로는 경계에 머물지 않고 안으로는 지혜에 머물지도 않아, 지혜 밖에 경계가 없고 경계 밖에 지혜가 없음을 명료하게 통달하여 경계와 지혜를 쌍으로 잊는다면, 진제와 속제를 둘 다 초월하게 된다.

이와 같이 관조할 수 있다면 우리의 심성에서 중도를 통달하게 된다. 이처럼 진속이제를 원만하게 관조하여 마음속에서 치열하게 분별한다 할지라도 자체는 항상 공적하고, 자체가 항상 공적하다 할지라도 분별인연이 동시에 일어난다. 이를 두고 중도정관을 원만하게 수행하는 것이라고 한다.

이는 돈교법문이어서 극도로 오묘하므로 쉽사리 수행하지 못한다. 이 공부는 앞에서 이미 설명했던 관법과 크게 차이가 난다.

가령 자기 마음속에서 중도(中道)와 이제(二諦)를 본다면 일체 모든 법이 중도이면서 이제라는 것을 알 수 있다. 왜냐하면 일체법이 우리의 마음을 떠나지 않았기 때문이다. 일체법이 우리의 마음을 떠나지 않았다면 중도에서 이제를 보게 되며, 그렇다면 일체법이 중도와 이제 아닌 것이 없다.

이같이 중도(中道) 이제(二諦)가 자기 마음속에서 환하게 나타나게 되는데, 이는 경계는 마음을 따라서 전환하기 때문이다. 하지만 일체법이 중도와 이제라는 것을 보았다 할지라도 중도와 이제에 집착해선 안된다. 그 이유는 결정적인 성품을 얻지 못하기 때문이다. 이것을 중도정관(中道正觀)이라고 말한다.

중도정관의 경계는 언어로서 형용하는 것이 불가능하다. 언어의 모습을 떠났고 마음으로 인식하는 모습을 떠나서 증득해야 그 경계를 스스로 알 수 있다. 지금 문자로 말을 하는 것은 중도정관을 미혹한 사람이 알지 못하기 때문에 문자를 빌려 나타낸 것이다.

이것을 두고 "도는 본래 말이 없으나 문자를 빌려 도를 나타낸다."고 하였다. 비록 문자를 빌렸다 해도 공부를 하여 깨달은 경계는 문자가 아니므로 반드시 진실하게 실천 수행해야 한다.

如中論偈中說：

因緣所生法　我說卽是空　亦名爲假名　亦名中道義

여기에서는 원만한 공가중삼관(空假中三觀)의 이론에 대해 밝히고 있다. 《중론(中論)》은 중관론(中觀論)이라고도 한다. 《중론》은 인도의 용수보살(龍樹菩薩)이 지은 논서인데, 27품 446게송으로 되어 있다. 논서의 이름을 중(中)으로 명칭한 것은 실재의 이치를 관조했기 때문이고, 논(論)으로 호칭한 것은 그 이치를 언어로 끝까지 설명했기 때문이다. 실재의 이치는 명칭을 의지하지 않으면 깨닫지 못하기 때문에 중(中)이라는 명칭에 의지해서 의미를 선양하였고, 언어로 풀이하지 않으면 의미가 끝까지 밝혀지지 않기 때문에 논(論)의 형식을 빌린 것이다.

대체로 수행인이 내적으로 마음이 막히고 미혹하면 전도된 견해를 일으키거나 편집된 견해에 집착하기도 한다. 이러한 폐단을 타파하려고 용수 보살이 이 논서를 지어 중도의 이치로서 절충하여 진제와 속제가 두 모습이 아니라는 것을 밝혔다. 따라서 《중관론》이라고 명칭하였다.

용수 보살은 《중론》에서 이와 같이 게송으로 말씀하셨다.

인연화합으로 일어난 모든 법은

나는 바로 공이라고 하며

또는 임시적인 명칭이라고도 하며

또는 중도의 의미라고도 한다.

네 구절의 게송은 의미가 심오하고 현묘하여 여래의 삼장십이부교 (三藏十二部教)가 이 사구게(四句偈) 가운데 포섭되지 않은 것이 없다.

'인연화합으로 일어난 모든 법'은 허깨비와 같은 모습을 지적해서 한 말이다.

색·향·미·촉과 지·수·화·풍 등 여덟 가지 물질을 이루는 근본요소를 능소팔법(能所八法)이라고 한다. 이 여덟 가지 법으로 이루어진 몸인 근신과 우리가 의지하고 살고 있는 세계는 모두가 허깨비 변화와 같아 색·향·미·촉으로서 지·수·화·풍 사대를 허깨비로 이루고, 사대는 일체 근신과 기계를 허깨비로 이룬 것이다. 이것이 바로 오음·육입·십이처·십팔계이다.

'나는 바로 공이라고 한다'는 능소팔법으로 이루어진 오온·십팔계가 출생한 자리에서 바로 소멸한다는 의미이다. 좀 더 구체적으로 말하자면 일체 모든 법은 허공 꽃과 같아 일어나도 일어난 곳이 없어 일어나는 찰나에 즉시 사라지며, 사라진다 해도 사라진 실제의 처소가 없다는 것이다.

하지만 진실하고 상주한 우리의 본성 가운데 가고 오고 미혹하고 깨닫고 태어나고 죽는 모습을 추구해 보았으나 끝내 실재하는 모습을 얻을 수가 없다. 그 때문에 '나는 바로 공이라고 한다'고 하였다.

'또는 임시적인 명칭이다'라고 하여 허깨비 망상으로 호칭한 의미는 속제를 의지해서 십법계 의보·정보의 인과가 갖가지의 모습으로 차별이 나면서 동일하지 않는 것을 말한 것이다. 그것은 단지 인연으로 화합하여 허망으로 일어났다가 인연이 분리되면 허망한 명칭도 소멸할 뿐이다. 그러므로 '거짓 명칭이다'라고 하였다.

'또는 중도의 의미이다'라고 한 것은 그 진실한 성품은 오묘한 깨달음으로써 밝은 자체라는 뜻이다.

십법계의 법마다 본성을 자체로 하고 있는데, 그 예를 든다면 허공 꽃은 자체 성질이 허공이며, 달 밖에 또 하나의 허깨비 달의 본성은 바로 진실한 달인 것과 같다. 이는 생멸거래가 본래 없는 여래장으로서 상주하며, 오묘하고 분명하여 움직이지 않는 상태에서 두루 원만하고 오묘한 진여가 그 성품이다. 이는 진제와 속제가 두 모습이 아니므로 '또는 중도의 의미이다'라고 하였다.

이 문제를 《능엄경》에서는 "보는 마음과 보이는 대상에서 망상으로 분별하는 것이 마치 허공 꽃과 같아 본래 실재가 없다."고 하였다. 바로 이것이 인연화합으로 일어난 법은 그 당체가 공이라는 의미이다.

"본래는 오묘하고 밝은 위없는 보리로서 청정하고 원만한 진심자리였는데, 그것이 망상으로 물질과 허공과 듣는 것과 보는 것이 되었다."는 것은 '또는 임시적인 명칭이다' 라고 한 경우에 해당된다.

"보는 마음과 보이는 대상이 원래 보리로서 오묘하고 청정하고 밝은 자체이다."라고 하였는데, 이것은 '또는 중도의 의미라고도 한다' 에 해당된다.

"여래장의 오묘하고 원만한 마음에선 십법계의 차별이 동시에 부정된다."고 하였는데, 이것은 '인연화합으로 일어난 법은 나는 바로 공이라고 한다' 에 해당된다.

"여래장의 원래 밝고 오묘한 마음이 십법계의 차별상과 동시에 상즉한다."고 하였는데, 이것은 '또는 임시적인 명칭이라고도 한다' 에 해당된다.

"여래장의 오묘하고 밝고 근원적인 마음에는 상즉함도 아니고 상즉 아님도 아니다."라고 하였는데, 이것은 '또는 중도의 의미라고도 한다' 에 해당된다.

이상은 《능엄경》에서 인용하여 사구게의 의미를 설명한 것이다.

《중론》의 사구게를 장통별원사교(藏通別圓四敎)로서 논변한다면, '인연화합으로 일어난 모든 법'은 장교(藏敎)에, '나는 바로 공이라고 한다'는 통교(通敎)에, '또는 임시적인 명칭라고도 한다'는 별교(別敎)에, '또는 중도의 의미라고도 한다'는 원교(圓敎)에 해당된다.

이것은 한결같이 심천의 단계적 경지에서 차별적으로 말했지만, 만일 이 모든 차별을 부정한 상태에서 논변한다면, 차별상이란 원래 그 자체가 허망으로 떠오른 분별상이라고 관찰해야 한다. 그렇다면 십법계 가운데 중생계인 구법계의 오음·십이처·십팔계가 허망할 뿐만 아니라, 모든 부처님의 오음·육입·십이처·십팔계까지도 허망하지 않음이 없다.

하지만 제법의 본성은 원래 진실하여 오묘하고 분명할 뿐이라고 관찰한다면 십법계 가운데 모든 부처님 법은 진실할 뿐만 아니라, 그 나머지 구법계의 차별상까지도 낱낱이 오묘한 진여의 성품이 발현하지 않는 것이 없다.

그렇다면 구법계의 모습은 허망이고 부처님 세계의 오묘한 모습은 온전히 진실인데, 어떻게 이 모든 것을 허망이라고 할 수 있겠는가. 그것은 미혹을 대비해서 깨달음을 이야기하고 번뇌오염을 상대해서 청정함을 설명한 것이다. 그 이유는 자체는 비록 진실이지만 '진실이다' '허망이다' 는 표현은 모두 동시에 허망이기 때문이다.

이것은 허망을 말하여 그에 상대되는 진실을 나타내는 것인데, 이 허망과 진실이라는 명칭은 둘 다 허망이라고 한 경우가 여기에 해당된다.

부처님 세계의 성품은 진실이고, 구계중생의 성품은 온전히 미혹에 소속한다. 그런데 어떻게 부처와 중생을 동일하게 진실이라고 할 수 있겠는가.

이는 술에 취한 사람이 집을 보았을 때 빙글빙글 도는 듯 보이지만 실제로 돌지 않는 것과도 같고, 또 길 가는 사람이 남쪽을 북쪽으로 착각하였다 해서 그 방향마저 실제로 옮겨간 것은 아니며, 새끼줄을 뱀이라고 오인하였지만 원래는 삼끈이었고, 물로 이뤄진 얼음은 그 성질이 원래 습하고 맑은 것과도 같다. 그 때문에 차별상을 관찰하면 원래 허망이지만, 그 본성을 관찰하면 본래 진실인 것이다.

본성에서 현상을 관찰하면 현상이 허망하지 않은 것이 없다. 그러므로 십법계 모두를 허망이라고 말하고, 현상에서 본성을 관찰하면 본성마다 진실 아닌 것이 없다. 따라서 십법계 모두가 진실일 수 있는 것이다.

《중론》사구게는 그 자체에 삼천성상(三千性相)과 백계천여(百界千如)를 빠짐없이 갖추어 낱낱의 법이 즉공(卽空)·즉가(卽假)·즉중(卽中) 아닌 것이 없다.

일심삼제(一心三諦)의 원만한 이치를 이와 같이 추리하여 확대한다면 관 수행만을 따로 논할 것 없이 십법계 의보·정보까지 낱낱의 법이 일념에 공가중(空假中) 아님이 없어, 커도 공가중이고 작아도 공가중이어서 우주 삼라만상 두두물물이 공가중 아님이 없다. 일심삼제의 원만한 이치는 단지 미혹과 깨달음의 차이만 있을 뿐인데, 모든 부처님은 이러한 공가중을 증득했기 때문에 부처님이라고 부르고, 범부는 공가중을 미혹했기 때문에 중생이라고 부른다.

사구게의 의미는 가장 현묘하다. 따라서 그 깊은 의미는 어떠한 설명으로도 다하지 못한다.

深尋此偈意 非惟具足分別中觀之相 亦是兼明前二種方便觀門旨趣 當知中道正觀 則是佛眼一切種智 若住此觀 則定慧力等 了了見佛性 安住大乘 行步平正 其疾如風 自然流入薩婆若海

이《중론》사구게의 의미를 깊이 연구한다면 중관의 모습을 빠짐없이 만족하게 분별할 수 있을 뿐만 아니라, 앞에 나왔던 두 가지의 방편관문(方便觀門)의 귀결점까지도 함께 밝힐 수 있다.

마땅히 알아야 할 것은 중도의 정관은 바로 불안(佛眼)이며, 일체종지(一切種智)라는 점이다. 만일 이 관법에 안주하면 선정과 지혜의 힘이 평등하여 분명하게 불성의 이치를 볼 수 있고, 대승에 안주하면 수행마다 평탄하고 정직하여 그 빠르기가 바람과 같이 자연스럽게 깨달음의 세계로 흘러 들어갈 수 있다.

천태종 제2대 조사인 혜문(慧文) 대사가 《중관론》을 읽다가 사제품(四諦品)에 나오는 '인연소생법 아설즉시공 역명위가명 역명중도의(因緣所生法 我說卽是空 亦名爲假名 亦名中道義)'라는 사구게에 이르러서 제법은 인연으로 일어났기 때문에 즉공·즉가·즉중 아님이 없음을 단박에 깨우치고 나서 일심삼관(一心三觀)의 이치가 원만하게 되었다.

그 뒤에 혜문 대사는 일심삼관의 이치를 남악혜사(南岳慧思) 대사에게 전수하였고, 남악혜사 대사는 천태지자(天台智者) 대사에게 전수하여, 지자 대사가 이를 더욱 광대하게 펼쳤다. 지자 대사는 마침내 삼대부 오소부(三大部五小部)를 설하여 천태종을 창립하고, 부처님 일대설법시기를 다섯 시기로 교판하여 모든 종파를 꺾고 뭇 학설을 뛰어넘었다. 따라서 이 사구게야말로 천태종이 건립한 삼관(三觀) 발원의 근본 처소이기 때문에 그 의리가 심오하고 오묘하다는 것을 알 수 있다.

사구게 의미를 연구한다면 중관의 모습을 분별할 뿐만 아니라, 앞에 나왔던 공관과 가관의 의미까지도 함께 밝힐 수 있다. 중도의 오묘한 관찰은 공관·가관을 무너뜨리지 않고 공관·가관은 중도를 떠나지 않는다. 따라서 삼관이 일심에 상즉하고 일심이 삼관에 상즉하여, 시간적으로는 전후가 없고 공간적으로는 함께하지도 차별이 나지도 않는다. 그러므로 이것을 '중도'라고 한다.

불안(佛眼)은 범부의 육안(肉眼)이 아니며, 하늘나라의 천안(天眼)도 아니고, 이승의 혜안(慧眼)과 보살의 법안(法眼)과도 동일하지 않다. 오직 불안만이 나머지 네 가지 안(眼)의 작용을 빠짐없이 갖추어 오안(五眼)을 하나의 '안' 속에서 볼 수 있기 때문에 모르는 일이 없고 분명하지 않은 일도 없으며 보지 못하는 것도 없다.

불안으로는 항하사와 같은 한량없는 세계 밖에서 내리는 빗방울의 숫자까지도 관찰할 수 있다. 그러므로 '불안'이라고 부른다. 게송에서는 "천안은 걸림 없이 소통하고, 육안은 장애를 통과하지 못하며, 법안은 속제만 관찰할 뿐이고, 혜안은 공의 이치만을 알 뿐이다. 하지만 불안은 천개의 태양이 모든 사물의 차별을 관조하나 그 자체는 동일하다."고 하였다.

불안은 십법계의 차별적인 모습을 보편하게 관조하지만 차별이 바로 차별이 아니어서 그 자체가 다시 하나의 동일한 이치가 되고, 동일한 이치에서는 차별이 없지만 속제에서는 차별이 나기 때문에 차별을 관조하면 그것이 바로 속제의 가이며, 속제의 차별에서 바로 차별이 없어 그 자체가 동일한 하나의 이치인 진제의 공이고, 이처럼 진제의 공과 속제의 가가 둘이 아닌 것이 바로 중관인 것이다.

이로서 삼관(三觀)은 일심에서 일어난 관법이라는 것을 알 수 있다. 따라서 삼관의 차별이 바로 일관(一觀)인 것을 오묘한 관법이라고 말하며, 오안의 차별이 하나의 안인 것을 불안이라고 하며, 삼지(三智)가

하나의 지혜인 것을 일체종지(一切種智)라고 말한다.

수행인이 이 관법에 안주하면 선정과 지혜의 힘이 평등하여 명료하게 불성의 이치를 볼 수 있다. '진제 공'은 바로 선정이며, '속제 가'는 바로 지혜이다. 공과 가가 둘이 아닌 것을 가리켜 선정과 지혜의 힘이 평등하다고 한다.

이승(二乘)은 진제 공쪽에만 치우쳐 있고 보살은 속제 가쪽에 치우쳐 있는데, 부처님이 안주한 곳에 이르러야만 공과 가가 두 모습이 아니라는 것을 깨닫고 중도의 오묘한 관법이 현전하여, 분명하게 불성을 보고 대승에 안주할 수 있게 된다.

《법화경》 비유품에서는 '삼승에게 평등하게 큰 수레를 하사했다'는 비유를 인용하였는데, 이는 수행인이 원돈지관(圓頓止觀)을 닦는 것을 말한 것이다. 《법화경》에서는 "수레는 높고 광대하여 뭇 보배로 아름답게 꾸며졌다."고 하였다. 또 "흰 소에게 멍에를 채워서 수레를 끌게 하였는데, 흰 소의 피부색은 깨끗했으며 형채는 특이했고 힘은 세었으며 걸음걸이는 올바르고 바람처럼 빨랐다. 그리고 많은 종들이 수레를 따르면서 호위하였다."고 하였다. 여기에서는 이 부분을 간략히 인용했을 뿐이다.

대승(大乘)은 하얀 소가 이끄는 큰 수레를 지적한 것이다. 이는 삼관 실상의 오묘한 이치는 시간적으로는 처음과 끝이 없고 공간적으로는 한계가 단절하여, 즉공·즉가·즉중으로서 백계천여(百界千如)를 일념에 빠짐없이 갖추었다는 것을 비유했다. 그러므로 '대승'이라고 말한다.

흰 소[白牛]는 본성에 걸맞는 오묘한 관법을 비유한 것인데, 이는 삼제의 이치를 따라서 오묘한 삼관의 이치가 나타난 것이다. 그러므로 '흰 소에게 멍에를 채웠다'라고 하였다. 이것이 바로 흰 소가 이끄는 큰 수레인 것이다.

'대승에 안주한다' 함은 안주한다는 집착이 없이 머무는 것을 말한다. 이것은 인위적인 조작이 끊어진 상태에서 임의로 운행하면서 깨달음의 세계로 들어가는 것을 의미한다.

'흰 소의 걸음걸이가 올바르다'는 것은 삼관이 원만하여 지(止)에 상즉한 관(觀)이고 관에 상즉한 지여서, 선정과 지혜가 두 모습이 아니고 칠각지(七覺支)가 고르고 평등한 것을 말한다.

'바람처럼 빠르다'는 것은 원만한 관법이 본성에 걸맞게 일어나 임의로 운행하면서 인위적인 노력 없이 수행하는 도로 깨달아 들어가는 것을 말하며, 또 팔정도(八正道)를 중도로 실천하여 깨달음의 세계로 신속하게 도달함을 비유한 것이다.

우리가 알아야 할 것은 증과장(證果章)에서 수행했던 지관은 정수행장(正修行章)에서 밝혔던 것과 동일하지 않다는 점이다. 그 이유는 앞에서 밝혔던 것은 십지(十地) 이전의 분별적인 수행인 삼현보살(三賢菩薩)의 유루연수(有漏緣修)이며, 지금 밝히는 것은 십지초지인 견도위(見道位) 이후에 본성에 걸맞게 분별 없는 마음으로 수행하는 무루진수(無漏眞修)이기 때문이다. 따라서 '대승에 안주하면 자연스럽게 깨달음의 세계로 흘러 들어간다'는 말을 듣는 자는 이를 소홀히 해서는 안된다.

여기에서는 수행으로 얻어진 경계만을 순수하게 밝혔으며 아울러 그 공덕까지도 찬탄하였다. 이와 같은 점들을 분명히 알게 된다면 다음 문장에서 밝히는 의미와 증과장 이전의 아홉 장의 의미가 모두 밝게 드러나므로 중복되는 번거로움은 없을 것이다.

行如來行 入如來室 著如來衣 坐如來座 則以如來莊嚴而自莊嚴 獲得六根淸淨 入佛境界 於一切法無所染著 一切佛法皆現在前 成就念佛三昧

여래의 행을 하고 여래의 방으로 들어가서 여래의 옷을 입고 여래의 자리에 앉는다면, 여래의 장엄으로써 스스로를 장엄하여 육근이 청정함을 얻어서 부처님의 경지에 들어가 일체 법에 대하여 번뇌의 오염과 집착이 없게 된다. 이때 일체 모든 법이 목전에 나타나 염불삼매를 성취하게 된다.

이 문장도 역시 경전에서 인용하여 그 공덕을 찬탄하고 있다. 앞에서 원돈지관을 닦아 대승에 안주하면 생각생각이 살바야해로 흘러들어간다고 하였는데, 그것이 바로 여래의 행을 하는 것이고, 여래의 방으로 들어가는 것이며, 여래의 옷을 입는 것이고, 여래의 자리에 앉는 것이다. 여래의 하나의 행은 여래의 행이 아닌 것이 없어, 하나의 행이 일체행이며 일체행이 하나의 행이다. 수행인이 이 경지에 도달하면 그 행이 여래와 같기 때문에 여래의 행을 한다고 말한다.

여래의 옷은 인욕과 유화이며, 여래의 자리는 모든 법이 공적함이고, 여래의 방은 대자비이다. 이를 다시 분별하면 동일하지 않다. 대자비의 집은 동체대비(同體大悲)의 측면에선 법신에 해당되고, 중생을 교화하는 편에선 해탈에 해당되며, 중생을 동체대비로 귀결시키는 것은 반야라고 한다.

인욕(忍辱)의 옷이란 '가리고 덮는다'는 의미이다. 가령 인욕의 주체의 편에서 말한다면 반야이고, 덮는 대상은 법신이며, 중생 수준에 맞춰 제도하는 것은 해탈이 된다.

모든 법의 공한 자리에 앉는 것도 앉는 주체와 앉는 대상이 있다. 앉는 주체는 반야이고, 앉는 대상은 법신이며, 몸과 좌석이 그윽이 하나로 합하면 해탈이 된다.

경전에서는 "여래는 옷으로서 덮는다" "어깨에 짐을 걸머진다" "여래와 함께 잠을 잔다"고 하였는데, 이는 총체적으로 성인들이 자리이타를 실천하는 편에서 여래의 집을 밝혔기 때문이다.

《법화문구(法華文句)》에서는 "중생을 제도하는 데는 자비가 으뜸이고, 현실세계를 살아가는 데는 인욕이 기초가 되며, 설법의 근본은 아집이 없는 것이다."고 하였다. 또 "일체 선법은 자비가 근본이고, 인욕이 제일이며, 도는 분별상이 없는 것이 최상이다."라고 하였다. 이 모두는 여래의 집에 갖추고 있는 활동능력에 대해 밝힌 것이다.

지금 수행인이 여래의 옷을 입고 여래의 방으로 들어가 여래의 자리에 앉는다는 것은 생각생각이 성인의 부류로 깨달아 들어가는 것을 나타낸 것이기 때문에 범부나 소승으로 비교해서는 안된다. 이것이 바로 여래의 장엄으로 자신을 장엄하는 것이다.

여래의 장엄은 복과 지혜의 두 가지 덕에서 벗어나지 않는다. 육바라밀은 장엄하는 주체이고, 법신은 장엄의 대상이며, 주체와 대상이 두 모습이 아닌 것은 오묘한 장엄이다.

　이를 지관의 편에서 본다면 일심삼관(一心三觀)은 장엄하는 주체이고, 일경삼제(一境三諦)는 장엄의 대상이다. 그러므로 경에서는 "부처님은 대승에 안주하여 그가 얻은 법에 걸맞게 정혜력(定慧力)으로 장엄하여 중생을 제도한다."고 하였는데, 그것이 바로 이 의미에 해당된다.

　말세중생은 일심삼관을 수행하여 여래의 행을 함으로써 여래의 장엄으로 자신을 장엄하려 하지만 근기가 천박하여 이를 이루기는 매우 어렵다. 하지만 염불수행을 한다면 비교적 쉽게 성취할 수 있다. 염불할 때 일심삼관으로 염불하는 마음이 공적하면 공관에 해당되고, 염불 대상의 부처님이 분명히 떠오르는 것은 가관이며, 공도 아니고 가도 아닌 것은 중도관이고, 염불이 일심으로 혼란하지 않는 경지에 이르면 일심삼관이 자연스럽게 목전에 나타나게 된다. 이때에 생각이 말과 같고 말이 생각과 같은데, 이것이 바로 여래의 행을 하는 것이다.

　염불할 때 항상 부끄러운 마음을 품고 외부경계에 흔들리지 않는다면 인욕행을 하는 것이며, 염불할 때 자리이타를 발원하면 이것이 대자비의 집이 되며, 염불할 때 생각 생각이 부처님과 서로 호응하여 일체가 공이라고 관찰하고 티끌세상에 얽매이지 않는다면 여래의 자리에 앉은 것이다.

　아미타는 무량광(無量光) 무량수(無量壽)라는 두 가지 의미를 동시에 내포하고 있다. 무량광은 지혜의 덕으로 장엄한 것이며, 무량수는 복덕으로 장엄한 것이고, 무량광과 무량수가 두 모습이 아닌 것은 오묘한 장엄이다.

한 구절의 아미타로 여래의 행을 하면 그것이 바로 여래를 장엄한 것이고, 한 구절의 아미타는 마니보배와 같아 면면이 모두 원만하며, 또 한 구절의 아미타는 감로수와 같아서 방울방울 단맛이 난다.

육근청정을 얻는다고 하였는데, 우리 중생들의 안근은 물질경계에 오염되고, 이근은 소리경계에 오염되며, 의근은 법진경계에 오염된다. 따라서 보는 것은 색을 초월하지 못하고, 듣는 것은 소리를 초월하지 못하여 육근 모두가 청정하지 못하다.

가령 수행인이 원교 십신(十信) 가운데 최초의 신심위에서 삼계 내의 견혹을 단절하면 진리가 드러나고, 두 번째 신심위로부터 일곱 번째 신심위까지 이르면 사혹을 끝까지 다 끊고 삼계육진에 오염되지 않는다. 이때에 육근이 상호간에 걸림 없이 작용하여 안근은 색경만 볼 뿐만 아니라 소리도 들을 수 있으며, 설근은 맛만을 구별할 뿐만 아니라 법진까지도 알 수 있다. 따라서 육근이 청정하면 부처의 경계로 들어갈 수 있는 것이다.

하지만 부처님의 경계는 공가중 삼관으로 삼제의 이치가 원만한 대적멸의 경계이다. 그러므로 옛 사람은 "부처님의 경계를 알고 싶다면 의식을 허공처럼 청정하게 하라."고 하였다. 또 "세간을 관찰하기를 꿈속의 일처럼 하라."고 하였는데, 이것이 바로 일체 법에 오염되거나 집착이 없는 것이다.

일체의 좋은 경계에 탐애심을 일으키지 않고 일체 악한 경계에 증오심을 일으키지 않아, 호오(好惡)가 평등하고 증오심과 애착이 한결같다는 것을 명료하게 통달해야 한다. 이때에 일체 불법이 목전에 나타나게 되어 염불삼매를 성취하게 되는데, 이것이 일심삼관으로 염념이 부처님과 상응하여 크게 자유자재한 경지를 얻게 되는 것이다.

安住首楞嚴定 則是普現色身三昧 普入十方佛土 教化衆生 嚴淨一切佛刹 供養十方諸佛 受持一切諸佛法藏 具足一切諸行波羅密 悟入大菩薩位 則與普賢 文殊爲其等侶

수능엄정에 안주하는 것이 보현색신삼매(普現色身三昧)이다. 시방세계 모든 불국토에 보편하게 들어가 중생을 교화하고 일체불국토를 장엄 청정하게 하며, 시방제불에게 공양을 올려 일체 제불의 법장을 받아 지니고 일체 바라밀을 빠짐없이 만족하게 실천하여 대보살의 지위에 깨달아 들어간다면, 보현(普現)·문수(文殊)와 하나로 평등하게 짝을 이루게 된다.

앞에서 밝힌대로 지관으로 염불수행을 하는 것이 바로 여래의 행을 하는 것이고, 여래의 방으로 들어가는 것이다. 그리고 여래의 자리에 앉아 염불삼매를 성취하는데 이르러서는 최초 일념 무명을 타파하여 그 이치를 증득하고, 그런 뒤에 수능엄정(首楞嚴定)에 안주하게 된다.

범어로 '수능엄(首楞嚴)'은 '건상분별(健相分別)'이라고 번역한다. 이는 '보살이 능엄삼매에 안주하면 일체 삼매활동의 많고 적고 깊고 얕은 이 모든 차별을 다 분별하고 명료하게 안다'는 뜻이다. 또 수능엄정을 견고불괴(堅固不壞)라고 한다. 이 선정에 안주하면 일체 삿된 마군의 뇌란이 삼매를 파괴하지 못한다. 왜냐하면 크게 자유자재한 힘이 있기 때문이다.

보현색신삼매로부터 이어지는 문장은 근본정(根本定)을 따라 위대한 작용을 일으키는 것을 말한다. 보현은 마치 천상에 하나의 달이 모든 강물에 두루 나타나는 것과 같다. 이를 두고 "모든 강에 물이 있으면 모든 강에 달그림자가 있고, 만 리에 구름이 없으면 만 리가 한 색의 하늘이다."고 하였다.

보살이 이 삼매에 안주하면 일체 세계가 한 마음속에서 크고 작은 것을 구별하지 않고 나타나게 된다. 신통묘용이 종횡무진으로 자유자재하여 전후의 시간차 없이 동시에 모든 법계에 감응하여 색상이 완연하기 때문에 보현이라고 말한다.

이는 마치 관음보살의 삼십이응신(三十二應身)이 중생의 몸을 따라 나타나 설법을 하는 경우와 같다. 다시 말해서 동서남북 사유상하 시방세계의 일체 제불 국토 가운데 보편하게 들어가는 것을 의미한다. 한량없는 중생을 교화하고 일체 불국토를 장엄하고 청정하게 하는 것은 바로 부처님의 청정한 국토를 장엄하게 하는 것이다.

보살은 일체 모든 부처님께 공양을 올리고 큰 복덕을 얻어 부처님의 법장을 받아 지녀 커다란 지혜를 얻는다. 이것이 복과 지혜의 두 가지 장엄으로 열반피안에 도달하는 것이다. 그러므로 일체 모든 바라밀을 실천한다고 하였다. 그런 뒤에 대보살의 지위에 깨달아 들어가게 된다.

대보살의 지위란 개시오입(開示悟入)하는 십주(十住), 십행(十行), 십회향(十廻向), 십지(十地)인 사십위(四十位)를 말한다. 이 경지에 도달하면 문수·보현 등 모든 보살과 함께 평등하게 짝을 이루게 된다. 문수·보현 두 대보살은 항상 석가모니부처님을 보좌하면서 사바세계

깨달음의 증과를 얻는다[證果 第十] | 433

에서 교화하므로, 이 세계 중생과 가장 인연이 많다.

문수와 보현은 보살의 경지로서 몸을 나타냈지만, 그 근본은 석가여래와 두 모습이 없고 차별도 없다.

보현은 인도말로 '필수발타' 또는 '삼만다발타라'라고 한다. 번뇌를 조복 받은 도의 정상에 거처하면서 자체 성질이 두루 보편한 것을 보(普)라고 하고 모든 번뇌를 끊은 뒤에 극치의 성인이 바로 이웃에 있기 때문에 현(賢)이라고 한다.

문수사리를 묘덕(妙德)이라고 하며 묘길상(妙吉祥)이라고도 한다. 명료하게 불성을 깨달아 오묘한 덕과 평등하여 법신·반야·해탈을 빠짐없이 갖추어 불가사의하기 때문에 묘덕이라고 부른다.

문수와 보현 두 대보살은 경전에 모든 보살의 으뜸으로 나오는데, 이는 법(法)을 표시한 것이다.

첫째, 보현보살은 여래장을 믿는 것을 표시한 것이고, 문수보살은 믿는 마음을 표시한 것이다. 둘째, 보현보살은 육도만행을 일으키는 것을 표시한 것이고, 문수보살은 육도만행을 일으키는 지혜를 표시한 것이다. 셋째, 보현보살은 번뇌를 벗어나 법계의 증득을 표시한 것이고, 문수보살은 대지혜의 증득을 표시하여 서로 서로가 하나로 융합되고 포섭된다.

보현보살의 믿는 마음만 있고 문수보살의 지혜가 없다면 믿는 마음은 무명번뇌이며, 문수보살의 지혜만 있고 보현보살의 실천이 없다면 지혜는 사견이 된다. 따라서 신심과 지혜가 진실하고 올바라야 망상을 타파하고 진실한 마음을 성취할 수 있다.

문수와 보현이 두 모습이 아닌 진실한 지혜가 진실한 거울과 한결같다는 이치를 명료히 통달하게 되면 그 자리에서 비로자나불이 출현하게 될 것이다. 수행과 깨달음이라는 인과 관계가 둘이면서도 둘이 아니라면 문수의 근본지혜와 보현의 행원이 하나의 지위라는 것을 알 수 있을 것이다.

지금 수행인이 염불지관을 닦아 염불삼매를 성취한다면 문수ㆍ보현ㆍ관음ㆍ미륵 등 제대보살(諸大菩薩)과 짝이 되어 함께 행하게 되는데, 그렇다면 수행인의 지위를 말하지 않아도 알 수 있을 것이다.

常住法性身中 則爲諸佛稱歎授記

앞에서 이미 모든 보살과 하나로 짝이 되었다면 근본무명을 타파하고 중도의 이치를 깨달았다는 것이 분명해진다. 근본무명을 타파하고 나면 중도와 서로 호응하여 이로부터 항상 법성신(法性身) 가운데 머물게 된다.

법성신이란 진여법성으로 청정한 자체이다. 범부중생들은 사대가 임시로 합한 오음을 자기의 몸으로 여기고, 소승은 의생신(意生身)을 자기의 몸으로 여기며, 보살은 무명을 타파한 만큼 중도를 증득하여 법성을 자기의 몸으로 여긴다. 이는 일체법을 자기의 본성으로 여기기 때문에 법신이라고도 한다. 법성신은 시방세계에 보편하고 충만하여 무량무변하다. 색상은 단정하고 상호로 장엄하여 한량없는 광명과 음성으로 시방세계를 보편하게 제도하는데, 이것을 보살의 법성신이라고 한다.

법성신 자체를 따라 현실적인 작용을 일으키고 거기에 방편의 힘까지 더하여 부처님이 팔상성도(八相成道)를 닦아 태어나지 않는 데서 태어남을 나타냈고, 열반하지 않은 데서 열반의 모습을 나타내어, 범부와 동일하게 생사의 모습이 있음을 보여주었다.

지금 수행인이 항상 진여 법성신 가운데 안주한다면 시방세계 일체 제불이 찬탄하고 수기(授記)를 내린다. 수(授)는 부처님께서 말씀해 주는 것을 말하고, 기(記)는 깨달음의 과보가 내 마음과 함께 기약함을 말한다. 이것이 바로 여래께서 모든 보살과 성문 제자에게 부처가 되리라고 수기를 하는 것이다.

그 예를 들면 《법화경》에서 "아일다야, 그대는 미래 세상에 부처가 되리니 호를 미륵이라고 하리라."고 한 것 등이 여기에 해당된다.

則是莊嚴兜率陀天 示現降神母胎 出家 詣道場 降魔怨 成正覺 轉法輪 入涅槃 於十方國土 究竟一切佛事 具足眞應二身 則是初 發心菩薩也

'즉시장엄도솔타천(則是莊嚴兜率陀天)' 부터는 보살이 수행하는 가운데 팔상(八相)을 장엄한 것과 깨달은 뒤에는 팔상을 나타내 부처의 모습을 보인 것에 대해 밝히고 있다.

범어의 도솔타(兜率陀)는 지족(知足)이라고 번역한다. 도솔타는 육욕천(六欲天) 가운데 네 번째 하늘을 말하며, 여기에는 내원(內院)과 외원(外院)이 있다. 내원은 보처보살이 거처하는 곳이고, 외원은 하늘나라 사람이 머무는 곳이다.

보살이 도를 이루어 부처가 되고자 할 경우, 모두가 내원궁에 머물다가 시기가 무르익으면 하강하여 인간세계에 태어난다. 이 도솔천 내원궁은 미륵보살을 위하고 보처(補處)보살을 위한 것이다. 따라서 보살이 성불하려 한다면 반드시 수행하는 가운데 도솔천 내원궁을 장엄하게 꾸며야 한다.

'어머니 태 속에 강신하는 모습을 나타내 보였다'는 바로 강생상(降生相)인데, 어머니 태 속으로 들어가고 태 속에 머물다가 태 속에서 나온 이 세 가지 모습을 포함하고 있다. 하지만 이 문제는 대승과 소승에서는 관점의 차별이 있다.

대승은 세존이 어머니 태 속에 있으면서 매일 쉴 사이 없이 모든 보살과 모든 오묘한 법을 설법했다는 관점으로, 이것은 전단누각에 머물면서 대법륜을 굴리는 것을 말한다. 반면 소승의 관점에서 본다면 보살이 육아백상을 타고 어머니 태속으로 들어갔다는 것을 말한다.

'출가(出家)'는 석가세존이 열아홉 살 때 한밤중에 성을 넘어 출가한 모습을 말한다.

'항마상(降魔相)'은 소승의 편에는 마군이 실재 있다고 여겨 항복받았다는 학설이 있지만 대승에는 없다. 왜냐하면 소승에서는 마군이 실재 있다고 집착하나, 대승에서는 마군이 없는 것을 명료하게 알아, 그 당체가 여여하게 부처와 마군이 평등하다고 여기기 때문이다.

'성정각(成正覺)'은 세존이 납월 팔일에 보리수하에서 야반에 명성을 보시고 활연대오(豁然大悟)하여 등정각(等正覺)을 성취한 것을 말하며, '전법륜(轉法輪)'은 도를 성취한 이후 보리수하에서 일어나 녹야원(鹿野苑)에 나아가 다섯 비구를 위해 사제법문부터 오시팔교(五時八教)까지 설한 것을 말한다.

'열반에 들었다'는 팔상성도(八相成道) 가운데 최후의 모습을 말한 것이다.

마땅히 알아야 될 것은 모든 부처님이 태어나는 모습도 있고 열반하는 모습도 있기 때문에 찾아오심도 있고 떠나가심도 있다고는 하지만, 실제로는 와도 온 바가 없고 가도 떠난 바가 없다는 점이다.

중생은 인연이 무르익으면 태어나지 않는 데서 태어나는 모습을 보여 강생(降生)과 주태(住胎)·출태(出胎) 내지는 법륜을 굴리다가 중생의 근기가 다하면 열반의 모습을 시현한다. 그러나 이것은 실제 열반하지 않은 가운데 열반의 모습을 나타냈을 뿐이다.

이로써 알 수 있는 것은 모든 부처님께서 중생계에 출현하시고 열반을 보인 모습은 중생을 위하지 않는 것이 없다는 점이다. 이는 부처님이 오셨다 해도 중생 때문에 오셨고, 열반으로 가셨다 해도 중생 때문에 가셨다는 것을 의미한다. 마치 천상의 달이 모든 강물에 보편하게 어리듯, 와도 온 것이 없고 가도 간 것이 없이 시방 세계 찰진국토 가운데 일체불사를 최후까지 성취하면서 진신(眞身)과 응신(應身) 등 두 가지 몸을 구족하게 갖춘 것과 같다.

진신은 진실한 지혜가 법신과 하나로 합치하는 것을 말한다. 《대승기신론(大乘起信論)》에서는 "자체에 대지혜 광명이 있어 법계를 보편하게 비춘다."고 하였는데, 그것이 여기에 해당된다.

응신은 만물에 두루 호응하고 중생을 흡족하게 교화하면서 그들 마음의 한량만큼 갖가지 몸을 나타내는 것을 말한다. 이를 비유하면 천상에 있는 하나의 달이 수많은 물에 동시에 나타나지만, 그 달이 실제로 오는 모습도 떠나는 모습도 없는 것과 같다.

　《금광명경(金光明經)》에서는 이 문제를 두고 "부처님이 사물에 감응해서 형체를 나타내는 것이 마치 물 속에 어린 달과 같다."고 하였다. 그러나 이것도 대승과 소승에서는 관점의 차별이 있다.

　대승에서는 팔만사천 상호와 찰진 상호를 나타내어 허공에 두루 보편하다고 하였는데, 이는 세존의 특별한 응신이다. 그러나 소승과 인간, 천상 등에 감응할 땐 노비구 장육(丈六)의 몸을 나타냈는데, 이것이 소승의 관점인 하열한 응신이다.

　진신(眞身)은 천상의 달과 같고 응신(應身)은 물속에 어린 달과 같다. 따라서 진신은 자체와 같고, 응신은 작용에 해당된다. 자체는 변하지 않지만 작용은 중생의 인연을 따른다. 이미 자체를 따라 작용을 일으켰다면 자체는 변하지 않는 상태에서 인연을 따른 것이므로 전체의 진신이 감응을 일으킨 것이 된다.

　가령 작용을 거두어 자체로 귀결시킨다면 작용은 항상 인연을 따르면서도 그 자체는 변하지 않는다. 따라서 전체의 응신이 진신과 하나의 상즉관계여서 진신과 응신이 만족하게 구비하게 되는데, 이것이 원교의 초발심주(初發心住) 보살의 경지이다.

華嚴經中　初發心時便成正覺　了達諸法眞實之性　所有慧身不由

他悟 亦云 初發心菩薩 得如來一身作無量身 亦云 初發心菩薩卽
是佛

여기에서는 경전에서 인용하여 증명하고 풀이하였다. 초발심주보살
이 백계(百界)에 몸을 나타내어 팔상의 모습으로 부처가 된다는 의미
이다.

《화엄경(華嚴經)》에서는 "처음 발심할 때 바로 정각을 성취한다."고
하였는데, 이는 원교(圓敎)에서는 십주 가운데 처음 발심주에 해당되지
만, 별교(別敎)에서는 십지 가운데 초지에 해당된다.

십주 이전에 이미 견혹(見惑), 사혹(思惑), 진사혹(塵沙惑)을 끝까지 다
끊고 여기에 이르러 최초로 일품무명을 타파한 만큼 중도를 증득한다
면 법성진리와 서로 호응하게 된다. 따라서 부처님 모습을 수행분야만
큼 증득할 수 있게 된다.

여기에서 부처가 된다는 것은 팔상성도로서의 부처님이지, 최후에
번뇌를 여읜 오묘하고 극치에 도달한 법신불은 아니다. 그러므로 "처
음 발심할 때가 바로 정각을 성취하게 된다."고 하였다.

이 수행지에서는 제법의 진실한 실체를 명료하게 통달할 수 있다. 진
실한 실체는 무성(無性)의 성품인데, 이것이 바로 여래장 원각묘성인
것이다. 이것이 수행인지에 통하고 깨달음의 과위에 사무치는 것이며,
일체 삼매공덕지혜와 법신이 자기의 마음가운데 천연적으로 있는 것이
며, 조작으로 얻은 것이 아니라는 것을 깨달아 알게 된다.

여래가 최초로 도를 이루었을 때 세 번이나 기이하다고 탄식하였는

데, 그 이유는 온 대지의 중생이 지혜 덕상을 갖추었건만 망상 집착 때문에 스스로가 증득하지 못했기 때문이다. 따라서 불성은 사람마다 본래 갖추어져 있어 각자마다 없지 않다는 것이 분명하다.

또 "처음 발심한 보살이 여래의 한 몸에서 한량없는 몸을 얻는다."고 하였는데, 여기에서 한 몸은 바로 법신이며, 한량없는 몸은 응신을 말한다.

대체로 원교 초발심주(初發心住)에서 삼인(三因)이 원만하게 일어나고, 삼덕(三德)이 원만하게 나타난다. 이는 정인불성(正因佛性)이 발현하여 법신의 덕을 성취하고, 연인선성(緣因善性)이 해탈덕을 성취하며, 요인혜성(了因慧性)이 반야덕을 성취하는 것이다. 초발심보살이 이를 즉시 부처라고 말하는데, 이것은 원교 초주로부터 말한 것이다.

초주보살(初住菩薩)은 백계에 몸을 나타내어 팔상으로서 부처가 되며, 이주보살(二住菩薩)은 천계에서 부처의 몸을 나타내고, 삼주(三住)는 만계에서 부처의 몸을 나타낸다. 이와 같이 한량없는 세계에 낱낱이 팔상으로 부처가 되어 모든 유정을 제도한다.

알아야 할 것은 범부가 처음 발심할 때도 부처라고 말할 수는 있으나, 이는 그 이치에 있어서만 부처라는 이즉불(理卽佛)에 불과한 것이지, 수행분야만큼 법성진리를 증득하여 최후에 성불한 경지는 아니라는 점이다. 《열반경》은 세존께서 최후 한밤중에 설법한 것이다.

涅槃經云 發心畢竟二不別 如是二心前心難

범어의 열반은 멸도(滅度)라고 번역한다. 멸도는 커다란 환란이 영원히 소멸하고 생사를 초월하여 건넌다는 의미이다. 이것은 최후의 법이기 때문에 열반이라고 한다.

《화엄경》에서는 부처님께서 처음 수행인지의 마음을 발심한 때로부터 구경극과에 이르기까지 따로의 마음으로 구별되지 않는다고 하였다. 때문에 처음 발심하여 법신자체를 증득하면 몸을 나누어 부처가 될 수 있고, 최후에 이르러서도 법신을 증득하는데 불과하며 역시 몸을 나누어 부처가 될 수 있다. 이는 수행의 마음과 깨달음의 마음이 둘이 아니라는 것을 나타낸다.

처음 발심할 때 부처가 되는 것은 수행인지의 마음에서 깨달음의 과위를 갖추고 있는 것이며, 수행한 이후 부처가 되는 것도 처음 수행인지의 마음을 떠나지 않는 깨달음의 과위가 수행인지의 마음에 사무치는 것이 된다. 이와 같이 인지의 마음과 과위의 두 가지 마음 가운데 발심을 한 인지의 마음을 일으키기가 어렵다는 것은 인지에서 발심하는 것이 쉽지 않기 때문이다.

수행인지에서 발심을 했다 해도 원만하고 상주한 올바른 신심을 갖추는 것은 더더욱 쉽지 않다. 옛 사람은 "천리 길도 첫 걸음에서 시작한다."고 하였고, 또 "높은 누각도 땅을 바탕으로 해서 일어난다."고 하였다.

가령 땅의 기초가 견고하다면 천층만층이라도 마음먹은 대로 건립할 수 있듯이 보살의 발심도 이와 같다. 최초의 발심이 원만하고 상주한 진심을 얻는다면 오십오위(五十五位) 진실한 깨달음의 길도 따라서 일어나게 된다. 그러므로 이와 같은 두 가지 마음 가운데 처음 발심하기가 어렵다고 하였다.

大品經云 須菩提 有菩薩摩訶薩 從初發心卽坐道場 轉正法輪
當知則是菩薩爲如佛也 法華經中 龍女所獻珠爲證 如是等經 皆
明初心具作一切佛法 卽是大品經中阿字門 卽是法華經中爲令衆
生開佛知見 卽是涅槃經中見佛性故住大涅槃 已略說初心菩薩因
修止觀證果之相

    범어의 마하는 '대(大)'라고 번역하는데, 이는 보살 가운데 대보살에
해당된다. 이들 보살이 최초 발심하여 도량에 앉아 사제법륜을 설명할
때가 부처의 경지와 같다.

    여기에서 '부처와 같다'는 것은 상사위(相似位) 부처님을 말하는 것
이지 구경각(究竟覺)의 부처님은 아니며, 처음 발심주에서 정인(正
因)·연인(緣因)·요인(了因) 등 삼인불성(三因佛性)의 의미가 원만하게
발현했음을 나타낸 것이다.

    또 《법화경》에서 문수보살이 용궁에서 한량없는 중생을 교화할 때
선근이 맹렬하고 날카로운 한 용녀(龍女)가 있었는데, 그녀는 나이 일
곱 살에 성불하였다.

    그 모임에 있던 대중들은 모두 의혹심을 일으키며 말하였다.

    "여인은 많은 장애 때문에 성불하지 못한다고 하였는데, 어떻게 용
녀는 겨우 일곱 살에 성불할 수가 있을까"

    그 때 용녀가 즉시 자기의 목에 걸고 있던 영락을 풀어 세존께 바치

며 사리불에게 말하였다.

"그대는 이 영락을 세존께 바치는 것을 보고 마음이 통쾌한가?" 하였더니, 사리불은 대답했다.

"매우 통쾌하다."

용녀는 즉시 남방무구(南方無垢) 세계에 가서 성불을 하고 모든 중생을 제도하였는데, 이러한 성불은 이와 같이 신속하다 할지라도 그대로 팔상성도를 나타낸 최초 발심주의 부처님인 것이다.

앞에서 모든 경전을 인용하여 증명했던 것은 초발심에 일체불법을 만족하게 갖췄다는 것을 밝히기 위한 것이었다. 이는 《대품반야경》가운데 최초의 아자문(阿字文)인데, 바로 사십이위(四十二位)를 비유한 것이다. 바로 이것은 《법화경》가운데 중생을 위하여 부처님 지견을 연 것이며, 《열반경》에서 불성을 보았기 때문에 대열반에 안주한 것에 해당된다.

《법화경》에서는 부처님 지견을 연다고 말하기는 했으나, 이는 부처님 지견을 보이고 부처님 지견을 이해하고 실천하여 끝내 깨달아 들어간다는 의미까지도 포함되어 있다.

또 《열반경》에서는 불성을 본다고 말하였으나, 이는 최초로 발심하는 순간이 도를 증득하는 순간이며 최후 마음도 역시 최초 발심하는 가운데 포함되어 있다. 그러므로 말하기를 "처음 발심하면 일체 불법이 만족한다."고 하였다.

이상으로 최초로 발심한 보살이 지관을 수행하여 수행분야만큼 과보를 증득하는 모습에 관해서 알아보았다.

次明後心證果之相 後心所證境界則不可知 今推敎所明 終不離
止觀二法 所以者何 如法華經云 殷勤稱歎 諸佛智慧則觀義 此卽
約觀以明果也

앞에서는 최초로 발심한 보살이 수행분야만큼 과보를 증득한 모습에 대해 밝혔으므로 여기에서는 최후 마음으로 구경과를 증득하는 모습에 대해 밝히려 한다.

최후라고 했을 때 '후'는 처음 발심을 대비해서 한 말로 최후의 일심을 말한다. 그러나 서로 번갈아가면서 뒷 마음을 논변할 수 있는데, 가령 예를 든다면 십주 가운데 이주를 처음 발심주에 대비한다면 이주가 후심(後心)이 되며, 삼주를 이주에 대비하면 삼주가 후심이 된다. 이것은 초지보살이 이지보살의 일을 모르고, 등각보살이 묘각의 일을 모르는 것과 같다.

그러나 지금 부처님 가르침에서 밝힌 것을 추론해 보면 증득한 수행만 지관을 떠나지 않았을 뿐만 아니라 깨달은 과보 역시 지관을 떠나지 않았다.

대승의 수행도 지관이며, 대승의 과보도 역시 지관이다. 이와 같이 부처님 가르침을 추론해서 밝힌다면 오류가 없을 것이다.

'무엇 때문인가' 하는 것은 따져 묻고 문제를 일으킨 것이다.

《법화경》에서 세존께서는 무량의처삼매(無量義處三昧)에서 서서히 일어나 "제불 지혜는 매우 심오하고 한량이 없으며, 그 지혜문은 이해하기도 깨달아 들어가기도 어렵다."고 하시며 은근히 모든 부처님 수행 방편문에 대해 칭찬하였다.

비록 방편문은 한량없으나 귀결점은 하나이다. 이는 방편에는 많은 수행문이 있으나 근원으로 되돌아가면 두 갈래 길이 없다는 것을 말한다. 이미 두 길이 없다고 했으면서도 한량없는 방편이라고 말한 것은 바로 관(觀)의 의미를 밝힌 것이다.

문자반야(文字般若)를 따라 관조반야(觀照般若)를 일으키고, 관조반야를 따라 실상반야(實相般若)에 일치하게 된다. 문자반야는 뗏목과 같고, 관조반야는 뗏목을 젓는 것과 같으며, 실상반야는 피안에 도달한 것과 같다. 이는 관 수행편에서 부처님 극치의 과보에 대해 밝힌 것과 같다.

涅槃經廣辯百句解脫以釋大涅槃者 涅槃則止義 是約止以明果也

《열반경(涅槃經)》에서는 백 구절로 해탈을 광대하게 논변하여 대열반에 대해 풀이하였는데, 여기에서 열반은 그친다는 지(止)의 의미이다.

《열반경》 여래성품(如來性品) 제42에서 가섭 보살이 세존께 정중히 "대열반의 의미를 자세히 설명해 주십시오."하고 간청하였더니 세존께서 그를 위하여 광대하게 논변한 것이 백 구절이나 되었다. 이 백 구절은 각자 동일하지 않으나 대열반과 해탈의 진실한 의미를 환하게 드러냈다. 하지만 이것은 문자가 지나치게 번거로워 모두 다 기술하지 못하고, 여기에서는 간략히 한두 가지만 수록하여 참구하는 사람에게 도움이 되도록 하겠다.

《열반경》에서 세존께서는 가섭 보살에게 다음과 같이 말씀하셨다.

"선남자야, 진실한 해탈은 일체 번뇌 속박을 멀리 여읜다고 말한다. 진실한 해탈은 모든 법에 대한 속박을 여의었기 때문에 일어남도 없고 화합도 없는 것이다. 비유하면 아버지와 어머니가 화합하여 자식이 태어나지만, 진실한 해탈은 이와 같지 않다. 따라서 진실한 해탈을 불생(不生)이라고 말한다. 가섭아, 비유하면 최고의 버터인 제호(醍醐)의 성질이 청정하듯 여래도 역시 그러하여 부모가 화합하는 것으로 인해서 태어나지 않았기 때문에 그 성질이 청정하다. 그런데도 부모가 있다는 것을 나타내 보인 것은 중생을 교화하고 인도하려 했기 때문이다. 가섭아, 알아야 될 것은 진실한 해탈이 바로 여래이며, 여래와 해탈은 둘도 없고 차별도 없다는 점이다. 이를 비유하면 봄날에 종자가 따뜻한 기운을 만나면 바로 싹이 터서 출생하지만 진실한 해탈은 이와 같지 않다."

또 "진실한 해탈은 모든 탐욕과 일체 분별상과 일체 속박과 일체 번뇌와 일체 생사와 일체 인연과 일체 과보를 끊는 것이며, 이것을 여래라고 한다. 따라서 여래가 바로 열반이다. 일체 중생은 생사에 대해서 공포의 두려움을 느끼는데, 그 이유는 번뇌 때문이다. 따라서 삼귀의(三歸依)를 해야 한다. 이는 마치 한 무리의 사슴이 사냥꾼을 두려워하다가 사냥꾼이 멀리 떠난 뒤에 한번 팔짝 뛰어넘으면 삼보(三寶)에 한

번 귀의하는 것이 되며, 세 번 뛰어넘으면 불법승 삼보에 귀의하는 것이 되어 안락을 얻게 되는 것에 비유할 수 있다. 중생도 그러하여 마군과 악한 번뇌를 두려워하므로 삼귀의를 해야 한다. 삼귀의를 하기 때문에 안락을 얻게 되는데, 안락을 받는 자가 바로 진실한 해탈을 얻으며 진실한 해탈이 바로 여래다. 여래는 바로 열반이며, 열반은 다함이 없고, 다함이 없는 것이 불성이며, 불성이 바로 결정이고, 결정이 바로 아뇩다라삼막삼보리다"라고 하였다.

여래가 비록 언사(言辭)에 걸림이 없고 의리(義理)에도 걸림이 없어, 이 두 가지의 오묘한 변론으로 답변하여 열반을 백 구절로 풀이했으나, 최후엔 대열반과 해탈의 진실한 말은 끝까지 다 하지 못하고 단지 그 의미만을 취했을 뿐이다. 그러므로 대열반과 해탈을 백 구절로 논변하기에는 실로 부족함이 많다.

열반을 지(止)자로 요약하여 깨달음의 과보를 밝혔는데, 열(涅)은 '불생'을 의미하고 반(槃)은 '불멸'을 의미한다. 불생불멸이 바로 '지'이며 지가 바로 선정의 의미이다. 따라서 선정을 일으키는 지로서 깨달음의 극치인 과보를 밝힌 것이다.

故云 大般涅槃名常寂定 定者卽是止義 法華經中雖約觀明果 則攝於止 故云 乃至究竟涅槃常寂滅相 終歸於空 涅槃中雖約止明果 則攝於觀 故以三德爲大涅槃 此二大經雖復文言出沒不同 莫不皆約止觀二門辨其究竟 並據定慧兩法以明極果

대열반은 항상 '고요한 삼매'라고 명칭한다. 삼매는 바로 지(止)의 의미이다.

《법화경》에서 관(觀)의 편에 과(果)를 밝혔다면 지(止)를 포섭한 것이 된다. 그러므로 "구경열반상 적멸상이 끝내는 공으로 귀결된다."고 하였다.

《열반경》에서 지(止)의 편에 과(果)를 밝혔다면 관(觀)을 포섭한 것이 된다. 그러므로 삼덕을 대열반이라고 한다.

이 두 가지 경전에서 비록 문자언어가 드러나고 드러나지 않는 것이 동일하지 않다 할지라도 지(止)와 관(觀) 두 수행문의 편에서 최후를 논변한 것이며, 아울러 정혜 두 가지 법에 의거해서 극치의 과보에 대해 밝힌 것이다.

열반이라는 두 글자는 간략하게 호칭한 것이며, 갖추어 말하면 반열반나(般涅槃那)이다. 대열반은 마하반열반나이며 대(大)는 마하이다. 이를 번역하면 대멸도(大滅度)인데, 최후까지 불생불멸한다는 의미이다.

이것을 항상 고요한 삼매, 즉 상적정(常寂定)이라고 명칭하는 까닭은 소승교 가운데도 불생불멸의 의미가 있기 때문이다. 소승은 열반을 상적정이라고 말하지 못하는 이유는 생사를 벗어났다 해도 반쯤만 끝냈고, 번뇌를 끊었다 해도 반쯤만 끊었기 때문이다. 유일하게 대승에서는 분단생사와 변역생사를 건너서 지말번뇌와 근본번뇌까지 소멸하였다.

우리가 알아야 될 것은 한 구절 아미타불을 염불하는 것도 상적정이라는 점이다. 왜냐하면 염불하는 이치와 염불하는 일은 둘이지만, 한결같은 마음으로 이(理)와 사(事) 사이에서 혼란하지 않기 때문이다.

중생은 종일토록 전도된 망상 속에 있다. 그러므로 생멸이 없는 열반 속에서 허망하게 생멸을 보는 것은 마치 눈을 손으로 누르면 본래 없던 허공 꽃이 보이듯 항상 적정하지 못하다. 그러나 아미타불 한 구절의 명호를 가지고 한결같은 마음으로 지극히 염불한다면 삼계 내 범부의 견혹과 사혹에 요동하지 않고, 출세간 소승의 진사무명(塵沙無明)에도 요동하지 않는다. 이로써 알 수 있는 것은 위없는 반열반은 최후까지 항상 고요한 삼매이며, 이것이 바로 한 구절 아미타불이라는 점이다.

열반에서 삼매를 말한 까닭은 삼매가 바로 지(止)의 의미이기 때문이다. 그러므로《법화경》에서 세존께서는 은근하게 수행방편을 칭찬하면서 관(觀)의 편에서 깨달음의 과보를 밝혔는데, 이는 관(觀) 속에 지 수행을 포섭하고 있다.

또 "구경열반에 이르면 항상 적멸하기 때문에 끝내 공의 이치로 귀결한다."고 하였는데, 이 구절은 관 수행 속에 지 수행을 동시에 갖추고 있음을 나타낸 것이다. 그것은 최후 열반이 바로 지(止)이고 상적멸상도 지(止)이며 끝내 공으로 귀결하는 것도 역시 지(止)에 소속되기 때문이다. 따라서 관 수행 속에 지 수행을 동시에 갖추었다고 말하는 것이다.

《열반경》에서는 해탈의 측면에서 지 수행으로 과보를 밝혔으나, 이는 단지 지 수행 속에 이미 관 수행을 동시에 포섭했을 뿐이다. 그러므로 삼덕(三德)으로 대열반을 삼는다. 열반에는 세 가지가 있다. 원정열반(圓淨涅槃)은 반야덕이고, 방편정열반(方便淨涅槃)은 해탈덕이며, 성정열반(性淨涅槃)은 법신덕이다. 이를 열반삼덕이라고 한다.

《법화경》과《열반경》에서 문자와 언어가 드러나기도 하고 드러나지 않는 차이가 있다고 하지만, 드러난 것은 밝게 나타낸 것이고 드러나지 않는 것은 은밀한 것이다.

그러나 이 두 경전 가운데 관 수행은 지 수행을 포섭하고, 지 수행은 관 수행을 포섭하여 이 모두가 지와 관이라는 두 수행문의 편에서 그 극치를 논변한 것이다. 아울러 선정과 지혜라는 두 법을 의거하여 극치의 과보를 밝혔는데, 그 이유는 수행의 인지에 있으면 지관이라고 하고, 깨달음에 있어서는 정혜라고 하기 때문이다.

行者當知初中後果皆不可思議 故新譯金光明經云 前際如來不可思議 中際如來種種莊嚴 後際如來常無破壞 皆約修止觀二心以辨其果故 般舟三昧經中偈云
諸佛從心得解脫 心者淸淨名無垢
五道鮮潔不受色 有學此者成大道

수행자는 마땅히 초과(初果)·중과(中果)·후과(後果)가 불가사의하다는 것을 알아야 한다.

초과는 초발심주(初發心住)인데, 이는 일품무명(一品無明)을 타파하고 백계(百界)에 분신하여 팔상성도의 모습을 보인다. 그러므로 불가사의하다.

중과는 이주(二住)에서 십주(十住)·십행(十行)·십회향(十廻向)·십지(十地)·등각(等覺)까지 총 사십일위(四十一位)를 말한다. 이는 백천만억 세계에서 분신을 하여 성불을 한다. 그러므로 불가사의하다. 그 이유는 사십일품무명을 타파하였기 때문이다.

후과는 묘각(妙覺)을 말한다. 이는 구경극치의 과보인데, 여기에 이르면 무명을 끝까지 타파하고 번뇌가 완전히 제거되어 최후에 열반산의 정상에 올라 무명번뇌를 영원히 이별한다. 즉 자각각타 원만각인 삼각(三覺)이 원만하고 만덕을 구비하여 최후로 아뇩다라삼막삼보리를 원만하게 하여 등정각(等正覺)을 성취한다. 그러므로 불가사의하다.

초·중·후 삼과는 생멸이 없는 구경의 법이다. 이는 분별심으로 헤아리는 것이 불가능하고, 언어로 의론하는 것도 불가능하다. 그러므로 마음을 일으켰다 하면 빗나가고 한 생각 요동하면 어긋난다. 그러므로 불가사의하다고 말하였다.

《금광명경(金光明經)》에서는 "전제여래는 불가사의하며, 후제여래는 항상 파괴됨이 없기 때문에 불가사의하다"라고 하였다. 여래는 부처이다.

초·중·후로 삼제를 나누어 전제여래가 불가사의하다는 것은 현재의 범부를 지적한 것이다. 일체 중생은 무명망상에 미혹해 있다 할지라도 본성은 각자 진여묘각명성(眞如妙覺明性) 제불공덕을 빠짐없이 갖추고 있어 원만하지 않음이 없다. 따라서 불가사의하다는 것이다.

중제여래는 현재 수행하는 사람인데, 부처의 이치를 연구하여 정진 수행함으로써 갖가지 공덕으로 장엄한다. 모든 악업을 짓지 않고 뭇 선공덕은 실천하여 일반적으로 이익이 있는 것은 수행하지 않는 것이 없다. 이것은 복덕장엄에 해당된다.

가령 경전법문을 듣고 오묘한 의미를 연구한다면 이것은 지혜로 장엄한 것이 된다. 이와 같이 복덕과 지혜로서 우리의 불성을 장엄하는 것이 바로 중제여래이다.

후제여래는 부처님 과위인데, 무상사(無上士)라고도 한다. 예를 들면 석가여래와 아미타불, 약사여래 등이 여기에 포함되는데, 다시는 그분들을 능가할 자가 없다.

이 복덕장엄에 도달하면 수능엄삼매가 견고하여 파괴되지 않으며 지혜의 덕이 장엄하여 실상의 오묘한 지혜가 평등한 대자비로 작용한다. 그러므로 항상 파괴되는 일이 없다고 말하였다.

반주삼매(般舟三昧)는 상행삼매(常行三昧)를 말한다. 구십 일을 한정하고 처음부터 끝까지 앉지도 눕지도 않기 때문에 역시 불립삼매(佛立三昧)라고도 한다. 만일 이 삼매가 성취되면 부처가 목전에 나타나게 된다.

《반주삼매경》의 게송에서는 이와 같이 말씀하셨다.

"모든 부처님은 자기 마음에서 해탈을 얻었으며, 모든 부처님은 과거·현재·미래 시방삼세 일체 제불이다. 이 모든 것이 일념심성을 따라서 해탈을 얻었다. 만일 마음을 떠난 밖에서 따로 얻을 것이 있고 증득할 것이 있다고 구한다면 그것은 옳지 않다."

옛말에 "제불의 오묘한 도는 모두 중생심 가운데서 구한다."고 하였다. 중생심은 허망한 마음이 요동치면서 잠시도 쉬지 않는다. 그러므로 중생의 마음이라고 한다.

마음이 청정한 것을 무구(無垢)라고 한다. 중생의 마음은 본래 청정하고 본래 지혜 광명이다. 비록 번뇌에 쌓여 있다 해도 마음은 번뇌에 오염되지 않고 원래 청정하다. 그러므로 무구라고 하였다.

오도(五道)는 선명하고 청결하여 색진에 오염을 받지 않는다고 하였다. 오도는 천상·인간·지옥·축생을 말하며 아수라는 오도 가운데 포함되어 있다.

중생이 오도로 생사유전을 거듭한다 해도 자기의 본심은 항상 청정하고 선명하여 색진에 오염을 받지 않는다. 따라서 오도는 선명하고 청결하여 색진에 오염을 받지 않는다고 하였다. 그 때문에 이 마음에서 지관을 학습하는 자는 위없는 대승불도를 성취할 수 있다.

이것은 "마음이 부처이고 마음으로 부처가 되고 마음이 만법의 근원이며 마음으로 만법을 일으킨다."고 한 경우에 해당된다.

제불 정변지해(正遍知海)는 마음을 따라 일어난다. 따라서 이 마음에서 지관을 수행한다면 제불지혜와 공덕이 원만하게 성취되지 않는 것이 없다. 그러므로 "이것을 배우는 자는 대도를 성취한다."고 하였다.

誓願所行者 須除三障五蓋 如或不除 雖勤用功 終無所益

'서원소행자(誓願所行者)'라고 한 문장은 지자 대사가 최후에 이르러 부촉한 부분이다. 서원(誓願)이라는 두 글자에서 대사의 자비심이 극도로 간절하다는 것을 증명할 수 있다. 서(誓)는 그 마음에서 하려고 한다는 의미이고, 원(願)은 그 목적을 성취한다는 의미이다.

오직 원하는 것은 수행자가 삼장(三障)과 오개(五蓋)를 제거하기를 바랄 뿐이다.

삼장은 번뇌장(煩惱障)·업장(業障)·보장(報障)을 말한다. 중생들은 갖가지 번뇌로 갖가지 업을 조작하기 때문에 생사의 과보를 불러들인다. 삼장을 제거하려는 이유는 그것이 열반삼덕을 장애하기 때문이다.

번뇌장은 반야덕을 장애하고, 업장은 해탈덕을 장애하며, 보장은 법신덕을 장애한다. 만일 삼장을 제거한다면 삼장에 나아가서 열반삼덕을 환하게 드러낼 수 있다. 오개(五蓋)는 앞에서 설명했던 탐심·진심·치심 등인데, 이러한 오개가 있으면 우리의 청정한 마음을 덮어버린다. 만일 이를 제거하지 않는다면 부지런히 수행한다 해도 끝내 이익이 없다. 이를 비유하면 마치 밝은 태양이 연기나 구름이나 안개에 가려서 빛을 발하지 못한 것과 같다. 따라서 반드시 다섯 가지 장애를 제거해야 수행의 효과가 있다.

수습지관은 모두 10장으로 나뉘어 있는데, 매 장마다 지관염불로써 구경(究竟)을 나타내지 않는 것이 없다. 이 한 줄의 문장은 비록 대사가 최후로 부촉한 것이기는 하지만 유통분에 해당되기도 한다.

바라는 것은 불법을 배우며 이 책을 열람하고 연구하는 모든 사람들이 부지런히 지관을 수행하는 것이다. 지관이란 무엇이겠는가. 진실한 마음으로 염불하는 것일 뿐이다.